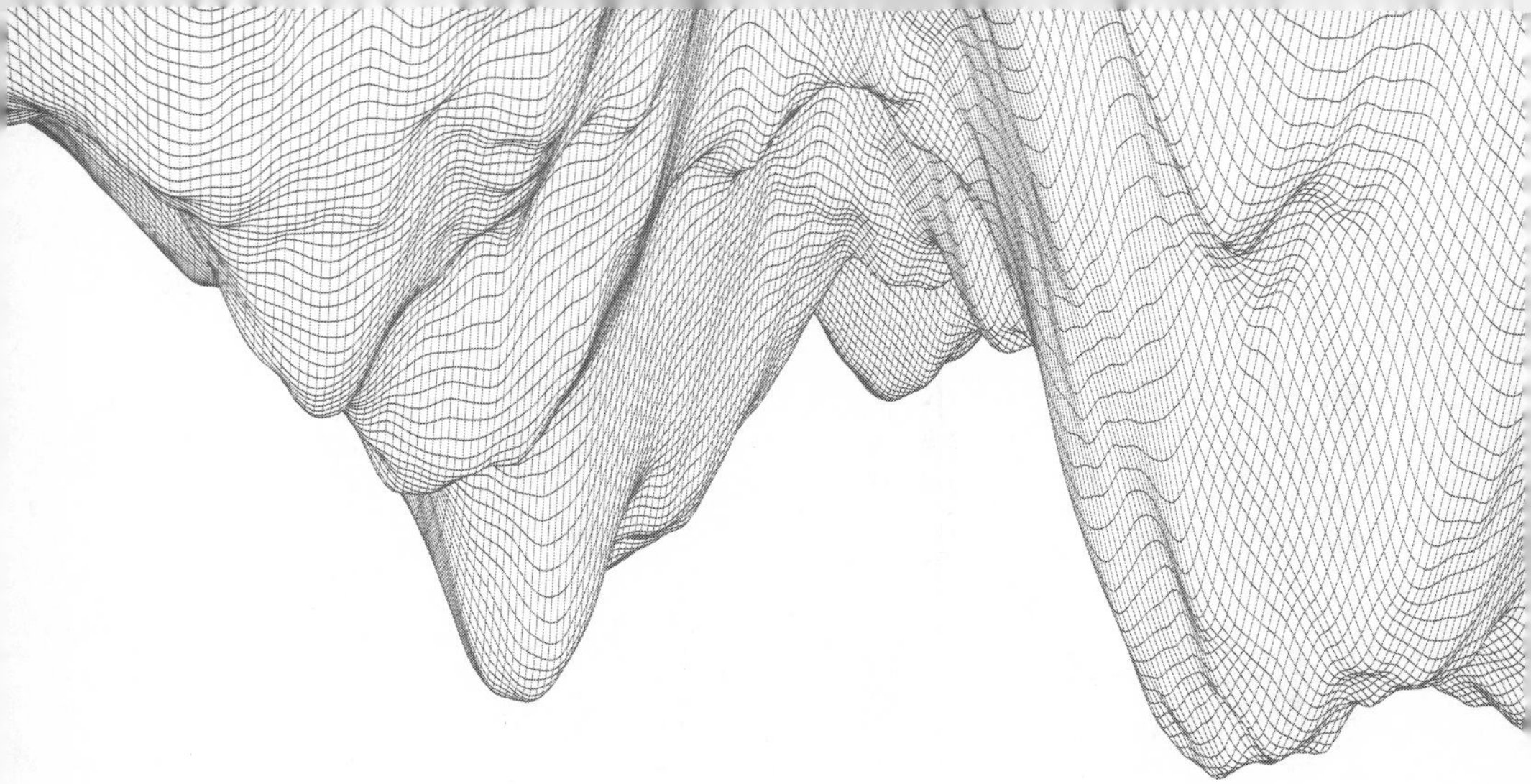

次世代への提言！

神学生交流プログラム講演記録集

日本クリスチャン・アカデミー関東活動センター【編】

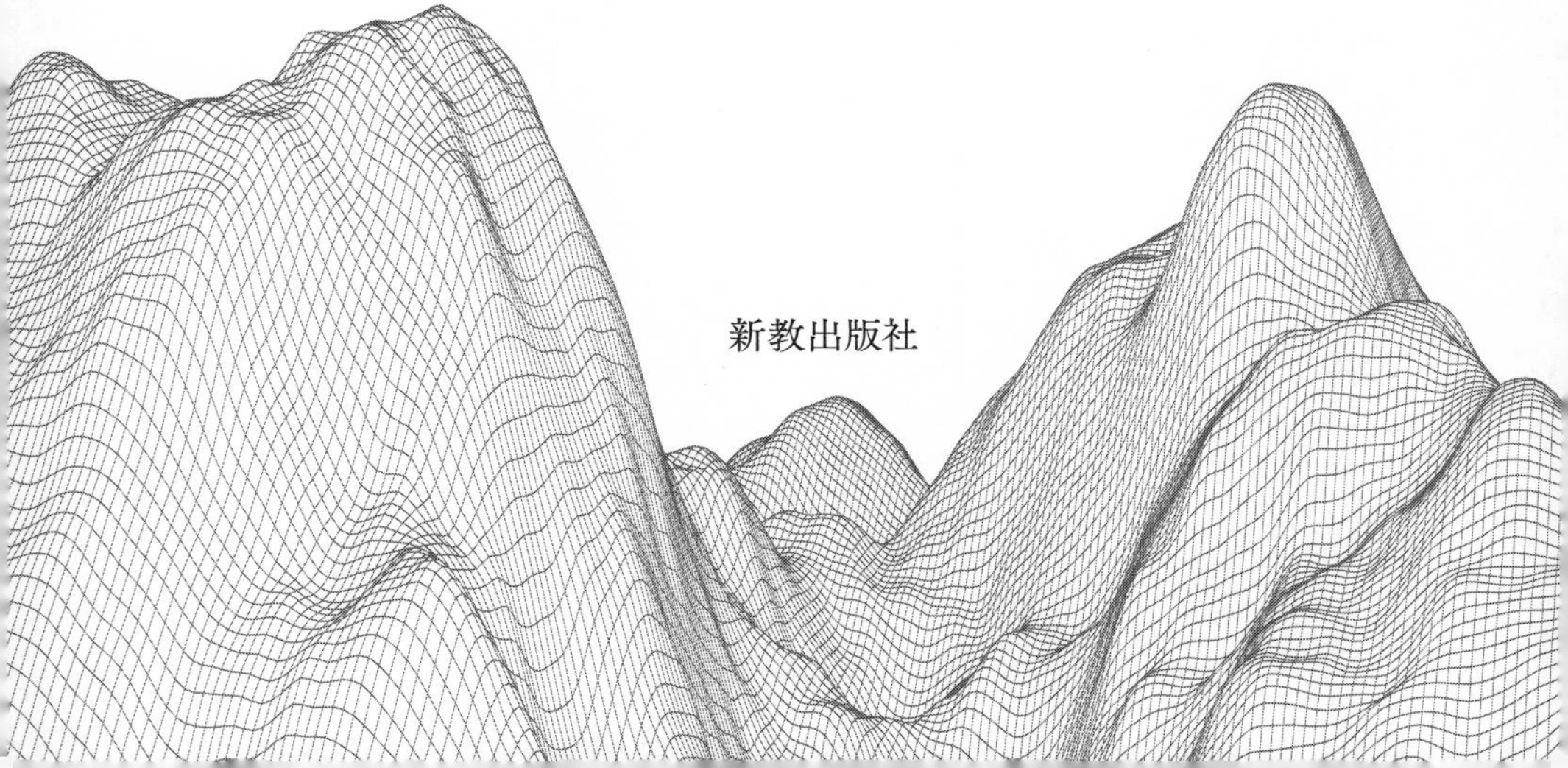

新教出版社

目次

はじめに

主の召しに応えて——神学生交流の集いにおいて——

関田寛雄

　二〇〇九年から始まった「神学生交流プログラム」は昨年二月で一〇年間の旅を終えた。その間、私は「校長」という名のアドヴァイザーとして参加し、伝道者として旅立つ神学生たちとのまことに有意義な学びと交わりの機会を与えられてきた。この度一区切りを付けるに当たり、私なりの感想を述べて「まえがき」とさせていただく。

　毎回の開会と閉会の礼拝説教を通して語ろうとしたことをまとめてみよう。

　その一は、この集いにおいて自分の召命を心から納得して受けとめていただきたいということである。伝道者としての召命を受けながらも自分自身の弱さ、罪深さをめぐって不安が伴うものである。あるカトリックの神学生が家族の期待に応えて神学校に入り卒業間近になって、あるためらいを感じ始めた時、台所で洗いものをしていた母親から、「あなたのことはよく分かっているよ。いつ戻って来てもいいんだよ」と言われた。その時彼は「それじゃあ行こう」と思ったという（神言神学院の卒業生）。私どもは人間的評価としては欠点だらけの者である。しかし主イエスは、それを承知の上で招いておられるのだ。主の憐れみあればこそ営まれる務めである。そのことを納得していただきたいのである。そこに、自由な決断において召命を自らの必然性にする道が開かれるのである。

　次に牧会のただ中で挫折する方がある。往々にして真面目で完全主義を貫こうとして燃え尽きてしまうのである。せっかく尊い務めについているのにもったいないと心底思う。くれぐれも言っておきたいことは、完全主義はサタンの誘惑であると。だらしなくてもよいということではないが、人間としての「器」には限界があるという自己理解が大切である。かつて「寅さん」の監督・山田洋次さんから聞いたことがある。山田さん一家は旧「満州」からの引き揚げで貧しさのどん底にあり、彼は家族のために竹輪《ちくわ》の行商に出た。貧しくみすぼらしい一四歳の少年がある一杯飲み屋に入った時、そのおかみさんが理由を聴いてくれて、「それじゃ売れ残ったらウチで引き取ってやるけんね」と言われた。その言葉に山田少年は涙したのである。「売れ残ったら引き取ってやる」というのが、主イエスの言葉につながる。牧会というものはどこまでやっても不十分であり、「売れ残ってしまう」ものなのである。だからこそ執り成しの主イエスの憐れみの中で営むのが牧会なのだ。「成功した牧会」なるものを私は決して信じない。それを言うのは傲慢である。

さらに言いたいことは牧会における人間関係のことである。信徒を敬愛しその生活とその中にある課題を理解し、共感し、そのために祈るという牧師の誠実な姿勢に、信徒は必ず応答してくれる。そこによき関係が生まれるのは当然であり喜ばしいことである。しかしその直接的関係は危険でもある。ボンヘッファーが『説教と牧会』という本の中で言っているが、「適切なる距離こそがまことの接近である」。つまり「ベッタリズム」の関係はダメなのである。このことは牧師と信徒の関係のみならず、夫婦、親子、友人間に及ぶすべての関係に当てはまることではないか。さすがにボンヘッファーの至言と思われる。「ベッタリズム」はある小さなことを契機に敵対関係になってしまう。牧師と信徒の関係はどんなに親しくなっても、「間接的関係」に留まらざるを得ないし、留まるべきである。その「関係」のただ中にキリストがいますからである。(「言は私たちの間に宿られた」)。

四番目に申し上げたいことは言葉の限界ということである。宗教改革以来、プロテスタントは「言《ことば》」の復権を唱えてきた。さらに近代神学を超克して「神の言の神学」が弁証法神学以来強調されてきた。それは日本の教会に大きな、よき影響をもたらしたと言えよう。そこで実践神学の主たる課題は説教ということになってきた。それは間違っていない。しかし「言」の強調に誤解が生じているのではなかろうか。「言」の強調が「行為」の軽視につながっているように思われる。言うまでもなく「言は肉体となった」(ヨハネ福音書1・14)のである。神の言はナザレのイエスという肉体を必要としたのである。その関係を通して「言」は歴史となった。「言」は必ず「肉体」という事実になる。事実にならない「言」はグノーシスである。「言」を信ずる信仰がどういう事実を生んでいるのだろうか。中村哲ドクターのアフガニスタンでの死から教えられたのはこのことである。牧会とはそれぞれの「器」に応じて小さくてもよい、「事実」を残すことである。言葉で言った後にいつも思うのは「それホント?」ということである。言葉の限界を超えるのは行為である。小さな事実を残すことである。これは決して行為義認に走ることではなく、恵みへの応答の必然なのだ。その小さな事実は事実として何人も否定できない「言」となるのではないか。私が「受肉の福音」にこだわる理由はここにある。

最後に言いたいことは教会のすべての営みの暫定性ということである。歴史に生きる教会は時代の変化と共にあるべきである。永遠の神の言はその時代の中で自由に自らを顕現する。したがって終末に向かって旅を続ける教会の営みに絶対不変なるものは存在しない。敢えてある営みを絶対不変なものにするや否や、それは律法主義に転じてしまう。安息日律法に対する主イエスの自由な関わりこそ、安息日の恵みを生かすものであった。それ故多様な状況に生きる牧会者としては、福音の本質に立てばこそ状況の中で多様な福音の表現がなされるはずである。およそ画一的な信仰はあり得ないし、個々人は自らの実存にとっての特殊な福音理解に生かされているはずである。「差し当たって今はこう信じている」というのが生きた信仰の姿であり、それは「全きもの」に向かって絶えず求め続ける「終末論的信仰」というものである。ドグマを承認することと生きた信仰とは別ものである。教会のエキュメニカル信条にしても、信条学がSymbolicsと称されるように、象徴（Symbol）としては解釈の多様性を含むのであって、画一的にドグマとして承認するべき性格のものではない。

牧会上の営みの暫定性のみならず、教会の礼拝の構造、サクラメントの執行方法、ミニストリー全般にわたって「差し当って今、ふさわしく」という性格にあってこそ、生きた教会の営みとしてあるであろう。永遠の神の言は永遠であるからこそ、時間の中に自由に自らを顕現する。その姿は常に「暫定的」であり、それが「終末論的」ということに他ならない。それにしても、「教憲・教規」という、祈りによったものとしても「暫定的」なものを聖書正典よりも「規範化」して、しかもその一つの解釈を「絶対化」して一人の教師を免職するという、教会としてはまことに恥ずかしい過ちを犯した教団のことを悲しい思いをもって想起せざるを得ない。

「神学生交流の集い」を経て、今牧会のただ中におられる方々よ。かの「集い」における交わりの恵みと自由と感謝を想起しつつ、来るべき「イエス・キリストの日」（ピリピ書1・6）を目指して働き続けていただきたい。最後に残したい言葉は「喜ぶ者と共に喜び、泣く者と共に泣きなさい」（ロマ書12・15）である。

この一〇回の神学生交流プログラムのために講師としてご協力いただいた方々は、それぞれの部門において代表的な働きをなさっている方々である。

先ずは新約学の荒井献先生、青野太潮先生、旧約学の並木浩一先生、宣教論の石田学先生、文化の神学とエキュメニズムの神田健次先生、小林哲夫先生、杉野榮先生、カトリックの宣教現場から本田哲郎司祭、森一弘司教、そして日本キリスト教史の戒能信生先生たちである。

特に注目すべきことは、各講師が先ず自らの人生の経路と入信の契機から始めて、その神学研究への道行きの必然性を個人史の文脈で語られたことである。しかもそれを現在のキリスト教会の直面する課題として示された故に、神学生たちにとってまことに得難い示唆となったはずである。これは特定の神学校の教育だけでは得られない神学的精髄のオンパレードとの出会いがあったわけで、牧会に出る者にとって貴重な贈り物となったことであろう。

このことこそがこのプログラムの意義であったことで、ご協力いただいた諸先生に心からの感謝を申し上げる次第である。ありがとうございました。

これらすべての経過における主なる聖霊のお導きを忘れてはならない。

神に感謝！

講演 I

荒井献

2009年3月9日-11日
ナザレ修女院　エピファニー館

信仰と新約学
――私の歩みから

はじめに

私が一九四八年に信仰告白（受洗）をして以来一九八〇年代（東京大学在職中に）新約学に対するスタンスをほぼ確定するに至るまでの自分史（約三〇年間）を辿りながら、私にとっての信仰と新約研究との相互関係について話すことにする。

この話は、すでに公開されている自分史に関わる以下の文献から適時・引用加筆して新しく構成したものである。

廣石望編「荒井献年譜」（『荒井献著作集』別巻、岩波書店、二〇〇二年）

『イエス・キリスト（上）』（講談社学術文庫二〇〇一年、17－24頁　初出一九七九年）

「私の聖書研究」（『イエスと出会う』岩波書店、二〇〇五年所収　初出一九九二年）

『批判的知』の形成へ」（同書所収　初出二〇〇二年）

太田良・子原島正編「ドストエフスキー『罪と罰』――私を変え、今も同行する一冊」（『私が出会った一冊の本』新曜社二〇〇八年）

敗戦から受洗まで

一九四五年八月一五日、私は一五歳、（旧制）中学三年生の時、敗戦を迎えた。そして翌年、中学四年生の秋、敗戦前後の長期にわたる学徒動員（工場労働や農地開拓）の結果、私は栄養失調に陥り、おそらくそれが原因となって結核性肋膜炎を患い、病床に伏せる身となった。その頃私は、（旧制）第一高等学校の入試準備に没頭しており、枕元まで参考書を山積みにしていたのだが、父はそれを撤去して、代わりにアンドレ・ジイドやドストエフスキーなどの作品を並べた。半年間は休学しなければならないのだから、受験は諦めて、この機会に文学作品に親しんだらどうかという父の配慮だったと思う。

私は敗戦を契機として人間不信に陥っていた。例えば中学校では、戦時中あれほど「鬼畜米英」と呪い、英語でさえ敵性言語として授業から外しておきながら、敗戦になると途端に英語ができない者は「民主主義」がわからず、新日本の復興に貢献できないと、同じ校長が演説する。私の父は秋田県の田舎の牧師であったが、戦争中は戦時体制に一定の抵抗はしたものの（日曜礼拝の式順に「国民儀礼」――国旗に敬礼し宮城遥拝をするなど――を組み入れなかったのは、秋田県においておそらく父の牧師する大曲教会だけであった）、私たち兄弟には毎朝玄関前に出て宮城を遥拝させ、礼拝でも「日本の必勝祈願」をしていた。それが敗戦後に一変した。それまでは礼拝出席者が二、三人に過ぎなかったのに八月一五日の最初の礼拝には会堂が立錐の余地がないほど会衆によって埋めつくされ、父はといえば、説教の中で敗戦を神の摂理として受け止め、会衆に激しく「悔い改め」を迫ったが、同時に断固として、しかも涙ながらに天皇制護持を訴え、会衆の圧倒的支持を得たのである。

　私は少年ながら、あるいは多感な少年であったからこそ、大人たちの豹変、しかも本質的には戦中戦後を通じて変わることのない価値観に戸惑うばかりであった。その人の名によっておびただしい数にのぼるアジアの民を殺害しておきながら、その人の責任は問われず、戦後の混乱期に困窮にある人々を欺いて暴利を貪り、富を築いている、時の「新興成金」に私は激しい怒りを覚えていた。時代の体制を糊塗するイデオロギーに、それが民主主義であろうとキリスト教主義であろうと私は一切信用をおかなくなっていた。信頼できるのは自分以外にない。自分が時の規範を超えて生きるしかない。ところがその自分が、当時としてはほとんど不治と思われていた結核性肋膜炎に罹り、しかもこの種の病にかかるとかえって高じてくる肉欲の虜となって、肉欲は悪と教えられていた牧師の家庭では、悶々とする日々が続いていた。

　その後、私が『罪と罰』との出会いを介して洗礼を受け、最初期のキリスト教、とりわけ新約聖書を研究するようになった事情は、以下の通りである。

　当時病床にあってはじめて自ら手に取って読んだ聖書（文語訳）の中に、「噫《ああ》われ悩《なや》める人《ひと》なるかな、此《こ》の死《し》の體《からだ》より我《われ》を救《すく》はん者《もの》は誰《たれ》ぞ」（ロマ7・24）というパウロの叫びを発見したとき、はじめて私は聖書の中に自分と同じ一人の分裂した人間を感得することができたのである。

　しかし、私が自分を変えられ、結局洗礼を受けるようになったのは、直接聖書を読んだ結果ではない。それはむしろドストエフスキーの作品を介してであった。私はその時までおよそ小説というものを通して読んだ経験がなかっただけに、人並みにまず『罪と罰』を読んだときは、それこそ完全に引き込まれていったことを憶えている。そして、それを最初に読んだとき、私はラスコーリニコフの中にほかならぬ私自身を見出して戦慄したものである。しかし、これを二度目に読んだとき、私はソーニャの父親のマルメラードフの中に、彼と自分を重ねていくことが許されるような何かを感じ取ったのである。すなわち、マルメラードフはあの有名な独白の中で、娘を売りに出すまで完全な破綻に陥ったあらゆる意味で無資格者である自分をも、キリストは最後の審判のとき、『なんじ豚どもめ！……そなたらも来るがよい』と呼んでくださるのだ」と酔いしれながら告白するくだりを繰り返して読んでいるうちに、あるいは私のような自己中心的で恥知らずもキリストの愛の中に生きることが許されるのではないかと思いはじめたのである。

これが誘因となって、私は聖書を通読した。その結果、とりわけイエスが中風の者に向かって、「人よ、あなたの罪は赦された」（ルカ5・20）と宣言し、それに対して文句をつけた律法学者とファリサイ派の人々に、「人の子は地上で罪を赦す権威を持っている」（ルカ5・24）と言う箇所と、「健康な人に医者は要らない。要るのは病人である。私が来たのは、義人を招くためではなく、罪人を招いて悔い改めさせるためである」（ルカ5・31－32）というイエスの言葉によって、私は悔い改めの決意をしたのである。もちろん当時私は、このイエスによる罪の赦しに至る悔い改めの勧めに、パウロのいわゆる「信仰義認論」を重ねて読んでいた。こうして私は、いわば正統的信仰の告白を、病の癒えた次の年、つまり一九四八年の春、一七歳のときに公にした。

しかし、その翌年新制高校二年に編入した後になってはじめて、戦中時、父などの所属する教団のなかで「異端」的マイノリティとみなされていた旧教派の牧師若干名が獄中で殉教死していたことを、私は知ったのである。しかも、ちょうどそのころ、高校では大石正雄先生が世界史の授業でローマ帝国によるキリスト教徒迫害を講じておられた。私はキリスト教と国家の問題を──敗戦直後の戸惑いを梃子に──キリスト教の源流に遡って客観的「知」の対象にしたいという思いに駆られた。そのとき私を支えたのが、戦中に日本の敗戦を見通していた母の勝れて醒めた眼である。母は元来旧制女学校の理科系の教師であった。こうして私は、父から受け継いだ「信」と母から継承した「知」との狭間に立って歴史と現実の相《すがた》を見極める生涯を切り拓いていくことになる。

東大入学から大学院終了まで

私は文学部西洋史学科に進学する希望をもって東京大学教養学部文科二類（現在は三類）に入学した。ところが、この年（一九五〇年）の秋に、朝鮮戦争に介入したアメリカで起こった「レッド・パージ」（共産主義者を公職から追放する運動）が日本にも及んだ結果、それに反対する「レッド・パージ反対闘争」が東大でも行なわれた。駒場の教養学部では、私もその一員であった駒場寮の寮生が中心になって、反対の意思表示として期末試験をストライキによりボイコットする戦術をとった。寮生は大学の校門を封鎖して通学生の登校を阻んだ。寮生の説得に出た教授陣の先頭に立った矢内原忠雄学部長に向かって、私たち寮生は、「ヤナイハラ！　ゴー・ホーム」とシュプレッヒコールを叫び続けた。当時、学部長はアメリカにおける教育視察の旅を終えて帰国したばかり。「ゴー・ホーム」とは「アメリカへ帰れ」という意味である。業を煮やした学部長は、警察隊を学内に導入して校門の封鎖を解いた。ところが、それを見た通学生の大部分が入構を自主的に拒否した。「国家権力の保護のもとに試験を受けたくない」という心意気を示したのである。こうして、「我らの闘争」は勝利した。

その後、レッド・パージ予定者として喧伝されていた教授リストは誤報とわかり、闘争も沈静して、後日に期末試験は無事実施された。試験終了後、私は学部長室に呼び出されて、矢内原先生から厳しい説諭を受けた。奇しくも、このときの先生との出会いが私の進路を決定づけたのである。

私は新制大学の二期生、つまり東大の場合、旧制一高が大学の教養学部に移行してから二年目の学生であった。したがって駒場ではまだすべてが新しく、大学のサークル活動も形成途上にあった。ただし、駒場寮では一高以来の伝統で部屋はサークル別に割り当てられていた。私は「聖書研究サークル」の中寮二〇番に入り、同室の学友と語らって「駒場聖書研究会」を立ち上げ、その顧問を矢内原先生にお願いしていたのである。その聖書研究会の代表者が顧問に向かって「ヤナイハラ！　ゴー・ホーム」と叫んだのであるから、先生が激怒されたのも当然である。しかし、先生はきわめて冷静に懇々と私を戒められた。「君たちの志はよくわかる。だが、目的がいかなる手段をも正当化するものではない。しかも、誤報に基づいて軽挙妄動するのはよろしくない」と。私は一言もなかった。

ところが、説諭を終えると先生は、急に笑顔になって私に質問したのである。「ところで、君はどこに進学するつもりか」と。私は「文学部の西洋史学科へ行って、キリスト教の最初期の歴史を勉強したい」と答えた。それに対して、先生は言われた。「君のように元気な学生を指導できる教師は本郷（教養学部以外の学部はすべて本郷に所在）にはいない。君は、今秋駒場に創設される教養学科へ進学しなさい。その上に大学院西洋古典学専門課程も設置されることになっており、この教養学科・大学院の専任に新約聖書学者として世界でその名が知られている前田護郎という若い先生が着任することになっている。駒場には古代ローマ史の専門でキリスト教成立史にも詳しい秀村欣二先生がおられる。この二人の指導を受けたなら、君の希望はきっと満たされる」と。

私は一九五一年秋、教養学科ドイツ分科へ進学した。一年生の時同じクラスだった八木誠一君も同じドイツ分科へ。しかも、編入学者に高橋三郎さんがいた。高橋さんは私たちより一〇歳年上で、当時すでに私立大学に勤めておられたが、聖書とキリスト教史研究の志を立てて、新設のドイツ分科へ入られた。しかも、一年先輩に佐竹明さんがいた。私も含めて四人は、いずれも大学院・西洋古典学科へ進み、新約聖書を「古典」として研究することを志した。こうして、「信」と「知」との関わりを学友たちと共同で極める環境が整えられたのである。

さて、私はこれらの友人たちと共に聖書と初期キリスト教諸文書を西洋古典文学の一ジャンルとして読み進めていった。その間に私に最も大きな影響を与え、新約をはじめとする初期キリスト教の文献を研究しようとする「決断」を与えた著書の一つに、ディベリウスの『イエス』（新教出版社、一九五〇年）がある。私はこの書からはじめて福音書の様式史研究なるものを知った。

その過程において私は、私の単純な信仰が少なくともそのままの形では学問研究の成果に耐えないことを次第に知らされていった。例えば、先に引用したルカ5・31－32にしても、ルカがマルコ2・17を素材にしてそれを自らの立場から書き改めたものであって、「罪人を招いて悔い改めさせるためである」の「悔い改めさせる」は元来マルコ2・17にはなく、端的に「罪人を招くためである」となっている。

また、ルカ5・24（マルコ2・10並行）の「人の子は地上で罪を赦す権威を持っている」というイエスの言葉にしても、この言葉の「罪の赦し」とパウロのいわゆる「贖罪《しょくざい》」とは明らかに意味内容が異なっている。前者の場合は、当時のユダヤにおける政治的＝宗教的支配者たちが病人をはじめとする「不浄な民」（不可触民）に押しつけていた「罪」（律法に違反したことによる罪）であるのに対し、パウロの場合は人間の内部に巣くう悪魔的力（根源的エゴイズム）としての罪である。しかも、このパウロの弟子といわれるルカは、イエスの十字架上の死を人間の罪の贖いとみなすパウロのいわゆる「贖罪信仰」を知らないのである。とすれば、聖書記者の思想のすべてをパウロの立場から統一的に捉えること自体が無理なのである。

一九五四年に大学院に進学した私は、人文科学研究科西洋古典学専門課程で、私の敗戦体験から、成立途上にあるキリスト教正統的教会（『新約聖書』所収の二七文書はこの教会の信仰告白を基準にして選ばれた「正典」）よりも、むしろこの教会から「異端」視されていたマイノリティー（いわゆるグノーシス派）に視点を置いて、キリスト教の成立史を再検討してみたかった。しかし、当時は残念ながら、グノーシス派出自の原典が——正統的教会による殲滅により——ほとんど現存していなかった。そのために私はとりあえず、「正典」と「外典」の境界に位置付けられる、「使徒教父文書」の一つ『ヘルマスの牧者』を修士論文の対象とした。『ヘルマスの牧者』における解釈」なる修士論文を、卒論（「ルター『ガラテヤ書注解』における自由と愛」）の場合と同様にドイツ語で書き、大学院に提出した。主査は前田護郎教授、副査はギリシア・ラテン文学の重鎮、呉茂一教授とローマ史の秀村欣二教授であった。

一九五六年、私は大学院博士課程へ進学。進学して間もなく、私は他ならぬキリスト教グノーシス派の原典『真理の福音』のコプト語本文（英・独・仏訳付き）を入手した。

その後わかったのだが、一九四五年にエジプトのナグ・ハマディで全12巻52文書のコプト語パピルス（その大半がグノーシス文書）が発見されていた。しかし、古物商による転売、戦乱、特定の学者たちによる独占などによって文書の公刊が遅れ、発見されてから十余年後に、そのなかの一つ『真理の福音』の本文がはじめて公刊されたのである。私はその近代語訳を読んで、内容はわかったが、原語（この場合はコプト語）で読まなければ、もちろん本格的「研究」にならない。ところが当時、コプト語を読める日本人は一人もいなかった。私は早速コプト語の文法書をドイツから取り寄せ、これを独学で習得した。

一九五八年には、これもナグ・ハマディ写本所収の『トマスによる福音書』を入手。私の博士課程三年間は、『真理の福音』や『トマスによる福音書』などコプト語グノーシス文書の解読に明け暮れたといってもよい。しかし、これを資料にして博士論文を仕上げる環境は、当時の日本に整っていなかった。私はドイツ留学を決意し、その準備を進めた。

青山学院大学文学部キリスト教学科に就職からドイツ留学まで

私は博士課程終了の一年前、すなわち一九五八年に、青山学院大学文学部キリスト教学科（のち神学科、学科長・浅野順一教授）に石原謙教授（古代キリスト教史担当）の助手として採用されていた。そして、一九五九年春博士課程満期退学と同時に専任講師に昇任、その一年後、一九六〇年五月に、念願かなってドイツ・エルランゲン大学に留学できたのである。

エルランゲン大学留学から帰国まで

ドイツ留学中は、運がよかったとしか言いようがない。私の指導教授になってくださった「原始キリスト教史」主任のエーテルベルト・シュタウファー教授は、その年の夏学期、ゼミのテクストに『トマスによる福音書』を採用。ゼミ生は二〇人ほどであったが、コプト語のできる学生は私以外に一人もおらず、私は必然的にゼミのキーパーソンとなった。

その上、旧約聖書学のレオンハルト・ロスト教授が、「旧約関連言語」のクラスで——明らかに私のために——コプト語本文を読むことにしてくださり、そのテクストに『真理の福音』を採用された。このクラスをとった正規の学生は私を含めて二名で、その一人は古代オリエント学専攻のメヒティルド・ロスト（ロスト先生の長女）、その他のクラス出席者はすべて神学部および文学部の助手や若手の教授たちであった。彼らは、私がテクストを読んだ後、それぞれの立場からテクストについて意見を表明し、お互いに議論を交わした。私はそれをノートし、それを整理して、私の立場から批判的に統合していけば、その過程で学位論文の準備ができたのである。

しかも、私は一九六一年の夏休みに、シュタウファー教授の計らいで、オランダのユトレヒト大学教授ギレス・クィスペル先生のお宅に約一カ月間止宿する機会を持つことができた。実は、クィスペル先生は先に言及した『真理の福音』のコプト語本文を公刊した際に、それを校訂し、編集した学者たちの一人だったのである。私はこれを、写本そのものと対照して読む過程で、翻刻（写本の手稿を活字に移す作業）にかなり多くの間違いと思われる箇所を見出していた。また元本の近代語訳にも不正確と思われる部分がいくつかあった。私はこれを直接クィスペル先生に指摘し、先生はそのほとんどすべてを認めてくださったのである。

このように恵まれた環境のなかで、私は博士論文『真理の福音』のキリスト論――その宗教史的考察」（独文）を完成し、一九六一年の冬学期にそれをエルランゲン大学神学部に提出した。一九六二年六月に「リゴローズム」（博士認定試験）を通り、「神学博士」（Dr.theol.）を「最高の賞賛をもって」（summa cum laude）授与された。ちょうどその時、聖書学研究所でお世話になった関根正雄先生が、テュービンゲン大学で開かれた国際旧約聖書学学会の後、旧師ロスト先生を訪ねてエルランゲンに来ておられた。私に対するロスト先生の並々ならぬご好意の背後には関根先生がおられたことを、その時改めて知り、その学恩に感謝した次第である。

私の学位論文はクィスペル教授の推薦で、オランダ、ライデンのブリル社から一九六四年に出版された。これは、新発見のナグ・ハマディ文書研究領域でははじめて公刊されたモノグラフであり、その内容は従来のグノーシス観を根本的に変えるものとして国際的に高く評価されたものである。

帰国から再渡独まで

一九六二年秋、私は帰国し、翌年の一九六三年四月に青山学院大学助教授に昇任を許された。その一年後、一九六四年四月に、いわゆる「大磯事件」が起こったのである。

青学キリスト教協議会が二八～二九日大磯のアカデミー・ハウスで開催され、私は、大学の「理念」としてのキリスト教と大学教育・研究との関係について、求められて自由な発題をした。そこでの発言が、大木金次郎学院長を激怒させたという。その発題の内容は、例えば一年生必修の「キリスト教概論」を、質量ともに充実させた上で、選択ないし必修選択にしてはどうかというものであった。この提案それ自体はさほど支持されず、私もそれに拘らなかった。大木院長の反感を買ったのは、むしろ福音と大学教育の関係をめぐる私の理解であったと思う。その要点は以下の三つ。第一に、「建学の精神」はそれが、学問の自由を促進するかたちで機能するには、公的な批判的検証の対象とさるべきこと。第二に、学問の自由には、学生たちの修学権（履修科目を自由に選ぶ権利）が含まれていること。そして第三に、必修講義を直接的な「伝道の場」とすることは、圧倒的に多数のノン・クリスチャン学生の「信教の自由」に違反する可能性があること。

ヴュルツブルク大学客員教授から帰国まで

一九六五年の秋学期から、私はドイツ・ヴュルツブルク大学に客員教授として招かれた。この大学で私は、コプト語（文法と講読）、グノーシス主義に関する講義、日本語上級クラスの担当を依頼されたのである。

私の研究にとって大きな意味をもったのは、ヴュルツブルクに滞在中の一九六六年四月に、イタリアのメッシーナ大学で開催された「グノーシス主義の起源」をテーマとする国際研究集会に招かれ、研究発表を行ったことである。この集会でクィスペル教授と再会の上、ハンス・ヨナス、ロバート・マックレイン・ウィルソン、ジェイムズ・M・ロビンソンなど、当時の代表的グノーシス研究者と知り合いになる。これがきっかけとなり、後にイギリスのセント・アンドリューズ大学やウィーン大学などから、集中講義に招かれ、一九六七年春に帰国した。

帰国から東大へ転任まで

一九六七年三月二六日、日本基督教団総会議長・鈴木正久の議長名で「第二次世界大戦下における日本基督教団の責任についての告白」が公表された。

このいわゆる「戦責告白」は、教団の内部に激しい論争を引き起こす。ある者たちは、これこそ教団の未来を指し示すものとして歓迎したが、他の者たちにとっては、この「告白」は、かつての指導者たちを無責任に否定するもの、ないしは教団を特定の政治主義に誘導するものに他ならなかった。事態の収拾を委ねられた信仰職制委員・北森嘉蔵東神大教授は、「教会がもはや教会であることが許されないような過ち」と「教会がなお教会として存続しつつなお犯す過ち」を区別することで、教団の戦争責任を行為のレベルでは認めるが、〈信仰〉上の誤りはなかったとする理解を示唆した。しかし一九七〇年、大阪万国博覧会における「キリスト教館」建設をめぐり、北森教授自身が批判の矢面に立たされることになり、日本基督教団はさらに大きな混迷に陥る。

一九六八年春、私は、横浜市緑区（当時）のたまプラーザへ転居したこともあって、青学神学科同僚で川崎・桜本教会の牧師もされていた関田寛雄さんの勧めにより、上京以来所属していた麻布南部坂教会から同じ川崎のまぶね教会に転入会した。まぶね教会は、その二年前に佐世保教会・善野碩之助牧師を迎えて発足していた。

その後、キリスト教系の大学における大学闘争の余波が、前述した大阪万博問題に促進されて、教会にも及び、それぞれの教会もかなり混乱した。当時まぶね教会の礼拝に出席していた、農村伝道神学校の一神学生の提案により、月に一回牧師の説教の後に礼拝内で討論をすることが試みられ、それがやがて礼拝にはじめから討論を組み込んだ「懇談礼拝」になった。信徒たちは交替で、毎月第三聖日に牧師に代わっての問題提起的な証しを行い、それをめぐって討論を繰り返した（これは現在でも続いている）。

善野牧師も急進的であった。神奈川教区主催の教会婦人会に、加藤常昭東神大教授（説教学）が講師として招かれた時、若い牧師たちと共にそれを「粉砕」に行ったことがある。これを知ったたまぶね教会の婦人会メンバーは憤慨し、「集会粉砕のような実力行使だけは、やはり控えるべきである」と言って、牧師を説得するように私に依頼したものである。

一九六八年には青学大にも全共闘が結成されており、一二月一二日、彼らの主導によって大学の八号館（本部棟）が封鎖された。この封鎖は、学生の政治活動などを禁ずる「学長三公示」（一九六〇年）の撤回を求める「大衆団交」を、大学当局（院長兼学長から任命された学生部長）が拒否し続けたことに対する反応であり、それを受け入れることを承認した各学部から選出された学生部委員（私もその一員）が学生部長をリコールした直後のことであった。全学の各学部教授会も「三公示撤廃」を承認していた。封鎖当日、封鎖を実行しようとした学生たちと、運動部員を中心とする封鎖反対派の学生たちが乱闘寸前の状態になったが、学生部委員と教職員の一部が両者の間にピケラインをつくり、からくも乱闘は回避された。一般学生も含む学生たちは、この事態に関する学生部長の見解を質すためにチャペルに集まったが、学生部長はリコールされた後は所在不明のまま。私は学生部委員を代表して一人登壇し、学生部委員会が全共闘と、教授会を説得して全学集会を開く努力をすることを約束して、チャペル集会は解散した。やがて全学教授会が学部生委員会を支持し、大衆団交形式による全学集会を開くことを表明する。これを受けて大木金次郎院長・学長は、学長を辞任した。

この間私は、学生たちの物理的暴力を、それ自体としては決して肯定しなかった。また「ゲバ棒」と十字架を掲げて、多くの大学でチャペルを封鎖した「闘うキリスト者同盟」のあり方を拒絶した。これに対して大学当局は、「不穏分子」の物理的暴力に手を焼き、機動隊を導入して、彼らを一網打尽にした、あるいは、そうすることを狙っていた。青学大もその例外ではなかった。妻・英津子は、このような大学当局のやり方に憤慨し、「学生にもクリスマスを祝う権利はある」と、幼い子どもたちを連れて、当局から電気・ガスを止められ「兵糧攻め」にされていた、八号館に立て籠もる学生たちにバリケードを突破して食料と聖書・賛美歌を届けた。後に脳腫瘍のため死去する英津子が最初の発作を起こして倒れたのは、バリケードの中であった。

一九六九年一月一八日、青学大では、チャペル団交に基づき、全共闘が八号館封鎖を自主的に解除した。これとは対照的に、同日、東京大学では、全共闘が立て籠もっていた本郷キャンパスの安田講堂に機動隊が突入し、翌日、強制的に封鎖を解除した。

これを機に、全国の大学では大学当局による学生に対する弾圧が強化され、青山学院でも、一旦学長を退いた大木院長が大学教授会に介入し、彼の学長退任の原因をつくった私には、二月に、退職勧告が出された。私は、四月から失職するという状況に置かれていた。しかも前年の年末に、妻・英津子が発病し、入院中であった。

これを知ってか知らずにか、京都大学から武藤一雄教授（文学部キリスト教学科主任）が招聘を打診し、その二週間後には、恩師・前田護郎教授から東京大学への転出の打診があった。私はさんざん悩んだ末、東大への転職を決意、三月、青山学院大学文学部神学科を退職して（ただし、非常勤講師として留任）、四月、東京大学教養学部教養学科助教授に就任、同大学院人文科学研究科西洋古典学講座担当となった。

東京大学助教授から教授就任まで

東大転職後に私が行ったことの一つが、当時なお封鎖されていた第八本館の中に入って自主講座を開くことであった。開講直前に学生たちから、「われわれは講義を聴く気はない。ただ、聖書をギリシア語で読みたいだけだ」と言われたことを今でも覚えている。

大学院の荒井ゼミ（一九六九～一九九一年）からは、多数の研究者が輩出している。青野太潮、小河陽、土岐健治、大貫隆、小林稔、柴田有、佐藤研、挽地茂男、笠原義久、出村みや子、保坂高殿、須藤伊知郎、今井誠二、廣石望、細田あや子、筒井賢治、上村静など。

一九六九年一一月以来バリケード封鎖されていた東京神学大学に、一九七〇年三月一一日早朝に機動隊が導入され、三人の学生が「不退去罪」で逮捕された。大学当局は、大学本館と教職員住宅に鉄柵をはりめぐらせてロックアウトを行った。

キリスト教系大学の学生による問題提起の発端は、一九七〇年の大阪万国博覧会に「キリスト教館」を建設して伝道の拠点にするという計画に対する異議申し立てであった。この計画の企画委員長は北森嘉蔵教授、それを補佐したのがカトリック作家・遠藤周作であった。批判的グループの学生たちは、万博が経済大国日本の繁栄を祝う祭典であると考え、キリスト教がそれに乗ることに疑問を投げかけた。すなわち、かつてアジアを戦争で征服し、現在は経済的搾取を行い、その結果として日本が経済的に繁栄しているという状況を無視して、むしろそれに乗るかたちで、万博会場に「キリスト教館」を建てて「伝道する」ことは本来できないはずだと反発したのである。学生たちと討論中に、反対派の学生が北森教授を殴るという事件があり、これを転機として東京神学大学側は、急速に態度を硬化させていく。

三月一一日のロックアウトの後、東京神学大学の学生寮では、学生の出入りが厳重に監視された。学生たちは、その中で自主講座を開き、私も講師として招かれた。そのため、東京神学大学の教授たちと私との対立関係は決定的になる。

一九七一年、私の日本語での処女作『原始キリスト教とグノーシス主義』(岩波書店)公刊。

一九七二年三月、私は青山学院大学文学部神学科非常勤講師を解雇された。同月、青山学院理事会は「大学への三箇条の命令」を下し、そのうちの二つは、「大学宗教部長の新設と大学宗教主任制度の改革」を命じている。前者は、従来は各学部に配属されて教授会メンバーでもあった「宗教主任」を、院長と学長の意を体現する「大学宗教部長」の直属として、各学部教授会から切り離すことを目的としていた。その結果、教授会の意向を無視するかたちで教授一人の退職、四人の宗教主任の解任、そして私を含む三人の非常勤講師(浅野順一、田川建三)が出講停止となった。その理由は、私たちの授業内容が青山学院の建学の精神に合致しない、というものであった。

同年一一月、青山学院理事会が神学科の学生募集停止を決議。この募集停止は翌一九七三年四月から実施され、四年後の一九七七年三月で神学科は廃科となった。

募集停止のきっかけは、一九七一年、除籍退学となった東京神学大学の学数生名が青山学院大学文学部神学科に編入学を希望したことにある。編入試験の結果、文学部教授会は二名の編入学を承認したが、大木院長は、この教授会決議を拒否した。その責任をとって早川保昌学長は辞職。彼は、辞任の挨拶の中で、「今日をもって大学自治権崩壊の時点と考える」と述べている。

一九七三年四月九日、梅本直人が「神学科修士課程入学試験執行義務確認」を東京地裁に提訴した。いわゆる「神学科裁判」の始まりである。梅本は東京大学法学部の出身(後にフェリス女学院大学教授)、東大在学中「全学共通ゼミ」で私と出会った。東大法学部を卒業後に青学大文学部神学科に編入学し、佐竹明教授の指導を受けた。大木院長は、梅本の青学編入を、私による策謀と考えたようである。神学科の学生募集の停止により、梅本は大学院に進学できなくなった。

裁判は長く続いた。一九七五年七月一四日に東京地裁は、原告側訴えを却下する判決を下す。原告は、同年七月二四日に東京高裁へ控訴。最終的には、一九七七年一〇月六日控訴審判決で、原告が勝訴した。被告である学院理事会・大学執行部は、「信義則違反」の罪に問われた。これは、「大学が私学であっても公的機関であるゆえに、学生が大学と契約した時、つまり入学時に約束した事柄（このケースの場合、神学科は学部・大学院一貫教育であること）は、正当な理由がない限り信義誠実に履行すべきである」というものである。

この間、私は支援会の代表を務めた。支援会に書記として参加していた神学科の学生の中に、一九八七年に再婚することになる目時英子がいた。

一九七四年五月二一日、日本学士院賞を受賞し（『原始キリスト教とグノーシス主義』に対して）、同年一〇月二一日、『イエスとその時代』（岩波新書）が刊行された。この本は忽ち版を重ね、日本の読者には広く読まれた。また程なく韓国語に訳されて、韓国民主化闘争を担ったキリスト者たちに、理論的な支えを提供したといわれる。しかし他方、日本のキリスト教学界には賛否両論を巻き起こした。東京神学大学を中心とする神学者たちからの批判は、とりわけ一九七六年一〇月の日本基督教学会関東支部会（於・東京女子大学）で行われた、松永希久夫・東神大教授（新約学）との公開討論において一つの頂点に達する。この討論は、事実上、私の「信仰」のいわば「異端審問」に終始したが、後に大木英夫東京神学大学教授（組織神学）は、自ら主幹者である雑誌『形成』に、討論で松永が荒井に勝ったという「勝利宣言」を公表した。これを受けて、当日討論会の司会をしたカトリック系の新約学者・角田信三郎が私信を寄せた。久しぶりに「大本営発表」を聞いた、と。

一九七七年三月三〇日、青山学院理事会は、文学部神学科の「廃科」を正式に決定し、同年四月、私は東京大学教養学部教授に昇任した。

その後

一九七七年八月一九日、母・トシ死去。

一九八二年、六月二四日、妻・英津子、脳腫瘍のため一三年間の闘病生活の末、死去。

一九八四年、二月二四日、父・源三郎死去。

同年四月一日、山口雅弘牧師が、まぶね教会の主任・担任教師として就任。とりわけ、同牧師の妻山口里子との出会いが、私がフェミニスト神学に目を開かれるきっかけとなった。やがて山口里子は、絹川久子と共に、東京大学教養学部教養学科のゼミ「キリスト教思潮」に参加。二人は後にアメリカに留学し、いずれも新約聖書のフミェニスト視点による研究で学位を取得、帰国後、二〇〇〇年一月に日本フェミニスト神学・宣教センターを共同設立、その共同デレィクターとなって今日に至る（二〇一九年一二月解散）。

一九八五年一一月一六日、目時英子と再婚。英子は青山学院大学文学部神学科卒業後、神学科廃科のため大学院に進学できず、独学で日本基督教団の「教師試験」に合格、当時、同教団信濃町教会の担任教師（副牧師）に在任していた。彼女はその後、国立ハンセン病療養所多摩全生園内の秋津教会牧師、農村伝道神学校教師、恵泉女学園大学専任講師・准教授を経て、二〇一〇年一一月逝去。この間英子は、東洋英和女学院大学大学院人間科学研究科を修了。修士論文「近代日本キリスト教「救らい」史の一断面——「小川正子現象」をめぐって」は、改訂・増補の上、一九九六年に『ハンセン病とキリスト教』のタイトルで岩波書店から出版された。

一九九一年三月、東京大学教養学部教授定年退官、名誉教授。茨城キリスト教大学文学部キリスト教学科教授を経て、一九九二年四月、恵泉女学園大学学長に就任。

二〇〇一年一二月、日本学士院会員に選定。

二〇〇二年三月三〇日、学長就任中に新設された恵泉女学園大学チャペルにて、オルガン奉献式。午後、学生ラウンジにて、「荒井聖書研究会」の主催により『荒井献著作集』全10巻、別巻1（岩波書店、二〇〇一—二〇〇二年）の「完結記念感謝会」が開かれた。

同年三月三一日、恵泉女学園大学学長退任。引き続いて同学園に新設された大学院人文学研究科の研究長に就任。

二〇〇四年三月、恵泉女学園大学退職。同大学名誉教授となって、現在に至る。

おわりに

私にとって「信仰」とは、私を罪あるままに受け入れた、イエスの十字架上にあらわにされた神の愛の受容であった。しかし、イエスによって「捕えられたゆえに（イエスを）捕えようとした」（フィリ3・12）結果、新約聖書を含む初期キリスト教諸文書の多様なイエス理解の背後に、次のようなイエスを見いだした。——イエスの愛は元来、当時「罪人」として宗教的・社会的に差別されていた「不浄な民」に向けられており、その愛を社会のなかで貫徹して生き、それを拒否した宗教的・政治的支配者たちを激しく批判したために、十字架刑に処された。とすれば、私を罪あるままに受け入れた神の愛の受容（信仰）とそれへの応答（信仰生活）は、必然的にイエスが受容した「罪人」の位置に赦されて立ち、彼ら・彼女らとの共生へと促される。

このことを、信仰（信）と新約学（知）との相互関係においてまとめれば、次のようになろう。最初期のキリスト教に多様なキリスト理解が存在することを新約聖書と関連諸文書のなかに確認できたのは、研究対象に対する研究者の「信」に基づく。

そもそも研究対象が文書資料の背後に存在する「人間」である場合、その人間を「知る」ことは「わかる」ことでなければならぬ。ところで、「わかる」あるいは「理解する」ためには、相手との出会いを媒介とする、相手によって引きおこされる感動、あるいは相手に対する共感と信頼が不可欠である。したがって、対象を全体として「知る」ことが「わかる」ことであるとすれば、信頼あるいは信仰（「信仰」と訳されているギリシア語「ピスティス」は元来「信頼」の意）は、むしろ対象を全体的、客観的に認識させる眼を育むものである。

この意味で研究者は、研究の対象に対して知的に批判的であると同時に、信を介して対象に身を開き、対象を理解する過程で、研究者は自らに対して自己批判的でなければならぬ。そのような自己批判的「知」を保証するものが「信」であろう。（拙論「批判的知の形成へ」拙著『イエスと出会う』二〇〇五年、岩波書店、91頁参照）

福音宣教の功罪

――ローマ植民市フィリピにおけるパウロの宣教活動を手掛かりとして

はじめに

「使徒行伝15・36－18・22パウロの第二回伝道旅行IV. 16・11－40 フィリピにて」新約釈義使徒行伝43《リュディアの回心とピュトーンの霊を宿した一人の女奴隷》(16・11－18)(『福音と世界』二〇〇九年二月号所収)に沿い、それを補足し、当該箇所から読み取られるパウロの宣教活動に関するルカの記述を手掛かりとして、福音宣教の功罪を提示する。

16・11－18は、二つの物語から成っているが、主人公が共に女性であるだけではなく、フィリピにおけるパウロ(ら)の最初の活動として内容的にもお互いに関連がある。ここで一括し、まとめて叙述することにする。

まず、16・11－15(「リュディアの回心」)は、16・10を受けて「われら章句」で記されているだけに、全体がルカ好みの用語や文体が目立つ。16・16－18(「ピュトーンの霊を宿した一人の少女奴隷」)には、16・11－15におけるほどルカ的文章要素は認められないが、「われら章句」が17節まで続いているだけではなく、書き出しが Ἐγένετο δὲ +不定法というルカに特徴的な句で導かれており、しかも「霊」追放物語がルカ福音書における「悪霊」追放物語と文体的にも並行する箇所が多いので、全体としてはルカの構成であろう。

補足① 「われら章句」(16・10－17)について(「新約釈義使徒行伝39」『福音と世界』二〇〇八年一〇月号77頁以下参照)。

このいわゆる「われら章句」(16・10－17、20・5－8、13－15、21・1－18、27・1－28・16)については議論が多い。これはおそらく、行伝著者ルカがパウロの伝道旅行についての(口頭)伝承を背景にしながら、(ここでは神の)召し出しによる(10節b)伝道旅行の証人としてパウロと旅行を共にしたことを示唆し、読者をもそれへ読書行為による参加を促そうとする、文学的レトリックであろう◆注1。

ところが最近、エイレナイオス（『異端反駁』Ⅲ、14、1）以来の古典的見解、すなわち「われら章句」はパウロの同行者にして医者であるルカが自ら目撃した事柄を報告している箇所であるという見解が改めて提起されている◆注2。そしてこれが、ブルースはもとよりイェルヴェル、ウェザリントン、フィッツマイアーなどの註解者によって支持されている。この見解によると、ルカはトロアスからパウロらとマケドニア州のフィリピまで同行し（10－17）、フィリピで一旦パウロらから別れ、彼らが第二回伝道旅行の途上、エフェソスからフィリピを訪れた時、再び彼らにトロアスで合流し（20・5）、トロアスから海路ミレトスに渡り（20・13－15）、エルサレムにのぼって（21・1－18）、エルサレムから海路ローマに護送されたパウロに同行した（27・1－28・16）ことになる。

しかし、16・10以下の「われらの章句」に限ってみても、これは16・17で突然終わり、16・18－20、すなわちフィリピ滞在中の物語後半は三人称を主語にとして綴られている。しかも、もしルカがフィリピにパウロらと共に滞在し、その後一旦彼らと別れたとすれば、16・40でそのことが何らかの仕方で示唆されているはずである。

それはともかくとして、福音書・行伝の著者であるルカ自身が、その著書の、テオフィロスへの献辞（ルカ1・1－4）の中で、「私たちのもとで成し遂げられた〔さまざまの〕事柄について、始原《はじめ》からの目撃者たちと御〈言葉〉に仕えるに至った者たち」と、それが伝えられた通りに「物語り連ねよう」とした「多くの人々」、更にこれから「順序立てて叙述」しようとしている「私」とを区別している、すなわちルカ自らが彼らの間で成就した事柄についての「目撃者」ではないことを示唆している。そして、彼の「言辞のたしかであることをご確認なさいますように」といわば読者の代表であるテオフィロスに願い出ている。こうしてみると、「われら章句」の「私たち」は、著者ルカが自らの叙述を、それが「確かであること」を読者に説得するために、読者に旅行の同行者であるようなリアリティーを与えようとする文学的レトリックであると判断せざるをえないのである◆注3。

こうしてみると、トロアスでパウロに幻の中で現われた「私たちを助けて下さい」と頼んだ「一人のマケドニア人」（9節）をルカ自身だと想定する者もいるが「これは楽しい想像に過ぎない」（真山光彌）と揶揄することは必ずしもできないであろう。もちろんこの場合の「ルカ」をパウロの伝道旅行に実際に同行した「医師」ルカととり、「彼はパウロ、シラス、テモテたちの一行に加わり、一緒にマケドニアに行った。なぜなら、彼の言う通り、パウロが幻のことを旅仲間に告げた時、『それは彼らに福音を伝えるために、神がわたしたちをお招きになったのだと確信して、わたしたちは、ただちにマケドニアに渡って行くことにした』からである」（ブルース）と解釈するのは、確かに「楽しい想像に過ぎない」であろう。しかし、ここで「ルカ」を福音書・行伝の著者ととるのならば、「マケドニア人」はルカ自身のレトリカルな形姿だと想定することは単なる「楽しい想像」とは少なくとも言えないと思われる。

　先に言及したように、われわれは「われら章句」を、物語の信憑性を強調し、その迫真性を高めるためにルカが採用した文学的レトリックの一つであるととる。この「われら」が、パウロたちによるマケドニアへの宣教物語にはじめて用いられ、しかも16・9以下においてパウロの夢の中に幻として現われるマケドニア人の要請との関わりにおいて用いられていることは、行伝著者ルカの出自を示唆する一つの証拠になろう。ここでルカがマケドニア人に自らを重ねている可能性がある。ルカは、こうして彼の出身地に、あるいは少なくとも彼がそこでキリスト教徒となった領域に自らを位置づけようとしているのではないか。実際彼は――11節以下の《釈義》で指摘するように――マケドニアについて、とりわけローマの植民市フィリピについて、かなり正確な知識を持っている。

　Streck-Degueldreによれば、「われら章句」に描かれている旅行記事の中で、その度毎に、パウロの「道」の三つの基本的方向がとられている。すなわち、それは①マケドニア／アカイアへ（16・10－17）、②エルサレムへ（20－21章）、③ローマへ（27－28章）という三つの方向である。「われら」形式で描くことによってルカは、この道が神の意思に対して順応していることを証ししようとしている。ルカはいつも決定的な時点を描写する際に「われら」を主語として用いる。マケドニアに渡るに際し、エルサレムで捕縛される旅のはじめに際し、ローマへの護送の旅に際し、神の「ねばならぬ」（δεῖ）が成就される。一人称複数形を主語として用いることによってルカは、キリスト教史の決定的な時点において神の計画が実現された事実とその有様の証人として読者に理解されようとしているのである。

　他方、パウロ自身はフィリピ書の中で、リュディアにも少女奴隷にも全く言及していない。このような理由から、この二つの物語もルカのフィクションとみなす注解者は古くから存在した（例えばコンツェルマン）。最近もこれらの物語は、（これに後続する物語「パウロとシラスの逮捕・奇跡的救出・釈放」をも含めて）ルカが古代ギリシアの悲劇作家エウリピデスの有名な作品『バッカイ――バッコスに憑かれた女性たち』を下敷きにして、パウロはバッコス（＝ディオニュソス）を超える存在であること、あるいは、ディオニュソス信仰がデルフォイのアポローン崇拝に加えられていたので、パウロはアポローン（の霊）を追放した存在であることを、ギリシア悲劇に親しんでいた読者に「護教的に」説得しようとしたという仮説が提起されている◆注4。「リュディア」は、彼女の生地・小アジアの「リュディア」に由来し、同じくリュディアからギリシアに伝播してローマ植民市内では布教を禁じられていたバッコス祭儀における「バッコスに憑かれた女性たち」「狂信者」が「主を信ずる者（女性たち）」「キリスト信者」に替えられたのであり、少女奴隷がそれに憑かれ、パウロによって追放される「ピュトーンの霊」は、「世界の臍」として崇拝されたデルフォイの「アポローンの霊」なのだ、というのである。

　しかし、たとえルカが二人の女性の物語をこの種の「護教」フィクションに仕立てあげたとしても、その背後に、ローマ植民市フィリピの特殊性を反映した伝承要素があったことを無視することはできないであろう◆注5。とりわけこの二人の女性を含むフィリピにおけるパウロらの物語には、あまりにも正確に当市の歴史的状況が反映しているからである。したがって、われわれにとってより重要なことは、「一人のマケドニア人」の招き（それはルカによれば神の召し出しであった）に応じて「福音を告げ知らせるために」（16・9以下）フィリピに直行したパウロ（ら）の活動を、ルカが二人の女性物語を介して、どのように位置づけているかであろう。

補足②ローマ植民市フィリピ（16・12）について（「新約釈義　使徒行伝40」『福音と世界』二〇〇八年一一月号78頁以下参照）。

「フィリピ」（*Φιλίπποι*）は、アレクサンドロス大帝の父フィリッポスII世の名に因んで名づけられたが、フィリピ付近の戦い（前四二年）の後、アントニウスによってローマの「植民市」（*κορωνία*, ラテン語の正式名：*Colonia Julia Augustana Philippensis*）とされ、アウグストゥスからローマの特権 *jus italicum*（イタリア権）を与えられ◆注6、ローマ軍の除隊兵とイタリア農民が移住した。こうしてフィリピにはローマ的・軍事的性格が大幅に与えられたのである。市政は二人からなる「政務官」(ギリシア語で στρατηγοί、ラテン語で duumviri〔20節参照〕)によって司られ、彼らは一人につき二人の束桿(鞭の束)と手斧を携えた「リクトル」(35節)を随伴しており、住民は自らを「ローマ人」と意識していた(21節参照)。

「マケドニアの地域の第一の都市」。ギリシア語底本では本文が πρώτη [ς] … πόλις となっている。[ ]内のςは、底本の校訂者自身が元来の本文に存在したのか否か判断を保留している字母である。実際、この箇所では、πρώτη を証しする写本が圧倒的に多く、しかも有力である(その他の小文字写本)。これを採れば、右記訳文のように、「マケドニアの地域の」(Μερίδος τῆς Μακεδονίας)「第一の(あるいは「有力な」都市)という意味になる。ところが、フィリピは当時マケドニア州の、少なくとも「第一の都市」ではなかった。この州の首都はテサロニケだったのである。他方、マケドニアはローマ軍に占拠された後、四つの地域に分割され、前一四八―一四六年にローマの属州になって、テサロニケが首都に、フィリピが第四地区に指定された。このような歴史的背景を考慮に入れると πρώτη の語尾にςを加えて πρώτης に校訂すると、これは「(マケドニアの)地域」にかかり、「マケドニアの第一の地域の都市」となる。ギリシア語底本の「本文註解」を執筆しているメッツガーをはじめとして新共同訳に至るまでほとんどの註解書や近代語訳はこの校訂を採っている◆注7。

ただし、これは――上述のように――有力な写本の支えがなく、現在でもNEB、REB、NRSVなどは、"a leading city of the district of Macedonia" と英訳しており、バレットもこれを支持している(ウィザリントン、フィッツマイアーも同様)。

いずれにしても、もし古写本を採るならば、ルカはフィリピの町をマケドニアの地域の有力な都市とみなしていたことになり◆注8、――後ほど詳述するように――ルカはこの町の出身者ではないかと想定されるほど、町の現状を正確に報告しており、パウロ自身と同様に(フィリ1・3 ff、4・14 ff参照)、この町に特別の親愛の情を抱いているので、マケドニアにおけるフィリピの位置を文化的に評価し、多少誇張して読者に伝えている可能性はあろう◆注9。

ルカは二人の女性を、ローマ植民市の視点からみれば、いずれも周縁化された存在と位置づけながらも(一人は町の境壁外の川端にある「祈り場」に集う「神を敬う」異邦人女性、一人は少女奴隷)、一方を入信して受洗し、パウロらに「家」を提供するエリート女性信徒として積極的に評価し、他方を「ピュトーンの霊」に拠る「占い」によってその主人たちに稼ぎを貢いでいた少女奴隷として、また、その「霊」をパウロによって追放される存在として、消極的に評価している。

このような宣教者と出会う人物に対する評価の差異は、実は行伝ではほぼ一貫しているのである。すなわち、フィリッポスに出会って受洗したエチオピア人は、宦官ではあるが、女王カンダケの高官であり(8・26-39)、ペトロによって蘇生されたタビタはとりわけ寡婦たちに対して「多くの着物や施しをしていた」比較的に裕福な女性であり(9・36-41)、ペトロから最初に受洗したコルネリウスは百人隊長で「神を畏れ、民に数々の施しをしていた」ローマのエリート軍人であり(10・1-49)、パウロ(とバルナバ)に出会って最初に「信仰に入った」のは、キュプロスのローマ総督セルギウス・パウルスであった(13・4-14)。いずれにしても、これらの人々は社会的ステータスの高い人物なのである。

リュディアの場合も以上の系列に連なり、少なくともルカは彼女をエリート女性に位置づけている。もちろん、彼女が紫布染色職人で奴隷であったとか◆注10、彼女はパウロと出会って入信し、その「家の教会」をローマ社会に対する「対抗共同体」として形成したとか◆注11、彼女と彼女をめぐる女性集団はレズビアンであったとか◆注12、想像力をたくましくすることは自由である。しかし、このような仮説は想像の域を超えることはできないであろう。本文から確実に読み取れるのは、エリート女性であるリュディアがパウロらの宣教に信従し、その家の者と共に洗礼を受け、その家を彼らの宿舎に強いて提供したことである。ここでルカは、リュディアのリーダーシップについてはほとんど関心を示していない。ルカの関心は、リュディアが入信して洗礼を受け、パウロらの男性宣教者に持ち家を提供することによって、自らを“domesticate”したことにある。こうしてルカは、パウロらの宣教活動を介し、リュディアをローマ植民市から「脱植民地化」しながら、社会文化的にはローマの家父長制の中に彼女を組み入れることにより、宣教活動によって彼女を「再植民地化」しているのである◆注13。

他方、「ピュトーンの霊を宿した一人の少女奴隷」物語の場合は、ルカが——《釈義》で指摘したように——「ピュトーンの霊」を福音書におけるイエスの「悪霊払い」物語(4・33-35)および「悪霊に憑かれた一人の男」物語(8・

26－42）と並行関係において編んでいるので、彼女が宿した「ピュトーンの霊」は「悪霊」とみなされており、それはイエスに重ねられたパウロによって追放の対象とされている。その限りにおいて、「一人の少女奴隷」は、パウロが第一回伝道旅行開始当初、キュプロス島ではじめて「懲罰の奇蹟力」を行使した「偽預言者・バルイエス」、あるいは「魔術師エルマ」（13・6－10）、また、エフェソで「魔術を行なっていた多くの者」（19・19）と同じ系列に属するであろう。ここでルカは、「（悪）霊」を追放された後の少女の癒しとその後の振舞いについては全く関心がなく、「イエス・キリストの名によって」「ピュトーンの霊」を追い出したパウロの偉大な奇蹟力を強調し、これをもって「パウロとシラスの逮捕」に始まる、フィリピにおけるパウロらの活動の後半物語のプレリュードに供しようとしている。

したがって、（悪）霊を追放された後、この娘はリュディアの家に駆け込んで、彼女の「家の教会」のメンバーとなり、一人の女性信徒として活躍したと解釈することは自由であるが、これも想像の域を出ないであろう◆注14。また、この少女奴隷をカイサリアで「預言をしていた」といわれるフィリッポスの四人の娘たち（21・9）と並行関係に置き、ルカは彼女の預言的賜物を「占いの霊」に「格下げした」とみなすことも◆注15、少なくともルカの意図に沿った解釈ではなかろう。ルカにとって、パウロらの宣教活動に抗う異教の担い手は、はじめから「悪霊」を宿しており、「ピュトーン（アポローン）の霊」は「イエス・キリストの名によって」追放されるのである。その後「占い」の霊力を失った少女奴隷が奴隷主たちにより無用の存在として棄てられたとしても（これが筆者には最も自然な想像と思われる）、そのようなことはルカの関心外なのである。

ところでシュテーゲマンによれば◆注16、少女奴隷がその霊力によってパウロの正体を言い当て、しかもそれを繰り返し続けたことにパウロが「困り果てて」「イエス・キリストの名によって」その霊を彼女から追放した（16・17 f）ことと、リュディアがパウロに自分の家に泊まるように「強いた」（16・15）こととはお互いに関連していると言われる。すなわち、リュディアは、ユダヤ人を危険視して「ローマ植民市」としてのフィリピから遠ざけていたフィリピ市民から保護するために、彼らを自分の家にいわば「強いて」匿おうとしたのに対し、少女奴隷の場合は、パウロらが「ユダヤの神（「いと高き神」）の僕で」フィリピ市民に対し「救いの道を宣べ伝えている」と公言し続けた。それゆえにパウロは「困り果てた」というのである。

確かにこの後パウロとシラスは、少女奴隷からの「上がり」を失った「主人たち」によってフィリピ市政を司る「政務官たち」に訴えられ、彼らがユダヤ人でローマ人が受け入れることも実行することも許されていないユダヤの「慣習」を宣伝していることが暴露され、逮捕・投獄される。しかし、このことがきっかけとなって、入獄中の二人を見張っていた看守が入信し、少女奴隷が叫び続けた、パウロらの告知する「救いの道」がローマ人看守にまで達することになる。しかもパウロらは、究極的には政務官たちに「ローマ市民」たることを訴えて釈放されている（16・19−39）。

補足③パウロによるローマ市民権行使について（「新約釈義使徒行伝46」『福音と世界』二〇〇九年五月号所収参照）。

パウロがローマ市民権を持っていたことまで否定することは◆注17は不可能であろう（リューデマン、イェルヴェル）。しかしパウロ自身は、その手紙の中で、ローマ市民であることを一度も口にしてはいない。他ならぬフィリピの信徒たちに対して、「ヘブル人の中のヘブル人」と自称し（フィリ3・5）、周辺世界の人類を「ユダヤ人とギリシア人」に分類しながら（ロマ1・16、2・9−10）、「ユダヤ人もギリシア人もない」（ガラ3・28、コロ3・11をも参照）と民族差別の廃絶を信仰の領域において宣言する者が、外国人に対するローマ市民の特権を主張するとは到底思われない◆注18。パウロをしてローマ市民権を行使せしめたのは、ギリシア文化圏内にあるローマ属州マケドニア人ルカなのである。こうしてルカは、「奇蹟行為」をもって福音を伝道する、ユダヤ人にしてローマ人であるパウロに対する、自らの「恐れ」を露わにしたのである。ここには、世界を「植民地」化するローマを抱きしめながらも、それを世界宣教によって「脱植民地化」することを希ったルカのパウロ像が提示されているのではなかろうか。

このような物語の展開を考慮に入れれば、少なくともルカは、パウロが「困り果てた」理由を、少女奴隷の公言によってパウロらがその正体を暴露されフィリピから追放されることを恐れたことにみているとは思われない。パウロが「困り果てた」のは、――すでに16・18の《釈義》で指摘したように――ルカ福音書における「悪霊を宿した一人の人」のごとく（4・33−35）、口にしてはならない奇蹟行為者（福音書の場合はイエス、行伝の場合はパウロ）の正体を公言し続けたからとみるのが妥当と思われる。

いずれにしても、ルカが少女奴隷を、リュディアとは対照的に、消極的に評価している点を明らかにした限りにおいて、シュテーゲマン説は有効であろう。

ただしリュディアにしても、ルカによれば、パウロの言葉に聴従し、洗礼を受け、その「家」をパウロらに提供するに留まる。このようなルカのリュディア像は、パウロ自身がフィリピの信徒たちに宛てて書いた手紙の中に「エウオディア」と「シュンテュケ」という二人の女性の名を挙げ（4・2）、「彼女たちは、福音において、私と共に、またクレメンスや他の私の同労者たちと共に闘ったのである。彼らの名前は生命の書に〔記されている〕」と書いて（4・3）、彼女らをパウロと「共に闘った」「福音」宣教者、「同労者」として最高に評価している事実と比較すれば、極めて消極的とみなさざるを得ないであろう。

補足④パウロにとっての宣教の「同労者」について

女性（ロマ16・3「プリスカとアクイラ」）と男性（テサ3・2、ロマ16・21「テモテ」、Ⅰコリ3・9「アポロ」、フィリ2・25「エパフロディトス」、フィレ1「フィレモン」）の区別はない。ただし、パウロにとって女性は両義的（ガラ3・27 contra 1コリ11・3以下、14・3b以下）。民族的・社会的・性的平等は、「イエス・キリストにある信仰を通して」（ガラ3・26）なのであるから、この視野は信仰共同体としての教会を超えて社会にまで届かない（奴隷についてはⅠコリ7・2参照）。

ちなみにルカは福音書でも、「マリヤとマルタ」物語においてイエスの言葉に対するマリヤの聴従を最高に評価している（10・39、42）。しかしルカは、この箇所を含めて、イエスに対する女性聴従者の宣教活動については全く言及していない。

他方ルカは、二人の主人に奴隷として仕えその「占い」の報酬を彼らによって搾取されている一少女が当然感じていたであろう、精神的・社会的「苦しみ」についても、彼女の「霊」追放による「癒し」についても、その後の彼女の行動についても、無関心である。このようにルカが、奇蹟行為者の偉大さを強調するが、奇蹟行為の対象となった人間（とくに女性）が置かれている精神的・社会的状況に由来する「苦しみ」にあまり関心がないことは、例えば福音書における「長血の女の癒し」物語の場合（ルカ8・43－48）、そのマルコ版（5・24－35）と比較して読めば明らかである。ルカは自らの版において、マルコ版におけるこの女性の「苦しみ」に関する言及（5・29、34）をその並行箇所（8・45、38）

においてすべて削除しているのである。

補足⑤ 「長血の女の癒し」物語の、マルコ版とルカ版の比較について(「イエスと現代―『強さ』志向の時代に抗して」荒井献『「強さ」の時代に抗して』岩波書店、二〇〇五年所収参照)。

パウロは、「弱さ」を誇る視点に立ち(IIコリ11・30、12・10)、貧者を擁護して富者を批判する(Iコリ11・20以下)ことはできるが、これも教会内の事柄(聖餐)であるので、社会的弱者をその「苦しみ」から解放する視点は希薄である。パウロの手紙の中にイエスの癒しの奇蹟に対する肯定的言及はない。

この限りにおいて、パウロ自身の信仰理解あるいは教会観における、社会的視座の希薄さを、ルカは顕在化したといえよう。

ルカによれば、パウロは第二回伝道旅行の途上、最初に足を踏み入れたローマ植民市フィリピにおいて、いずれも周縁的位置に置かれている二人の女性に出会った。その出会いを描写する際にルカは、一方の女性を名指しで比較的積極的に、他方の女性を名無しで消極的に位置づけながら、一方ではその女性の福音宣教者に対する聴従とその結果としての受洗、「家」の提供を強調し、他方では奇蹟行為者による女性からの「(悪)霊」追放を記しながら、彼女の奴隷としての「苦しみ」には無関心で、いずれにしても福音宣教者・奇蹟的行為者としてのパウロを前景に出している。これではルカの描くパウロは、その宣教によって二人の女性をイデオロギー的に「脱植民地化」しても、社会的には植民地への再統合を促す結果となるのではなかろうか。

おわりに

ルカによれば、パウロの福音宣教は、ユダヤ人に「悔い改め」を、異邦人に「立ち帰り」を説くだけであって、その結果起こったといわれる社会的「騒乱」(16・20、17、6)、「騒動」(19・23)、「紛争」(24・5)にパウロの罪はなく(24・8)、ローマ市民であるパウロにはローマ側からみても無罪である(26・31)。

パウロ自身によれば、イエスの十字架に啓示された、罪人を赦し彼らを義とする神の恵みを受容する(信じる)者にとっては、その者が為す業とは無関係に、その者の信仰が義とみなされる(ロマ4・5)。この信仰理解に立つ限り、キリスト者も非キリスト者もその在るがままで神の前に平等であり、この意味における「福音」を拒否するものには批判的に対峙できるはずである。しかし他方パウロは信仰を、キリスト者になるための条件として（ロマ10・9）信仰のみによる義認を説くために（3・21など）、反ユダヤ主義や異邦人差別は残り（上村静『宗教の倒錯―ユダヤ教・イエス・キリスト教』岩波書店、二〇〇八年、248頁以下参照）、信仰と人権の分離を促す結果を伴う。このために、パウロの福音宣教は社会的弱者の痛みや苦しみに届きにくいのではないか。

イエスの信じる父なる神は、義人にも罪人にも平等にその恵みを及ぼす（マタ5・45）。しかし、自らを清浄な義人とし、社会的弱者を不浄な「罪人」として差別する者に対しては、イエスは、「義人をではなく、罪人を招くために来た」と宣言し（マコ2・17）、病人の「罪」を赦して彼らを癒し（2・10以下）、彼ら・彼女らを「苦しみ」から解放して（5・34）、「義人」を立てる宗教的中枢としての神殿を激しく批判したために（11・15以下）、これを支えていたローマ当局によって十字架刑に処された。したがって、イエスが最後の晩餐の、場面で杯を取り、「これは契約のための血であり、多くの人のゆえに流されるものだ」と言った（14・34）際の「多くの人」は、元来、弟子たち（Ｉコリ11・24）や使徒たち（ルカ23・14）に限定されるものではなく、マルコによれば、イエスと食事の席についた「多くの」「罪人たち」（2・15）、ィエスが食事を供した「多くの」飢えた「群衆」（6・34）を含むものであった。この意味でイエスの福音は、宗教的にも社会的にもそれを受容する者に「脱植民地化」を促す射程を持っていた。

注1　詳しくは、拙論「使徒行伝」『荒井献著作集』別巻、岩波書店、二〇〇二年、一四五―一四八頁　山田耕太「使徒言行録」（大貫隆・山内眞監修『新版総説新約聖書』日本基督教出版局　二〇〇三　一七四―一七五頁参照　J. P. Sterck-Degueldre（Eine Lydia Zu Geschichte und Kornposition in Apostelgeschichte 16, 11-15.40, Tübingen, 2004, S.14-40）もわれわれとほぼ同じ結論に達している。

注2　とりわけ C.-J.Thornton, Der Zeuge des Zeugen, Lukas als Historiker der Paulusreisen, Tübingen, 1991.

注3　山田耕太、前掲「使徒言行録」、一七五頁、Sterck-Degueldre,op.cit.,S.21 も同様の判断をしている。

注4　D.R.MacDonald, Lydia and her Sisters as Lukan Fictions, in：A Feminist Companion to the Acts of the A post-les, ed. by A.J.Levine with M.Bicken staff, London-NewYork, 2004, pp.165-110.

注5　同様の批判が右記 A Feminist Companion to the Acts of the Apostles の Introduction においてこの注解書を編集した Levine によって展開されている（p.13)。

注6　土地法上イタリアと同等な特権。例えば免租の権利。

注7　これは元来ヨーハン・クレリウス（Iohan Clerius. 1687-1736。オランダの改革派神学者、聖書註解者）による、主としてラテン語写本に基づく校訂。πρώτη の前に η という冠詞がないので、「第一の」というよりは「有力な」と訳すべきであろう（バレット）。

注9　J.I.Staley（Changing Woman：Toward A Postcolonial Postfeminist Interpretation of Acts 16.6-40, in：A Feminist Companion to the Acts of the Apostles, edited by A.-J.Levine, London-NewYork, 2004, p.185）もこの本文を'the leading city of Macedonia'と読み、n.37 でR.Ascough, Civic Pride at Philippi：TheText-Critical Problem of Acts 16.12, NTS44, 1998, pp.93-103 を挙げている。Ascough によれば、このギリシア語読みにはフィリピの政治的位置づけよりもむしろ市民的誇りの文化的評価が表れているという。

注10　山口里子、『マルタとマリア――イエスの世界の女性たち』新教出版社、二〇〇四年、六七－六八頁参照。

注11　L.Schottroff, Lydias ungeduldige Schwestern. Feministische Sozialgeschichte des frühen Christentums, Gütersloh, 1994,S.167.

注12　D.Guest, The Conversion of Lydia, in：The Queer Bible Commentary, ed. by D.Guest, R.EGoss, M.West, T.Bohache, London, 2006,pp.571-581.

注13　T.Penner, C.V.Stichele, Gendering Violence：Patterns of Power and Constructs of Masculinity in the Acts of the Apostles,in：前掲 A Feminist Companion to the Acts of the Apostles, pp.203-209 参照。

注14　Penner, Stichele（in：op.cit., p.206, n.48）はこの種の解釈（例えば R.Reimer, Women in the Acts of the Apostles：A Feminist Liberation Perspective, Mineapolis,1995, pp.182f）を「確証の彼方にある」物語として批判している。

注15　山口里子、前掲書、一三五頁以下、注31。F.S Spencer, "Out of Mind, Out of Voice: Slave-Girls and Prophetic Daughters in Luke-Act"（Biblical Interpretation, 7/2, 1999, p146ff.）

注16　W.Stegemann, Zwischen Synagoge und Obrigkeit. Zur historischen Situation der lukanischen Christen, Göttingen, 1991, S.213f.

注17　W.Stegemann, Zwischen Synagoge und Obrigkeit. Zur historischen Situation der lukanischen Christen, Göttingen,1991, S.S.217, Anm.106.

注18　保坂高殿（「ルカとローマ市民――「おそれ」のモチーフが持つ文学的機能の考察から――」『聖書学論集』22　一九八八年　一三八頁）参照。

補注　本稿は拙著『キリスト教の再定義のために』新教出版社、二〇一八年、二二一－二四〇頁に転載されている。

講　演

II

小林哲夫

2010年3月1日-3日
関西セミナーハウス

お茶とキリスト教

――キリスト教土着化の試み

飲茶そして茶道の起源

お茶というのはインドで元々発見されて、全世界に広まって行ったものであります。それが中国に定着をいたしまして、七六四年に唐代の陸羽という人が「茶経・三巻」という書物を著しました。これはお茶の効用とか、お茶の飲み方とか、そういうことがいろいろ書かれている経典でございます。西暦八〇〇年ごろに、最澄とか空海によりまして日本にお茶の種が持ち込まれて、その後一一八五年ぐらいになりますと、栄西禅師が本格的にお茶の栽培をして、日本でもずいぶんお茶が用いられました。

本来お茶は薬種、お薬として用いられました。中国には宋時代以来「団茶」と呼ばれる固形茶がありまして、粉茶を固めて乾燥させ削って湯を注いで飲むのですが、抹茶に湯をそそぎ茶室で点てていただくというのは日本独自の作法と言えます。

日本でいま行われておりますいわゆる「点前作法」を中心とした茶道というものを、最初に始めたのは村田珠光という人でありまして、この人が茶道の原型を作ったというように言われております。村田珠光のころは、織田信長が出てくるわけで、信長の時代になりまして武将たちが一つのたしなみといいますか、そういうものとして盛んに行われてゆくようになりました。

その後、武野紹鷗という人が現れます。武野紹鷗は、千利休のお師匠さんです。一五〇〇年代に入りまして、武野紹鷗が御弟子をとって、いろいろな武将たちを教えるようになっていきます。その中で、利休がいろいろな新しいお茶の在り方、茶道の点前作法というものを考案していくわけでありま す。その利休のやりましたこと、あるいは話しましたこと、そういうことを弟子の南坊宗啓という人が『南方録』という書物にまとめまして、これがいわゆるお茶の一番最初のテキストだと言われています。それに利休が語ったことなんかがずいぶん書かれているわけでございますが、それで茶道を千利休は集大成して、天下一の茶人となるわけでございます。秀吉にたいへん可愛がられまして、秀吉は外向きのことは秀長に、内向きのことは利休にと、内政までをすべて任されるような立場に立ってゆきます。

千利休とキリシタン大名

千利休が活躍しておりましたころの泉州堺は、キリシタン・バテレンがたくさん来ておりました。一五五〇年にフランシスコ・ザビエルが宣教を始めるわけです、その当時の信徒が二万人という記録があります。これは確かかどうかわかりません。ジョアン・ロドリゲスというキリシタン・バテレンの一人が『日本教会史』という書物を残しておりますが、その中に書かれていることです。ただもう一人、ルイス・フロイスという人も同じようなことを書いておりますので、多分そういう数であったろうと思われます。

利休の弟子にいわゆるキリシタン大名といわれる人がたくさんいます。当時利休が三〇歳ぐらいのころでありますが、キリスト教の布教の時期と利休がいよいよ茶道を集大成していこうという時期が重なったということは非常に興味深いことでありますけれども、この時代の代表的な人物には、キリスト教の信徒であり、また茶人でもあった日比屋了慶という堺の豪商がいますが、この人がザビエルを物心両面で助けた人でありました。この人をはじめ、利休の門弟の高山右近、蒲生氏郷、それから細川忠興、細川三斎と呼ばれています。ガラシャ夫人の夫、それから織田有楽。古田織部。いまも織部灯籠という灯籠、これはキリシタン灯籠と呼ばれておりますが、京都のいろいろな庭にずいぶんあります。織部灯籠は下の台がない。棹がそのまま土中に入っている。これは何を表しているか。これはまさにキリストの十字架が地面に立てられたその姿を表しているわけです。そのような形に灯籠をつくり、そして灯籠の火袋のところにマリア観音を刻んだりというようなことをやりまして、それがずいぶんいろいろな所に残っておりまして、クリスチャン二万人というのは案外嘘ではなかったのだろうと、かなりの人がそういう形で隠れキリシタンとして存在していたのだろうと考えられています。

茶道と聖体拝領

なぜその人たちがお茶に熱心になったか。これが実は茶道とキリスト教のたいへん興味深いところであります。本来お茶というのは、薄茶、濃茶、懐石があります。そういうお料理とお茶とが一緒になされる「茶事」というものが本来のお茶の姿でありまして、お茶事に招かれた人がほんの数分我慢したらいいのだろうと思っておりましたら、なんと三時間ぐらいかかるということで、足がしびれて辛い思いをしたということを聞くことがありますが、そのお濃茶のお作法というのが、いわゆるカトリックで行われております聖体拝領、私どものプロテスタントでいう聖餐式の儀式とたいへん似通っているということが言われるわけであります。

お茶も、お菓子をいただいて、そしてお茶をいただきます。聖餐式はカトリックや聖公会の聖餐式は、多分うすっぺらいウェハース状のものをいただかれて、あとブドウ酒をいただく。それも司祭の方が信徒の口に流し入れるという形をとっているだろうと思います。プロテスタントの教会ではサイコロ状に切られた食パンを先にいただいて、後に小さなお猪口でブドウ酒をいただく形になっておりますけれども、その一つの器からブドウ酒をいただく。その形というのは実はお茶に流れていった。その濃茶に流れてきている。お濃茶というのは、一つのお茶碗から五人ぐらいが順番に隣りへ、隣りへと受け渡していって、いただくわけです。その形が、多分聖体拝領の儀式から利休が取り入れたのであろうと言われています。

もう一つは、聖体拝領の時に司祭が白い布を持って、器を全部清める。そして、飲んだ後をすっと拭いて清める。そういう所作が、お茶のふく紗捌きのもとだというふうに言われていますが、ふく紗捌きも清めるという意味がありますから、共通点があります。

三つ目に、私どもクリスチャンはパンをいただき、ブドウ酒をいただくことによって、共にキリストの肉と血に預かったという一体感を持つわけでございますが、お茶の場合には、「茶心一味」と申しまして、お茶を一緒にいただくことによって、心が一つに溶け合ったという考えがあります。これも共通点です。

第四に、お茶席の狭いにじり口という入り口を入って行くのに、武士が刀をつけては絶対に通れなかった。必ず刀架けにかけてからお茶室へは扇子一本を持って通ってゆく。そこではもし何か争いごとがあっても、もう武器に訴えるという争いを絶対に起こしえない。どんな高い位にある人も、にじり口を入るときには必ず頭を下げ、低頭して入って行く。そういうところから、お茶の席に同席すれば誰でも公平である。誰でもが高い、低い、偉いとか、そういう区別、差別はない。そういうことが当時の武士の社会の中では、たいへん新しい考え方であって、それがやはり神の下に人間はみな一つである、同じであるというキリスト教の思想とマッチしたのではないだろうか。その辺りがキリシタン大名がお茶をたいへんよくやったということと大きな関わりが出てくるのではないかと思われます。

利休の切腹

秀吉は、利休に切腹を命じましたが、利休がキリシタン大名を集めて自分を脅かそうとしているのではないかと疑ったというのが、大きな要因の一つであるといわれています。もちろん、大徳寺の山門の上に利休が自分の像を彫らせて上げた。利休の像の下を秀吉が歩いて行かなければならないようなことは、とんでもないことだと怒ったとか、あるいは秀吉が黄金の茶室をつくり、黄金の茶道具をつくって、それで茶会をしようとしたことを、さらには秀吉の朝鮮出兵を利休が戒めたということも大きな要因になっているようでございます。

おそらく秀吉は、自分にみんなが従っているような顔をしているが、本心ではそうではないのではないか。本心はみんな大名たちは利休の方に傾いているのではないかと恐れを非常に抱いた。そのことが利休を切腹に追いやった大きな要因ではなかっただろうかといわれています。

いずれにしても、利休は切腹を仰せ付けられて、一五九一年二月二八日に京都の聚楽第で切腹しました。もし、利休が助かろうとしたら幾らでも道筋は付けられたはずです。勿論、秀吉の周りの人たちが自分が助命嘆願するからと、いろいろ言ったわけですが、利休はそれを一切受け入れず、天下人がそう言われるのだから自分はこの世を去ってゆくということで、最後に親しい人たちとお茶会をして、切腹をしていくわけです。その姿はまさにイエスが死の前に最後の晩餐をなさり、そして従容として十字架にかかっていかれた姿と何か通じるものを感じます。

これは私の思い込みですが、利休は心情的にはキリスト者であったのではないかと思います。ご自分が切腹するときにキリシタンバテレンから聞いたあのイエス様にお従いする、そういう気持ちを深くもっておられたのではないかと思います。

大宗匠は、よく講演の中で、茶道というのはあらゆる宗教の修道の場であると言われます。お茶を通じて心と心の触れ合いをして、そのことでお互いの信仰を切磋琢磨していく、そういうことが茶道に課せられている大きな使命ではないかと話しておられます。言うまでもなく、千家の歴代の家元は臨済宗の大徳寺で参禅得度されて、禅僧の資格を得ておられます。これは茶と禅がたいへん古くから深い関係にあったことに基づくもので、茶を学ぶことは同時に禅の世界にも求めていくことになります。しかし、茶は禅ではありませんし、また禅も茶ではありません。真の宗教であれば、茶道というものはそれに共鳴をし、「茶禅一味」という言葉がありますが、茶と禅が一つに溶け合うということがあっても、少しも不思議ではありません。

和敬清寂と山上の垂訓

利休が残された四規、四つの規に「和敬清寂」という言葉があります。これは基本的にお茶の精神を表す言葉になっているわけでありますが、まず「和」が何よりもお茶にとって大事なことであります。お互い同士が和やかに、仲良く和し合う。次に「敬」、お互いに敬い合うこと。お互いに尊敬し合い、お互いが我を張らずに謙虚になってゆく。そういうことは交わりの基本であります。そして、その次に「清」。ワープロで「わけいせいじゃく」と打つと「和敬静寂」となりますが、「静」ではなく「清」です。これは、色んな道具をふく紗捌きで清めていくという意味も含まれますが、心を清める。お茶をいただくことによって心を清めてゆくことが大事なのであります。そして、最後の「寂」、これはただ寂しいとか、わびとか、さびということだけではなくて、これはどんな事柄にも動じない心、不動の心を表しています。それが次の活動への一つの腹ごしらえといいますか、エネルギーの元になる。そういうことがこの「和敬清寂」を通して言われていることです。

これはキリスト教的な解釈をすることがいいのかどうかと思いますが、私は聖書のマタイによる福音書の第5章に「山上の垂訓」という箇所があります。これは文語体の聖書で読むほうが感じが出るのですが、「心の貧しい人たちは幸いである。天国は彼らのものである。悲しんでいる人たちは幸いである。彼らは慰められるであろう。柔和な人たちは幸いである。彼らは地を受け継ぐであろう。義に飢え渇いている人たちは幸いである。彼らは満たされるであろう。憐れみ深い人たちは幸いである。彼らは憐れみを受けるであろう。心の清い人たちは幸いである。彼らは神を見るであろう。平和を作り出す人たちは幸いである。彼らは神の子と呼ばれる。義のために迫害されてきた人たちは幸いである。天国は彼らのものである。」

この「山上の垂訓」のこの言葉が、すべて「和敬清寂」のどれかに当てはまるわけです。「心の清い人たちは幸いである」、これは元のもので見ますと、心の貧しいというのは空しい心。「虚心」という字が当てられています。これはまさに先ほど言いました寂念不動。どんなものにも動じないその心。これを表していると思われますし、心を清めること。それから柔和な人。平和を作り出す人。いずれも憐れみ深い人。お互いに敬い、謙虚になる心。そういう意味でまさに私はこの「山上の垂訓」と「和敬清寂」とは同じ根源を持っているという風に思うしだいです。

私は、YMCAから裏千家に移りまして二二年、いろいろな方にお会いし、そしていろいろな経験をさせていただき、そのことの中で人と人のつながりの中に本当に必要なものが、この「和敬清寂」四文字の中に、そしてまた「山上の垂訓」の教えの中にあるのではないかということを深く、深く感じています。

講　演

III

本田哲郎

2010年3月1日-3日
関西セミナーハウス

貧しくされた人々への福音

――教会自身の加害性も自覚しよう

　これから牧師職、司祭職を担う皆さんに知ってほしいことがあります。教会が伝統的に教えてくれたことには、すばらしいこと、世の中を生きる上で大事なことがあります。けれども同時進行で害悪を蔓延させてしまった、そういう部分もあるということです。

　皆さんがこれから牧師になられたら、それぞれの教団という組織にはしがらみがありますから、何でもかんでも皆さんの思い通りにはできないと思います。できないとしても、今まで教会や神学校が無批判に学生たちに提供してきた神学的な教えなどを含めて「それはちょっと違うんだよ」ということを、少なくともわかった上で仕事をしていただきたい。もちろん、生きていく手だても必要ですからね、家族を養わないといけないだろうし、皆さんの場合は招聘制度がほとんどでしょうから、そう簡単にあっちやこっちに追い出されては、家族を路頭に迷わせることになりかねない。へんな老婆心ですけれど、少なくとも、違っているところは違っているという確信をもった上で、あとはどうするかということを、その都度自分で考えていってください。少なくともそういう自覚があれば、教会がよかれと思って提供してきた従来の伝統的な価値観、制度、秘蹟とかに対して「それは納得できない」という教会員や新しい求道者がいた時にも、「わかるよ」と言ってあげられるし、わかった上で「これはたいしたことないんだから、合わせましょう」というような取り組み方もできる。それを全くすべて、教会が出しているものはいいものばかりだ、それに対して疑いを持つのはとんでもないというような高飛車な姿勢をとってしまったら、どうしようもないわけですよね。そんなことを含めて、いくつか、分かち合いたいと思います。

　制度としての教会、教団としての教会が、自覚せずにかかえている加害者性、現実（真実）から目を外らさせるような教えを混在させていること、そのへんに対する自覚を持ってほしいですね。そういうことで、たくさんある中のほんの四つくらいのことを、ここでは言いたいと思います。

まず一つは、隣人愛の教えを実践しましょうというような時にも「相手の立場に立って考える」と、よく言ってしまうわけですよね。「相手の立場に立って考える」というのは、別に教会だけではなく、社会のさまざまな現場でのかかわり、福祉活動にしても常識的にそういう言葉を発しているわけですが、本当に相手の立場に立てるのか。私は釜ヶ崎に来て初めて、逆立ちしても、本当に相手の立場には立てないと思い知らされました。特にどういう場合かというと、相手が痛み、苦しみ、寂しさ、悔しさ、怒りを抱えているときです。努力すれば本人と同じところに立てるのか。私は努力すれば立てると思っていたんです。だけど絶対に立てやしない。在日の仲間たちに対する痛みの共感を持つ人はたくさんいます。けれども、在日のその人、本人の、底深い歴史の積み重ねの中で、現在、位置づけられているその人の立場には、どんなに兄弟愛に満ちて、どんなに友達になったとしても、立てないんですね。こちらの想像力の中で、その先輩たちの立場に豊かに寄り添うつもりがあったとしても、最後のところで立てないんです。

二一年前に釜ヶ崎に来たとき、私はまだ四〇代後半でしたが、まず私のやるべきことは、ここの大勢の日雇い労働者たちの仲間になることだ考えてね、そのためには日雇いに行こうとしました。毎日は行けなかったんですが、ふるさとの家が当時、労働者のための食堂をやっていて、安い定食を出していました。それのボランティアもあって、週二、三日くらい日雇いに行っていて、一年たち、二年たち、三年たちするうちに、それなりにここの地域に溶け込めているなと感じていたんです。おっちゃんたち、仲間たち、先輩たちの気持ちもわかってきたと思いはじめていた時だったんです。私は五〇歳になりかけていました。

その日も日雇いに行って、飯場で新聞紙に包んで出してくれた弁当を、六〇前くらいの労働者と一緒に食べていました。全然面識のない人ですが、彼から話しかけられました。「なあ兄ちゃん、たまには家に連絡しとるんか」と言うから、「はい、時々しています」と答えると、「それはいい。わしの出身はここや」と言って見せてくれたのが北九州の住所なんです。大字何々、字何々、何千何百何番まで。こっちから聞いたわけじゃないのに。電番話号まで見せるんです。「先輩も連絡はしてるんですか？」と尋ねると「いやあ、わしな、三〇年、連絡してない」「なんでですか？」。住所を覚えているし、メモを見るわけじゃない、電話番号もよどみなく言える。それなのに三〇年連絡していない。「なんで？」「いやあ、こんな状態で今更な」と言うわけです。連絡の手段を持っていながら、三〇年連絡できなかった。なんだかんだ言って、自分の方から家族を捨てて出てきた人かもしれません。けれども、気持ちは家のこと、田舎のことに、ほんとに向いていたんだ。それを私なんかが、釜ヶ崎の労働者のことをわかったつもりになって、自分勝手な想像で、考えたり、言ったりしていた。そうじゃない。

電話なんかね、しようと思えばできたはずです。一回仕事に行って稼いでくれれば、私が行っていた頃の一日の労賃が一万三千五〇〇円だったんです。少々長距離だろうが飯代を残し、ドヤに泊まる金を残しておいても十分電話できる、そんな景気のいい時もあったにもかかわらず、連絡をとる勇気がなかった。その痛みというのは、いくら想像を逞しくしたとしても「わかるよ」と言ってあげられるような問題ではなかったのです。もっともっと深刻なんですね。

たとえば被差別部落の人が、二十歳前後になって恋人と出会うような状況になって、何とか自分は差別を乗り越えていこうと心を決めても、子どもを妊娠する段になって、この子を産んでいいもんか、産むべきでないのか、そんな心配をしなければならないという。この子にも親と同じ差別されることのしんどさ、辛さを負わせることにならないか、そのような権限が親にあるのかどうかということで悩まないとなんない。在日の仲間たちで、自分たちの文化を大事にしたい、おじいちゃん、おばあちゃん、親たちの文化、二世として日本の社会で生きる複雑さ、しんどさを抱えていて、でもそれを大事にしたいと思って、日本名、通名を使わずに韓国名でやりたい。引っ越しのアパート探し一つにしても、どれほど苦労しているか。住居を決めるところで、そんな障害があるたいへんさというのは簡単にわかるもんじゃないんですね。

だから「相手の立場に立って考えましょう」と軽く、さらっと言ってしまうけど、「一回でも、誰か、自分以外の人の立場に立ち切れたことがあるの？」と自分に問い返してみたんです。私は七人きょうだいで姉がいます。彼女は中学卒業の頃、結核になって、高校も行かずに療養生活をして、後に夜学に通いました。この姉とは、喧嘩もしながら仲が良かった。けれども。姉が五〇を過ぎた頃、ポロッともらした言葉によって初めて、姉の本心というか、実はもっと別な生き方を望んでいたと知らされてね。同じ釜の飯を食って、喧嘩しながらも仲良しでいた姉の気持ちすら、私はわからなかったのです。人間って、どんなに洞察力のある人でも人の立場に立ち切れるということはありえない。そこから出発しないと、へんな押しつけをしてしまう。自分は相手の立場に立っているつもりにはなっているからね。野宿しているおっちゃんたち、公園で、のうのうと天気のいい日なんか芝生の隅でテントを張って腹這いになってワンカップでちびちびやっているのを見たりすると、「もし私が彼だったら、そんな、いけ図々しい振る舞いはしないのに、あの人は」と、つい、やってしまう。「私だったらこうするのに、あの人、しない。なんか問題あるんじゃないの、病気なんじゃない、いじけてんじゃないの、人生、投げ出して社会との再度の仲直りを捨ててんじゃないの」、そんなふうな見方になってしまうんですね。その原因は何か。「私だったらこうするのに、この人、しない」。これは相手の立場に立って考えようということの怖い部分です。

人の立場に立てなかったら、どうすればいいのでしょうか。立てないんだから、相手より下に立つしかありません。理解するというのは英語ではunderstandと言いますよね。なんで同じところに立つという表現をしなくて、相手よりも下に立つという言い方なのか。人との関わりの根本を示す大事なところです。同じところに立てないんだったら相手よりも下に立つ。

「教えて」「教えてください」。学ぶ姿勢です。学ぶ姿勢は同時に、相手を尊敬する姿勢になるのかな。けれども、神父とか牧師は教えることに慣れているから、なかなか難しい。ましてカウンセラーの資格をとったとか、大学で心理学を専攻しましたとか、テクニックまで持っているとなると、「学ぶ姿勢」は、なかなかむずかしいものです。

教会で「隣人を自分と同じように愛しなさい」と言う時、基本的に相手の立場に立って考えようという感覚で言うことが多いので、これは絶対改めなきゃならない。

ロマ書12章10節にこんな言葉がありますね。「互いに仲間としての思いを大事にし、尊敬を込めて相手を自分の指導者と思いなさい」。ガラテヤ書、ロマ書でも一番大事なのは、これしかない。「隣人を自分と同じように大切にする」。それに集約している。それが神を愛すること、神を大切にすることの実践につながっている。隣人愛とは要約すれば「隣人を必要としている隣人にあなたがなる」。これだけでしょう。仲間を必要としている人の仲間に、あなたがなる。これはルカ福音書などで「私の隣人とは誰ですか」と質問されたとき、イエスは答えて、「おいはぎにあった人の隣人になったのは誰か？」という問い掛けです。隣人愛の教えというのは、隣人を必要としている人の隣人にあなたがなる。

「行って同じようにしなさい」とイエスが言うわけです

ね。そういう意味で、隣人とのかかわりの、その延長線上に神とのかかわりが、同時に実践される。神を愛している一方で隣人も愛さなくちゃ、とか、隣人を愛しているだけでは足りないから神にも、という、従来、教会が好んで教えてきた見方は、現実には全く不可能です。それを美しくするために十字架の形を思い出して、縦の棒は神とのかかわり、横の棒は隣人とのかかわりです、と。けれども、現実の生活の中で、この二つは絶対無理なんです。結局パウロが要約してくれたみたいに、隣人を本気で大切に尊重していく中で神は尊重されていく。そういう意味で、隣人の中に神の働きを見る。そうすると痛み、苦しみ、寂しさ、悔しさ、怒りを抱えている隣人、本当の意味での隣人とのかかわりの中で、実は神とかかわっている。「私の兄弟である、一番小さくされたものにしたのは、私にしてくれたのである。しなかったのは私にしてくれなかったのである」。マタイ25章のイエスの最後の要約は、神を想定したかかわり、それが実践できていますか、という、それが一つですね。

それからもう一つ、教会が礼拝の時でも、いろんな修養会の時でも、盛んに牧師、神父たちが言うことは、多様性の一致、違いを認めることのすばらしさ。皆、違っていていいんですよ。パウロが、コリントIの手紙12章ですが、誰でも人の身体というのは一つであっても、そこにはたくさんの部分があり、身体にあるすべての部分の数は多くても、それで一つです。足が自分は手ではないから。耳が自分は目ではないからといって、そういう譬えを使って、皆、違っていていいんですという。そのことをなぜか、これまで教会はカトリックもプロテスタントも、この「違っていていいんだよ」と。「みんな、違って、みんないい」という金子みすずさんとか、教会の牧師、神父は大好きなんです。なぜだかわかります？　共同体をまとめる上で、その言葉があったら万々歳、違っていていいんだ、皆、同じじゃなくていいんだよ。牧師として神父として一番楽なんですよ。違っていていい。信者さんたちにしても、それが一番。どこに野宿者がいようが、祈りなんて、効きやしないのにね。祈りの本当の効果を確かめたことがあるんですか。私は最初に祈ったのは、翌日、遠足だという小学生の頃ね、「明日、天気になるように、イエス様によろしく伝えてください。使徒と聖霊の名前によって」とお祈りして、たまたま天気になって「ああ、神様すごい」といってね。雨だったら、どうしたんだという、そんなことくらいですわ。

一番便利なのは、アフリカで、アジアの貧しい国で飢えに苦しんでいる人たちのために、皆祈りましょう、できたら、ちょっと献金をしましょう。これで問題解消なんです。祈った祈りが、ほんとに効いているのかどうかを、牧師になる人、神父になる人は疑ってかかってほしい。私は全く疑わなかった。思った通りにならないとしても、きっと聖霊が、もっとよりいい方向にこの祈りは聞き届けてくださるんだからと、さんざん誤魔化されてきた。それが一番よくわかるのは、自分がある問題を抱えていて、そこから解放されたいという時に、真剣に祈っている。礼拝の中で、個人の祈りの中で。どのくらい効果があるか。結果は自分の中に現れるから、はっきり、誤魔化しはきかないわけです。それで自分で証明できるんだったら、勇気をもって祈りを勧めてください。けれども、そうでないのだったら、祈りだけに、へんな期待感を持たせるような教会の司牧はしないでほしい。

だけど信仰って、基本的に祈りでしょう。その祈りそのものを、そこまで疑ってかかり始めたら、出発から、ごちゃごちゃになってしまいませんかと思うかもしれないけど、でもイエスが祈りについて教えてくれたマルコ11章23節（新共同訳とかフランシスコ会訳とかはあまり徹底していないんですが）、本田なりに原文に忠実に、信仰・ピスティス、信じる・ピステウオという、この言葉のもともとの意味を、きっちりおさえて翻訳し直したら、祈りとはどういうものかが、はっきり見えてくるんですね。

「イエスは弟子たちに言った。神を信頼して歩みを起こしなさい。はっきりいっておく。誰でもこの山に、そこをどいて湖の中に移れといい、あれこれ心で惑わずにいう通りになると信頼をもって行動を起こせば、それは実現する」。祈りって、そういうものなんです。マルコ福音書ね。「だから言っておく、あなたたちが祈り求めることは、すべて、すでに得たものと信頼して行動を起こせ、それは実現するのだ」。ここまではっきりとマルコ福音書は、祈りについて書いている。神様は必ず力を添えてくれるんだから、できるんだと確信して行動を起こしちゃいなさい。目の前に南側に大きな山があって、自分の家は山の北側にある。パレスチナ地方のイメージですね。そこで病人を抱えて、おじいちゃんが寝たきりである。引っ越すわけにいかない。だけど朝、ちょっとした太陽が部屋に差し込むくらいで、昼間は山の影。日没になってちょっとこっちから光がのぞくくらい。なんか、この山、どいてほしい。この山がどいて湖の中にポチャンと入ってくれたら、どれほど助かるかという状況設定ですね。この山に向かって「湖に移れ」と言って、その通りになると信頼して行動を起こしなさい。自分の小さなシャベルなり、一輪車なり持っていって削っていきなさい。最初の東側の角から削っていって、コトコト削り始めなさい。いつか山全部移すことができるようになりますよ。もちろん一人じゃ物理的に言っても算数的に言っても不可能です。けれども一人が必死になってやりはじめると「お前、何やっているの？」と回りが気にして「実は、うちのおじいちゃん、日があたらない、引っ越す金がないし、あの角がとれたらいいと思うんだけど」「アホか」と言われながらも「ちょっと自分も手伝うか」という感じでやっていって仲間の変化が始まる。

ピスティスというのは、信頼して歩みを起こす。そこまで含めて信仰なんですね。ただ信じるだけというのは、ヤコブが言う「行いのない信仰は何の意味もない」と言わんとすることは同じことなんですね。聖書学者は趣味的にヤコブの神学とパウロの神学は違うからと、ますます混乱させるだけなんです。ピスティスという言葉は同じだと。神学者は、どっちを自分のものとすればいいのという、それに対する答えは出さないわけです。学説、神学の立場が違うと。それだけ提供するだけでは話にならない。現場はそれではすまない。どっちが本当なのか。両方ともウソなのか、両方とも正しいのか、正しいとしたら、どういうニュアンスでヤコブがピスティスという言葉を使っているのか。パウロはどういうニュアンスで使っているのか。それをあわせて初めて一つになる。動詞のピステウオ、名詞のピスティスというのは、自分が五の力しかないとしたら、神様は必ずあと八つなり一〇なり力を添えて実行に移させてくれると信じ、神様に信頼して歩みを起こすこと、それが信仰なんだ、そこまでとらえていけばいいわけですね。

ヤコブさんが「行いの伴わない信仰は何の値打ちもない」というのは、まさにその通りなんですね。パウロが言いたいことと、ヤコブが言いたいことは、実は同じことなんだよという、同じ聖霊の働きによって書かれた聖書なんだということ。そのへんを聖書おタクになってしまっている聖書学者たちに、やみくもに従わない方がいい。現場サイドから「これに対する答えになっているの、なってないの？」と問わないといけない。神学生の皆さんが、聖書学者たち、神学者たちに問題をボンボン突きつけていって、彼らに発想を変えてもらうくらいの勢いを持ってほしいなと思います。

コリントの人々への手紙には、違っていていいんだよということで終わりじゃなかった。パウロが言いたかったことは、「それどころか、身体で一番頼りないと見なされている部分が大事なのです」。「私たちは身体の部分でたいしたことないと思ってしまうところを、何よりも尊重するようにするのです。それで私たちが目障りだとしていた部分が、より優れた調和をもたらすようになるわけです」。一番頼りないとか、たいしたことないとか、目障りだとか、弱い立場に置かれている人たち、その人たちを何よりも尊重する、尊敬を持って対応する。アンダースタンディングのかかわりということですね。「神は不足がちのところを、何より尊重されるべきものとして身体を組み立てられました。それで体に分裂がなくなります」。だから多様性の一致というのは、誤魔化しなんですね。多様性は出発点です。皆、違っている、違っていてあたりまえ、それは出発点でしかない。福音の実践でも何でもない。福音の実践になるためには、皆、違っているんだけど、その中で一番目立ちにくい立場の仲間、一番弱い立場の仲間たち、一番みっともない状態に置かれている仲間たち、その仲間たちを本気になって周りが尊重して、「彼が願っているのは何なの」、「どういう社会を求めているの」、そこに皆が、それぞれの立場を大事にしながら、弁護士さんの立場、大学教授の立場、お医者さんの立場、牧師の立場、何であっても、皆、自由に、一番弱い立場の人たちの側から、すべて見直して行動をおこしていく。それがメタノイアですね。

そのためには多様性というのはものすごく力になる。たとえばここにいらっしゃる皆さんが、皆、釜ヶ崎に来て、朝から炊き出しのお手伝いを始めたとして、何の力にもならない。皆さんの人数分だけ、皆さんの口の数だけ炊き出しが減るだけの話です。そんな連帯よりも、それぞれ自分が置かれた場所で、自分が培った能力や技術、自分の得意技を活用して、一番よい状況に置かれている人が、自分のこの活動がどんなふうにしたら、少しでもこの人たちの底上げになるだろうか、ただそういうことを配慮しながらやっていく。このネットワーキング、ダイナミックで多様な協力体制によって初めて分裂がなくなる。でも教会はね、「違っていて、神様の豊かさを表しているんです」で誤魔化す。違っているのはあたりまえなんだけど、SMAPの歌じゃないけど、大きな花、小さな花、いろいろある、世界に一つだけの花という誤魔化しは効かないよ。大きい花は、それだけ楽なんですよ。ほっとかれても大丈夫。小さな、かすみ草一輪くらいの花、精一杯咲かせても、それくらいしか自己実現できない仲間たちがいるじゃない。違っていていいんですよ、神様の多様性を表しているんですよ、という、そんな誤魔化し方をされると、ムカーツときますよね。だけど教会って、意外と体質的に、そういうものを持っている。それに対してパウロははっきりと、そうじゃないよと。一番小さくしか花を咲かせることができないその仲間たちを何よりも尊重して、皆が、つながってかかわっていくことだと言っている。

教会がよかれと思ってやってきたことの加害性の最たるものが、キリスト教は愛の宗教であると言うときの「愛」という表現です。これがどれほど勘違いを引き起こし、人を苦しめてきたか。ヘブライ語の旧約聖書にアハバという言葉がたびたび出てきます。それを「愛」と訳してきました。また新約聖書に出てくるアガペを必ず、カトリックもプロテスタントもどの教団も「愛」と翻訳してきた。そしてイエスの言葉として「隣人を自分自身と同じように愛しなさい。神を心をつくし、魂をつくし、力をつくし、精神をつくして愛しなさい」と言っているわけですよね。ヨハネ福音書では「私はあなたたちに新しい掟を与える。それはあなたたちが互いに愛しう合ことです」。そしてヨハネの手紙に「神は愛である」。神とのかかわりは愛抜きには存在しない。キリスト教の根本精神は愛なんだ、どこから見ても間違いがないという形で主張してきたわけですね。パウロは「愛は途絶えることはない」、そこまで言うわけですよね。けれども、現場で、家庭で、愛はどのくらい途絶えずに続いているのだろうか。結婚しているご夫婦の中で、出会った時のあの愛をずっと保ち、「今も変わりなく私たちの愛は続いています。確かに愛は絶えることはないというのは本当ですね」と実感を持って言える人は何パーセントいるでしょう。愛はほとんど途絶えてしまっている。薄くなってしまっている。じやあ、キリスト教の本質的なところが、それだけ薄らいでいるということですか。もう誰もキリスト教を全然守りきれていないという話になりかねない。

「敵をも愛しなさい」とイエスは言うわけですね。「敵を愛する」というのはどういうことなのか。敵という、新約における敵の位置づけは何か。決して歩み寄りとか、すり合わせとかできず、認められない対象を敵と言うんですね。お互いに半分ずつ我慢しあいましょうという関係は、敵ではないんです。敵とそれをやっちゃだめ。だけど敵をも愛しなさいと言う。一番わかりやすいのは、私たちが、互いに愛し合いなさい、敵をも愛しなさい。隣人を自分自身と同じように愛しましょうと努力する時に、どういう状態をつくればいいのというそのイメージ、おそらくそれは、人それぞれの原体験である愛のイメージだと思います。たとえば親、両親から愛を注がれたなという体験を持てている人は、それを目指すでしょうし、あるいは親は苦手だったな、納得いかなかった、だけど兄弟姉妹の間で、愛ってこういうものなんだよ、と自信を持って言えると、人それぞれ、親子関係ではうまくいかなかったけれど、自分の子どもとか、そういうものに対して、なんの交換条件もなしに育める、そういうものを愛だとイメージしているとしたら、それを誰に対しても実践しないと、愛の実践とは言えないはず。だけど教会では上手にね、「聖書に出てくる愛の意味はこうなんですよ、歌謡曲にたびたび出てくる、あの愛とは違うんですよ」と平気で言うんだけれども、普通、愛の宗教と言われたら、それぞれが体験している愛の原体験で推測していくしかないじゃないですか。もしそうだとしたら、互いに愛し合いなさいと言われて、努力すれば愛せるかなと、自分に言いきかせる。だけど努力して愛せるなんて、とんでもない。たまにはできるかもしれないけど、顔も見たくないという仲間だって、いるわけじゃないですか。そういう場合、キリスト者として未熟だと、自分を責めるしかない。その皆さんが牧師になって、教会の説教台から「皆さん、愛し合いましょう」と言うとしたら、同じ苦しみを人々にまき散らすだけの話ですよ。

基本的に私たちが愛という言葉を単純に聞いた時にイメージしているのは、ギリシア語に戻すとしたらエロスという言葉。エロスというのは単に、性的な愛だけではなく、子孫を残すための家族を固めていくエネルギー、これがエロスです。エログロのエロだけではなく、基本的には生命を維持していくための不可欠なもの。おそらく私たちは漠然と愛という言葉を聞く時に、愛さなくちゃ、という時に、それをチラチラと思い浮かべる。親が自分に、こんなふうにしてくれた、うれしかったな、それを親に戻すというような愛。エロスという言葉は新約聖書に一回も出てこないんですね、面白いことに。それとちょっと類似するような言葉としてストルゲーという言葉があります。ストルゲーというのはそのままでは出てこなくて、ア・ストルゲーと否定形の形で、パウロが一回だけ使う。それも家族愛です。家族の間で、ごく自然に培って、体験してきた、愛だと思っているのだったら、それはアガペと違うものをいっているんだということをまず絶対認識してほしい。しかし、世の中には家族、両親が小さい時からいなかった、施設で育てられたという人もたくさんおられますからね。その人たちが、愛という言葉を実践しましょうと言われたら、どうしたらいい。自分自身と同じように愛しましょうと言われても、自分を愛しているとは自信を持って言えない人だって、ごろごろいます。にもかかわらず、教会はなんで、愛、愛と言うんでしょうか。

私たちが強制してしまっているのはエロスの部分を強調しているのではないか。あるいはストルゲー、家族愛。それは決して普遍化できないんです。自分のつれあいを愛する、恋人を愛する、きょうだいを、わだかまりもない自然な愛の雰囲気を、お隣の家族に対して向けることはできないものなんです。自分のお孫さんが可愛いという人がいても、お孫さんと幼稚園の同級生の何々ちゃんと同じようにかかわれるか、同じようにかかわっちゃいけないんです。自分の妻を愛するように、友だちの奥さんを愛してはいけないのと同じように、私たちがイメージしている、ごく自然体に持ってしまう愛を、あの人にも、この人にも、というのはダメなんです。愛は普遍ですと、よく平気で言うんだけれども、あなたがいっているのは愛のことを言っているのではなく、アガペについて言いたいのでしょう。アガペは愛と訳したら間違いなんですよ。

エロスとアガペの中間にフィリアがあります。それはアボット・スミスという古い辞書では「スポンターニアス・ナチュラル・アフェクション」となっています。スポンタニアス、自発的に自然に持つ愛情ですね。アガペはそのフィリアでもないんです。フィリアは信頼のおける友だち同士の愛です。何でも打ち明けることができる。親には言えないけど、この友だちだったらわかってもらえるかなという関係ですね。

たびたび愛という言葉を使って翻訳されているアガペ、アガパオ、この名詞と動詞は愛と絶対に訳さないでほしい。隣人を自分自身のように愛しなさいと言わないでください。そうではなくて、自分が大切なように隣人を大切にしてください。敵をも大切にしなさい。絶対相入れることができない対立の位置関係にあるかもしれないが、それを切り捨てるなよ、大切にしろよ。その人たちがよくなっていくように見放すな。イエスは決してパリサイ派の人たちを好きになったのではない。例外的に親しくなっていく人たちに対しても、イエスは愛を持ったこともなければ、友だちのように好きになったこともない。けれども、大切にし続けた。だから「絶対にあんたはそのままではだめだ、あんたの状態、何だかわかっているのか、白く塗った墓だよ、中は腐った骨だけじゃないか」。ものすごい糾弾なんです。毒蛇の子孫という言い方をするでしょう。あなたたちがやっていることは一人の改宗者をつくるために世界中を走り回っている。ところが改宗者ができると、自分にまさる地獄の子にしている。これが、イエスがパリサイ派の人、律法学者に向かって言った言葉なんです。イエスは彼らを好きだという意味で愛していたんですか。愛していたら絶対そんな言葉は出てこない。彼らを友だちのように好きだったんですか。好きだったらそんな言葉は出てこない。愛することもできないし、好きになる気持ちもさらさらなかった。けれども彼らを人間として大切にしたかった。だから見切りをつけずに、自分が殺されるのを覚悟で最後まで言い続けていった。「あんた、違うんだよ、それじゃ、どれほど神の子どもたちが苦しめられるか」と訴え続ける。それがアガペなんです。

私は、自分が翻訳した聖書の中では、アガペという言葉を愛とは絶対に訳しません。「大切にする」と訳す。これは「大事にする」と似ているんだけれど、大事にするのでもない。「この時計を大事にしている」と言う時、私の物の利己主義的な位置づけなんです。わが子を大事にするというのも同じです。他方、「大切にする」とは、自分の領域の中だろうが外だろうが、尊敬をもって、その人をその人として大切にする。アガペは、そういう意味なんです。簡単に愛と言わないでほしい。

だからといって「愛」がだめだというのではないんですよ。ご夫婦の間で愛が培われていれば、それはよかったねと言います。しかし、愛がだんだん薄れていったからといって、最初の愛をかきたてなさいよ、と言う必要もない。自然でいいんです。愛する努力の前の一歩として好きにならなくちゃ、という思いがあるでしょ。愛するからには好きになる努力をしなくちゃと。でも、どんなに頑張ったって好きになれない相手もいる。好きになれない相手がいるから自分はだめなんだということではない。好きとか嫌いとか、好みが合うか合わないとかが、あっても構わない。それを、教会がなんで、皆同じように友だちになりなさいとか、愛せるように頑張らなくちゃ、と言うのか。自分はやっているのか、と言いたくなるよね。つれあいを愛せなくなっているにもかかわらず、説教台からは「愛しましょう、愛することは好きになることです」と言う。違います。アガペは大切にすることです。私が使っている辞書では、feel and exhibit esteem and goodwill to a pass という英語の説明になっています。感じて実践する。尊敬して、その人によかれとやる。アガペというのは、こういう意味なんだと。愛という言葉に訳したのが混乱の始まりで、キリスト教の教会が、全体の空気として偽善的だというのは、そういうところに出発点があるわけです。愛を強調する。だから第一コリントの13章の愛の讃歌で、「愛は絶えることがない」と言っているのは、愛ではなく、アガペのことをいっているのです。アガペとは「人を大切にすること」、「忍耐強く相手をすること」です。人を大切にするということは途絶えることはありません。確かにその通りです。感情としての愛情は薄らいでいきますから、いつまでも好きだとは思えなくなったとしても気にしないでいいんです。

アガペを「愛」と訳してきたことは、私の目からすると、一番大きな害を社会にもたらしてきたように見えます。カトリックはカトリックの教団としての神学の体制ができていますから、私一人がわあわあ言ったって屁の突っ張りにもならないんですよ。けれども、言い続けるしかないから言い続けます。どっちみち、福音的な価値観というのは、常に少数派のままで動き続ける。それしかないんですね。紀元二、三世紀まではキリスト教の教えというのは純粋性を保っていたけれど、四世紀にローマ帝国の国教に変わりました。その結果、キリスト教徒の人数はものすごく増えていくのですが、福音からどんどん離れていくわけですよね。そんなこともよく考えていただきたいと思います。時間になりましたので、終わりにしたいと思います。

講　演

IV

関田寛雄

2012年3月27日-29日
イエズス会日本殉教者修道院（鎌倉黙想の家）

説教とわたし

――個人史的回想

はじめに――加藤常昭先生に代って

昨日(三月二六日)、戒能先生からお電話があり、講師の加藤常昭先生の奥様が緊急入院ということで、講師として参加できないとの連絡が入りました。しかしこの企画は中止するわけにはいかないので、「校長」役であったわたしが講師の役を担当してほしいという話になりました。わたしはびっくり仰天したのですが、これはやむを得ないと思いましたし、わたしなりにいくつかの神学校で説教学を担当したこともありますので、お引き受けすることにいたしました。わたしは加藤先生の代役が務まるような「器」では到底ありませんが、先生の奥様のご回復を祈りつつ、代役をさせていただきます。

もう一つ申し上げたいことは、いわゆる説教学は、もう既に皆さんがそれぞれの神学校で受講しておられるので、今更それを繰り返すつもりはありません。ただ、わたしも五十数年説教者として生きてまいりましたが、その間どのように貧しいながらも、説教者として育まれてきたか、その過程でどのような暗中模索、試行錯誤をしてきたか、いわば個人史をお話しすることで、その特殊なケースを参考にしていただいて、それでは自分はこれからどうするか、ということを考える材料にしていただければと願っております。そういうことで、このような題をつけさせていただきました。

御言葉との出会いに至るまで

わたしは牧師の息子として生まれました(一九二八年)。八歳の時、母と死別し、それをきっかけに父から洗礼を受けました。十五年戦争の最中で日本のキリスト教会は受難期でした。小学校五年の頃、近くの神社で数人の少年たちから(その神社の宮司の子も含めて)「お前はアメリカのスパイの子だ」ということで暴行を受けました。それ以来わたしは、牧師の子に生まれたことを恨みつつ、日本という国でクリスチャンであることは怖いことだと思うようになり、自分はどう生きたらよいのかに悩み始めました。既に自己同一性の危機を意識させられました。

「軍国少年」として——体制への逃避

父親のすすめもあって、関西学院中学部に入りましたが、その年(一九四一年)の一二月八日が太平洋戦争開戦でした。ミッション・スクールとはいえ、むしろそれゆえに軍事教練を厳しくし、当時の日本政府の方針に迎合せざるを得ない状況でした。わたしは普通の日本人よりも、もっと日本人的に生きることによって「牧師の子」という「汚名」から免れようと思い、ひたすら軍事教練に励み、クラブは剣道部に入り「軍国少年」としての道を歩んだのです。配属将校から陸軍士官学校に推薦すると言われ、得意になっていたのでした。やがて始まる学徒動員の現場は陸軍の薬品製造工場であり、そこでも班長として、同級生にハッパをかける立場になりました。

今考えるとこういう動きは、自分の「汚名」から逃れるための「体制への逃避」であったと思います。そして敗戦を迎えました。学校が再開され、教会はキリスト教ブームで人が溢れました。学友は何も言いませんが、わたしは立場の急変について行けず、一時不登校になり、闇市を放浪しました。ある日、共産党の徳田球一や志賀義雄がトラックで乗りつけ、今次大戦の過ちと天皇の戦争責任追及の演説をしました。獄中十八年という苦節を耐えてきた彼らの言葉は、胸に響きました。わたしは受洗していなかったら、あの時入党していたのかもしれません。

敗戦による挫折と聖書との出会い

気を取り直して学校の授業に出たものの、何のための勉強なのか、その意味がつかめません。英語の教師で、矢内正一という人がいました。戦中は教頭として、予科練や戦車兵への入隊をすすめた人です。わたしは、この教師に敗戦のことをめぐり「先生は今、何を信じて生きているのですか」と手紙を書いたのです。いつもはすぐ返事をくれる先生が、なかなか返事もなく、数週間後の英語のクラスの時に「このクラスの某生徒から、かくかくしかじかの手紙をもらったが、まだ返事を出せずにいる。それはわたし自身、日本の勝利を信じ、祈っていたからで、わたしも迷い続けている」と語ったのです。その言葉に、わたしは矢内先生へのわだかまりが解けていくのを感じました。先生もわたしと同じく、悩んでいたのだと思ったからです。しかしその後「でも君たちよりは少し長く生きた者として言うことがあるとすれば、新約聖書のイエスの言葉に『蔽《おほ》はれたるものに露《あらは》れぬはなく、隠れたるものに知られぬは無ければなり』（文語訳聖書・マタイ10・26）という一節がある。ほんとうのことは今は隠されて分からなくても、やがて必ず明らかになるのだ。そのことを信じて、今は勉強を続けようではないか」と言われたのです。この言葉と出会って、わたしはわたしなりに戦後を生きて行こうという思いになりました。

他方教会は人で溢れていますが、わたしの父は、食糧不足のための栄養失調と肺結核のため、その頃は床に就いており、礼拝は関西学院大学神学部卒の友人牧師たちが交代で守ってくれていましたが、わたしは戦中の貧しさの中で、必死に父が守ってきた教会を思うにつけ、この「繁盛ぶり」についていけず、礼拝出席を拒否し続けました。

見るに見かねたある友人が、別の教会に行ってみたらと紹介してくれたのが、京都に近いある町のホーリネス派の教会でした。十数人の信徒が座ぶとんに座しての礼拝でした。座ぶとんの四隅は破れ、綿がはみ出ているような貧しい教会の牧師は、ホーリネス弾圧の入獄を経験した人で「どんなに時代が変わっても変わらない真理は聖書にこそある」と叫ぶ声が心に残りました。

帰宅して、床に就いている父に、初めて向かい合って「聖書のどこを読んだら、時代が変わっても変わらない真理が分かるのか」と問いました。父は半身起き上がり、詩篇第五一篇を一緒に読んで、ダビデの罪と悔い改めの物語を語ってくれたのです。「ああ神よわがために清き心をつくり、わが衷《うち》になほき霊を新たにおこしたまへ」（文語訳聖書　詩篇51・10）との言葉は、わたしの祈りのように響いてきました。敗戦の価値の転換の中で、なにもかも失ってしまったわたしの心に「なほき霊を新たにおこしたまへ」とは、わたしの祈りに他なりません。さらに「なんぢは祭物《そなへもの》をこのみたまはず……神のもとめたまふ祭物は砕けたる魂なり、神よ、なんぢは砕けたる悔いし心をかろしめたまふまじ」（文語訳聖書　詩篇51・16－17）と読んだところで、わたしはズタズタに破れた、今までの自分を悔いる心をこそ、神は軽《かろ》しめることなく喜び迎えられるという言葉に打たれ、初めて涙したのでした。ここにわたしの新しい生の始まりがあり、今でもこの言葉を読む毎に心が熱くなります。この「聖書との出会い」の故に、わたしの人生は罪のゆるしと反戦平和という、ふたつの柱に支えられて来ているのです。

「開拓伝道」という旅の中で

浅野順一先生との出会い —— ことばと人格

青山学院大学神学科を卒業したわたしは、青山学院教会に伝道師として迎えられましたが、一年で辞任し、浅野順一先生（当時、神学科の旧約学の教授であり、日本基督教団美竹教会の牧師であった）に求められて、川崎市桜本の開拓伝道に協力することになりました。先生は戦後、美竹教会設立二五周年の記念にと、農村伝道と労働者伝道を志向され、牛久と桜本に開拓を決意されました。特に桜本の伝道開拓にあたっては、月曜会で親交の厚かった鈴木正久牧師の助言を受けられたようです。しかし美竹教会の長老会は、先生の健康への配慮から、毎週日曜日夜の桜本伝道に強く反対していましたが、先生の志は変わることなく、どんなに疲れていても、必ず桜本の集会を指導され続けたのです。

一九五五年春に始まった桜本伝道は、近くの町内会館を借りて行われました。最初の頃は、著名な先生が桜本に来られるというので一五、六名の出席がありましたが、だんだん少なくなり、鈴木正久牧師による月二回の日本鋼管の職場聖研のメンバーたちと、地元の婦人たちの数名が常連になりました。わたしは神学科の友人たちと、午後三時からCSを行い、夜の集会に備えるという形が続きました。ある夜は大雪となり、集会は地元の二名だけの出席となった時も、浅野先生は淡々と説教をされ、その後は石炭ストーブを囲んでにこやかな歓談を続けられました。いよいよ帰路につかれる先生を送ってバス停まで来た時「今夜は少なかったが、天地が裂けても礼拝は続けようね」と言われたのです。随分大げさなことを先生は言うな、とその時は思いましたが、長老会の反対を押し切って集会を続けられる先生の激しい気迫を感じました。そして、礼拝という営みは、ほんとうにそのような意味を持つものなのだと、ずっと後になって悟らされたことでした。

浅野先生は、人間的には決して人格円満ではなく、むしろ欠点の多い人でした。そのために、何人もの信徒を傷つけたことさえある人です。しかし先生は、恩師森明牧師が先生の母上に言われた「順一は場合によっては世間に害毒を流す人間になりかねない」との言葉を生涯心に刻んで生きた人です。そのことをわたしたち教え子は、何度か先生から聞かされたことがあります。京都大学から『イスラエル豫言者の神学』という大著の故に文学博士号を得られた時も、喜んではいたものの「あれは牧師の学問で限界だらけだ」と「自嘲的」にさえつぶやかれたことを忘れられません。自らの欠点、罪深さ、限界を飾ることなくあるがままに生き、受難週の「ああ主はたがため世に降りてかくまでなやみを受けたまえる」の讃美歌を、涙しつつ歌われている姿を身近に見ている者としては、そこにこそ、浅野順一を憐れみをもって用いたもう主の真実を見ざるを得ませんでした。そしてそれこそが、わたしにとっての、浅野順一の意味だったのです。そこにこそ、浅野順一という人格に「受肉」している神の言葉を見たのでした。先生の生涯はキリストの真実に、直実に応え続けようとするものであったと思います。そこに神の言葉が必要とする人格があったのだと思います。

李仁夏牧師との出会い――日本人へのラブ・コール

一九五七年、桜本伝道所として出発した礼拝堂に、わたしは住み込みました。歩いて五分ほどのところに、在日大韓キリスト教川崎教会があり、裵琪煥《ペキファン》牧師が浅野先生の教え子であったこともあって、合同クリスマス礼拝などをするにいたりました。一九五九年に李仁夏《イインハ》牧師が赴任して来られ、挨拶かたがた依頼に来られました。その依頼とは、長男を桜本小学校に入れるに当たって、校長に「日本人の保証人を立てろ」と言われたので、保証人になってほしいとのことでした。これが旧植民地（朝鮮半島）出身者に対する、当時の学校長の意識なのでした。この地域は約四〇〇〇〇人からの在日韓国・朝鮮人が居住する所です。わたしは驚きましたが、ともあれ、保証人になりました。長女を保育園に入れる時も同様の経験をした李牧師は深く傷ついたのですが、これが彼の川崎での伝道の原点になりました。彼は教会堂を用いて保育園を造り、韓国人同胞の児童を預り、希望してくる日本人の子どもも受け入れ「あなたの隣人を愛しなさい」とともに民族名を名乗るという原則で、保育活動を始めたのです。

それ以来、四九年に及ぶ李牧師との協働での宣教活動、人権確立をめぐる諸運動、日立就職差別裁判、川崎信用金庫融資差別反対、川崎市教育委員会との交渉、指紋押捺拒否運動等々の経験は、わたしの福音理解、教会観、牧会観について大きな影響を与えることになりました。

李仁夏牧師の中にもわたしは「言葉と人格」をめぐる貴重な事例を何度も見ることになりました。彼と一緒に食事をする時など、彼はメニューを見ながら品目を選ぶのに、いつもかなり時間をかけるのです。その背後にあるのは旧植民地時代の貧しく乏しかった食生活の経験があり、食べることについての特別のこだわりをわたしは見てとりました。朝鮮総督府により、キリスト者の校長が運営する中学を廃校にされ、来日して京都の仏教系の中学に転入し、和田正という日本人キリスト者と出会い、それがキリスト者としての生涯の出発であったことは、いつも彼が語ったことです。そこにはキリスト教信仰を生きた人格が、大戦中のあの民族差別が当然であった日本社会の中で、民族の相違を越えた福音の伝達がなされたということの意義の深さを思うべきでありましょう。そして、それはまた李牧師に「受肉」した神の言葉の事実が、様々な民族差別の構造の中で解放のメッセージとして発信される源となったのです。

　川崎市の公立校で頻発する民族差別による「いじめ」をめぐって、李牧師を中心に教育委員会との話し合いが行われました。抑え難い悲しみと怒りに激昂しがちな若者たちを鎮めながら「人間にとって教育は恩恵として与えられるべきものでなく、権利として本来持っているものである」と穏やかに説得される李牧師の姿勢に、教育委員会の固い姿勢が変えられ、後日、児童施設「ふれあい館」建設にあたっては最も強力な支援者になっていったのです。日本社会の様々な差別に苦しむ在日同胞が、日立就職差別裁判、指紋押捺拒否運動の中で、李牧師の綿密な配慮によって、どれほど多くの青年たちが、本名への転換をして在日として生きる主体性を取り戻したことでしょうか。

　そのような経過の中で、いつも李牧師が目指したことは、在日の人権確保が決して小さい民族主義の主張ではなく、日本人との共生を願い、日本がより良き国際関係に生きる、開かれた日本になってほしいとの「日本人へのラブ・コール」であったことを、わたしは感謝とともに思い起こしています。

戦責告白との出会い――教団への愛

　わたしは日本基督教団に属する一伝道者であるにもかかわらず、教団というものに漠然とした意識しか持っていなかったのですが、一九六七年の「戦責告白」に出会った時、初めてアジア・太平洋戦争中に犯した教会としての罪を自覚させられ、かつて宗教団体法（一九三九年）の圧力の下で合同させられて成立した（一九四一年）教団の本質に気付かされました。そして、教会とは何であるのか、特に、国家と教会の関係はどうあるべきなのかなどの問題意識を触発され、それがわたしの神学的関心の中心になっていきました。それには、それまでの李牧師をはじめ、在日韓国・朝鮮人との交流の中で経験した民族差別の現実によって拍車がかけられたことも事実です。絶対主義的天皇制下の日本社会の中で、イエス・キリストの主権の告白をしつつも天皇の「神聖性」の国家権力に屈してきた教団の歴史を回顧する時、内容的に不充分ではあるとはいえ、教団の悔い改めの告白としての「戦責告白」なくして、教団の戦後の存立と活動はあり得なかったと思います。教団がなお合同教会としての歩みを続けるのであれば、この「戦責告白」は最小限の条件とも言うべきものです。従って「信仰告白」にも何よりも先立って「戦責告白」をなすことが、日本に遣わされているキリストの教会の責任であり、一致点であるべきと思います。

　それとともにこの「戦責告白」を公にした当時の教団議長、鈴木正久牧師において、わたしの課題である「言葉と人格」の問題のひとつの典型を見るのです。鈴木牧師に初めて会ったのは、わたしが一年だけ務めた青山学院教会の伝道集会でありました。青山学院教会という、学校体制に依存する学院教会の体質の問題に悩み始めた頃、鈴木牧師が伝道集会に来られたのです。集会の後数分間、わたしの悩みを打ち明けた時「人間にこき使われる牧師になるなよ」とだけ言って、さっと出て行かれた鈴木牧師の言葉が心に残りました。浅野牧師の開拓伝道に参加するようになった契機のひとつでもありました。桜本の開拓伝道の中で、鈴木牧師が月二回行われる日本鋼管の職場聖研に参加させていただくことが、わたしの大きな喜びになりました。鈴木牧師の「歯に衣着せぬ」直言的スタイルの聖書講話は常に福音の本質を突く、激しくも慰めに満ちた話でした。一年間のドイツ留学を終えて帰国された先生が、若い牧師の集まりで「君たちは日本の教会は出店であって、小さくて弱いけれども、本家本元の欧米の教会は力があるから大丈夫などと思っているかもしれないが、とんでもないぞ。ヨーロッパの教会は今、皆ガタガタだ。われわれはこの日本で勝負しなければならないんだぞ」と言われた時の気迫に満ちた鈴木牧師の姿が、眼に焼きつきました。

　その鈴木牧師が一九六九年七月に召される前、遺言ともいえる、二つのテープ録音を遺されました。一つはガンの末期である告知を受けた時の気持ちを正直に語られており、不安と苦悩の一夜の後「キリストの日」に向かって死を越えて、力強く生き続けることの告白でした。最後に「自分のような者が救われなければ、それはキリストの沽券《こけん》に関わることだ」と直言的ユーモアで話を結ばれたことは深く印象に残りました。第二のテープは「戦責告白」の発表に至るまでの鈴木先生の内的戦いの経過でした。あの大戦中に自ら苦しんだのみならず、愛する弟子の神学生たちを失ったこと、彼らの遺影を講壇に置いて説教してきたこと、そして「戦責告白」の実質化としての、広島における被爆者のための老人ホームと、沖縄キリスト教団との合同のプロセスを語り、罪の贖いのための血の献げ物（旧約聖書の犠牲）に言及しつつ、教団の罪の贖いのために、教団議長の血が求められたことの光栄を涙とともに語られました。わたしはそこに、鈴木牧師でなくては語れない言葉を、神は鈴木牧師に与えたもうたと思い、深い感動に導かれました。五十歳代半ばに召された鈴木牧師の生涯は、彼の自伝的著書『王道』にも明らかなように、キリストの福音を「我における事実」として生き抜かれたものであり、「言葉と人格」の結合という、牧師にとっての恒久的課題の典型を示すものでありましょう。

このような貴重な人格との出会いを介して、成長させられてきたわたしにとって、説教という営みの神学的解明はどうなのかということが、次の課題となるのであります。

神学的摸索を続けて

近代的聖書批評学の問題——理性と信仰

わたしが開拓伝道という現場に入った時に、一番苦しんだ問題は、神学校で学んだ聖書学、特にその近代的聖書批評学の結論と、生活苦の慰めを求めて来る人々への説教の課題との乖離でした。神学校で学んだ科学的、理性的聖書研究の方法だけでは、素朴に慰めの福音を求めて来る人々の願いには応えられないのです。真面目に聖書の研究をすればするほど、説教が語れなくなるのです。自分の学んだことを何とか分かりやすく聴衆に届けようと四苦八苦しながら、ギリシア語の意味の解説や有名な聖書学者の見解の説明をしても、何か空転するような思いに、毎回沈み込んでしまいます。果ては信徒の方に言われます「先生のお話にはカタカナが多いですね」と。焦るわたしは、それではと太宰治や芥川龍之介の小説を使って、人間の罪と救いのことに言及していると「もっと聖書の話をしてほしい」と要求が出てくる始末です。

その頃、超教派の立場で、教会学校教師の研修会が、わたしの伝道所で開催されました。ある大学生が「自分は教会学校の礼拝説教が苦痛でならない。子どものつぶらな目を見ていると自分の生活の醜さに気付かされて、とても説教できない。もう教師をやめたい」という趣旨の発言をしました。わたしはある意味でとても共感したのですが、その時、ある短大の幼児教育科を出て間もなくの幼稚科の教師が立ち上がって「その気持ちはよく分かる。でも話をするその聖書の言葉に自分が打たれていれば、何らかのことは語れるのではないか」と述べたのです。わたしにとって、その若い女性の言葉は「天啓」のように響きました。そうなのです。「その聖書の言葉に自分が打たれていること」こそが、説教の内容になるのです。それまでのわたしは自分の持っている知識、信仰理解から語り続けていたのに、聖書に自分が新しく「打たれる」という経験をしていなかったことにしたたかに気付かされたのです。聖書における慰めと希望の言葉に、自分自身がまず打たれているという現実こそが、説教の言葉の源泉となるのです。

歴史的批評的聖書研究という理性の営みから、信仰へと直接する道はありません。理性の延長線上はどこまで行っても理性であって、信仰には到りません。信仰は信仰の言葉との出会いから生まれます。実存的な聖書との出会いは、伝統的な表現では、聖霊の導きです。そして信仰は理性を否定することなく、新しい理性的営みを生み出すに至ります。そこに神学という世界の出発があるのです。わたしは今も説教の準備にあたっては、あの幼稚科の教師の言葉に従って、先ず聖書の言葉との福音的出会いを求めて「黙想」という作業を一番大切にしているのです。

渡辺善太聖書論との出会い——歴史と信仰

わたしは開拓伝道の傍らアルバイトとして、青山学院高等部の聖書科講師という仕事をいたしました。その当時、同じ聖書科講師として、日本基督教団用賀教会の橋本ナホ牧師と一緒に出講していました。この橋本牧師が高等部の朝の礼拝時、一〇分くらいの説教をするのですが、それが聖句のクリアーな解釈と、学生生活の問題にふさわしい適用がなされていて、いつも感銘を与えられました。どうしたらこのような力強いメッセージが語れるのだろうか、と橋本牧師に問い、わたしは神学校で学んだ聖書研究の方法ではなかなかふさわしい福音が語れなくて苦労しているなどと、相談したのです。すると橋本牧師は「それは渡辺善太先生の所に行かなければダメよ」と言われ、立教大学の渡辺ゼミの聴講を紹介してくださいました。

渡辺正典論は最初、わたしにとっては躓きの連続でした。聖書を読むとは歴史的に読むことと教えられてきたわたしには、六六巻の聖書を「信仰と生活の規範」と言われても、やはり教会の定めた歴史的文書であり、時代と環境に規定された相対的価値の所産でしかありません。その中からイエスの言葉や預言者の言葉、諸文学の中から現代に適用できる部分を抽出して解釈することが聖書研究であり、説教であると思っていたわたしは、たびたび渡辺先生と論争になりました。福音書記者の付加句、伝承の変容、環境や政治状況の反映などが関心の中心にあり、すべては歴史的検証によって結論すべきである、というわたしの立場は、烈しい批判の的になりました。そしてある時先生は「きみの聖書の読み方は間違っている。聖書は生きるか死ぬかの瀬戸際に立って読むべきなのだ。付加句だ、伝承だと言っている間はメッセージは出てくるはずがない」と、強く叱られました。その後、橋本先生の助言もあって、わたしはかつて組織神学で学んだ「歴史と信仰」の問題が説教のための聖書解釈にとって、緊急な課題であると理解し始めたのです。

渡辺先生は若い頃、自堕落な生活をしていた時「山室軍平に拾われて」（先生自身の表現）キリスト信仰に導かれていますから、聖書のいわゆる「霊的解釈」によって育てられた方ですが、米国留学を通して近代的歴史批評学に深く学ばれました。先生の書かれた多くの旧約聖書学関係の本、例えば『モーセ五書緒論』や『出エジプト以前』などは、徹底的に近代的批評学に立って書かれた業績です。しかし同時に先生は「霊的解釈」の神学的根拠についても研究され、ドイツのフッサールの教室（ブルトマンと同席された）で現象学によって「現在するもの」の構造的解釈に開眼され、聖書六六巻の構造的解釈を深められたのです。これが先生の「聖書正典論」に他なりません。分かりやすく言うと、例えば東京都について研究する場合、歴史的生成を視点に研究する立場と、鳥瞰《ちょうかん》的に現在の構成を視点に研究する立場があります。そのように聖書研究も、歴史的・分析的にその成立史の視点で学ぶ立場と、六六巻という全体を構造的に研究するという立場があってよいわけです。そして聖書は信仰を目的に、信仰をもって書かれたという、聖書の基本的性格を教会的信仰をもって受容する時、聖書は「信仰と生活の規範」としての「正典」と呼ばれることになるのです。もちろん正典六六巻は、四世紀のカルタゴ教会会議によって正典として決定されたという、教会の歴史的所産です。その相対性を疑うことはできません。ですから渡辺先生も六六巻は可変的だとも言われます。しかし「信仰と生活の規範」として聖書を受容することは信仰の決断であり、その時、聖書は「正典」と呼ばれるのです。聖書のある部分が「正典的」だということではなく、全体として「正典」でなければ「正典」の意味をなしません。信仰的に表現すれば、それは聖霊による神からの「所与」なのです。「部分的評価」には人間の恣意が必ず入り込み「規範」の意味は失われるほかありません。

しかし聖書の中には、時代状況によって、内容的に今日受用し難い部分があります。例えば性差別、民族差別、文化的限界、神話などに及ぶ記事が旧約にも新約にもあります。正典的立場からは、それらは排除すべきものではなく、解釈すべきものです。「光は暗きに照る」（ヨハネ1・5）とあるように、いわば「暗き」に屈する人間の罪深い限界は逆説的に

「光」を指し示し期待し、いよいよ「光」を輝かしめる役割を持ちます。「闇」を排除すると「光」の効用も失われるのです。従ってそのような「負」の部分も含めてやはり聖書は「正」典なのであります。

ここにおいてわたしは「歴史と信仰」の問題について深く学びました。歴史的批評的方法によって、聖書から人間を生かす命の言葉を求めようとすることはできません。それは史学の道に反するからです。史学の立場は相対性に徹し、観察と分析と比較の方法を一貫すべきです。逆に聖書から、命の言葉を史学の結論に基づいて求めることは、信仰の道に反することです。史学の結論という人間の所産を根拠に、命の言葉を求めようとすることは「信仰は信仰によってのみ成り立つ」という信仰の原則を犯すことになるからです。そして、両者の次元とその機能の区別を明確にし「信仰」の道と「歴史」の道を分離する時、ふしぎにも両方がそれぞれの位置づけで生かされるのです。その典型が渡辺善太という人でした。

キェルケゴールとブルトマンとの出会い――実存とは

わたしは幼くして母と死別し、継母との関係の難しさもあって、若いときから孤独の意識に深まっていました。十歳代後半にキェルケゴールの『野の百合、空の鳥』に出会い、一挙にキェルケゴールにのめり込みました。今でも『イエスの招き』(井上良雄訳、後に『キリスト教の修練』と改題)などには忘れられない思い出があります。わたしも人並みに失恋を経験しました。皆さん、笑いますが、しかし失恋ほど、痛苦とともに自分を成長させてくれる貴重な場面は他にあまりありません。そのような状況の中で、例えばキェルケゴールの「何事につけても唯あの方(イエス・キリスト)の許に赴くことを知る人は幸いである」(『イエスの招き』)という言葉に出会い、単なる孤独者が「単独者」に変えられて行く経験をするのです。レギーネとの悲しい別離の思いの中で書いた『反復』には深い勇気を与えられました。

やがて神学校に入った頃はブルトマンの「非神話化」論争の火が燃えていました。『新約聖書と神話論』は、誰かが言わねばならなかったことを言った勇気ある主張として何度繰り返し読んだことでしょう。そして主体的実存を場として神学するブルトマンに魅せられて行きました。しかも彼は歴史家としての忠実な方法で『共観福音書伝承史』という、二〇世紀新約学の最高峰とも言える著書を出しています。彼においてはまさに「歴史と信仰」の逆説的関係がしっかり把握されていますし、『ヨハネ福音書』などは、いわゆる説教のための黙想に「間接的」に大いに役立ったのでした。「実存と信仰」の問題からは、わたしは説教者の姿勢について、前述の幼稚科の教師の発言内容にも関わる貴重な学びをすることができました。説教者の実存を通さない聖書の解き明かしは、結局は空転する言葉にしかなりません。それを教会的権威なるものに結びつけて、教義に訴えて語る説教などは、最悪という他ありません。この教義解釈についてはティリッヒの「象徴論」からも大きく学んだことを付け加えておきましょう。

K・バルトの説教との出会い――慰めと自由

ブルトマンやティリッヒに深く学びながらもやがて気付かされたことは、わたしが教会の牧師であるということです。信仰の認識において、実存という契機が不可欠であることはその通りですし、それに間違いはありません。しかし、わたしは牧会者、説教者として召されているという事実は、わたしの実存的信仰の共同体的展開を要求してきます。わたし自身の福音における実存成就ということだけでは、召命の課題に答えるには充分とは言えません。教会という共同体や社会的現実における課題は、実存的信仰に立ちつつも、個的実存を越える共同性の問題に対応しなければなりません。その頃、川崎大師の近くのバプテスト同盟の教会におられた清水義樹先生との出会いがありました。仲介者は当時聖書神学校に通っていた矢田部俊夫兄でした。清水先生は当時、関東学院大学神学部の教授であり、バルト研究に深い関心を持っておられました。そこで毎週土曜日に、先生宅でバルトの『教会教義学』を読み合わせしようという話になりました。バルトの基本的関心は教会にあります。その「神の言の教理」に触れながら、わたしは実存論的神学を越えるものを示されました。特にバルトの『R・ブルトマン――彼を理解するために』という小冊子を読んで、またもや新しい開眼の経験をいたしました。

バルトのブルトマン批判の中核は、次の命題にあります。「キリストの十字架は、それがわたしのための十字架であるが故にわたしの救いの出来事である」（ブルトマン）、これに対してバルトは言うのです「キリストの十字架はそれがキリストの十字架であるが故にわたしの救いの出来事である」と。ブルトマン神学の基本モチーフはこの「わたしのため」(pro-me) という、わが実存の成就にあります。そこに彼が聖書解釈における前提として「実存論的自己理解」を置く理由があります。そして前提は結論を導きますから、彼の聖書解釈の結論はキリスト教的「実存論的自己理解」に結実いたします。しかし、そこでは歴史とか共同体、さらには社会倫理という次元は第二次的なものになりかねません。ブルトマンの「プロ・メ」モチーフを学的実存論的に徹底すれば「実存成就」が目的とされる限り、キリストの啓示事件は相対化され、他宗教においても（例えば禅宗）「実存成就」は可能であるということになります。この線を明確に学問的に徹底されたのが八木誠一氏です。彼の学的業績をわたしは高く評価したいと思います。それは実存論研究に終始したすばらしい成果であり、間接的に「信仰論」に関して大いに益するものです。

しかし、わたしは牧会者として召されています。個的実存成就で終わることはできません。福音としてのイエス・キリストの事件を語らねばなりません。教会という存在の歴史性、社会性を抜きに福音を語ることはできません。聖書の福音はその共同的、歴史的性格を本質的に含有しているからです。その点「教会教義学」という形で神学を展開するバルトに魅かれましたし、何よりも聖書解釈の前提としてのキリスト告白が明確に打ち出されていました。特に教会闘争の中から生み出された「バルメン宣言」の歴史的意義の深さを知らされ、清水先生との読書会ではバルトの語るキリスト中心的神学の持つ「普遍性」に目覚めさせられました。「イエス・キリストにおける排他性こそが真の包括性である」（『和解論』）という発言には非常に勇気を与えられましたし、『聖金曜日』や『降誕』などの説教集によって、深い慰めを与えられたことが度々ありました。『教義学要綱』という「使徒信条」の講解からもキリストを信ずる者の自由とユーモア、聖霊の導きとしての愛、連帯の必然など、福音の基本的理解を示され、深い喜びを味わったことでした。これはまたわたしの聖書解釈、黙想、説教を導く視点となったのでした。

「受肉」の言葉――神の言の現実性

わたしの説教の根拠と可能性をめぐる神学的摸索の旅は、この「受肉」の言葉に集約されると思います。説教において語るべき使信が聖書から生まれることは、原理的には真実ではありますが、現代人の直面している様々な問題に対して、どのように有意義に、歯車が噛み合う形で使信を展開できるか、という問題は、説教者の絶えず自らに問い続けざるを得ない課題です。その有効な方法としての「非神話化論」や「実存論的解釈」も参考にはなるのですが、やはり一番決定的なことは説教者における「言葉の受肉」であると思います。歴史的知識も、然るべき位置づけにおいて有用な手段となりますし、心理学的アプローチもその限界において有効性を発揮します。しかし、何はともあれ福音を生きている人格的事実は、あらゆる弁証、弁護、反論を越えて力を発揮するのです。イエスが「権威ある者としてお教えになった」（マタイ7・29）というのは、このことを指していると思います。日本の初期キリスト教徒の入信の契機を問うてみると、そのほとんどはキリスト教の教義や聖書の知識から入信したのではなく、太平洋の波涛を越えてやって来た宣教師たちの無私の愛を注ぎ続ける人格の事実に出会って入信しているのです。ブルトマンの「非神話化」も結構です。ティリッヒの「相関の方法」も結構です。しかし、最終的に勝負するのは方法論の問題ではなく、罪を赦し弱さを慰めたもうイエスの福音を自らの人格的事実にしている者との出会いに他なりません。その人格は必ずしも品行方正で、人格円満でなくても良いのです。自らの罪と弱さをさらけ出しながら、ひたすらに主イエスの憐れみを請い求めている人格、それゆえに主の憐れみにともに与ることを熱望している人格が「権威ある者」として、期せずして用いられるのです。

そこで最後に申し上げたいことは、説教者、牧会者の成長、成熟にとってなくてはならない「模倣」のモチーフへの注目です。牧師は決して自己完結的になってはなりません。自己の相対性と他者への開放性を身に付ける必要がありま

す。人生上の様々な喜怒哀楽の諸経験を経た人が自らの経験に即して語る、固有な福音理解、救済体験における独自なロゴスに注目することの大切さです。謙虚にそのような人格（特に若い信徒の場合もある）に学ぶべきです。外的スタイルの模倣ではなく、その人格を規定し、その人格にとって必然的なライフ・スタイルを規定している、福音への姿勢が示している現実性に注目しましょう。その人格にとっての個性的な福音理解は、わたしの個性的福音理解を間接的に触発し、そこに一種のライフ・スタイルにおける類比（アナロジー）がもたらされます。これは結果として与えられるものであって、単なる「ものまね」の成果ではありません。「わたしの軛《くびき》を負い、わたしに学びなさい」（マタイ11・29）と主は言われます。「洗足」のあと主は「模範を示した」とも言われます（ヨハネ13・15）。新約の諸手紙にも数多く「模範」モチーフの言葉が現れます。著名な『説教学』の著者、R・ボーレンも「模範としての説教者」という項目を立てていますし、最近の『牧師』論で有名になったW・ウィリモンも、説教者の成熟に関して「師弟的関係」を重視しています。凡そ伝道者養成の経過には色濃く「模倣の伝統」が位置を占めていると思います。「模倣」は謙虚を教え、未完成を告げ、福音の自らにおける「受肉」を求める、終わりなきプ

ロセスの道を開くことでしょう。しかし、そこにこそ真の成長の場があり、説教者の成熟が示されているのです。この希望に生きることが説教者の全存在を約束の中で支えてくれるのです。言うまでもなく、このプロセスに導かれるのは聖霊なる神に他なりません。「そのときには、教えられることを話せばよい。実は、話すのはあなたがたではなく、聖霊なのだ」（マルコ13・11）。

むすび――「説教学的循環」

ここで、この場にいるみなさんにお配りしたわたしの論文「説教学的循環を生きる」（新教出版社刊『福音と世界』二〇〇三年八月号、10－16頁）についてコメントいたします。後で読んでいただきたいと思います。基本的姿勢は「聞くこと」の先行です。ボーレンの言うように説教者は「二つのテキスト」に直面しています。一は聖書、二は聴衆です。つまり聖書に聞きつつ、聴衆に聞くことの中で、メッセージは生まれます。聴衆に聞きつつ聖書に聞く所に、同様にメッセージが生まれます。「聞いたこと」から「語るべきこと」がもたらされます。即ち聖書に聞き、使信を黙想し、説教として語るとともに、説教を聞いた聴衆から聞いたことが、次の、説教のための聖書解釈の前提になるということです。そこには説教者を介しての聖書と聴衆との間に循環が生じています。それをわたしは「説教学的循環」と名付けています。それは聖霊によって導かれる、まことに創造的な作業というべきでありましょう。

参加者のみなさんの終わりなき成長の過程を、神が祝福をもって導かれることを祈っております。

【参考文献】

関田寛雄『聖書解釈と説教』（オンデマンド版　二〇〇四年日本キリスト教団出版局）
関田寛雄『「断片」の神学―実践神学の諸問題』（二〇〇五年日本キリスト教団出版局）

講　演

V

杉野　榮

2013年3月25日–27日
関西セミナーハウス

京都におけるキリスト教文化

市内フィールドワーク出発の前に

これから市内のキリシタンの史跡を案内することになっていますが、震災や原発の問題がある時、四〇〇年も前のキリシタンの跡を訪ねることにどれほどの意味があるのかと考える人もいるでしょう。そこで出発のまえに、私の考えを述べておきたいです。キリシタンの出来事は、カトリックの歴史ではなく、日本のキリスト教の歴史です。かつて私はそう考えていませんでした。京都の開拓伝道のために、福岡から上洛して五二年。今年八〇歳になりました。洛西に生まれた小さな群れの教会に今も牧師として勤めていますが、上洛したころは、京都のことは何もわかっていませんでした。これから伝道しようとする土地の歴史さえ知らず、福音を語っていこうとしていたことに気付かされ、再就職。そんな中で生まれたのが、お配りした『京のキリシタン史跡を巡る―風は都から―』です。キリシタンとの最初の出会いでした。今後の参考になればと思います。今日は、もう一枚の都の図面を利用して、この都のキリシタンが生きた時代を感じとり、歴史の底に沈められてきた、課題を発掘していければと考えています。

では、行きましょう。

何かあれば気軽に話しかけてください。旧約聖書の出エジプト記(3・7-8)

「わたしは、わたしの民の苦しみをつぶさに見、彼らの叫び声を聞き、その痛みを知った。それゆえ、わたしは降って行き、彼らを救い出す。」

市内フィールドワーク　豊国神社―耳塚―元和の殉教碑(六条河原)―四条病院―フランシスコの家―南蛮寺跡―本能寺跡―旧ダイウス町

洛西教会を会場として

午前中は都のキリシタンの生活の現場に立って、歴史を振り返ってもらいましたが、これから、彼らの残した遺品を手に取って、生活に触れていければと思います。

東山六条の元和の殉教と耳塚は、どうでしたか。韓国の人たちから見れば、痛ましい耳塚のそばに侵略者の「秀吉」が神として祀られている豊国神社をどう受け止められていられるか。神社まで建てている日本人をどんな思いで見て行かれるかを思うと心の痛む場所です。作家遠藤周作は、日本人の精神を泥沼のようだと言っていたと思いますが、そんなことばだけではすまされないでしょう。大きな課題です。

西洋化されたキリスト教

この絵を見てください。ヨセフ・マリア・幼な子イエスの聖家族です。これもそうです。どこかおかしいと思いませんか。先ず金髪のマリア、幼な子イエスもそうです。後ろにいるのは夫ヨセフですが、どうして彼は老人なのでしょう。こんな絵を教会は、「聖画」と呼んで、子どもたちにも見せてきた。一般の人たちも見ている。画家たちはどうしてこんな聖家族を描いたのでしょう。聖家族を西洋人として描くように強いられていたからです。キリスト教は、西洋の宗教だと日本人は多く考えてきたんですね。それは、日本人のせいではなく、教会の宣教に問題があったのでしょう。

日本人の精神風土を知ること

私は、キリスト教（あるいは教会）が、ある意味で限られた世界の中で、信仰を学んでいると言えると考えています。戦争中に育った私など「少年よ大志を抱け」のことばに心を熱くされながら軍国少年として育ちました。それが、クラーク博士の言葉だったことは、クリスチャンになって知りました。自分で考えるより、教えられるままに信じる少年でした。牧師になってからも、教会成長を第一に考える牧師でした。そんな私が、自分をもつことの大切さに気付いたのは京都に来たことがキッカケでした。

二年前の大震災と津波ですべてを奪われた東日本の人たちをすごいと思います。彼らは、あの悲惨な出来事から立ち直ると、悪夢のような海を再び実りの海と呼んでいました。理解しがたい出来事ですが、生活の土壌に対する想いが違うのですね。そんな

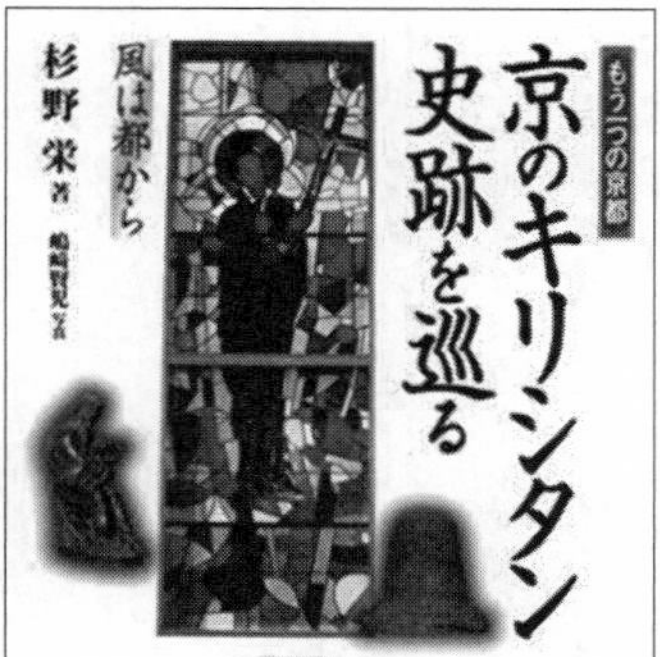

杉野榮著・嶋崎賢児写真『京のキリシタン史跡を巡る—風は都から—』（三学出版）

精神をキリシタンに見ます。

教会の土着化

これは、インドネシアの聖誕物語の絵です。よく見てください。人物はみんな自国の人たちで描かれています。特に、羊飼いにキリストの誕生を告げる天使たちを見てください。西洋絵画の天使はみな羽根をつけていますが、これは羽衣です。これがアジアの美意識です。空を飛ぶと言えば、すぐ羽根ではなく、東アジアでは羽衣なのです。西遊記の孫悟空は雲を使います。

私が牧師になって、五〇年前に京都に来た頃によく聞いた言葉は、「土着化」でした。信仰の土着化、キリスト教の土着化など、これは今でも使われていますが、意味が分かりにくい。考えようでは、西洋で育てた宗教を日本に移し植えることのように聞こえます。キリスト教もそうなのでしょうか。西洋で育てられ、立派な花を咲かせるまでに育つと、他の国に持って行って移し植えることが宣教なのでしょうか。これでは一〇〇年たっても、二〇〇年たっても日本には根付かないでしょう。宗教の土壌が違うからです。風土の違う日本では、やはり異宗教なのです。おいしいコメのササニシキを作り出した百姓さんは何年もかかって土壌から作っていった。そんな努力を教会はしてこなかったのではないか。しかし不思議なのは、キリシタン時代の人たちが異国の信仰を受け入れ、殉教者を出すほどに深く信仰を根付かせたことです。そして隠れキリシタンに見られるように、ほとんどは日本人の宗教になっているのです。何がそうさせたのか。

これから当時の信仰の遺品を見てもらいます。これは、南蛮が受け入れられた頃の燭台です。これは当時の教会で使われた茶道の十字茶碗。この絵は、唯一描かれていた「都の南蛮寺」（一五七六年に献堂）。キリスト教はこうして、日本に根付くかに見えました。しかし、今日まで根付いたとは見えません。私の知人に沖縄で茶道を教えている人がいるのですが、その人は京都のコケを自宅の茶庭に植えましたが、何度やっても無理でした。風土があわないものは根付かない。大切なことは、少しの土を変えるだけでなく、イエス様が話されたように、種を蒔くことです。日本の宣教の不振を、説教の貧困などと言う人がいますが、貧しい人に対する侮辱です。いのちがあれば、必ず芽を出すのです。二千年前のハスの花が咲くなら（大賀ハス）、キリストのみことばが日本に根付かないはずはないでしょう。

この花は、アウシュビッツで殺されたアンネ・フランクを記念する「アンネの平和のバラ」です。こうして日本で美しい花を咲かせてくれています。アンネのお父さんから日本に送られてきたバラが、土壌をととのえると、いま日本に平和を祈る人たちの手で地方にまでひろがって、花を咲かせています。私は福音の実生化と言っています。西欧で育った苗を風土の違う日本に根付かせるのはむずかしいですが、いのちのある種（実）を土壌に合わせて蒔くのです。そして育った木を実生と言います。これならしっかり根を張っていく。この像は「都の聖母」と言われる像です。本物は河原町三条のカトリック教会の地下聖堂に安置されていますが、その貴重な複製です。京都で伝道していた宣教師が都での布教を禁じられて都を去る時、東山に埋めていったのだそうです。いつの日か再び宣教できるように祈りながら都を去りました。後年京都に来た神父さんがそのことを知って、祈りながら捜しだしたものだそうです。

これから見るのは、禁教令のあとから出てきたものです。先ず、「マリア観音」です。一体は、幼な子を抱く観音像で中国製と思われます。元は観音菩薩だったのでしょう。立派な造りですから、身分の高い人が所持していたと思われます。こちらは木造の観音さんです。これがキリシタンと関係あるかどうかわかりませんが、背面に十字が彫られてあり、もしかしたら、この十字に手を合わせて祈られていたのかもしれません。長崎の方から出たものです。秀吉から徳川に変わり、迫害はいっそう激しくなりました。隠れて信仰を守ることはたいへんでした。現在のプロテスタントと違い、ロザリオやメダイなど形を大切な物と考えていたキリシタンは、いろいろな方法で、聖体を守り、信仰の支えにしました。しかしそれが、逆に利用されて厳しい取り調べに苦しめられることになりました。これは、信者を探すために用いられた「踏み絵」の複製です。本物は、東京上野の博物館に所蔵されています。踏み絵と言われるように、初めは、紙に描かれたキリスト像やバテレンらしき人物像が用いられましたが、すぐに、破れるので、金属製のものが、用いられるようになったようです。これを見ると、どれほど多くの人が踏んだのかを想像できるほど、キリストの顔はほとんど擦り減って目鼻さえ見えなくなっています。手に取って見てください。

「わたしは、踏まれるために来た」（遠藤周作『沈黙』）。

苦難から生まれた智恵

これは、古い銅鏡です。まだ柄がない頃のものでマルい型をしています。長崎のあるキリシタンの家の柱の中から同型のものが発見されたのです。昔から神社の神鏡は丸鏡でした。

キリシタンはこの鏡を柱の中に隠し、マルヤ（マリア）さまと呼んで礼拝していたと言われています。取締りの厳しさがしのばれます。

これは、世界の科学者たちを驚かせた「キリシタン魔鏡」マジックミラーと呼ばれた鏡です。キリシタンが持っていたと考えられ、二〇年ほど前、大磯の沢田美喜記念館にあることが知られ、ニュースになったキリシタンの銅鏡の兄弟鏡です。長崎県の五島から発見されたものでしたが、二枚目が京都の清水寺の近くの古道具屋で見つけられ、私たちの研究会が持っていました（これは、現在西南学院博物館に所蔵）。そして、これが、三枚目の鏡です。ただの銅鏡のように見えますが、背面の水銀の鏡面に光を当てると、表面にはどこにも見えないキリストの十字架像が映しだされるのです。三枚目、京都の北野天満宮の露店で発見したものですが、残念ながら、像が出ない。そこで奈良の国立博物館でレントゲン撮影をしたところ、先の二枚と同様の本物で、同じ製作者の手によるものだとわかりました。そこで今日は、鏡の無形文化財の山本凰龍氏に復元してもらった鏡で影像を見てもらいます（教会の壁に投影、十字架のキリストと祈るマリア像が浮かび出る）。

キリシタンの生き方

信じる自由を与えられなかったキリシタンの苦しみは、現代の私たちの想像を超えたものでした。迫害は生活に止まりませんでした。京都には、幾つもの教会（南蛮寺）と病院があり、多くの信者がいたのですが、不思議なことに都からは、遺品と呼べるものも出てこず、墓石もありませんでした。ところが、現代になって、市内から二〇基の墓石が発見されたのです。教会堂（聖堂）は破壊されてなくなっていましたが、寺の隅に山積みされた無縁仏の中や、道路工事の際に地中や橋ゲタとして使用されていたものも見つかったのです。しかし、そのほとんどが研究材料として国立大学や博物館に納められ、わずかに二基だけが西ノ京地域の寺から発見されました。その一基は、手水鉢として使用するために正面がえぐられていました。もう一基は、松林寺という寺の無縁墓石の中にありました。その貴重な墓碑が、いま当教会の庭に安置されています。住職が、自ら持って来てくださったものです。京都の歴史資料としても大切なものです。

信じて生きる自由が与えられなかったキリシタンは、死んでからも身を寄せるところを与えられなかったのです。考えられない時代の証言者たちです。

これは、少し前の新聞ですが、こんな対談の記事がありま す。「日本の凄さは、平安時代の三五〇年、そして江戸時代の二五〇年間もの長き平和を実現し得たこと。このような事例は、世界中にどこにもないのです。これは、日本人の文化伝統、つまり知恵です。まさにこの京都の文化伝統だったと思っています。平和が実現した理由には、国家と宗教が非常に相性がよかったことが挙げられます……」と、有名な仏教学者Y氏が語っていられるのです。おどろいてしまいます。その平和だったと言われる時代にどれだけキリシタンが苦しみ、血を流していったか、全く意識もされていないのです。これが京都の宗教界、ひいては、日本の宗教的な土壌なのです。私は牧師ですが、平安神宮や北野天満宮の氏子としてあつかわれています。こうした日本的社会のしくみの中で、どのような信仰を、宣教方法を考えていくのか、京都に住む私たちの大きな課題です。

これまでも、宗教間の対話が叫ばれ、平和会議が開かれてきましたが、宗教間の、あるいは民族間の差はひろがるばかりです。いまキリシタンの信仰を見直すことを通して、新しい平和への道が与えられることを願っています。彼らが信仰のワクを越えて、人間として愛に仕えた生活は、現代への課題かもしれません。

キリシタンの残したもの

現代人はどう生きるかを求めています。楽しみながら、平和であることがのぞましいでしょう。いやされる、かっこいいは多くの人の望みです。しかしキリシタンが願い、求めていたものは「生きかた」ではなく「死にかた」だったのではないか。いやしめられた人々の中で彼らに寄りそって生きられたキリストに出会い、自分もキリストに寄りそってその痛みを感じながら生活しようと努めていった。或いは「どう死ぬか」を考えて生活していたのではないか。私はいま、そう考えさせられています。日本には、今も生活の中にキリスト教的精神が形を変えて多く残っているのではないか。千利休は秀吉にしたがうことをこばんで切腹しましたが、弟子の高山右近や内藤如安は日本を追放されました。古田織部はキリシタン灯籠と呼ばれる十字架を秘めた灯籠を造っています。また信長の弟有楽は、国宝になる茶室「如庵」を造りました。キリスト教の文化は形を変え、今も身近なところで生きているのかもしれません。大切なことは、キリスト者がもっと自由になって受肉化した信仰を証言していくことではないでしょうか。キリシタンの生き方から、問われている気がするのです。

「福音のためなら、わたしはどんなことでもします。それは、わたしが、福音に共に預かる者となるためです」（Ｉコリントの信徒への手紙９・23）

講　演

Ⅵ

青野太潮

2014年3月27日–29日
無原罪聖母修道院（黙想）［東京黙想の家］

「十字架の神学」の前提として、イエスの福音をどうとらえるか

ご紹介いただきました青野です。私は平尾バプテスト教会の協力牧師です。福岡市のバプテスト連盟の教会の中では天神とか大名とかの中心街に一番近い教会です。

戒能先生から、私自身の神学的遍歴を語りながら話すように、と言われましたので、まずはそういう話から始めたいと思います。

ここに書いてありますように、私は静岡県の生まれですが、いま非常に有名になっている、日本で一番危険な原発のある町、浜岡町の出身です（いまは御前崎市に併合されました）。私がおりました頃に、浜岡町には日本基督教団の小さな教会が建てられ、そこに宣教師の先生が通ってこられて、バイブルクラスを開いておられましたが、それに二、三度出席した記憶があります。この町は遠州灘に面していますが、そこから静岡市までは、バスでまず東海道線の菊川とか掛川に出てから、一時間ほど列車に乗らなくてはなりません。その静岡にある静岡高校に私は通っておりました。当時は学区制というのがしっかりあって、私の学区でしたら、進学校としては掛川西高校しかなく、また父も掛川西高校の出身なのですが、いわゆる「教育パパ」だった私の父は、お前をどうしても静岡高校に行かせたいと言って、無理していわゆる越境入学をさせてしまったのです。静岡高校は県下随一の伝統校ですが、しかし非常に自由な雰囲気の高校です。文武両道と言いますか、高校野球もいつも強くて、夏の甲子園の大会には二七回ほども出場しており、優勝一回、準優勝三回、という成績をおさめています。

その静岡高校の三年生のときに、AFSという交換留学制度でアメリカに行くことになりました。AFSとはAmerican Friendship Serviceの略かと思う人もいるでしょうが、そうではなくてAmerican Field Serviceの略、つまりFieldとは戦場の意味なのですが、第二次世界大戦のときに戦争で兵士として戦わなくてはならなかったアメリカ人のガロットという方が、争いをなくすためには若者が互いにコ

ミュニケーションを持つことが大切なのでは、ということで立ち上げた高校生の交換留学制度です。高校二年生のときに試験を受けて、高校三年生の夏からの一年間の留学でした。当時は文部省が試験をしておりまして、私のときには一〇〇名が日本からアメリカに渡りました。現在は、アメリカだけではなくて、他の国々、ドイツとかスイスとかオーストラリアなどに行き、日本にもさまざまな国からの留学生たちがやって来るという制度になっていますが、私たちのときには、全員がアメリカに行くということになっていました。一九六〇年夏からの一年間でした。氷川丸、現在では横浜の山下公園にコンクリートづけになっていますけれども、あの氷川丸の、最後から二番目の航海でアメリカに渡りました。当時は飛行機でサッと一跳びというような時代ではありません。もちろん飛行機がなかったわけではないですよ。帰りは飛行機で帰らせていただきましたが、行くときは氷川丸に乗って二週間、まずカナダのバンクーバーに着いて、それから一日でアメリカのシアトルに南下しました。それからは飛行機でニューヨーク州のロチェスターに行きました。ロチェスターはアメリカに二つ、ミネソタ州とニューヨーク州にあるんですが、私はニューヨーク州のロチェスター郊外にホームステイしました。私はその家族から Tashi と呼ばれていました。日曜日になると全員が教会に行ってしまいますので、一人ぽつんと残されても面白くないので、半強制的に教会に一緒に通うことになりました。最初は随分と抵抗していましたが、次第に彼らの確信に溢れた生き方に惹かれるようになって、翌年の四月にバプテスマを受ける決心をしました。私の家はクリスチャンホームではありませんので、手紙で両親の許可を得ました。「自分の人生なのだから、自分で決断すればいいだろう」と言ってくれました。その教会はバプテスト教会でした。それも聖書バプテスト教会でした。バプテスマは私の人生にとって決定的ではありましたけれども、別の意味でも重い影響を持つものでありました。つまり、Bible Baptist という名前からしてお分かりのように、それは非常に保守的な、ファンダメンタルな教会で、逐語霊感説、聖書には一点一画の誤りもないという説を信奉する教会だったのです。聖書、しかも彼らは、一六六一年に英国で訳された King James Version しか使ってはならないと言っていました。あの訳にしても、今になって見れば、底本もキチンとしていない問題の多い訳であり、それが一点一画の誤りもない、などというわけにはいかないのですが、ともかく彼らはそう信じていました。彼らは非常に禁欲的な生き方をしていましたね。日曜日はテレビも見てはいけない。高校主催のダンスパーティーがあるんですが、そういうものにも、私の二つ年下の「弟」にも、さらに二つ年下の「妹」にも、決して行かせない。私は、「あなたは自由にしていい」と言われてはいましたが、彼らが行かないのなら、私一人だけ行くのも抵抗感がある。そういうわけで、私も一切行くことはありませんでした。アメリカ滞在の最後の一カ月間は、ロチェスター近辺に滞在していた五〇名くらいの留学生と一緒に、アメリカ合衆国の東側四分の一くらいをバス旅行したのですが、終わり近くにワシントンで約二〇〇〇名の留学生が一堂に会し、ホワイトハウスをも訪問して、実際にジョン・F・ケネディー大統領にも会いました。私は二〇メートルくらい離れたところでしたが、しっかりとケネディーの顔を見届けました。そこで一年ぶりに日本からの友人たちに会ったのですが、みんな非常にアメリカナイズされていて、女子は口紅をつけているわ、身振り手振りはすっかり派手になっていました。私は非常に禁欲的な生き方をしてきましたから、とてもびっくりしました。しかし後になって分かったんですが、静岡高校の友人たちの話によれば、私も相当にアメリカナイズされていて、彼らはかなりびっくりしたとのことでした。

それはともかく、そういう禁欲的な、もう酒なんか飲んだら地獄行きだというような、地獄という言葉がよく出てくる説教には私は何となく違和感を持っていましたが、しかしクリスチャンになってしまった時点では、彼らと同じような信仰パターンを持つに至っていました。そのBible Baptistは五〇人くらいの会衆からなる単立の教会でした。自分たちで、そう自分たちでよく彼らは家も建てるんですが、教会堂も自分たちで立派なものを建てていました。バプテスマを受けるときの、日本でいう信仰告白というものはまったくなくて、浸礼ですので、水の中に入って、そこで「あなたはイエス・キリストを、あなた自身のpersonal saviorだと信じるか」（personal saviorという言葉を使っていましたね）と訊かれましたから、「yes」と言っただけでした。日本に帰ってきたのが、高校三年生の八月、受験まで六カ月しかないときで、私は当然のように受験に失敗して、浪人しました。しかし、すごいなあという連中もいました。私たちはアメリカの高校に入って、高校三年生をやっただけなのですが、六月に卒業式があって、私も含めて、みんな向こうの高校の卒業証書をもらっているわけです。それで、もう高校卒業の資格は持っているわけですから、日本に帰ってきても、元の高校には戻らないで、アメリカの卒業証書で東大などを受けて、ストレートで合格してしまうような連中が何人かいたんですね。私なんて考えもしなかったことでしたが、すごい連中もいるものです。しかしこの一年の浪人生活が、私にとっては実に貴重な時となったのでした。

その前に、話しておかなくてはなりませんが、日本に帰ってきて、静岡ではどこの教会に行ったらいいんだろうか、という問題があったのですが、たまたま家の近くに日本バプテスト連盟の教会がありまして、そこに出席することにしました。上京するまでの半年近くそこに通って、その教会に転会をすることになりました。そこで転籍状を送ってもらうために、アメリカのフォスターファミリーに連絡を取ったんですが、彼らは、先ほども言いましたように、まったくファンダメンタルな人たちですから、日本のバプテスト連盟は十分にファンダメンタルか、とかバイブルに忠実な教派か、とか私に訊いてきたわけです。当時の私にはそんなことはよく分かりませんでしたけれども、彼らもそれをチェックする手立てはなかったようで、私は幸運にも日本バプテスト連盟の教会に転会できたんです。そのときにもしも転会できていなかったなら、今の私はかなり違った信仰の持ち主になっていたことでしょうね。

さて、浪人して東京に出て、山手線の大塚に下宿をしました。そして大塚から一番近い、目白にある目白ヶ丘バプテスト教会に行きました。一九六二年の四月の最初の日曜日だったと思います。その教会には、山下誠也という、工業大学に通っている二歳年上の学生がいました。後に献身して西南学院大学神学部に赴きましたが、その彼が礼拝が終わった後、ぜひ牧師館に行こう、と私を誘ってくれました。あとからわかったのですが、そこの青年たちの多くは、ほとんどいつも礼拝後には牧師館に行って、牧師先生と遅くまで歓談するという習慣がありました。牧師は熊野清樹《ゆやきよき》という、ちょうど七〇歳の先生でした。熊野と書いて「ゆや」と読むのです。同じ熊野《くまの》義孝先生が、東京神学大学の教授をされていましたが、同じように目白駅で降りて目白通りを真っ直ぐ西に行ったところにある武蔵野教会の牧師をしておられたのですが、二人とも同じ熊野なので、ゆや先生のところに来た人がいて、しばらく話をしたが、どうもちぐはぐなので、ゆや先生が「あなたはほんとうは熊野義孝先生のところに行きたかったんじゃないんですか」と訊くと、「えっ、先生は熊野義孝先生じゃなかったんですか」との返事が帰ってきた、というような面白い話を何度か聞かされました。能楽に熊野《ゆや》というのがあるんですね。熊野松風は米の飯、という言い方があるのだそうです。つまり能の熊野や松風は米の飯ほどに人々から好まれている、という意味だそうです。先生ご自身は九州の人吉のご出身で、見るからに九州男児という感じでした。

背が高くて、顔が東条英機にそっくりで、何度も東条英機に間違えられた、と言っておられました。本当に写真だけで見たら、見分けがつかないほどです。その熊野先生は野武士的な、そういう考え方の持ち主で、宮本武蔵が作った見事な木刀を持っておられました。私はのちに、西南学院大学の神学部に赴任するわけですが、実は熊野先生は、かつては神学部の前身である西南学院高等学部の神学科の新約聖書学の教授でした。だから私は、熊野先生のポストの、何代かのちの後任者になったわけです。どうして神学校の教授だった熊野先生が、東京に出てこられたのかというと、バプテスト連盟の牧師会があったときに、ひとりの若い牧師が、牧師の本当の苦労は現場に出てみなければ分からない、という趣旨のことを言ったんだそうです。それは必ずしも熊野先生にストレートに向けられた言葉ではなかったようですが、しかし先生はそれを自分に向けられた言葉として重く受けとめられて、神学校教師の職を投げ打って、現住会員が数名しかいなかったような東京の教会に出ていかれたのでした。そういう先生ですから、この世のいわゆる、力、栄誉、そういうものを否応なしに先生も持ってらっしゃったんですが、しかしそれと格闘して、格闘して、そういうものをひとつひとつ剝いでいく、そういう姿勢をいつも持ってらっしゃいました。先生から私は強い影響を受けました。そして浪人中の一二月の、寒い夜の祈禱会からの帰りに、大塚駅から下宿までの途上で、将来のことで思い悩んで、歩けなくなってしまうということが起こりました。それで突っ立ったままでいたときに、いま思うと、そういう気がしたということかもしれませんが、そのときはたしかに声が聞こえたんです。伝道者になるべし、と。こうして私は浪人中に牧師になる決心を与えられたのです。熊野先生もそれをたいへん喜んでくださいました。すぐ神学校に行くという道ももちろんありましたが、それよりも、まずは普通の大学を出てから神学校に行ったらよいだろうということで、そして私はすぐに聖書を勉強したいと思っておりましたので、それでＩＣＵに行きました。

ＩＣＵは一年生英語、Freshman English、いまは別の言い方で呼んでいるようですが、その一年生英語がすごくたいへんな学校なんです。一年に入ると、一つか二つ英語以外の授業がありますけれども、あとは全部、一年生英語なんです。まったく英語に集中するわけです。私はアメリカに行ってましたので、試験を受けて、一年生英語を免除になりましたが、一年間で見事に英語を話せるようになった友人たちを見た時は、私もやったほうがよかったんじゃないか、と思わされました。皆んな本当にすごい進歩を遂げるんです。しかし私はそういうわけで、入ってすぐの頃から、ドイツ語とかギリシア語とか、聖書を勉強しはじめました。そして私が三年生のときに、田川建三先生がフランスから颯爽と帰国されて、ＩＣＵに赴任されました。田川先生はいまでこそキリスト教信仰に対して鋭く批判的ですが、最初は随分と抑えてらした感じがします。じつに素晴らしい教師でした。そして新約聖書学の最先端の事柄を、何にも分かっていない私たちに教えてくださいました。「先刻諸君はご存知のとおり」というのが先生のいつもの前口上なんですが、私たちは全然初歩も知らないわけで、とても恥ずかしく思いましたが、その知らない者たちに向かって、じつに優しく、懇切丁寧に教えてくださいました。ＩＣＵを卒業したらすぐに神学校に行くはずだったのですが、卒業年度に、新約聖書学があまりに面白くなってきておりましたので、熊野先生に、もう少し勉強したいので大学院に行きたいのですが、と訊ねますと、勉強はできるときにできるだけしておきなさい、と言われて大学院行きを目指しました。熊野先生も若いときにアメリカ留学をなさっていて、もう少し勉強しておきたかった、といつも思っておられたようでした。

それで東大の大学院に行ったんですが、東大の大学院の西洋古典学科というところは、実はＩＣＵでもっているような面がありました。少なくとも当時は。大学院全体じゃないですよ、大学院の西洋古典学科は、という意味です。実際、東大の学部からやってきた、素晴らしく優秀な学生もいましたけれども、少なくとも新約聖書学においては、私たちが普通に分かっていることを分かっていないんですね。私たちからすると基礎的な事柄が分かっていない。どうしてＩＣＵの学生はそんなに優秀なのか。それは、私たちは本当によい教育を受けたからだと思います。ギリシア語とかラテン語とか、そういう西洋古典語も、ＩＣＵには優秀な先生がおられて、少人数で、非常に懇切丁寧に教えていただけました。私学のほうが聖書学や神学に関しては優れている、ということとの関連で思い出すことがあるのですが、東大の法学部を出て、青山学院大学の神学科に行かれた梅本直人さんが、青山の神学科に行って、その学問的なレベルの高さにびっくりした、と言ってましたね。東大の法学部から行ってですよ。東大というところは、入るのは難しいけど、中でどれくらい高度の教育をしているのかは疑問なところがないわけではないのですが、青山の神学科や、神学校、神学部というところは、だいたい学問的にレベルが非常に高いところが多いですね。だから一生懸命やらないとついていけない。私はドイツで梅本君が一生懸命勉強していた姿をこの目で見ておりますので、今の話を思い出しました。ですから、神学の勉強をしていて本を焼きたいと思うようなこともあるかもしれませんが（笑）、どうぞ皆さん、そこを乗り越えて、しっかりと神学部の学びをやっていただきたいと思います。

私が大学院で修士論文を書き上げているころ、熊野先生は七九歳でお亡くなりになりました。それで、もう先生に相談することもなく、私は博士課程に進学しました。愚かにも私は、大学院というところは、主として大学の教師になろうとする人たちが行くところだということを、まだ知りませんでしたし、自分にはそういう感覚がまったくありませんでした。ただ勉強したい、そしてどんどん学問的なレベルを上げていきたい、そういう思いが強くて、いずれどこかの大学で教えたいというような、そういう願望はまったく持ってはいませんでした。大学の教員になって、交換留学生の選考のための面接などをすることがあるんですが、自分は将来は大学の教授になりたい、というようなことを言う学生がときどきいます。そのたびに私は、「いやね、研究者になるという言い方はいいけど、大学の教授になれるかどうかは、チャンスの問題だから、どんなに力があってもポストがない限り大学の教師にはなれないのだから、そういう言い方はどうかな」と言っています。私の中にあったのは、ただもっと勉強したい、という思いだけでした。

スイス留学もその延長線上にありました。なぜスイスのチューリッヒのエドアルト・シュヴァイツァー先生のところに留学したのか、と言いますと、最初は、ドイツのＤＡＡＤというドイツ国費の留学制度があって、それを受けたのですが、補欠だったんです。最終的にはダメでした。それでその次の年にＮＣＣが斡旋しているスイスの教会から出ている奨学金、ＨＥＫＳの奨学金と言うんですが、それに応募しました。そして幸いにもそれに合格して、スイスに行きました。しかしその前から、実はシュヴァイツァー先生が一度来日されたときに講演をお聞きしていて、この先生のもとで勉強できたらすばらしいなあ、と思っていましたので、ＤＡＡＤの方を落ちたことが幸いしたんですね。それでチューリッヒに行って、シュヴァイツァー先生に師事しました。シュヴァイツァー先生については、みなさんご存じのことと思いますけれども、ＮＴＤ、つまり Das Neue Testament Deutsch 註解書シリーズの共観福音書（マルコ、マタイ、ルカ）全部の註解を書いておられる先生です。共観福音書全部の註解を書くということは、というよりもその執筆を依頼されるということは、これは並大抵のことではありません。先生がいかに新約聖書学者として高く評価されていたか、ということを明らかに示しています。ＥＫＫ（プロテスタントとカトリックの共同注解書シリーズ）はまだ完結していませんけれども、先生はプロテスタント側を代表して、カトリックのシュナッケンブルグ先生（この先生は大貫隆さんの恩師であられますが）とともに、最初の編集者のお仕事をなさいました。ご自身もこのシリーズのコロサイ書の註解書を書いておられます。他にも先生の著作はどっさりあります。シュヴァイツァー先生は、ヨーロッパの大学で教えている神学者すべてがそうであるわけではないんですが、最初牧師を一〇年ほどなさいました。そのうち後半の五年間ほどは大学神学部の講師をなさりながらだったようですが、ともかく牧師経験があるものですから、牧会的な配慮が普通の神学部の先生以上におありでした。だから、本当に温かい。論文指導も、実際には牧会を受けていたような、そういう感じでした。留学する前から、先生の論文はいくつか読んでおりましたが、その論文自身が、実にまろやかであったかいものでした。それで結論もまた、すごく鋭いというよりも、むしろ温かい、人を包み込むようなものが多かったように思っていました。ですから、結論もある一定の幅があるものが多かったですね。そして正直に申し上げますが、留学以前の私は、実はそのようなところに、何となく物足りなさのようなものを感じていました。

しかし、実際に先生と接してみると、全然そんなことはありませんでした。そういう幅をもった結論ではありますけれども、その背後にどれだけ、いかにも鋭いような論文を書いている先生方とまったく同じほどの、すごい量の研究があって、そういう結論になってきているんだ、ということを思い知らされました。いやー、とんでもない思い違いをしていたなと、深く反省をしました。先生が私にくださった博士論文のテーマは、「使徒教父におけるパウロの審判論の展開」でした。使徒教父とは、新約聖書と教会教父の間に位置している七つの文書を指しますが、それらがどういう内容のものかということは一応は知っていましたけれども、しかし使徒教父の中のパウロの影響について扱ってみたらどうかと言われても、それほどよくは知らないし、どんな風にそのテーマを展開していったらよいのか、不安でした。私の希望としては、今までやってきたパウロ研究をさらに展開するということでした。しかし先生は、パウロ・プロパーでさらにそれを深めるというのは、外国人の君には、主としてドイツ語の膨大な量の、イエスに関してはもっと膨大ですが、パウロに関する研究文献を読み切って、そして論文を完成するというのは、ちょっと荷が重すぎるのではないかと思う、と言われました。それで使徒教父におけるパウロの神学の展開というテーマで博士論文を書くことになりました。完成まで五年半かかりましたが、結局、そのテーマは私にとってはとても役に立ちました。つまり視野がまったく広がりました。先生は、ドクター論文を指導するときに、ドイツ語を母語とする人は別ですが、基本的な方針として、ある小さな問題についてグーッと深める、そういう論文よりも、博士論文はもっと広くテーマを設定して、たとえちょっと浅いなという感じを抱かせようとも、広いテーマで大きな視野を持って書き上げるものの方がいい、ということを自分は考えている、とそうおっしゃいました。広い視野のなかには、先生の場合、スイス東アジア・ミッションへの協力をしっかりとする、というようなことも含まれていたことでしょう。しかし、先生はとても厳しい方でもありました。たとえば、博士論文の一部が出来上がるたびに、先生のところに持っていってご批判をいただいたわけですが、そうするとそのときには、極めて厳しい批判が待ち受けているわけです。しかし、ありがたいことに、先生は必ず最初にひとつふたつのいい所のことを言ってくださるんです。この部分はとってもいい、だから、このところはもっと展開していきなさい、深めていきなさい、と。そしてその後に、ものすごく厳しい批判をくださるわけです。けれども、最初に肯定的なことを言われていますから、ぐしゃんとなってもうダメだ、もう終わりだ、というふうには決してならないのです。先生は、そういう指導をしてくださいました。そしてそれは、自分が後に教師となったときに随分と役に立ちました。決して否定的な批判だけを言ったらいけない、肯定的なところを必ずどこか、ない場合には一生懸命見つけて（笑）、そしてその後に、厳しいことを言うなら言う。そういう姿勢をシュヴァイツァー先生から学ばせていただきました。

実は西南学院の神学部に自分は赴任することになる、などとはまったく思ってもいませんでした。三年半ほどが経ち、博士論文もまだ半分ちょっとしかできていないときに、世界バプテスト大会がスウェーデンであって、そのときに日本バプテスト連盟の理事長たちも一緒に来られて、スイス・チューリッヒの私たちが宿舎を与えられていたリュシュリコン・バプテスト神学校に立ち寄られました。そのときに、何と、論文の完成がいつになってもいい、何年かかってもいい、完成したらその時点でぜひ西南学院大学の神学部に来てくれないかと、そういうインヴィテーションをいただいたのです。そんなかたちの招聘なんて、そうそうないですよ、本当に。実際、ヨーロッパでドクターを取って日本に帰って来ても、すぐに教える場所がなくて、いや、すぐにどころか、ずっとなくて、英語とかドイツ語を教えながら何とか生計を立てている、という人も多いのです。なのに、まだ論文も完成していないのに行く先が決まっているなんて、これはもう破格の扱いですよ。もちろん西南の神学部は日本バプテスト連盟の教派神学校ですので、その連盟所属の教会員である私が候補になったわけですが。そういうことを言っていただいたので、本当にありがたいことでした。その後、違うところからも二、三、お招きはありましたけれども、そういう破格のインヴィテーションをくださったところを裏切るわけにはいかない、と心を決めていました。

実は帰国が近づいたころに、シュヴァイツァー先生にこの件で相談しました。事情を話して先生のご意見を訊きましたところ、私だったら神学部に行くよ、と言われました。まさに私もそういう結論を与えられていましたので、後押しされた思いでした。神学部の特殊性は、ヨーロッパでも同じです。文系の学部はすべて哲学部（Philosophishe Fakultaet）の中に入るのですが、神学に似たようなことを哲学部でやる人も時々いますが、しかし神学部の持っている雰囲気は、やはり違うんですね。先生方もやはり、さきほど申しましたように、牧師をしていたか否かは別にして、神学部の先生方は温かいんですね。だから、最後まで面倒を見てくれる。面倒見切れなくなったら、君はもうやめたほうがいいよ、ということを温かく言ってくれる、そういう学部なんです。哲学部の先生方というのは、だめならスパッと切る。

シュヴァイツァー先生がどんなに温かい方であったか。チューリッヒの郊外に、インターナショナルのバプテストセミナリーがありまして、その中の既婚者寮に私たちは住まわせていただきました。これも実は、そのセミナリーととてもよい関係にあられたシュヴァイツァー先生のご紹介とご推薦があって可能となったのでした。世界中からのバプテスト派の人たちが、ヨーロッパから、アフリカから、アジアから、そして何人かはアメリカからも集っていましたが、みんな英語で授業も生活もしておりました。その寮に先生のほうがですよ、出掛けてきてくださって、そして近くにとても素敵な林があるのですが、そこを二人で散歩をしながら、私の論文の展開について語り合ってくださったのです。忙しい先生ですよ、NTDの注解書を三冊も書かないといけない、そしてもちろんご自分の他の多くの論文も書かないといけない、そういう先生がそこまでしてくださるのです。実にあったかい先生でした。

神学的にも、やはり先生から私は一番影響を受けたと思います。先生はそんなにラディカルな先生ではありませんが、しかし新約聖書学の約束事というか、方法論的な厳密さというような事柄については、実に厳しくそれを遂行されようとされます。後に私はルターが言い始めた「十字架の神学」的な展開をすることになりましたが、しかしこれには、やはりシュヴァイツァー先生の講義を五年半聴き続けたことが深く影響を及ぼしています。先生の神学の根本のところには、やはり共に苦しむこと、Mitleiden ですね、共苦というモティーフが、神において、イエスにおいて、そしてわれわれにおいて基本的な事柄になっている。だから、そういうものが先生の講義の中にも、説教の中にも明確に見られました。先生は、一カ月に一度くらいの頻度で、ツヴィングリが牧師をしながら宗教改革を遂行した教会であるグロスミュンスター教会や、エミール・ブルンナーが牧師をしていたフラウミュンスター教会などで説教をされていました。スイスでは土曜日になりますと新聞に、翌日の日曜日の礼拝の説教者のリスト、一覧表が出るんです。先生の説教は、チューリッヒの市民からも愛されていて、先生が説教される日には、教会はいつもいっぱいになっていました。私も、新聞で見たり、あるいは、予め先生から聞いていて、先生の説教はほとんどいつも聴いておりましたが、そのたびに深い感動を与えられました。西南に参りましてから二年経った一九八〇年に、シュヴァイツァー先生に特別集中講義のために来日していただいたことがありましたが、その際に先生の説教集 Gott will zu Worte kommen、訳して『神は言葉のなかへ』を、来日記念に翻訳させていただきました。もう絶版ですが、図書館で見つけて、ぜひ読んでほしいと思います。その説教集の中の「全能なる神の無力」、そのテーマを来日の際には逆にして、「無力な神の全能」と題して先生は説教されました。これは日本滞在中の説教・講演集『立ち尽くす神』に収められていますが、これも絶版です。「無力」を結びの言葉にするか、「全能」を結びの言葉にするか、それはともかく、全能なる神の無力、あるいは無力な神の全能、という、そういうような捉え方ですね、これは先生の講義にも、あるいは論文にも、明確に出てきておりまして、私は強くその捉え方に影響を受けました。

スイス留学前の大学院時代には荒井献先生のご指導をいただきましたが、先生からはやはり大きな影響を受けました。とくにゼミでですね、それこそ私たちと徹底した討論をしながら、私たちの意見を忍耐強く聞いてくださいました。先生がゼミで、「うん、うん」と頷きながら私たちの言うことを聞いてくださっているお姿を、今でもはっきりと思い起こせます。先生から学んだもう一つのことは、自分のテーゼを大事にする、ということでした。「あなたのテーゼは何か」ということを先生は常に私たちに問われました。どんなにそれが仮説にすぎないものであったとしても、自分自身の考えを持つことを先生は求められました。どんなにおぼつかない仮説であっても、それを大胆に打ち出す勇気を荒井先生から私は学ぶことができました。先生もよく言っておられたように、「キザな言い方になるかもしれないけれども、私たちは仮説に命を賭けるのです」。そしてそれは「仮説」にすぎないわけですから、いついかなるときも私たちはそれを絶対化すること、自己絶対化は、することができないのです。その限界をしっかりと押さえた上で、真摯な討論を徹底してする、ということが大切なのです。荒井献先生は今でも、新約学会などでの若い人たちの発表に対しても容赦なく厳しい質問を投げ掛けられます。「君のテーゼは何なんだ」と。つまり学会での研究発表というのは、何か新しい、誰もこれまで言ってこなかったことを発見した上でするというほど新しくなくてもいいんですが、いろいろな人が言っていることを結びつけてみると、こういう新しさがあると言えるんじゃないか、くらいのことは言わないといけないわけです。そういう自分自身のテーゼ、命題を持って、はじめて学会発表は成り立つわけです。ただ研究史みたいなものをずらずらと並べているだけで、いったいどこに強調点があるのか分からないような研究発表に対しては、先生は今でも非常に厳しいことをおっしゃいます。その荒井先生は、今でも私のメンターであり続けています。

『十字架の神学』の前提としてのイエスの福音をどうとらえるか

聖書逐語霊感説というものを抱いていた私がＩＣＵに入りまして、ギリシア語で新約聖書を読めるようになっていきますと、一字一句間違いがないはずの新約聖書の原典が世界のどこにも存在しないということを示されて、本当にバットで頭をブン殴られたような、そういう衝撃を受けました。今まで自分が信じていたことはいったい何だったんだろう、と。原典がないわけですから。あるのは写本ですね。現在は六千近い数になっていますが、その写本も大小さまざまですし、さまざまではあるんですが、その六千近い写本を一応はすべて参考にしながら原文はこうであったのではないだろうか、と再構成しているわけですね。それがいま新約聖書の原典であるとされている。ですから、校訂本の版が変わるたびに、それは変わっていくわけです。ここに持ってきましたのは一番最近出たネストレ・アーラント版の二八版ですが、今回新しい読みが採用されたのは、主として公同書簡ですが、そこでは今までのどの改訂におけるよりも大きな変更が加えられています。版が変わるたびにテキストも動いているわけです。だから絶対というものがない。目に見える形での絶対はない。そういう意味で、この原典はキリスト教の本質を体現していると言えるでしょう。つまりイエスがおっしゃっていることと軌を一にする形で成立している。なぜならばこのテキストは、私たちには絶対というものをこの手で摑むことはできないし、これが絶対に近いのではないだろうか、たとえ絶対ではないにしてもこれがベストなのではないだろうか、という形でしか決定されていないからです。私たちの福音理解も同じですね。これがベストじゃないだろうかということで、いまここにいるみんなが、その最良の形を追い求めているのですが、もっともそのベストが何なのか分からなくなってしまったという迷いの中にいる人もおられるかもしれませんが、いずれにしても、私たちがいま選び取っているものが神の目からご覧になったときにその意に沿うているかどうかは、誰にも絶対的な形ではわからない。そういう意味で、先ほどの荒井先生ではありませんが、あなたのテーゼは何なのか、あなたの考えは何なのかという、それをもつことが大事になってきます。しかしそれに固執して、絶対的にそれしかないみたいな、そういう形で信じ、それゆえに相手の捉え方を簡単に切り刻んでいくあり方は非常に危ない。キリスト教の根本には、神の啓示がある。神が人間にそのご意志を啓示してくださった、という捉え方が根本にある、キリスト教とはそういう宗教ですよね。しかしその啓示も、確かに神が啓示してくださったものだと私も信じていますけど、啓示してくださった瞬間に、それを捉える私たちの側の捉え方は千差万別なんですね。同じ啓示なのに、人によって捉え方が違う。だから、絶対化できないんですね。啓示だというだけでは、何の意味もないのです。啓示の内容はこうだ、と私たちは信じているわけです。そして啓示の具体的な内容ということになると、私たちはこう信じています、という形でみんな違うんですね。実は後で触れますけれども、パウロ自身が啓示そのものについて、そういうふうに語っているんですね。ですから、啓示を持ち出したところで解決にはならない。啓示の内容を相互に吟味検討し合いなさい、とすごいことをパウロは言っているのです。私はかつての自分の啓示理解の内容を、敢えて言いますが、非常におぞましいものだったと反省しております。いまなおそういうファンダメンタルな、原理主義的な捉え方をしておられる方がいたらごめんなさいね。それはやはり、とてもおぞましい。そこまで聖書批判をしなくてもいいんじゃないかとか、行き過ぎじゃないかと思われる方がありましたら、後のディスカッションのときにおっしゃってくださいますように。

今日は、「十字架の神学」の前提としてのイエスの福音をどう捉えるか、ということで、パウロには明日触れたいと思います。前提としてやはり、イエスが何をお語りになってくださり、そしてまたどのように生きてくださったのかを問わなくてはなりません。そこで、レジュメの1ですが、イエスの福音の中心には、やはり「神の無条件のゆるし」の宣言があるのだと私は思います。まずはマタイ5章の、山上の垂訓ですが、45節、そこに挙げました箇所を全部当たっていきますとすぐに時間がなくなってしまいますので、一部は省略しながら話します。マタイ5・45は、「父は悪人にも善人にも」の後に、原文では「彼の」という言葉があるんですね。なぜ日本語はそれを略してしまうのでしょうか。「天の父の太陽」という意味ですから、そこでは「太陽は神様のものだ」ということがはっきりと言われていることになります。ほとんどの英語訳はそういうふうにはっきり訳している。そして「正しい者にも正しくない者にも雨を降らせてくださる」。こうして、悪人が最初に来ているということが重要なのですね。悪人、善人、そしてその後には、正しい者、正しくない者、というふうになっていますが、これは交差文章法と言って、ABBAという形で、これは一種の修辞学的な語り方です。大事なことは「悪人にも善人にも」という形で悪人が最初に言及されつつ、「すべての者」への神の無条件の愛とゆるしが語られているということです。

同じマタイ6・25以下は、有名な「空の鳥を見なさい」、「野の花を見なさい」というイエスの言葉です。この箇所で私が重要だと思いますのは、30節です。「今日は生えていて、明日は炉に投げ込まれる野の草でさえ、神はこのように装ってくださる」。「明日は炉に投げ込まれる野の草でさえ」となっていますけれども、「明日は炉に投げ込まれる」というのは、実は私たち自身のことでもあります。ですからこういう箇所にも、神の無限大の愛とゆるしが語られていると同時に、やはり生きることの過酷さ、つまり私たちは必ず死ななければならないし、必ず愛する者と離別しなければならないということを意味している、というような、そういう過酷さもまた、しっかりと押さえられている。ここは、後に出てくる「泣いている者は幸いである」とも大いに関係しています。人生は悲惨さ、過酷さに充ち満ちています。にもかかわらず、それこそが本当の人生なのであり、神の祝福される人生なのだ、というのです。

それからマルコの、「すべての罪も神を汚す言葉もゆるされる」という衝撃的な言葉が語られる3・28があります。お前は悪霊のかしらベルゼブルに支配されているのだ、と言った人たちに向かって、イエスは、28節－29節で、「人の子らが犯す罪やどんな冒瀆の言葉も、すべてゆるされる。しかし、聖霊を冒瀆する者は永遠にゆるされず、永遠に罪の責めを負う」と語られます。後半のこの29節は、恐ろしい言葉です。「ああやっぱり無条件のゆるしなど、そんな虫のいい話は存在しないんだ」と考えられる人が多いことでしょうが、しかし29節はそういう言葉ではなくて、実は28節の無条件のゆるしの言葉を否定することを意味しています。つまり、「すべての罪も神を汚す言葉も、どんな冒瀆の言葉も、ゆるされる、徹底的にゆるされる」というイエスの言葉を否定すること、つまり「それは悪霊のかしらベルゼブルの言うことだ、という仕方で、イエスの言っておられる無条件のゆるしを否定すること、それこそはまさにほんものの聖霊を冒瀆することであり、それは永遠にゆるされることはない、つまりそれは成り立つわけにはいかない」ということです。

ひとつの例として、「自由」ということを私はよく挙げるんですが、私たちはまったく自由です。本当に自由です。何をする自由もあります。神に反逆する自由すらあります。ですから、この自由を神が私たちに与えられたということは、本当に危険な自由を私たちに与えてくださった、ということを意味しています。よく悪魔とか悪霊とか、そういうものを実在的に存在するものと捉える人が時々います。けれども、有名な話ですが、カール・バルトが言っていますように、悪魔とは Das Nichtige なのですね。nichtig とは、何もないという意味です。つまり存在しないもの。しかし人間には自由が与えられているので、その自由を用いて人間は、すごく悪魔的な事柄を自分のほうから生み出していく、そういう力さえ持っているのです。いわゆる悪魔というようなものが実在的に存在しているとするのは、古代の世界観に基づいた神話的な捉え方であり、それを現代に生きる私たちが信じたりすると、私たちの信仰はどこかで必ず歪んできます。第一そんなふうに考えるということは、神の創造のわざの中にこの悪魔の存在を含めるということになるわけですから、それは随分と歪んだ創造論ということになるでしょう。元に戻って、この全き自由ということを否定する自由は何人にもありません。人はまったく自由なんだということを否定する自由はないのです。そのような自由は、成り立つわけにはいかない。ですから、殺人がいけないのはまったくその理由からです。

他者の全き自由を奪い取ってしまうわけですから。他者を抑圧することがなぜいけないか。それもまったく同じ理由からです。その人の自由を奪い取ってしまうのですから、殺人と同じくらいひどい。そういう意味で、人が自由であるということを否定する自由はまったくない。このマルコ3・29の「ゆるし」についてのイエスの言葉も、そのように理解したいと私は解釈しています。

マタイ18・22は、七を七〇倍するまでゆるしなさい、というイエスの言葉が出てくる箇所です。そして、その言葉のすぐあとに、一万タラントンの自分の借金をゆるされておりながら、たったの百デナリオンの自分への借金をゆるすことができなかった僕についての譬話が続いています。一万タラントンと言ったら、今日で言えばだいたい一兆円くらいだと思えばよいでしょう。お金の価値は時とともに変化しますから、換算するのはたいへんなのですが、私の学生の頃は、日本の年間予算が一兆円を超えたということがニュースになっていました。つまり一万タラントンとは、国家の財政規模くらいのお金だということです。百デナリオンとは、一デナリオンが日雇い労働者の一日の料金だったと言われていますから、そして最低賃金制度などまったくない世界の話ですから、ほんのわずかな金額のお金だったということでしょう。今日でも、アジアやアフリカでは、一日一ドル以下で生活している人たちが大勢います。そのようなほんのわずかな自分への借金を、自分のすごい額の借金はゆるしてもらったのに、ゆるせないでいる人がいるけれども、これはいったい誰のことを指しているのかと、その譬話をとおしてイエスは問うておられるのではないでしょうか。つまり、七回ゆるせばそれで十分ですよね、もしも人をずっとゆるし続けたりしたら、その人をダメにしてしまいますよね、と思っている私たちに向かってイエスは、そのずっとゆるし続けてもらっている者とは、実はあなた自身ではないのか、自分は無条件に徹底的にゆるされているのに、他者のほんのわずかな事柄をあなたはゆるすことができないのか、と。

すぐあとに続くマタイ20・1以下の日雇い労働者の譬話も、それとまったく同じことを私たちに問いかけていると思います。よくご存じのとおり、丸一日一二時間働いた人も、九時間の人も、六時間の人も、三時間の人も、否、夕方一時間しか働かなかった人も、みんなまったく同じ一デナリオンの賃金をもらった、という譬話です。普通に考えたら、これはとんでもない話なんですが、イエスからすればこれはまさに成り立つんですね。イエスが譬話を私たちに語ってくださったときには、あなたはどの視点に立って問題を見ているか、ということを常に問うておられるのだと思います。その譬話の中に出てくる誰の立ち場に立ってあなたはこの話を聞くのか、と。日雇い労働者の譬話は、キリスト教学を受講している学生に話すと、そんなのおかしい、それが経済の原則になったりしたら、世の中立ち行かないでしょう、とほとんど必ず応答しますね。ところがその際、誰の立場に立ってそういうふうに考えているかというと、みんな一日中働いた者の立場に立ってそう言っている。もしも一時間しか働かなかった者の立場に立ってこの話を聞けば、世界はぜんぜん違って見えてくるのですが、私たちのほとんどは、そのようには決してしない。ところがこの話を、実際に、一時間しか働かなかった者の立場に立って聞くことができた人たちがいました。それは当時のいわゆる罪人と言われていた人たち、まったく人々から相手にされなかった人たち、すぐあとのマタイ21・31の、「徴税人や娼婦たちの方が、あなたたち（祭司長たちや民の長老たち）より先に神の国に入るだろう」とのイエスの激烈な言葉のなかで言及される「徴税人や娼婦たち」のような人たちは、イエスのこの譬話を聞いたとき、直ちに一番最後の者に自分を重ねることができたと思うんですね。けれども、そうでない私たちのような普通の人間は、自分には特別何の落ち度もないと思って、当然のごとくに一日分の賃金を自分はもらう資格があると思っている。そういうわけで、どこに立ってものを見るのかが、大切になってくる。そして実は、マタイ20・15の、「それとも、わたしの気前のよさをねたむのか」という訳ですが、そこに「ねたむ」なんて単語はギリシア語原文にはまったくありません。むしろ直訳すれば、「どうしてあなたの目はよこしまなのか」と書いてあるんです。「あなたの目は」、つまり見方、視点、視座が、問題になっています。イエスは譬話を多用されましたが、その際常に、あなたはこの譬話を誰の立場に立って聞いているのか、と問われているのです。一万タラントンをゆるされているにもかかわらず、自分への百デナリの借金をしている人をゆるせない、その人はいったい誰なのかは、容易にわかるであろうと思います。あなた自身が無条件に、それこそ関田先生が開会礼拝でおっしゃってくださった「体」ですね、その体全体を賜物として私たちは与えられているのですから、これは無条件で無限の恵みですよね、にもかかわらず、ほんのわずかな他者のいたらなさがゆるせないでいる人、それはこの私ではないのか、と。しかし、ぶとう園の日雇い労働者の譬話では、あなたはどこに立っているのか、という問いかけの意味がわかるのはなかなか難しい。

どこに立って物事を見るのか、ということに関連して、面白い問題があります。みなさんすぐに答えられますか。最近野球で、ストライクではなくてボールを先に言うようになりましたね、日本でも。もともとはアメリカでベースボールが出来上がったときには、ボールを先に言っていました。それが日本に輸入されて、正岡子規さんたちが紹介してくださったときに、ストライクを先に言うようになっちゃったんですね。オリンピックとかワールド・ベースボール・クラシックとか、そういうところではボールを先に言っているから、日本でもそうしましょう、ということになりましたね。いったい何が変わったのか、皆さんお分かりですか。（戒能先生：「つまり、バッターの視点からの問題です」）。そうです。そのとおりですね。ボールを先に言うということで、アメリカでは何か悪いものを先に言う習慣があるんですかって訊かれたことがありますが、アメリカでも良いものを先に言っているんですよね。ボールを先に言うことで、良いものを先に言っているんです。誰にとってボールが良いものか。それは打者にとってですね。そして実は、アメリカのベースボールは打者の立場から出来上がっている。ベースボールでしょ。訳せば「塁球」です。つまりベースをぐるぐる走り回って点数をあげていく、ということが基本になっている。それが「野球」、つまりフィールド・ボールになってしまった。ボールを先に言うか、ストライクを先に言うかという問題は、ピッチャーの立場に立って、つまり守備の側のチームからものを見ているのか、それとも打者の立場、つまり攻撃の側の立場からものを見ているのか、という問題なのですね。だからよく言われるように、日本の野球は守備の野球で、アメリカはバットをブンブン振り回す攻撃の野球、ということになります。誰の視点からものを見るか、という問題を考えるのには、とってもいいヒントを与えてくれる問いではないでしょうか。

次に、ヨハネ8章です。正確には7・53－8・11。ここは姦淫を犯した女についての箇所ですね。そこでは、「あなたたちの中で罪を犯したことのない者が、まずこの女に石を投げつけるがよい」というイエスの言葉を受けて、誰一人石を投げつける者はいなかった、と記されています。そして一人去り、二人去り、皆が去って行ったときに、イエスが言います。「わたしもあなたを罰しない。行きなさい。今後はもう罪を犯さないように」。「今後はもう罪を犯さないように」というような言葉をイエスがほんとうに言ったかどうかということは、新約聖書学の世界では議論されています。「多分そんなことはおっしゃらなかったのではないか。おっしゃったことはただ、あなたの罪は赦されているんですよ、であって、今後はもう罪を犯さないように、というような言葉は必要ない」という考えの研究者が多いのですが、私はあってもいいいんじゃないかな、と考えています。これは命令法ですが、あなたは赦されていますよ、という直説法に基礎づけられた命令法ですね。ブルトマンがキリスト教における福音と律法の関係について正確に言っているように、直説法に基礎づけられない命令法はないし、また命令法と結びついていないような直説法もないのですから、大事な問題はその命令法の出てくる順序です。そういう意味では、イエスは神の無条件のゆるしを宣言してくださり、それゆえにこそ、そのゆるしにふさわしく歩むようにと語ってくださっているのではないか、と私は考えています。

そこで、レジュメの2に移ります。一般的には罪のゆるしは、イエスの十字架の死によって成就したと言われていますが、このことは批判的に吟味される必要があるのではないかと私は考えております。マルコ10・45は、これはイエスの予言として記されています。人の子は多くの人のために、多くの人の身代金として、自分の命を献げるために来たのだ、というこの言葉です。同様の予言は、マルコ8章と9章と10章に、三回にわたって記されていますが、多くの人の身代金として自分の命を献げるため、という言葉はここにしか出てきません。

もしもこの言葉をそのまま受け入れたとすると、ではイエスの最後についての描写はどういうことになるのか。イエスの最後、つまりマルコ15・33以下に描かれている十字架上のイエスは、罪のゆるしとか罪の贖いとか、そういうことに関して一切何も語られません。そこにおいては、「わが神、わが神、どうして私をお見捨てになったのですか」という言葉、そしてさらにはイエスの大声での叫び、しか記されてはいません。しかも奇跡は何ら起こらないにもかかわらず、百人隊長は「まことにこの人は神の子だった」という逆説を語ります。イエスは何ら神の子としての神々しい姿は取っていません。私は長い間、「神殿の垂れ幕が真っ二つに裂けた」という38節は一種の奇跡を記しているのであり、その奇跡を見て百人隊長はこういうことを言ったんだろう、と考えていました。そしてそう考えたのは、何も私のせいだけじゃなくて、マタイがそう言っているからです。誰もマルコ福音書から福音書を読んだりはしませんから、マルコ福音書を読むときも、マタイで読んだことがインプットされていて、マタイからマルコを読んでいく、ということを知らずにしてしまうわけです。そしてマタイ福音書の語る「奇跡」は、実に物凄いものです。イエスの十字架の死とともに、墓のなかで死人たちが甦った、しかし彼らは甦ったけれども、金曜日の夜と土曜日は、日曜日の朝になってイエスが復活するまで、じっと墓のなかで我慢していたという、とんでもない奇跡が起こり、さらに地震も起こった。そういう奇跡が起こったのを見て、百人隊長は「この人はまことに神の子だった」と語った、というふうになっているわけです。ですからそれが頭にあってマルコを読みますから、当然マルコにおいても、何かの奇跡のゆえにこの百人隊長はこの言葉を語ったのだというように解釈していたのです。でも、マルコではそうは書いてありません。39節にははっきりと、百人隊長は「イエスがこのように息を引き取られたのを見て」と書いてある。だから、垂れ幕のこともその前に書いてはありますけども、しかしそれを見て、とは書いてない。そして実際、このゴルゴタの丘から神殿の垂れ幕は如何にしても見えません。およそ三〇〇メートルくらい離れている、もしも現在の聖墳墓教会がゴルゴタの丘の上に建っているのだとしたら。さらにエルサレムの街の城壁がありますね。それから神殿の壁があって、神殿の至聖所となります。それは神殿の中です。ですから見えません、外からは。至聖所ですから、なおさらです。マルコはやはり、まさに逆説的な捉え方、つまり、何の奇跡も起こらないのに、否、それとは正反対に、イエスは絶叫しつつ息絶えておられるのに、それを見て百人隊長は信仰告白をしている、それも信仰のない、異邦人であるローマの軍人がそうしている、という逆説です。

では、ルカ23・34はどうでしょうか。この部分には亀甲括弧〔　〕がつけられています。〔そのとき、イエスは言われた。「父よ、彼らをお赦しください。自分が何をしているのか知らないのです。」〕これはイエスの有名な言葉です。つまり、イエスは十字架の上でまで、迫害する者をお赦しになっていて、それを父なる神にお願いしておられるのだ、というのです。しかしここに括弧〔　〕がついているのはどういうことかと言いますと、原文にもそれはついておりますが、しかし原文では、二重になった大括弧〚　〛が付けられています。これは何を意味しているのかと言いますと、この部分は写本の証言が弱く、本文の中に収められるべき信憑性を持っているものではないということです。ギリシア語原典の校訂本では、本文と脚注とに分かれていますが、その脚注にこの部分は下ろすべきである、しかし、下ろすべきではあるが、この言葉はイエスの言葉としてあまりに有名であるし、キリスト教の歴史上、多大な影響を及ぼしてきた言葉なので、この言葉が持っている、英語の説明では dignity という単語が使われていますが、威厳ですね、その dignity のゆえに、これは本文のなかに留めておく、しかし本来は、もはや脚注に下ろされても致し方のない言葉である、ということを示す括弧なのです。本当にイエスがこの言葉を言われたかどうか、というよりも、本当にルカがここにこの言葉を書き記していたのかどうかが、疑問なのです。

いずれにしても、ルカは23・46で、マルコの「わが神、わが神、どうして私をお見捨てになったのですか」の代わりに、イエスは「父よ、わたしの霊を御手にゆだねます」と大声で叫んで息を引き取られた、と記しています。ここには、イエスは平安のうちに安らかに死んでいかれたという描写がなされているわけです。しかしほんとうにそれだけでいいかどうか。もっとも、安らかにしては「大声で叫んで」という記述がすこし気にはなりますが。

ヨハネ19章では、「私は渇く」とイエスは言って死んでいかれた、と記されていますが、いずれにしてもヨハネの描くイエスは、過去、現在、未来のすべてを知っているキリストとされています。それは信仰が描き出したイエスではあるかもしれませんが、即歴史的であるとは到底言えないであろうと私は考えています。そしてそれには、以下のような理由があります。

私はマルコ福音書における逆説に注目したいと思います。イエスを「役者」にしてしまってはならないのです。役者のことをギリシア語ではヒュポクリテースと言いますが、それは英語の hypocrite、つまり「偽善者」という意味をも持っています。イエスを役者にしてしまうとは、イエスを偽善者にしてしまうということでもあります。どういう意味かと言いますと、もしもマルコ10・45のようにイエスがほんとうに言われたのだとすれば、つまり多くの人の贖いとしての人の子として私は来たのだ、という意識があられたのだとするならば、どうして最後に絶叫されたりなさるのか。そういう大きな疑問が湧いてくるわけです。そして、すべてが分かっていて、自分は十字架に架けられるけれども、しかし三日目には甦りますよ、つまりマルコ8章、9章、10章に、三回連続で受難予告と同時に復活の予告もするという、そういう予言が出てくることをすでに見ましたが、分かっていてそういう叫び声を上げげた、そして三日目には甦った、ということになると、やはりそれをリアルな歴史的な経過とすんなりと私は理解できません。私はやはり、紀元後七〇年頃に書かれたとされるマルコ福音書の、イエスの最期の描写が最も歴史的に正しいのではないか、と思わざるを得ません。ということは、三回のイエスの予言は、とくにブルトマンが言うところの「事後予言」、つまり事が起こった後になってそれを予言の形で言い表わしたもの、ですからその予言は必ず的中するわけですが、そのようなものとしてしか私は理解できないでおります。そしてマルコ福音書のなかにおけるその予言の役割は、実に「引き立て役」、ドイツ語で言うFolieとしてしか、つまりイエスの死の過酷なリアリティーをより鮮明に際立たせるものとしてしか、理解できないように思います。そしてそこでは、何の奇跡も起こらなかった、しかし、何の奇跡も起こらなかったにもかかわらず、否、それどころかイエスは絶望的な叫びとともに死んでいかれたにもかかわらず、そのイエスに対して逆説的にローマの百人隊長は信仰告白をした、とマルコは言うのです。私たちの信仰告白も同じように逆説的なものとなる以外にないのではないでしょうか。

そこで、レジュメの2の一番下、詩人の島崎光正さんが語るお母さまの「贖い」は非常に示唆的である、ということを書きましたけれども、そのことについて話したいと思います。島崎さんは、ご自分でおっしゃっているように、脊椎がサンゴ礁のような形で分離している脊椎分離症で、幼い頃からずっと車椅子の生活をされた方で、西南学院大学にも宗教強調週間の講師として来てくださいました。学生たちに対する非常に温かいまなざしで、素晴らしい講話をしてくださいました。この島崎さんは、九州大学病院のお医者さんをしておられた父上の息子さんとして生まれられました。ところが、彼が生まれて十日ぐらいして、お父さまは患者さんの病気をもらって亡くなってしまわれたのです。お母さまは島崎さんが最初の子どもさんであったので、まだ若いし、息子も障がいを持っていることだし、ということで、実家の長崎に帰されたのでした。島崎さんは、祖父母の方が長野県の塩尻の近くに住んでらしたので、そこに引き取られて育てられました。そのお母さまは、二、三回、塩尻を訪れて我が子に会っておられるのですが、三回目の訪問の帰りの塩尻駅で、あまりの悲しみのために倒れてしまわれ、それ以来二〇年間、九大病院の精神科に入院しておられました。島崎さんは後になって初めてそのことを知らされたのですが、ともかく、そういう体で生まれてきた自分ではあるけれど、彼もまた神の創造のわざのなかにいるのだ、という意味で、『神は見て良しとされた』（新教出版社、一九九一年）という題名の本を書いておられます。詩集が何冊かありますけれど、一度も会ったことのない「瞼の母」についての、切なく哀愁の漂う、たくさんの詩を書いておられます。『神は見て良しとされた』の74頁に、こう記されています。

「私はここで軽々しく〈贖い〉という言葉を使ってはなら

ないとは思いますが、こういうことがございました。洗礼を受けてから、さらに足の整形手術のために上京するまでの十年間ほど、私は田舎にとどまっておりました。育ての祖父母も世を去り、境遇的にも天涯孤独のような情況となり、馬小屋の跡を改造した部屋で白樺人形を刻んだり謄写印刷の仕事をしながら、時を過ごしておりました。その間、時には、気の狂いそうな孤独にさいなまれることがよくありました。そのような時、母もすでに亡くなっておりましたが、かつて彼女が精神科の病棟で歳月をすごしていたことを思うと、おのずと胸の波がおさまったのであります。母が私に先んじて、私のかわりとなって、重荷を担ってくれていた感じと申すべきでありましょうか、そのことに励まされ続けてきたのだと思います。」

島崎光正さんはこういうふうに書いていらっしゃいます。お母さまが「私に先んじて、私の代わりとなって、重荷を担ってくれていた」、それは別の表現をすれば、最初に言及されているように、〈贖い〉をしてくれていたんだと感じた、ということを意味しています。この言葉は深く私たちの胸を打ちます。しかし同時にこの言葉は、とても大事なことを教えてくれています。つまり、そういうふうにお母さまの愛を受け止めていらっしゃるのは、島崎さんご自身だ、ということです。お母さまは何も、島崎さんのために苦しんであげますよ、などと言われたわけではありませんし、実際に島崎さんのために苦しまれたのだ、というようなことでもない。そうではないにもかかわらず、しかし島崎さんはそう受け止めているという、そういう事情。それと同じことを私は、イエスとの関係において見ています。イエスは、あなたがたのために死んであげますよ、などということを軽々しくおっしゃった人ではないのです。だから、マルコ10・45のような言葉は、すでに上で言及しましたように、批判的な新約聖書学から見ますと、事後予言以外の何物でもないんですね。後にキリスト信仰が成立してから、人々がイエスの口にその言葉を当てはめた可能性もありますし、マルコ自身が創作した可能性もありますけれども、ともかくイエスの真正の言葉ではない。イエスはそういうことはおっしゃらなかった。しかし、にもかかわらずイエスのあの死は私たちの〈贖い〉だったのだと私自身は受け止めるということ、そういうことと、それは歴史的な事実だと言うこととは、まったく別の事柄なのです。このようにして、普通は十字架においてはじめて贖いが成立したと考えるのですが、それにはほんとうに問題がないか。それが2における私の問題提起です。

実際、そういう捉え方だけをしていたのでは、自然災害によって時には決定的な被害を受けるという不条理とか、島崎さん自身が生まれつき持っておられた障がいの問題、特に重度の心身障がい者の問題、いわゆる植物状態にあるような方々が抱えている問題は、とても解決不可能な問題となります。なぜならば、それらの不条理や問題は、人間の罪の問題をはるかに超えてしまっているからです。人間の罪という大問題を軽視しているわけではありません。そうではないけれども、しかしはっきりとそれを超えてしまっている問題もあることに注目しなければならないのです。

そこで、ヨハネ9・1－3ですが、そこには障がいを前にしての「神の業がこの人に現われるためだ」というイエスの言葉が記されています。その言葉は、奇跡的な癒しが最終的には起こったとされているのですが、そういう意味での「神の業」が起こるためだ、というふうにイエスは言われたのでしょうか。実際に盲人伝道協議会などの集まりに行きますと、多くの盲人たちが、ヨハネのこの箇所は3節までで十分だと言われます。後続の部分は重要ではない、と。そういう形で「神の業がこの人に現れるため」との言葉を理解すると、まさに奇跡的な事柄がまったく起こらなくても神の業とは起こり得るものなのだ、ということになりますね。そして実際、どんなに祈っても祈っても癒しが与えられない人は、本当にたくさんおられます。そういうところでも、否、そういうところでこそ生起する「神の業」でないと、現実的にはその苦難の只中にいる人たちにとっては、生きる力とはなりえないでしょう。

同じような問題ですが、ルカ13・1－5には、イエスによって災害と罪との関係が語られています。そこには福音書記者ルカの福音理解における問題点が露呈していて、悔い改めなさい、という命令形が孕んでいる問題は、やはりこれまた、罪のゆるしの理解だけからでは解決できないんじゃないか、と私は感じております。ルカ13・1－5には、次のように記されています。「何人かの人が来て、ピラトがガリラヤ人の血を彼らのいけにえに混ぜたことをイエスに告げた。イエスはお答えになった。『そのガリラヤ人たちがそのような災難に遭ったのは、ほかのガリラヤ人よりも罪深い者だったからだと思うのか。決してそうではない。言っておくが、あなたがたも悔い改めなければ、皆同じように滅びる。また、シロアムの塔が倒れて死んだあの十八人は、エルサレムに住んでいたほかのどの人々よりも、罪深い者だったと思うのか。決してそうではない。言っておくが、あなたがたも悔い改めなければ、皆同じように滅びる』」。そう書いてあるんですが、皆さんこれを読んで、すんなりとここでの論理が頭に入ってきますでしょうか。入ってこないはずです。その理由を明らかにするために、いまこの部分を、私がちょっと違うふうに読んでみますので、目をつぶって聞いていてください。「何人かの人が来て、ピラトがガリラヤ人の血を彼らのいけにえに混ぜたことをイエスに告げた。イエスはお答えになった。『そのガリラヤ人たちがそのような災難に遭ったのは、ほかのガリラヤ人よりも罪深い者だったからだと思うのか。そうだ。彼らは他の者たちよりも罪深かったからそうなったのだ。言っておくが、あなたがたも悔い改めなければ、皆同じように滅びる。また、シロアムの塔が倒れて死んだあの十八人は、エルサレムに住んでいたほかのどの人々よりも、罪深い者だったと思うのか。そうだ。彼らは他の者たちよりも罪深かったからそうなったのだ。言っておくが、あなたがたも悔い改めなければ、皆同じように滅びる』」。これだと内容は嫌ですが、少なくとも辻褄は合い、筋は通りますね。だけどイエスは、「そうだ」ではなくて「決してそうではない」って言っておられるんですよね。「決して彼らが他の人たちよりも罪深かったからではない」という二回の言葉には、「言っておくが、あなたがたも悔い改めなければ、皆同じように滅びる」という言葉は、論理的に繋がらないんですね。だから、「言っておくが」以下の文章は、福音書記者ルカの言葉であって、イエスの言葉ではない、としか考えられません。イエスの言葉は、「決してそんなことはない」で終わっていたのではないかと考えられます。

実際、「あなたがたも悔い改めなければ皆同じように滅びる」という言葉がルカの言葉である論拠は、いくつかあります。歴史的批判的な新約聖書学は、こうした仮説のためにいろんな論拠を集めないといけないのですが、まず第一に、福音書記者ルカは、マルコ2・17の、「わたしが来たのは、正しい人を招くためではなく、罪人を招くためである」というイエスの言葉を、自らのルカ5・32では、「わたしが来たのは、正しい人を招くためではなく、罪人を招いて悔い改めさせるためである」というふうに、「悔い改めさせるため」という言葉を付け加えています。悔い改めは、別に悪いことではありません。何かよくないことをしてしまったときには、悔い改めて改善していかなくてはなりません。しかし、ルカ7・47で、新共同訳は分かりやすく、矛盾がないように訳していますが、「だから、言っておく。この人が多くの罪をゆるされたことは、わたしに示した愛の大きさで分かる」という訳は、とても無理な訳で、悔い改めに関するルカの考え方の問題性が隠蔽されてしまっています。ここのギリシア語原文には、「彼女は多く愛したから、多くの罪をゆるされたのだ」と書いてあるんですね。口語訳は正確に、「それであなたに言うが、この女は多く愛したから、その多くの罪はゆるされているのである」と訳しています。多く愛するという行為が先にあったから、多くの罪をゆるされたのだ、という言葉になっているんですね。しかし、この女性はそうじゃなかったでしょう、ここの場合は。ここでの話の筋は、彼女はイエスから多くゆるされたので、多く愛した、という形で物語はずっと進行してきている。彼女が香油をイエスの足もとに塗ったのも、日頃のイエスの無条件のゆるしというものを聞いていて、そしてそこで罪深いあり方をしている自分も、イエスによってゆるされ、愛され、包み込まれている、という事実への感謝の思いがあったから、です。そういう文章の流れなのに、突然「多く愛したから多くゆるされたんだ」という逆の順序の言い方が入り込んでしまっている。それじゃ論理的におかしいから、というわけで、新共同訳は、「この人が多くの罪をゆるされたことは、わたしに示した愛の大きさで分かる」というふうに訳していますが、これは文章後半のギリシア語の hoti 以下の文章を、前文の認識根拠として理解しているのですが、これはとても無理な解釈だろうと私は考えています。ですから私は、口語訳のように、ギリシア語からストレートに、書いてあることをふつうに読んで、そのまま訳すべきだと思います。なぜかというと、ルカは文脈に逆らって、文脈がそうであったにもかかわらず、パッと日頃自分が考えている「多く愛する者が多くゆるされるんだ」という、私たちがこれだけのことをしたからこそ神の愛が与えられるんだ、ゆるしが与えられるんだ、という、そういう思考パターンがひょっこりと顔を出しちゃったんじゃないかな、と思っています。私が特別意地が悪いわけではなくて、多くの研究者がそう言っています。そして現に、それに直ちに続く文章は、「ゆるされることの少ない者は、愛することも少ない」と、やはり、ゆるしから愛するという行為が出てくる、という明白な順序をしっかり守った文章に戻っています。ですから47節前半では、ルカに特徴的な、ある意味での行為義認主義的な、そういう考え方が思わず出てきてしまったんじゃないでしょうか。そして、先ほどの「あなたがたも悔い改めなければ同じように滅びる」という言葉も、同じことを示しているのだと思います。

こうして、災害の問題、障がいの問題、不条理の問題、などを考えるときに、ルカ13章の言葉は、人間がダメだから災難に遭遇したのだ、というような構造を持った言葉になってしまっており、とても問題のある言葉となっています。悔い改めを迫ることそのものは、別に問題はないでしょうが、しかしそれと神のご意志と連結させて、悔い改めたから救われる、という構造になってしまっては、たいへんな誤解を生むことになるのではないかと恐れます。私たちの悔い改めが神からの救いを可能とするのではなく、まったく逆に、神が救いを与えてくださるから、私たちは悔い改めるのです。

イエスの十字架の意味　現代の私たちに問いかけるもの

三時間予定されておりますので、中間でちょっと休ませていただきたい、と思っております。昨日の講演Iですが、あまり進めなくて、手順が悪くて申し訳ありません。レジュメの3の下から三行目のところまで行ったと思います。昨日話したことの続きですが、イエスの福音の中核は、「すでにそうである者になれ」ということです。すでにそうである者になれという言い方は、ブルトマンが記している言葉ですが、ブルトマンはそれをハイデッガーから継承しています。すでにそうである者というのは、もちろん、すべての者が神に愛され、赦されている者である、ということです。しかし、それがそのままであったのでは、まだその人のものにはなり得ていないので、私たちはすでにそうである者に「なる」ということをしていかなければならない。これはある意味で矛盾です。なぜならば、すでにそうである者になる必要など全然ないわけで、すでにそうであるんですから、それで十分ではないか、という議論が成り立つからです。けれども、そうではなくて、ここではすでにそうで「ある」者に「なっていく」という契機、モメントが大切なのです。これをブルトマンは「直説法と命令法の間の弁証法的で逆説的な関係」というふうに語っていますが、パウロのガラテヤ書5・25の言い方がまさにその典型的な言い方になっている、というのです。残念ながら、新共同訳も口語訳も、その関係が見事に浮かび上がってくるような訳し方になっていませんね。「わたしたちは、霊の導きに従って生きているなら、霊の導きに従ってまた前進しましょう」と訳されていますが、「生きているなら」と、まるで仮定法であるかのように訳してありますが、実際にはそうではないんですね。むしろ、「そのように生きているという現実があるのですから、だからそのように前進しましょう」と、すでにそうである現実、それを生きていきましょう、という意味の言葉なのです。つまり、すでにそうである者になっていきましょう、というわけです。それは決して当たり前のことではありません。むしろ矛盾のように感じますけれども、しかしよく考えてみますと、実にそのとおりなんですね。私たちは皆、それぞれが属している神学校の学生ですよね。学生の皆さんは、今たしかに学生です。手続きを経た正規の学生だと思います。けれども、皆さん本当に神学校の学生になっているか、と言ったら、それは決して自明のことではない。むしろ、そうなっていかきゃいけない、そういう緊張の関係が常にそこにはある。これは、親子の関係においても同じです。夫婦の関係でも同じです。法的に言えば、たしかに厳としてそういう関係の中にあるんだけれど、しかし現実に本当の意味でそういう関係になっているかと言うと、それは決して自明のことではない。私がほんとうの意味で親子の関係のなかに置かれたのは、そんなに昔のことではありません。「子を持って知る親の恩」などと言いますが、それはほんとうにそうでありまして、子どもを育ててみてはじめて、いかにそれがたいへんであるかということを知らされて、ああ、自分もこういうふうにしてあの親に育てられたのだ、とつくづく思い知らされて、深く感謝するに至ったのは、そんなに昔ではありません。ですから、すでにそうである者になっていくという、この逆説的な関係を私たちが成し遂げていかないと、それは私たちの現実にはならないのです。神と私たちとの間の関係というものもそうなんですね。すでに私たちはみんな、おしなべて、無条件に、徹底的に、神によって愛され、ゆるされている。けれども、そういう者に私たちがなっていかないと、それは私たちの現実にはならない。もちろん、何か私たちのいさおしとか、努力、あるいは律法の行ないとか、そういうような事柄によってそういう者になっていくのではなくて、あなたはすでにそうである者なのだと宣言してくださっている方の言葉を受容していく、受け入れていく、という、極めてpassiveな行為がどうしても必要なのです。非常に受身的な捉え方です。人がその宣言を受容しなければ、それはその人の現実になることができない。神を「片思い」にしてはいけない、ということです。福音の構造とは実にそういうものであって、だからこそパウロも、懸命になって、律法の行ないが人を義とするんじゃない、そうではなくて、ローマ書4・1以下で彼が語っていますように、不信心な者を、何の誇るべき行ないも業もない者を、神はそのままで義としてくださるのだということを、ただただ受け入れて、受容して、それを私たちのものにしていただくのだ、と語っているのです。この受容がないと、その福音は私たちの現実にはなり得ないのです。

このように見てきますと、イエスの死においてはじめて人間の救いが成就したとか、罪のゆるしが達成されたとか、そういう言い方は聖書にはもちろんあるのですが、昨日も言いましたように、それは、キリスト信仰が成立した後で、振り返る形で、そういう解釈をした人たちがたくさんいるということを示しているのであって、決してすべてが的外れであるなどということではないんですが、しかし私の考えでは、福音の根幹においては、神の無条件で徹底的な愛とゆるしがすべての者の上にあるのだ、ということがまず押さえられていなければならないと思います。ですからそれは、当然イエス以前にも神の救いはあったのだ、ということを意味することになります。ちょうど先ほどのローマ書4・1以下の、アブラハムやダビデもまた、まさに不信心な者を義とされる神によって義とされ、救われていたように。ですから、イエスをして「私があなたがたのために死んではじめて、あなたがたの救いは成就するんですよ」と言わしめるような仕方でだけ信仰というものを考えるようなことは、とても問題があることになります。

たとえば、マルコ12・18－27は、非常に解釈の難しい箇所ですが、大貫隆さんの『イエスという経験』、『イエスの時』という二部作（岩波書店）の中でもマルコ12章のこの箇所は、イエスの時間理解として非常に重要なポイントを示している、と理解されています。とくに末尾はさっと読んだだけでは非常に分かりにくい言い方になっていますが、まずいわゆるレビラート結婚が言及されます。七人の兄弟と結婚した一人の女性、つまり夫が死に、その後六人の兄弟と結婚することになる女性、次から次へと彼らが死んでしまって、結局七人と結婚せざるを得なくなるその女性は、復活があるとすれば、その復活の時、いったい誰の妻になるのですか、という意地悪なサドカイ人たちからの質問に対して、イエスが答えます。まずは24節で、「イエスは言われた。『あなたたちは聖書も神の力も知らないから、そんな思い違いをしているのではないか』」と。そして25節で「死者の中から復活するときには、娶ることも嫁ぐこともなく、天使のようになるのだ」とイエスは言われます。これは、地上における人間の関係というものが復活のときにはまったく無視されてしまう、というようなことではおそらくないと思われます。むしろ、私たちの超越的な事柄についての考え方が、そのままの形で連続していくというようなことでは全然ないんですよ、というほどの意味だと私は思っていますけれども、問題は次の26節です。「死者が復活することについては、モーセの書の『柴』の個所で、神がモーセにどう言われたか、読んだことがないのか。『わたしはアブラハムの神、イサクの神、ヤコブの神である』とあるではないか」。そして、「神は死んだ者の神ではなく、生きている者の神なのだ。あなたたちはたいへんな思い違いをしている」という言葉が続きます。これだけ読んだのでは、いったいイエスは何を語ろうとされているのか、ほとんどまったく分からないでしょう。最初は私も全然わかりませんでした。しかしよくよく読んでみますと、モーセに対して、自分はあなたよりもずっと以前に死んでしまったイスラエルの父祖たち、つまりアブラハム、イサク、ヤコブたちの神なんですよ、と自分のことをモーセにおっしゃったその神とは、死んだ者たちの神ではない、つまり死んでしまったアブラハム、イサク、ヤコブたちの神ではなくて、むしろいま復活して生きているアブラハム、イサク、ヤコブたちの神なんだ、という意味です。彼らは死んでしまったんじゃない、いま生きている、それも復活の生命を与えられて、天上において生きている、というのです。これは大貫さんが、イエスが用いられた根本的なメタファー、つまりルート・メタファーとして見事に展開してくれた「天上における祝宴」というイメージなのですが、それはイエスのイメージ・ネットワークの中で非常に重要な意味を占めているものの一つとされています。だからアブラハム、イサク、ヤコブ、といった過去の人たちが、先回りをして未来で私たちを待ってくれているのだという、そういう理解がイエスの中にあるというのです。ですから、このアブラハム、イサク、ヤコブたちも、当然のことながら、救いを与えられて、否、復活の生命を与えられて、神の懐の中で守られて生きているのだ、という理解が、イエスにはあるのです。すなわちイエスは、太初の昔から貫徹している神の定めの中での救いの事柄として復活について、語ってくれています。そういう意味で、イエス以前にも救いはあったのです。

すでに見ました「不信心な者を義としてくださる神」について語っているローマ書4・1−8においても、アブラハム、そしてダビデの救いについてパウロは語っています。旧約聖書においても救いはある、そのことをパウロも断言しているわけです。そうしたことを見てみますと、イエスのゆえに、いわんや、イエスの十字架のゆえに、救いがはじめて成就した、罪のゆるしがはじめて成就した、贖罪が完成したというような捉え方は、非常に限定的にしか考えていないということが明らかになると思います。

レジュメの4に行きます。それゆえに、ヨハネ9・1以下のうちの、3節ですが、「神の業がこの人に現われるためである」という言葉は、太初の昔からの神の「逆説的な生命の法則」が明らかになることを意味している、というふうに私は解釈したいと思っております。法則という言葉を使うと、何か人格性がなくなって、一つの無機質的な法則、原理・原則が、独り歩きするというような形で受け止められがちですが、決してそういう意味で私はこの言葉を使っているのではありません。そうではなくて、神とはどういう方なのかというこど、そのことが一つの逆説的な生命の法則の中で明らかになっている。その法則については、以下でもう少し説明していきますけれども、ともかく神は、その法則を太初の昔にお立てになって、その中でご自身を明らかにされている、そして、その逆説的な生命の法則からは、一歩たりとも外にお出になることはない、と私は考えています。その法則がなぜ逆説的なのかと言いますと、それは普通に私たちが考えるような、素晴らしく肯定的な事柄だけがそこに含まれている生命を指すわけではなくて、実に、山上の垂訓についてのコメントの中で言いましたように、「明日は炉に投げ入れられる野の草でさえ」という言葉の中に明らかになっている、人が生きることの過酷さ、悲惨さにもかかわらず、その生命は神の祝福に満ちたものとして貫徹されているのだ、ということが明らかにされている、そのような生命を指しているからなのです。そのことについて、レジュメに次のように書きました。

〈なぜなら、上述のマタイ5・45の「太陽」と「雨」の中には自然の猛威もまた内含されていることをイエスが知らなかったはずはないし、実際6・30の「明日は炉に投げ込まれる野の草」とは、私たち自身のことを指し示しつつ、生きることの苛酷さを語っているからである。しかし、それらの「悲しみ」のすべてを包み込み、そこに「さいわい」を見てくださる神がいる。

実際、その苛酷さと、それがもたらす悲惨さは、生前のイエスが語られた福音、すなわち「貧しい者たち、飢えている者たち、泣いている者たち、悲しんでいる者たちはさいわいだ、神の国はあなたたちのものなのだから」(ルカ6・20－21、マタイ5・3)という逆説的な福音とは、ピタリと合致している。実際イエスは十字架上で、自らが語られた「そのような者たち」にご自身がなっておられたのだ、と言えよう(絹川久子さんは同意されている)。そして神は、そのようなイエスをまさに肯定されているのだという事実を中心的な内容とする「復活」を現実のものとされたのである。〉

「貧しい者たち、飢えている者たち、泣いている者たち、悲しんでいる者たちはさいわいだ、神の国はあなたたちのものなのだから」という再構成は、ルカ6章の言葉と、悲しんでいる者はさいわいだ、というマタイにしか出てこない言葉とを、折衷したまとめ方です。それから結びの言葉としての「神の国はあなたたちのものなのだから」についてですが、これは、マタイでもルカでも、ともに「心の貧しい者たち」あるいは「貧しい者たち」に懸かる形で、まず冒頭に出てきますけれども、そうではなくてその言葉が最後にくる上の再構成のほうが、おそらく元来のイエスの言い方を適切に再構成しているであろう、というふうに考えられておりますす。三人称複数の「そういう者たち」ではなくて、二人称複数の「あなたがた」のほうが元来の言い方であろう、ということについても、研究者の意見はほぼ一致している、と言ってよいでしょう。EKKシリーズのマタイ福音書註解を著わされたルッツ先生も、もともとは佐藤研さんがベルン大学でのルッツ先生のゼミで発表した、上で述べたようなイエスの「さいわいなるかな」の言葉の元来の構造を、その註解書の中で受け入れて、佐藤君の名前も出しながら、この再構成が元来の基本的な構造であっただろう、と言ってらっしゃいます。それはともかくとして、みなさんご存じの通り、マタイの言い方は「〈心の〉貧しい者」、直訳すれば「霊において貧しい者たち」ですよね。それがルカは、何の修飾語も付けることなく、「貧しい者たち」と言い、「そういうあなたがたはさいわいである」と言っています。マタイは「〈義に〉飢え渇いている者たち」というふうに変化させていますね。「悲しんでいる者たち」については、さすがのマタイも、「〈何々を〉悲しんでいる者たち」と書くことはできませんでした。いずれにしても、そういう形の生きることの過酷さ、悲惨さというものをストレートに押し出しているルカ6・20−21の言い方のほうが、元来のイエスの言い方に遡るものであっただろう、というふうに言われております。そういう言い方ですと、それは今まで私が言及してきましたイエスの逆説的な福音とは、ピタリと合致しているように思われます。実際、イエスは十字架上で、「わが神、わが神、どうしてわたしをお見捨てになったのですか」と叫びながら息絶えられたことによって、自らが語られたそのような者たち、すなわち、貧しい者たち、飢えている者たち、泣いている者たち、悲しんでいる者たちに、大声を上げつつご自身がなっておられる、そういうふうに言えると思います。それに同意してくださっている絹川久子さんは、フェミニスト新約聖書学者で、マルコによる福音書についての、非常に優れた、女性の視点から見た本を書いてくださっています。絹川久子さんはＩＣＵの先輩であられ、ＩＣＵ元学長の絹川正吉先生のお連れ合いです。ＩＣＵに入りますと、入学生はすぐに、アドバイザー・グループに振り分けられるんですが、そのときは何が入学生の専門かということとはまったく関係なしにアトランダムに振り分けられますので、絹川先生は数学の先生で、私は文系の者なのに、先生のアドヴァイザー・グループに振り分けられました。二年生になると、自分の専門の先生のグループに移っていいのですが、私は、専門は全然違いましたが、絹川先生が気に入りましたので、五年間の学生生活の間、ずっと絹川先生のグループに所属しておりました。絹川先生ご夫妻は、私たちをよくご家庭に招いてくださったり、外の食事に招いてくださったりと、本当に温かい交わりを与えてくださいました。そんなようなことがあったということはあまり関係ないでしょうが、ともかく絹川久子さんは私の上のような捉え方に賛同してくださいました。そして私は、神は、そのようなイエス、さいわいなるかなと語られたイエス、生きることの過酷さと悲惨さをまさに生きられた、そしてご自身そのような者になられたイエスを、まさに肯定されているのだ、という事実を中心的な内容とするものこそ、復活の出来事なんじゃないか、復活の現実というのはそういうものなんじゃないか、と考えています。復活については、ちょっと後でもう少し触れます。

レジュメの5ですが、十字架上で絶叫し、神に対して「異議申し立て」をしているイエスを、そのように神が肯定されているという事実は、私たちの聖書の読み方に対しても大きな示唆を与えてくれていると思います。私は『どう読むか、聖書』（朝日選書）を書き、不十分ではありますが、私の基本的な姿勢はそこで出しているつもりです。その中でもこういうことは書きました。つまり、神に対して疑問を率直にぶつけることは、何ら問題ではない。そのことは、ヨブ記が実に明らかにしていることですね。三人の、自分たちはもう分かりきったと思っている友人ではなくて、神に食って掛かっているヨブが、最終的には神によって義とされている。そういう構造からしても、このことは肯定されると思うのです。

しかし、レジュメの6に移りますが、ヨブ記そのものが明らかにしている「神義論」に対しても、「異議申し立て」をすることが可能です。

昨日の夜、歓談のなかで関西学院大学の向井孝史先生のお話が出ておりました。『アレーテイア』（日本キリスト教団出版局）という雑誌は、いまは一つの偏りを持った雑誌になってしまいましたが、十数年前までは、いろいろな教派の代表が出て編集委員会を作り、どういうテーマでやろうか、などと話し合いをして決めていったものでした。私も三年間か四年間、その編集委員をしたんですが、そのとき、向井先生もご一緒でした。当時向井先生も私も神学部長をしておりまして、それで編集委員に選ばれたのではないかと思います。向井先生は阪神淡路大震災で被災された方です。家を失なわれ、精神的に大きなショックを受けられて、今でもまだそのトラウマから脱出することができないでいます、と語っておられました。彼は旧約学の専攻ですから、当然のことながらヨブ記についても深く考えてこられたんですが、ヨブ記が言っている神義論では、阪神淡路大震災のような天災の問題は解決できない、だから、もう一度神とはどういう方なのかということについて考え直してみようではありませんか、という提案をしてくださったんですね。みんな、「ホントにそうですね、ぜひそうしましょう」ということで、それをテーマにして一つの号は編集しよう、ということになりました。いつも通り編集委員の一人が巻頭言を書かなきゃいけないのですが、ところが、問題が難しすぎて、巻頭言を書きますと言う人が誰も出てこないという事態になってしまいました。

そのとき、教団出版局の編集者の一人が、そう言えば青野先生が教団出版局から出ている『現代聖書講座』（全三巻）の第三巻『聖書と現代』（荒井献先生と木田献一先生が編集）の中で、「苦難と救済」という論文を書いておられて、その中で阪神淡路大震災のことについて触れてらっしゃるんで、青野先生がいいんじゃないでしょうか、と言われて、それこそみ心だよ、などとルーテル神大の徳善先生も言われて、じゃあ仕方がない、書きます、と言って、書きました。字数制限もあって、巻頭言ではそう大したことは書けなかったので、「苦難と救済」の紹介のようなことを書かせていただきました。レジュメに書きましたように、「天の法則」という言葉がヨブ記38章33節に出てきます。しかし、「天の法則」という言葉があるにもかかわらず、向井先生がおっしゃっている懐疑は非常によく理解できるわけですね。なぜかと言いますと、ヨブ記の場合には、ヨブが、言われのない、不条理としか言いようのない苦難を受けているわけですが、あなたのお創りになった世界は、そういう天災とか、不条理とか、障がいとか、病とか、苦難とか、そういうようなものをこんなにもたくさん含んでいる、どうしてですかと、そして自分のように何の悪いことをした覚えもない者が、なぜ突然こういうことになってしまうのですか、と神に食ってかかるわけですね。それに対する神の答えはどうであったかと言うと、私が創ったこの被造物の世界を見てみろ、私がこの世界を創ったとき、あなたはどこにいたのか、何も知らない者が何を全能の神に対して言うのか、という形の答えでしたね。そういう形でヨブは神に問い詰められ、最後に、自分は自ら悟らないことを語りました、申し訳ありませんでした、と言って悔い改めた、というのがヨブ記の大筋ですよね。しかしこのような神義論だけでは、向井先生曰く、答えになっていない。あなたの創られた世界はどうしてこんなに破れが多いんですか、不条理を含んでいるんですか、という問いに対して、ただ私が造ったこの素晴らしい被造世界を見てみろ、というだけでは、実際、答えになってないと私も思います。だから、「ここで私たちは新しい神理解、そして天災ならば天災についての新しい理解を構築していく必要があるのではないか、というのが向井先生のおっしゃったことだったんです。私はそのときすでに「苦難と救済」の中で、ひとつの主張をしておりました。昨晩のリクリエーションの時間に、大きな木にいろんな実をつけていく中で、私はM・スコット・ペックという名前を書きました。それは誰ですか、とリーダーの学生から訊かれたのですが、M・スコット・ペック先生はアメリカの精神科医で心理学者です。そして日本語では『愛と心理療法』と訳されている本の著者です。英語の原題は The Road Less Traveled（訳せば「人があまり通ろうとしない道」）という題の、心理学と愛の関係についての本を書いておられます。この本はアメリカで超ベストセラーとなって、一千万部以上も売れたそうですが、その後に『平気でうそをつく人たち』（People of the Lie）という本を書いておられます。その本の中に出てくる非常にキリスト教的な色彩を持った一章があって、これから述べますようにそれは非常に注目すべき内容なのですが、翻訳ではそのキリスト教的な章が省かれてしまっているんです。『平気でうそをつく人たち』は面白そうな題名だから私は買っていたんですが、まだ読んでいなかった頃に、西南学院の院長を八年間なさった、そして神学部の同僚であられたシィート先生が私に、その本を読んだかと尋ねてくださいました。シィート先生は宣教師ですが、私たち日本人が書いたものをよく読んでくださって、欧米の神学を私たちに紹介してくださるよりも、むしろ、日本人やアジア人の書いたものを向こうの人たちに紹介してくださるという、とても謙虚な方で、私は大好きな先生でした。今はもうアメリカに帰国されていますが。で、そのシィート先生が訊いてくださったので、買ってはあるんですが、積ん読でまだまったく読んではいません、と答えました。すると先生は原文で読んでおられたのですが、この本の中には青野先生がいつもおっしゃっているようなことが書いてありましたよ、と言われたので、それはいけないと思って、一生懸命読んだんですね。すると、最後のほうに逆説のことが少し出てきたので、この箇所のことですかと訊きますと、先生は「いや、そうじゃない」って言われて、「ここだ」と原文で示してくださったのです。そこで一生懸命日本語訳の中に探したわけですが、いくら探してもない。それもそのはずで、さっき言いましたように、一章がすっぽり抜け落ちていた。問題の個所はその中からの引用だったんです。だから、『平気でうそをつく人たち』という本は平気でうそをついているんですが（笑）、どういう内容の部分をシィート先生がおっしゃったかと言いますと、こういう部分のことでした。

「神は破壊をもたらすことはおできにならない。ただ創造することがおできになるのみなのだ。神は罰することはされず、介入されるとしても、ただ助けを与えるためにのみであって、傷つけるためにではない。キリスト教の神は抑制される神である。私たちに敵対する力を行使することは断固として放棄され、たとえ私たちが神の助けを拒否したとしても、そのとき神は、私たちが自分自身を罰するのを涙を流しつつ見守られる以外のことはなさろうとはされない。キリストにあっては、神ご自身は、無力にも人間の悪の手にかかって死を味わわれたのである。力の行使を放棄されることによって、神は私たちが相互の上に為す悪事を未然に防ぐことはおできにならない。神はただ私たちと共に苦しむことしかおできにならない。神はご自身のすべての知恵のうちにあって、ご自身を私たちに与えようとされるが、しかし神は、私たちが神と共にある歩みを選び取るようにと強制することは決してされない。苦悩される神は、私たちがホロコーストに次ぐホロコーストを経験する間も、私たちを待ち続けておられる。私たちはこの、弱さにおいて支配される不可思議な神によって運命づけられているのだ。しかし、キリスト教の教えにとっての終局は、神はその弱さにおいて悪との戦いを勝利されるのだということである。事実、戦いの勝利はすでにもたらされている。キリストの復活は、キリストがただ単に、二千年前に彼の時代の悪に打ち勝たれたということのみではなく、彼はすべての時代にとってそうされたのだということを象徴している。無力にも十字架上に釘づけされたキリストこそ、神の究極的な武器なのだ。」

こういう文章なんですが、キリストの復活のことが最後に出てきます。しかし、その復活としての勝利がすでにもたらされているとは言っても、前後の文脈から明らかなように、

「無力にも十字架上に釘づけされたキリストこそ、神の究極的な武器なのだ」と言われていることからして、その復活とは、普通に私たちが言うところの、部分的には福音書にも書いてあるような、あの神々しい復活が語られているわけではない、ということは明らかですね。その問題については、講演のⅡで多少は触れたいと思いますけれども、ともかく、こういうペック先生の捉え方ですね。それにも助けられて、「苦難と救済」という私の論文の中でも、先ほど言いましたような、太初の昔から神が貫いてくださっている逆説的な生命の法則、それが貫徹されているのであって、歴史とはそれ以外の何ものでもないのだ、ということを言わせていただきました。これについては、そしてペック先生についても、コイノニア社からの私の説教・講演集『「十字架につけられ給ひしままなるキリスト」』に書かせていただきました。コイノニア社は経営不振で、というよりも社主の市川さんがお疲れになってしまわれて、出版社を閉じられましたので、もはや書店に出回ることはないと思いますけれど、ここに数冊を持ってきましたので、もし必要な方がいらしたら、もちろん著者割引でお頒けしますので、おっしゃってください（現在は新教出版社から再刊されています）。

それで、レジュメの7です。ご存じの方もおいでの農村伝道神学校校長の高柳富夫先生は、さきのヨブ記42・6について、そこでヨブは塵と灰の中で「分かりました」と言って悔い改めた、というふうに普通は解釈するのですが、その解釈に異議を唱えられます。口語訳も新共同訳も、すこし違っていますが、こう訳します。「それでわたしはみずから恨《うら》み、塵と灰の中で悔います」、「それゆえ、わたしは塵と灰の上に伏し、／自分を退け、悔い改めます」。しかし高柳先生は、岩波聖書の「ヨブ記」の訳者の並木浩一先生、ＩＣＵの名誉教授ですが、並木先生と共に、通常の訳とはまったく異なった訳出を行うことによって、私が言っている「神の逆説的な生命の法則」がここヨブ記でも成り立つのではないか、と言ってくださいます。農村伝道神学校の紀要に高柳先生は論文を書いておられて、その中で私が主張していることを取り上げてくださっているんです。つまり、ヨブ記が語る直接的な意味における、完璧な神による天地創造というのは成り立たない、ということなんですね。どうしてそういう訳が可能になるか、と言いますと、並木先生はここの「塵と灰」とは人間を指していると解釈し、「その人間について」ヨブは「考え直します」と語っているのだ、と主張されます。ここではヘブライ語の前置詞のアルが使われていますので、英語で言うonです。onというのは、「何々の上で」という意味と同時に、「何々について」という意味がありますよね。「何々について」語ると言うとき、「何々について」ディスカッションすると言うとき、discuss on the matterなどと言いますよね。それと同じ意味だとおっしゃるんです。塵と灰、つまり人間とは何なのかということについて、悔い改めるんじゃなくて、考え直します、考え直してみますと、そうヨブは言っているという意味だと並木先生はおっしゃるんです。私たちは、ヨブは塵灰の上で、あるいは中で悔い改めるのだ、と思い込んでしまっていますが、そうではないと言われるのです。その捉え方に、旧約聖書学者である高柳さんも賛同されて、そのようにヨブ記のこの箇所を読むと、私たちがふつうに言うような意味でヨブ記は完結しているんじゃなくて、むしろ問いがずっと続いているんだ、と言われるのです。そしてそういう捉え方をしていくならば、私が言っている「逆説的な生命の法則」という捉え方も、ヨブ記からしても、成り立つんじゃないか、と書いてくださっているのです。旧約学者がそういうふうに捉えてくださってありがたいな、と思わざるをえないでおります。

以上のような次第ですから、講演Ⅰの最後に、神の無条件のゆるしの福音は、人が「ゆるされなくては生きていけない」ほどに誤り多く相対的な存在であることを示しているので、私たちの聖書の読み方もまたそれ以外のものではない、ということを明らかにしている、と言わなければならないと思っております。そのことは、聖書記者においてもまったく当てはまることです。聖書記者も私たちと同じ人間なんですね。ですから、その捉え方、まとめ方というのは、聖書記者のそれであったとしても、私たちのまとめ方と同様に、まったく相対的なものなんですね。聖書無謬論者の誤りは、昨日お話ししました私自身の暗い過去を踏まえた深い反省の言葉なんですが、聖書記者は、同じ人間ではあったかもしれないけれども、聖書を書いたその時点では神的な領域に入っており、絶対無謬の神の言葉をストレートに神からの啓示として受けて語ることができたのだという点にある。そういう主張の中には、たとえ一時ではあったとしても、人間が人間の限界を飛び越えて、つまりゆるされなくては一時たりとも生きていけないはずの人間の持つ相対性を超越して、人間が絶対者の領域に入ることが可能だ、と考えてしまうことです。しかし、そういうことは、実際にはあり得ない。それは現実と仮の姿とを混同する、いわゆる仮現論であって、現実ではない。言ってみれば虚しい仮説だと思います。聖書記者もまた、私たちとまったく同じ相対的な人間であるからこそ、聖書の中には実にさまざまな捉え方が混在しています。この多様性は、聖書を勉強すればするほど、見えてくるものです。ですから、昨晩お話をしていて、関田先生のお言葉に非常に共感しながら励まされたんですが、私たちは聖書を読むときに、聖書を聖書たらしめなきゃいけないんですね。別の言葉で言ったら、聖書を聖書以下に読んじゃいけないんです。聖書がある、聖書の素晴らしさはあるけれど、聖書以下のことを言っている聖書の部分もたくさんあるわけですね。だから、ホントそれは、聖書を聖書たらしめるような形で私たちが読んでいかないと、僕らはとてもまずいことを神の前でしているっていうことになるんじゃないかなと思います。ですから、私たちと同様に、聖書記者たちも相対的な記者なのです。多くの誤りを犯しています。たとえ私たちが啓示を持ち出したとしても、事態はまったく変わらない。昨日も最初のほうで言いましたが、第一コリント14・26－33がとても大切なことを示してくれています。これは異言と預言の話ですね。異言は普通、神から与えられた賜物だというように思い込んでいる人が多いんですが、パウロの時代もそうだった。コリント教会の霊的な熱狂主義者たちもそういう人たちが多かったようですが、実はパウロによれば、異言は神からのものじゃないんですね。そこに通訳する者がいなかったら、自分に向かって、神に向かって語っていなさいってパウロは言うんです。自分に向かってというのは随分ひどい言葉だと思いますけれど。独り言を言えっていうことですからね。神に向かってというのは、これはお祈り。いずれにしても、異言は神からじゃないんですよ。神からのものは何かというと、預言なんですね。言葉を預かって語る。しかし、この預言は誰でもできる。この人しかできないというものではない。あなたがたみんな、預言ができるんだ。預言を一人だけのものとして突出させるのではなくて、相互吟味をしなさい、そんなふうにパウロ語っているんですね。なぜならば、その語る者の霊は、インスピレーションは、語る者の自我に、自我とは書いてありませんけども、語る者自身に従属しているのだから。ということは結局、語る者の思いですね。思い、願い、意向、そういうようなものに従属しているんです。だから、神から与えられた預言であったとしても、その中に私たちの思いとか希望とかそういうものが入り込んできてしまう。入り込んできてしまうような形でしか私たちは理解できない、自分のものにすることができない、本当の意味で客観的なものとしてそれを受け取ることができない。誰もがそうだ。だから、それを絶対化しないでお互いに吟味し合わねばならない。神が意図されたままのものを私たちが受け取るということはあり得ないのですから、それでも、相対的なものであり続けると思いますけれども、でも、一人だけで思い込んでいるよりもその相互吟味のほうがずっといいです。だから、こういうところでも人と話し合っていく。ボンヘッファーが言いましたね。自分一人で考えているときよりも、人と一緒になって対話しているときの方がはるかにすぐれた考えが浮かんでくる、と。本当にそうだと思いますね。そういうところでは、たとえ啓示を持ち出したとしても、そこで私たちは、これこそが神の絶対的な思いだ、などということを言うことはできないわけですね。私たちは相互吟味によって明らかにしていかなきゃいけない、ということが明確に語られているのです。そしてそのことは、いま話をしている私自身にも当てはまっていることです。これは私が読み取っていることであって、これが絶対的である保証などまったくありません。

そこでようやく、講演のⅡの方にいかせていただきます。

1――今度はパウロについてです。わたしは一応パウロについて専門的に研究してきましたので、細かすぎる議論をするところもありますが、あんまりひどいところは飛ばしていくことにします。私がずっと言い続けてきましたことは、イエスの「死」とイエスの「十字架」の、この二つは区別されなければならない、ということです。といっても、イエスの「死」は「十字架の死」であったわけですし、イエスの「十字架」はイエスが亡くなられた「死」、イエスが「殺された」その「死」を指すわけですから、それを区別するとはいったいどういうことなのか、と思われる方もいることでしょう。八木誠一先生が私の最近の『「十字架の神学」をめぐって・講演集』(新教出版社、二〇一一年)の論評を、新約学会の機関誌『新約学研究』に書いてくださったのですが、その中で、この区別は「青野さんの発見(ないしは『再発見』)」だ、と書いてくださいました。これはとても暖かいお言葉ですが、しかし私の発見ではありません。私がいつも言っておりますように、自分が発見したとはじめは思っておりましたけれども、私よりも五年ほど前にすでに、当時はハイデルベルク大学神学部におられたH・W・クーン先生が、そのことを指摘しておられて、「イエスの『死』と『十字架』は、区別して考えられなくてはならないのに、その区別は繰り返し繰り返し見過ごされてしまっている、極めて遺憾なことである」、と論文の中で書いておられました。私も佐竹明先生が「パウロにおける十字架」について書かれた論文を読んで、なんとなく私の捉え方と違うなぁと昔から思っておりましたが、何が違うんだろうということを考え続けていた時に、このことに気づかされたのでした。八木先生の温かさとは、発見でもないものを、「発見」（ないしは「再発見」）と言ってくださることでもって、後進の者を、昨日お話したE・シュヴァイツァー先生と同様にして、励ましてくださる、そういう姿勢のことを指しています。それに私は感動いたしました。

2――では、それはどういう意味かと言いますと、イエスの「死」が「十字架」という語でもって言い表わされる場合には、それはさしあたっては、「弱さ」「愚かさ」「つまずき」「（律法の）呪い」をしか意味しないのですが、しかしそれは逆説的に、真の「強さ」「賢さ」「救い」「祝福」である、と解釈されていきます。つまり「十字架の逆説」が展開されていくわけです。典型的には第一コリント1・18－25の、パウロの「小説教」と言われる箇所ですが、そこにそのような関連が強く出てきます。ただし「呪い」に関しては、ガラテヤ3章ではじめて出てきますし、「弱さ」「強さ」に関しても、第一コリント1・18－25ではまだ十分には展開されておりません。しかしこの第一コリントの冒頭の箇所は、おそらく一番最初にパウロがこのことに関して語った箇所ではないかと思われますので、非常に重要な箇所です。

3――したがって、「十字架」が「罪の贖《あがな》い」、つまり「贖罪」として、すなわち「贖罪論」と結合して語られる個所は、新約聖書の中にまったくないんですね。広く一般に告白されている、要するに人口に膾炙《かいしゃ》している、ほとんどのクリスチャンが言っているところの（と私は思っているんですが）、しかし戒能先生によりますと、「最近の若い神学生はそんな罪の赦しとか、贖罪とか考えていないみたいだよ」とおっしゃってましたが、教会では少なくともそういう言い方が一般的ではないかと思いますが、「イエス様は私たちの（罪の）ために贖いとなって、あるいは身代わりとなって、〈十字架にかかって〉死んでくださった」というその言い方は、新約聖書のどこにも見出すことができないのです。つまり、こういう贖罪論的な言い方の中に、「十字架」という単語、あるいは「十字架につけられて」というような言葉が入り込んできている箇所は一つもない、ということです。新約聖書の中にはどこにも見出されません、と言えば、聖書をよく知っておられる方は、いや、第一ペテロ2・24にあるじゃないですか、と言われることでしょうが、しかしそこでは、「十字架」という単語ではなくて、「木」という単語が使われております。もちろんそうであったとしても、それは「十字架」を指してはおります。後で見るガラテヤ3章においてもそうです。しかし、時代がずーっと下って紀元後一〇〇年以降に書かれたことがほぼ確実である第一ペテロにおいて、ほとんど「十字架」と同義であった「木」と贖罪論が結びついたとしても、それはあり得るかもしれませんが、それでもなお、「十字架」とはストレートには言われていないことは事実です。ですから σταυρός（スタウロス「十字架」）という単語と贖罪論が結びついている箇所は、やはり新約聖書の中にはまったくない、ということになります。

4――つまり、「私たちの罪の贖いとなってイエスは死んでくださった」というように告白された場合には、「十字架」という単語がそこに入り込んでくる余地はまったくなかったのです。「なぜそうなのであろうか」、この問いが私の神学の出発点となりました。おそらく、「十字架」は「イエスが殺された（！）こと」、そう、イエスは殺されたんです（！）、を意味していますから、イエスが私たちの（罪の）ために「死んでくださった（！）こと」を言うための適切な用語ではなかったからではないか、ということが、その一つの理由であると思います。実際、十字架は、ローマ帝国への反逆者に対する、あまりに残虐で凄惨な死刑のための道具を意味していました。フランス革命のときの「ギロチン」が類比的です。フランスなどの博物館に行きますと、ギロチンが置いてあります。そのギロチンを見ると、みなぎょっとします。殺される現実は知らなくても、ギロチンという言葉を聞いただけで、なんか「ぐっ」とくるようなものがあるんじゃないでしょうか。それと同じように、今日では十字架はペンダントになったりしていますし、私たちが今こうして集会をもっているここの修道院内に飾られておりましても、私たちはそれをあまり残虐なものとは感じません。カトリックの方々にとってのように、その十字架にイエスが磔にされていますと、残虐さはより強く出てまいりますけれど、磔にされたイエスがない十字架の場合には、女性がペンダントにしておりましても、それを見て「嫌だなぁ」とは私も思いません。むしろ「あぁ、きれいだなぁ」と思ったりするくらいですから。でもそれは、当時の捉え方を全然反映していません。十字架はギロチンと同じように死刑の道具だったわけですから、ギロチンをペンダントとしてかけるのと同じような残酷な感覚であったわけです。

5――しかし、十字架のその残酷さと、それがもたらす悲惨さは、生前のイエスが語られた福音、すなわち昨日見ましたような、「貧しい者たち、飢えている者たち、泣いている者たち、悲しんでいる者たちは、さいわいだ、神の国はあなたたちのものなのだから」（ルカ6・20－21、マタイ5・3）という逆説的な福音とは、ピタリと合致しています。実際、〈講演Ⅰ〉で見ましたように、イエスは十字架上で、自らが語られた「そのような者たち」にご自身なっておられたのです。

6――そしてマルコ福音書は、これも昨日すでにふれましたが、15章のイエスの十字架の殺害の場面の描写のなかで、何の奇跡も起こすことなく絶叫して死んでいかれたイエスに対して、信仰のない異邦人の代表格としてのローマ軍の百人隊長が、「まことにこの人は神の子であった」という告白をするという、逆説の極みとも言うべき叙述をしています。そして16・1－8節（！）に明らかなように、マルコ16章は8節で終わっているのですが、これは実際とんでもない終わり方ですね。「女の人たちは震え上がり、正気を失なっていた、だから何も言わなかった、恐ろしかったからである」で終わっているわけですから。そのために、これが本当の終わりなのか、そうでないのかが、大いに論じられてきました。9節から20節の部分に亀甲括弧が付けられていますが、この部分は明らかに二次的で、あちこちの福音書からの寄せ集めだということは、読んですぐにわかります。そして実際、古い重要な写本、シナイ写本やヴァティカン写本のような写本には、この部分はありません。ですから、はっきりと後代の挿入でしょう。新共同訳が記している「結び　二」は、さらに信憑性のない二次的な付加だろうと考えられています。（今朝の説教で松本敏之先生がふれられた、そして私も昨日ふれました）ルカ23・34と同様に、マルコ16・9－20についても、新約原典のネストレ・アーラント校訂本は、真正なエンディングではないという意味で、その部分に二重の大括弧をつけています。したがってマルコは、1－8節の「復活」の場面でも、「復活者」イエスを登場させないままで「復活」について語るという、極めて逆説的な手法を採っていることになります。「復活者」イエスを登場させないで「復活」について語るという手法は、二〇〇〇年前の人としては凄い手法だと私は思います。マルコによる福音書の15章と16章の二つの章が示している逆説性は、非常に重要なものだと私は思います。

7――パウロにとっても、キリストは「弱さのゆえに」十字架につけられた存在でありました（第二コリント13・4）。

しかし、だからこそ、今復活して生きておられるそのキリストは、力強い方なのだ、とされています(4b)。この、「だからこそ」(つまり弱さのゆえに十字架につけられたからこそ、という意味)は、直前の12・9－10で語られている、パウロが「肉体のとげを取り除いてほしい」とお願いしたときに、復活のイエス・キリストからパウロに与えられた言葉の中の、「力は弱さの中でこそ十分に発揮されるのだ」、「わたしが弱いときにこそ私は強いのだ」という逆説から導き出される解釈です。ところで13・3bの口語訳も新共同訳も、その「キリストは弱くはなくて強い」と訳していますが、これは「弱いからこそ強い」という逆説と矛盾しますね。これでは逆説でも何でもない、実に直接的な言い方ですよね。「キリストは弱くはなくて強い」と言うんですから。これは明らかに文脈と矛盾する訳です。この13・3bの「弱くはなくて強い」は、実は3aに接続している「パウロの論敵のことば」として訳すべきだと私は考えています。つまり、「あなたがたは、私のうちに弱くはなくて強いキリストが働いておられる証拠を求めているけれども」とパウロは書いているのだと思うのです。英語でも、ギリシア語原典におけると同様に、関係代名詞でつながっていますから、ちょっと繋がりがおかしければ、これは関係代名詞の繋がり方の問題だとすぐにわかって、パウロが「弱くはなく強い」と言っているのではなくて、パウロの反対者たちがそう言っている、そしてそれをパウロが引用している、つまり彼らのキリスト論がここで言われているのだなってすぐわかるんですが、残念ながら日本語ではわかりにくい。しかし、日本語でも、文脈をよく読めば、そのようにしか訳せないと私は思います。残念ながら日本語では、この関係代名詞を切り離して訳してしまっているんですね。キリストは弱くはなくて強い(マル)と句点が入っていて、英語のように関係代名詞で繋ぐということも一切していないので、これでは何がなんだかわからなくなってしまう、キチンと論理的に考えることができる人にとっては。ですから、ここのところの日本語訳は、おしなべてまずい訳だと思います。英語なりドイツ語なりいろんな訳を参考にしてみてください。関係代名詞で繋がってます。英語でも、「,who」(コンマ・フー)のことが多いですね。コンマを関係代名詞の前に入れると、普通は切り離して訳したほうがいいと、高校のとき私なんかは教わったものですが、しかし、ギリシア語の原文にはもともとコンマなんてなく、後の校訂者がつけているコンマなのですから、仮にいまコンマがあっても、論敵の言葉としてずーっとつながっているのです。「弱くはなくて強い、そういうキリストが、私パウロのうちにあって働いているという証拠を、あなたがたは求めているけれども、しかし、実際キリストは弱さのゆえに十字架につけられたのであり、だからこそ今は、『強い復活のキリスト』として生きておられるのだ」という逆説が語られている、その関連をぜひとも読みとって欲しいと思います。

8――さきほどもふれました第二コリント12・9で、パウロが肉体のとげを取り除いてほしいとお祈りしたときに、「(復活の)主は言われました」と記されているのですが、この「言われました」が、λέγω の現在完了形で語られていることにも注目されなくてはならないでしょう。パウロが三回言及する「十字架につけられたキリスト」(第一コリント1・23、2・2、ガラテヤ3・1)も、これら三回だけではありますが、常に σταυρόω の現在完了形受動態の分詞が用いられております。そのことはたいへん重要です。つまり英語で言いますと、crucified Christ ではなくて、Christ, having been crucified となります。三回が三回ともそうなんです。常に現在完了形受動態の分詞が使われている。そして、ガラテヤ3・1においてのみなんですが、文語訳がここを正しく、「十字架につけられ給ひしままなるキリスト」というふうに訳してくれています。「十字架につけられ給ひしままなるイエス・キリスト、汝らの眼前に顕されたるに、誰が汝らを誑《たぶら》かししぞ」とパウロは語っている。「十字架につけられてしまったままのキリストがあなた方の目前に描き出されたのに、誰があなた方を誑かしたのか?」という形でパウロが語っているわけですね。「十字架につけられてしまわれたままのキリスト」がおられる。先ほど申し上げたカトリックの方々の十字架像では、十字架につけられてしまわれたままのイエス・キリストは、死んでおられますよね。しかしパウロが言っている場合には、そうじゃないですよね。「十字架につけられたままのイエス・キリスト」は、死んだ方ではありますが、同時に、その状態のなかからパウロに語りかけてくださっている生きた方なんです。あとで少し触れますけれども、実際パウロが回心をしたときに、パウロに顕われたイエス像、キリスト像とは、「十字架につけられ給ひしままなるキリスト」像だったのではないかと、私は考えております。ともかくガラテヤ3・1だけですが、文語訳が正しく訳してくれました。ですから「復活のキリスト」とは「十字架のキリスト」なのである。否、「十字架のキリスト」こそが、「復活のキリスト」である、そういう理解がパウロにはあるのです。

9――そして第二コリント4・10の、「いつもイエスの死をこの体にまとっている」という文章のなかの、「死」を意味する単語が、通常使用されるタナトス θάνατος――ギリシア語をまだやってない方でも「タナトロジー(thanatology)」、死生学は知っていますよね。死生学はとてもいい訳です、本当は死学ですから死について考える学問ですね。それを日本語では死ぬことを考えることは生きることを考えることでもあるのだということで、「死生学」と訳したんでしょうね――その θάνατος ではなくて、νέκρωσις(ネクローシス)という単語が使われています。それがまずは「殺害」を意味するということは、多くの人が認めているところです。直前の4・6が、ほぼ確実にパウロの回心の内容について語っているものであることからして、パウロが回心の際に出会った「復活のキリスト」とは、まさに「十字架上で〈殺害〉されたままのイエス」であったという可能性が大であることが、ここには示されているのではないかと思います。なぜ急にパウロが10節で、「その〈殺害〉をこの身に負っているんだ」というようなことを語るのかと言いますと、その直前の7－9節の展開もまた、すべてこの「十字架上で殺害されたままのキリストとの出会いこそが復活のキリストとの出会いだったのだ」という、パウロの回心の出来事が持っている衝撃的な内容のもたらす影響を受けた展開になっているからです。すなわちパウロはそこで、彼の使徒としての苦難の生を語るわけですが、そこには回心の出来事が持っている逆説性と同じ逆説性が明らかになっているのです。つまり、4・6の、パウロの回心の体験が持っている卓越した内容、すなわち、『闇から光が輝き出よ』と言われた神は、私たちの心の内に輝いて、イエス・キリストのみ顔に輝く神の栄光(これは十字架のキリストの顔に示されている逆説的な神の栄光のことでしょう)を悟る光を与えてくださいました」という、すばらしく卓越した内容を持ったキリストとの出会いという「宝」も、まさに壊れやすい「土の器」のなかにこそ自分たちは納めているのだ、とパウロは7節で言うのです。それに直続している「この並外れて偉大な力は神のものであって、私たちから出たものではないのだ」という文章も、それはまさに人間的な直接性ではなくて、むしろ神の逆説性を湛えた卓越性なのだ、ということを意味しているでしょう。そしてその逆説性は、次に続く8－9節に語られているパウロたちの苦難の生のなかに明らかになっているのです。すなわちパウロは語ります。「わたしたちは四方から苦しめられてはいるが、しかし決して行き詰まってはおらず、途方に暮れてはいるが、しかし決して失望してはおらず、虐げられてはいるが、しかし決して見捨てられてはおらず、打ち倒されてはいるが、しかし決して滅ぼされてはいない」。ここは新共同訳や口語訳のように、「四方から苦しめられても行き詰まらず」というように、さらっと訳してはならず、むしろパウロははっきりと「しかし決して」という語をそこに入れているのですから、「苦しめられてはいる、しかし決して……」というように訳さなくてはならないはずです。つまり、否定的な局面と、しかしそれに打ち負かされてしまってはいない現実とを、パウロはここで言い表わしているのです。これと同じ事情は、のちにふれます第二コリント6・8－10においても明らかに見出されるものです。ですからそのような展開のなかで、4・10でイエスの θάνατος「死」ではなくて νέκρωσις「殺害」をこの体に負ってまわっている、と言われるのは、ある意味では当然だろうとすら思われます。いずれにしても、ここに十字架上で殺害されたイエスの体に言及があるのは、パウロが「私たちのために死んで下さった」イエスではなくて、「殺害されたイエス」のことをここでも考えていた、ということが非常に強調した形で語られているのだ、ということに注意していきたいと思います。

10――ガラテヤ3・13には「十字架」を意味する「木（ξύλον）」と「贖い出し」の結合が出てくるんですが、しかしこれはアポリュトロオー、訳せば、「解放する」という意味であって、これを「贖い出し」と訳しても結構ですが、しかし、やはり「贖い出し」＝「贖罪論」ではない、ということには注意しておかなくてはならないでしょう。それはむしろ「律法の呪いから」の「贖い出し」であって、「罪の贖い出し」とはされていないからです。つまりイエスは、今まで述べてきましたような、そして以下にもさらに見ますような、神の逆説的な福音を語り、そしてそれを生きてくださったのですが、その福音は、「律法」を基準とすればまったく「呪われるべきもの」でありました、特にユダヤ教的な捉え方をする人々にとっては。しかしイエスは命を賭してまでも、その福音を貫き通してくださり、その結果、十字架につけられてしまわれたのでした。しかしそのことによって、イエスは私たちを「律法の呪い」から解放してくださったのです。そしてそこに出てきます「祝福」を与えてくださったのです。それゆえに、その「呪い」こそ「祝福」という逆説が語られているのです。ここガラテヤ3章でも、「贖罪論」ではなくて、「呪いこそが祝福」という「十字架の逆説」が貫徹されているわけです。「贖い出し」と同根の動詞（アゴラゾー）で「あなたがたは代価を払って贖いとられたのだ」（第一コリント6・20、7・23）と言われる際にも、このガラテヤ3章と同じ関連が考えられているのであろうと、私は思います。「贖い出し」と同根の動詞が使われておりますから。

そしてガラテア書のその前の部分では、とくに、2・19の「キリストとともに十字架につけられてしまっている」や、6・14の「十字架によって、世はわたしに対して、わたしは世に対して磔《はりつけ》にされてしまっている」という言い方がなされるのですが、その二つの言い方が明示していますように、信徒の実存は、この「十字架」によって決定づけられてしまっている、ということが言われています。十字架によって決定づけられている、というところに英語でdiscipleshipとレジュメに書いておきましたが、それは「イエスの弟子である生」を意味しています。しかしながら、「自分の十字架を背負って……」（マルコ8・34／マタイ16・24／ルカ9・23、マタイ10・38／ルカ14・27）という有名な言い方のなかの「十字架」は、この時点ではイエスがローマ軍によって十字架刑に処せられるということは、まだ必然的なものではなかったので、つまり、歴史的に見てイエスが十字架につけて殺されるということは、まだ必ずしもわからなかったわけですので、ある意味でそれは、contingentな、偶然的な、そういう歴史的な事柄であり、そういうわけでイエスの言葉の中に登場する「自分の十字架を背負ってわたしに従って来なさい」という言葉は、イエスの真正な言葉かどうか、依然として不明なままであると思います。十字架という言葉なしの、「私に従って来なさい」という言葉があったとしても、何の問題もありませんが。

そして実に興味深いことに、パウロが自分たちの苦難に満ちた実存を描写するときに、そこには生前のイエスが語られた「福音」の反映が見出されるんですね。パウロが自分たちの苦難の生を描写するそのときに、イエスの福音の反映が見られる。第二コリント6・8－10、第一コリント4・11－13（ローマ12・14参照）などにおいてです。第二コリント6・8－10ですが、正確に言うと8節bからです。新共同訳で「わたしたちは人を欺いているようでいて、誠実であり、人に知られていないようでいて、よく知られ、死にかかっているようでいて」、ここにほんとうは「見よ！」という言葉があるのですが、どうして新共同訳はおしなべて「見よ！」という言葉を消してしまうんですかね？　これは「ご覧なさい！」というすごく強い言葉だと私は思うんですよね。英語で言う「Look!」です。全部省略してしまっていいんですかね。「見よ！　このように生きており、罰せられているようで、殺されてはおらず、悲しんでいるようで、常に喜び、物乞いのようで」。新共同訳の最初の版では「物乞い」となっていましたけれど、新しい版では「貧しいようで」にこっそり訂正されていますね。これは「貧しい人々は、幸いだ」の場合と同じプトーコイという言葉なんです。プトーコイとは、佐藤研さんが岩波訳で訳しているように、「物乞い、乞食《こつじき》」を意味する言葉で、そのようなあなたがたは幸いだ、という、強烈な言い方なんですね。ですから、ここを「物乞い」と訳すのはちっとも間違いじゃないんです。ただ「貧しい」という単語がイエスの言葉としてあって、それが、新共同訳や口語訳では、マタイの「山上の垂訓」の場合もそう訳していますから、きっと同じ単語なので同じように訳したほうがいいだろうということで、「貧しいようで」に訂正したんだと思います。

　ともかく、「貧しいようで、多くの人を富ませ、無一物のようで、すべてのものを所有しています」と続きます。この訳は、全体として、よい訳ではないと私は思います。「人を欺いているようで」の「ようで（ホース）」は、英語で言うasです。それは「～のようだ」という意味もありますけれど、「～として」という意味もありますよね。私は、ここには逆説的同一性、あるいは逆説的同時性が示されていると考えておりますので、「人を欺いている者として」つまり「そういう者であって」、同時に（ギリシア語のカイ）「誠実であり」、「人に知られていないようで」ではなくて、ほんとうに「知られていない」んです、現実に、「知られていない者であって、同時によく知られ、死にかかっている者であって、同時に、見よ、このように生きており、罰せられている者であって、同時に殺されてはおらず、悲しんでいる者であって、しかし常に喜び、貧しい者であって、しかし多くの人を富ませ、無一物の者であって、同時にすべてのものを所有しています」。そういう逆説的な同一性がここでは語られているのですから、ギリシア語の「ホース」はそのように訳されなければならないと思います。わたしの恩師の田川建三先生は、新約聖書全体を御自分の訳で出版されていて、その脚注が膨大なものになって、何冊かの本になっておりますけれど、そして岩波訳もこてんぱんにやっつけられておりますので、できるところから少しずつ反論はしたいのですが、偶然かどうかはわかりませんが、今の部分は田川先生は私とほとんど同じように訳してくださっています。要するに、肯定的な事柄と否定的な事柄とが、同時に、同一の事柄として、成立している、そういう逆説的同一性、逆説的同時性というものが、ここにはある。そして私が言いたいのは、パウロが宣教者として苦難の生をこのようにして生きていると、まざまざと、生き生きと言い表わすときに、「十字架の逆説」と同じ構造が展開され、そしてそこに、イエスの福音が反映されてくるということです。「悲しんでいる者であって」という言葉は、明らかに「悲しんでいる者たちは、幸いである」というイエスの言葉を反映していると思いますし、「貧しい者であって」という言葉は、「貧しいあなた方は、幸いだ」というイエスの言葉を反映していると思います。ですから、パウロがこのようにして、イエスの十字架によって規定されてしまっている自分たちの苦難の生を語るときに、そのイエスの十字架を不可避的なものにした彼の福音の反映が見られないはずはないわけです。イエスはなぜ十字架につけられたのか。当然あのイエスの福音のゆえですよね。あの無条件で徹底的な神のゆるしの福音のゆえです。律法を行なう者がゆるされる、義とされる、そういうユダヤ教的な捉え方に対して、そうじゃないんだ、と言い切った、そしてそれを実際に生き抜いてくださったからですよね。ですから、そのような十字架によって根本的に決定づけられている自分の生き様を語りだすときに、その十字架を不可避的なものにしたイエスの福音が反映されてくるというのは、論理的な必然でしょう。ですから、第二コリント6・8b－10に加えて、もう一箇所、第一コリント4・11－13において、「今の今までわたしたちは、飢え、渇き、着る物がなく、虐待され、身を寄せる所もなく、苦労して自分の手で稼いでいます」と言われる際にも、私はそこにマタイ25・31以下の「最も小さい者の一人にしたのは、わたしにしてくれたことなのである」という、あの箇所の反映も多少はあるんじゃないかと考えております。つまり、25・35－36の「わたしが飢えていたときに食べさせ、渇いていたときに飲ませ、旅をしていたときに宿を貸し、裸のときに着せ、病気のときに見舞い、牢にいたときに訪ねてくれたからだ」の言葉は、パウロの「飢え、渇き、着る物がなく、虐待され、身を寄せる所もなく」と何らかの伝承史的な関連を持っているのではないか、ということです。私はイエスとパウロにおいてパラレルの、つまり並行する箇所に関する論文を書いておりますので、興味のある方はそれを見てください。前で言ったことと重複しますが、そこで私は次のように書きました。第一コリント4章の次のパウロの言葉、「侮辱されては祝福し、迫害されては耐え忍び、ののしられては優しい言葉を返しています」（12－13節）は、明らかに、マタイ5・44や、ルカ6・28におけるイエスの言葉、「迫害する者を呪ってはならない、祝福しなさい」が、明らかに反映しているでしょう。これは明らかにパウロたちの苦難の生を物語っています。そういう意味で、イエスの福音、イエスの言葉の反映が、そこに見出されるのは論理的必然でしょう。なぜなら、十字架とは、イエスがまさに神の福音を語り、そしてそれを生きたことによって、不可避的にイエスの上に襲いかかってきたものであって、その十字架によって決定づけられている信徒の実存を、十字架を不可避的なものとしたイエスの語った福音への反映なしに描写するということは、不可能であったであろうからです。パウロは生前のイエスの言行に深く思いを馳せていたのだと思います。ブルトマン説に反対する形で、私はそう考えています。ブルトマン先生は、パウロにとってイエスの言葉とか福音は本質的な意味を持っていなかった、つまりパウロは生前のイエスの有り様にほとんど興味はなかった、むしろパウロにとってはケーリュグマが最も大事であったのであり、「宣教のキリスト」こそが大事であったのだ、と言われますが、やはりそうではないんじゃないか、と私は考えています。

11――ところで、新約聖書における「贖罪論」について語る際に注目すべきことは、「贖われる」その「罪」が、常に複数形で語られるということです。「贖罪論」の中で「贖われる」「罪」というものは、常に複数で語られております。

パウロは「罪」を表すためにハマルティアという言葉を五九回使用しています。それが「的外れ」という意味である、ということはみなさんよくお聞きになっていると思います。五九回のうち七回は、「旧約聖書をも含むパウロ以前の伝承」から彼が受け継いだもの、中でも第一コリント15・3など、それから、とくに「贖罪論」ないしは「ユダヤ人の信仰」、ユダヤ人の捉え方と関連して用いられているのですが、その七回だけパウロは「罪」を複数形で語っているということは、極めて注目すべき事実です。「贖罪論」が語られる場合は、「罪」は複数形なのです。しかし、あとの五二回は、以下でもふれますように、パウロはそれを単数形でしか語ろうとしません。つまり「贖罪論」は、そのユダヤ的伝統からして、「律法違反の罪」、すなわち、あれやこれやと数え上げることのできる罪々、そして動物の血をもって「贖われ」なければならなかった罪々を、前提にして成り立っているのです。そしてパウロの場合には、もはやその「律法」は、ユダヤ教におけるような絶対的な権威を持ったものではなくなっております。それゆえに、それの「違反」のために「神の子の尊い血」が「犠牲の供え物」として捧げられなくてはならない、というような考え方は、もはや「キリスト教徒」であるパウロにとっては、論理的にありえないものであったわけです。たしかに律法は、ローマ7・12で言われているように、パウロにとっても「聖（ハギオス）なるもの」ではありました。しかし「聖」という概念は、パウロにとっては両義的なものとなっていたのでありまして、「聖」なるものだから絶対的に一〇〇パーセント「聖」である、などという意味ではもはやありませんでした。絶対的に神聖不可侵というような意味では、もはや使われてはおりません。例えば、第一コリント7・14では、パウロは、結婚している者のどちらかがキリスト教徒であれば、生まれてくる子は「聖なる者」だ、という意味でこの単語を使います。あるいはエルサレム教会の信徒のことを「聖徒たち」と呼びます。エルサレム教会というのは、非常にユダヤ教的なキリスト教を奉じていた教会です。パウロの捉え方とは違って、クリスチャンになっても、依然として割礼を重んじ、律法を重んじて、それを遵守していかないといけない、と主張して、ユダヤ教の枠内に留まりつつキリスト教を展開していこうとした、あのイエスの実の弟のヤコブのような人たちを中心とした教会であったわけです。そしてその人たちのために、パウロは命を賭けて献金運動を展開しているわけです。そしてその献金を届けに行ったときに、彼は捕らえられてしまったのですが、そういう自分とは全然考えの違う人たちのことを「聖徒たち」とパウロは呼んでいるんですね。伝統的な呼び方だった可能性はありますけれど、それでもなおかつ、彼はそれを踏襲しているのです。そういうわけで、パウロは「聖」という概念を、完璧にユダヤ教で捉えるような意味で展開しているわけではないということには、十分注意していかないといけないのです。実際パウロは、律法は「罪」によってますます悪辣なものになっていくとか、私は律法というものがなければ「罪」というものを知らなかったであろう、とまで言うんですね。律法理解が両義的であるのと同様に「聖」の捉え方も両義的である、ということをしっかりと把握しておく必要があります。ですから、ユダヤ教の人たちがなおそうしているような律法理解を、パウロはもはやしておりません。そのような律法理解に完全に沿った形で、犠牲の供え物とか、贖罪の供え物とか、そういう言葉をたしかにパウロも踏襲している箇所が、ローマ3・25のようにありますが、しかし根本的には、パウロはそういう捉え方を確実に乗り越えていた、と思われます。

12——パウロにとっては、複数形の罪ではなく、もはやそれ以上には分割することのできない単数形の罪が問題でありました。つまり「神の前での傲慢」、すでに自分は律法を通して神が何を意図されているのかを十分にわかっている、そしてそれさえ守っておれば救いは自分の手中にある、というような、人間が神と等しい存在になれるかの如くに考える高慢・傲慢、ギリシア語でいうヒュブリスですね、そのヒュブリスとしての罪こそが、パウロにとっては根本的な問題であったのです。

それゆえに、第二コリント5・21の驚くべき言葉、「神は罪を知らない方を罪とされた」に、注目しなくてはなりません。この「罪を知らない方」とは、もちろんイエスのことですが、この言い方は、ローマ8・3の、「神は自らの子を、罪の肉と同じかたちをとって、また罪のために、遣わし、その肉において罪を断罪されたのである」（岩波訳）、と深く通底しています。自分が訳した岩波訳を敢えて採用していますが、そこにおいて単数形の「罪」が用いられているのは、上述したガラテア3・13における「呪い」とほぼ同じ意味で「罪」が逆説的に捉えられているからではないか、と思われます。そこでは、決して複数形の罪を前提にした「罪の贖い」とは言われておらず、単数形の「罪そのもの」として、神はイエスを「罪」とされた、と言われております。そして、神は私たちを「呪い」によって「呪い」から贖い出してくださったのだ、というガラテア3・13の捉え方とほぼ同じ捉え方が、これら第二コリント5・21やローマ8・3では言われているのではないかと思われます。単数形の罪への言及なのに、注意して読まないと、すぐにそれらは贖罪論的に見えてしまうかもしれません。しかしやはり注意深く読むと、決して贖罪論そのものが語られているわけではないですね。そういう関連に注意していきたいと思います。

13――いずれにしても、ローマ4・1以下が明らかにしていますように、「不信心な者の義認」についてですが、神はそこで語られているような「神なき不信心な者」、すなわち単数形の「罪」を犯している者を、何の「働き」も、何の律法遵守の「行ない」も伴なっていないにもかかわらず、ただただ無条件に義としておられるのであり、それゆえに、そのような神を「受容」するという意味における「信仰」のみが人を義とするのだ、とパウロは信じています。先ほどの「すでにそうである者になる」というのと同じ意味で、人はすでに不信心なままで義とされているのですが、しかし人がそれを「受容」する者になっていかない限り、その「義認」はその人のものにはならないわけです。そしてそのようなメッセージは、まさにイエスがわたしたちに語ってくださったことそのもの、つまり、昨日の講演Ⅰでみました、マタイ5・

45、6・25－31、マルコ3・20－30、マタイ18・21－35、20・1－16、21・31などで語られている「ゆるし」のこと以外ではありません。それは無条件で徹底的な神のゆるしの福音そのものであり、それゆえそこで言及されている「信仰」とは、そのような神の意志を明らかにしてくださったイエスを「受容」する信仰でもあります。神のゆるしの宣言と、イエスによるそれの解き明かしとの間の順序は、決して逆ではありません。「不可分」ではあるが「不可逆」である。これがパウロのいわゆる「信仰義認論」ですね。つまり「信仰義認論」というと、「イエスをキリストと信じる信仰のみが人を義とするのだ」と、そのようにストレートに言ってしまう人が多いのでありますけれど、ローマ4・1以下のパウロの論法をみますと、必ずしもそうではありませんね。むしろ、まず神こそが無条件で徹底的なゆるしを与えてくださっている、そしてそのことをイエスが、その生涯をもって明らかにしてくださったがゆえに、そのイエスを「受容」する「信仰」というふうになっていくわけで、順序は決して逆ではありません。イエスをキリストと信じたから「ゆるし」があるのではなくて、イエスは、すでにあった神のゆるしの現実を私たちに明らかにして下さったのです。

14――こうして、一般的に教会において信じられているような、十字架におけるイエスの贖罪死によって初めて人間の救いは成就したのだ、という信仰が唯一絶対のものではない、ということになるとしますと、ではいったい何が救いにとって決定的な重要性を持っているのか、という問いが残ります。そこで、上でふれました「不可逆」という「順序」の問題が、極めて重要な意味を持つことになります。つまり「神あって」のイエスであって、その逆ではないということです。したがってイエス以前のアブラハムや、イサク、ヤコブは、すでに天上において「復活」しているのだ、と地上のイエスによって宣言されたり（マルコ12・26－27）、またアブラハムやダビデが、イエス以前にすでに神によって義とされていると宣言されたりしても（上述のローマ4・1－8）、それは何ら不思議なことではないことになります。「神あって」のイエスである。そしてイエスご自身が、そのことを指し示して下さっているのです。

15――イエスは「神の子」であって、「神そのもの」ではありませんでした。イエスが「神」と呼ばれるのは、唯一、ヨハネ20・28のトマスの言葉、「わが主よ、わが神よ」においてのみです。むしろイエスは、「わが神よ」と神に呼びかけているのです。福音書におけるイエスは、通常は神に対して呼びかける存在ですね、「アッバ、父よ」と。三位一体論はまだ新約聖書においては見出されません。第一コリント8・6は、ネストレ・アーラント校訂本が示していますように、讃美歌の一部であったと思われますが、だから詩文の形をとった方がいいんですけれども、その中で語られている神とイエスが、等しく世界の創造の場面で関与されたように訳されていることが多いですね。しかしそこでも、主キリストは明らかに神の次に言及され、神より下位にある存在として語られていると思われます。新共同訳の「万物はこの主によって存在し」という訳し方は、ちょっとオーバーだと私は思います。

16――そして、ローマ1・4におけるような、イエスは「復活によって神の子と定められた」という言い方がありますが、この語り方は、非常に興味深い語り口です。しかしパウロにおいては例外的なものですね。まだローマには行ったことのないパウロが、ローマの教会にいたかなりの数のユダヤ人の問題について、直に目で見て、手で触れるような形ではまだ捉えていない問題について、彼は語っていますね。今まで、コリントの教会やガラテヤの教会に対して語った言葉と重複するような言葉が、ローマ書にはかなりの量、出てきました。しかし、ローマ書1・4は、ここにしか出てこない表現です。そして、パウロはとくに、イエスは復活によって初めて神の子と定められた、と考えているとは思えません。彼もまた、イエスを、神そのものではありませんが、しかし終始「神の子」として特別な存在として捉えています。ですから、この特殊な言い方は、もしかしたら、ローマでこういう形の信仰告白がなされていた、そしてそれをパウロは踏襲しているのかもしれませんね。いずれにせよ、ローマ1・4がかなり例外的であることは間違いないでしょう。とはいえ、パウロには、常に強固な「神中心主義」が存在しています。神中心主義というのはこれはもう至る所に見出されますけれども、一番典型的にそれが出てくるのは、第一コリント15・20以下ですね。神中心主義の最たるものは、15・28の言葉です。「すべてのものが御子に服従するとき、御子自身も、すべてを御自身に服従させてくださった方に服従されます。神がすべてにおいてすべてとなられるためです」。この類いの神中心主義は、以下の箇所に見出されます。第一コリント5・18、15・27－28、3・22－23、11・3、第二コリント5・18、ローマ1・25、8・27、9・4－5、11・36、15・7など。こういう神中心主義がパウロにははっきりとあります。

17――そしてパウロにとってのイエスの「復活」もまた、神が可能とされたものなのであって、決してイエスが自分の力でよみがえった、というのではないわけです。信仰告白の形態としては、「まず神がイエスをよみがえらせた」（ローマ10・9）と、神が主語なんですね。次はイエスが主語なんですが、受け身になります。「イエスはよみがえらされた」（受身です！）（第一コリント15・4）。ようやくその次にイエスが主語になって、自分でよみがえる、「イエスは自らよみがえった」（マルコ8・31など）、という形の変遷をたどったのだと思われます。

18――そしてユルゲン・モルトマンが正しく主張していますように、もしも神がイエスを贖罪のための犠牲とされたのだとするならば、この「復活」は論理的に説明不可能なものとなるでしょう。なぜなら、神が一旦はイエスを「贖罪の犠牲」としておきながら、後でそれを取り消すかのようにして、そのイエスを「復活させる」というのは、贖罪論的な思考のなかではいかにも筋が通らないからです。モルトマンが言っていることはほんとうにそうだ、と私も思います。これは大貫隆さんも、ご自分の文章の中でそうだと思うと言っておられますね。贖罪の犠牲は犠牲であり続けなければいけないわけで、途中で「あなたは忠実に犠牲になったから、復活させましょうね」と言って復活させたというようなことは、おとぎ話（Fairy story）としてはあっても、神学としてはやはりおかしいでしょう。

19――神によるイエスの「復活」は、ひとえにイエスが神のご意志を忠実に聞き取り、それを人々に伝え、そしてそれを死に至るまで生き抜かれた（上述のガラテア3・13参照）からこそ、神によって可能とされたのではないのか。

20――イエスが従順であられたからこそ神はイエスを高く挙げたという、フィリピ2・6－11の「キリスト讃歌」ですが、新共同訳はこれを讃歌ととらえないで、散文の形で記しています。それはギリシア語の校訂本UBS（United Bible Societies）版は、この部分を詩の形にしていませんので、それに依拠している新共同訳もまた、詩の形にしていません。でもネストレ・アーラント版はきちんと詩の形にしてくれております。ですから、「キリスト〈讃歌〉」なわけです。その「キリスト讃歌」は、「イエスが従順であられたからこそ、神がイエスを高く挙げた」と歌いますね。そして、それは、すでに冒頭で、イエス・キリストを「神のかたちであり、神と等しくあられた存在」（6節）としているのですが、しかしイエスは神と等しくあることに固執することはなかった、という形で語っている讃美歌ですので、イエスは最初から並の人ではない。それで、「高く挙げた」っていうのも、「従順であられたから」と書いてあるわけですが、この場合の「従順」とは何に対する従順であったのか。ここには贖罪論の贖の字も出てきません。ここには贖罪論がある、と強く私に反論される方もいます。関根正雄先生の高弟でいらっしゃる量義治先生という無教会の先生が反論をしたためてくださいました。当時埼玉大学の教授で、カント哲学の研究者ですが、その先生との論争はもうたいへんだったんですが、その量先生はこのフィリピ2・6－11に贖罪論があると強く言われるんですね。「どこにありますか」と訊くと、全体としてそうだ、と言われるんですね。キリストと言えば、「私たちのために死んで下さった方」と捉えるのが大前提になってしまっていて、それがもう染み込んでしまっているんですね。だから、この箇所にも贖罪論があるのだ、と。それはないだろうと私は反論をいたしました。「従順であられた」という中に贖罪論と結びつくような展開をみることは、私にはできません。むしろイエスは、神のご意志を読み取って、それを私たちに忠実に伝えて下さった、そして忠実に生きて下さった、そしてそれを命を賭してまで貫いて下さった、そういうことだと私は思います。

21――絶叫して神に異議申し立てをしつつ息絶えられたイエスを、神が復活させられたという事実は、生前のイエスが「釈義」してくれた神の福音――「釈義」という言葉はヨハネ1・18に出てくる「明らかに示した」（エクセーゲーサト）ですね。これはexegesis、「釈義」の語源になっている言葉ですが――に合致するし、その福音は、イエスが明言したとおり、イエス以前から、否、天地創造がなされた太初の昔から、終始一貫、貫徹されてきたものです。そしてそれを、私は「神の〈逆説的な〉生命の法則」と呼びたいと思っています。どうぞ講演Ⅰを参照してください。

22――どういう意味かと申しますと、天地創造の初めに、神は現在のような宇宙規模の、自然界の法則を打ち立てられたのであり、その中には、人間の目からみて極めて肯定的なものももちろん存在しているのですが、逆に、大地震や大津波、台風やハリケーンのような大洪水、さらには大旱ばつというような、極度に否定的な自然現象もまた含まれています。そしてその法則は、神がその後の歴史において、恣意的にその中に介入されるというようなことは決してないような、そういう法則です。恣意的に介入されないということに関して、マタイ10・29の「その一羽さえ、あなたがたの父のお許しがなければ、地に落ちることはない」という訳が大いに関係するのですが、この訳は、佐藤研さんが言われるとおり「あらずもがな」であります。「父のお許しがなければ」なんて原文には全然書いてないんです。なんと書いてあるかと言いますと、「あなたがたの父なしには」と書いてある。「父なしには」とは、マタイ福音書の主要主張の「インマヌエル」と関連しています。一番最初に「その名はインマヌエルと呼ばれるであろう」、一番最後の「大宣教命令」で「私はいつまでも、永遠にあなた方とともにいる」というインマヌエルの思想があります。そしてちょうど中間あたりにあるこの箇所でも、「一羽の雀でも〈神なしに〉地に落ちることはない」、つまり、雀が落ちていくときには、神も一緒に落ちて下さる、神はどこか天の高みにいらして、そして、その者の命は尽きたな、それでは、その者が死ぬことを私は許す、などと言われるような方ではない。ということはすなわち、われわれ人間の命にとってもそうだということです。告別式などでは、「それは神様のご意志だ」とか、「神様が必要とされている」とか言いたくなりますよね。でも、あそこで大地震を起こし、ここで大洪水を起こし、なんてことを神はなさらないのと同じように、あの人間の命を今取り上げ、この人間の命を今奪う、などというような、そういう形で神は世界を支配なさっているんじゃない、ということが示唆されているのだと思います。こういう変な翻訳から、私たちは案外基本的なことを誤解して受け取っているんじゃないかと思いますね。なぜこういう変な訳出が行なわれるかと言うと、皆が共通して誤解しているような事柄がそういう箇所の訳出の際に、ぽっと入ってきてしまうからだと思います。言われていることは全然そういうことではないのにもかかわらず、他の捉え方ができないような感じになってしまっている。つまり、天地創造の初めに、神は現在のような宇宙規模の、自然界の法則を打ち立てられたのであって、そのなかには、否定的な現象もまた含まれてしまっているのです。つまりないまぜになっているということです。しかし、人間的には一見否定的に思われるそのような現象も、〈逆説的に〉神の慈愛を表わしている。H・S・クシュナーというラビは、みなさん読まれた方も多いと思いますが、『なぜ私だけが苦しむのか―現代のヨブ記―』（斎藤武訳、岩波現代文庫、二〇〇八年）の中で、同様の理解を展開されました。このクシュナーはユダヤ教徒のヴィクトール・フランクルに共鳴している方です。やはりフランクルも、強制収容所を生き延びたという極限の苦難の経験を持っておられますので、苦難の問題については徹底的に考え抜かれた方です。そのフランクルの本の序文をクシュナーは書いておられます。ご自分のお子さんが若くして難病で亡くなって、そういうことはどうして起こるのかということを考え抜かれて、神に対する懐疑ではなくて、そういう苦難のただ中に神の慈愛を見ていく思想を展開しておられます。M・スコット・ペックも、同様の捉え方ですね。『愛すること、生きること：全訳「愛と心理療法」』(M・スコット・ペック著、氏原寛・矢野隆子訳、創元社、二〇一〇年)。ですから、神の働きは「人格的」な関係の中でのみ効力を発揮すると私は敢えて言いたいと思います。

昨晩、もう五、六人しか残っていないときに、ひとりの方から質問を受けました。マルコによる福音書など、たくさんの奇跡物語を記しているけれど、ああいう物語ってどのように理解したらいいのか、ということでした。『イエス様は水の上を歩いた』という奇跡など、どういうふうに説教したらいいのか、という質問でした。面白いことに、あるときその方が、聖書に書いてあるとおりに説教したら、お父さん・お母さんはお二方とも三代目のクリスチャンだとおっしゃっていましたが、そのご両親は「そんなことあるわけないでしょ。そんなバカな説教しないで」とおっしゃったそうです。「昔の人たちは、そういうことについては、六〇年代にしっかりなさっていたんですねぇ」とその方はおっしゃってました。まぁ、昔でなくとも、今でも、しっかりと聖書研究をやって欲しいと思いますけれど、いわゆるイエスの奇跡物語の中でも、治癒奇跡物語を一概に全否定なさる人はおりませんね。でも、いわゆる自然奇跡、イエスが嵐を鎮めたとか、海の上を歩いたとか、そういう類のことは、古代の世界観では当たり前のことでした。処女降誕も、偉大な人にとっては、当時は当たり前のことでした。そういうことを現代の私たちが、そのまま説教したり受け入れたりすることは極めて難しく、理性を犠牲にしないとできないことですよね。私はそういうことははっきり「否」と言っていいとは思いますが、説教でそれを言うかどうかということに関しては、関田寛雄先生のような大先輩に一番いい方法を教えていただきたいと思います。他方で、治癒奇跡物語は、これは神と私たちとの間の人格的関係において起こっている事柄なのですね。人間のうちには、潜在的に、恐るべき量りがたいほどの凄い力が備わっています。こうやって生きていること自体が、すでに物凄いことなんですが、すごい治癒力が人間には備わっていて、「あなたの信仰があなたを救ったんだ」というイエスの言葉に典型的に示されているように、私たちの内側にあるものを引き出して下さる方がいさえすれば、人格的な関係の中で、驚くような病気も、ときに治ってしまうということが起きます。もちろん、必ず治るとは限りません。でも、時に、とんでもない奇跡が起こることがあるということを、私は全然否定するつもりはありません。治癒奇跡物語をおしなべて全否定することはできない、と思っております。ですから「青野は神の働きを否定しているのか」「いわゆる理神論者なのか」と、よく批判されますが、神との人格的な関わりの中で起こってくる様々なこと、そして神が働いて下さるということ、そういうことは私は信じております。けれども、先ほど述べましたように、自然の法則の中に入り込んでくる形で神が介入する、ということはなさらない。そうでなければ、「なぜあなたは、こういうひどいことを放っておかれるのですか」というわれわれの悲痛な叫びを神が聞かれないはずはないだろうと思うんですね。しかしそういう介入は、決して起こらない。それは太初の昔に、肯定的と否定的とがないまぜになった形でこそ、人間の生も世界のあり様も決定されているのであり、そういう中でこそ、本当の「幸い」というものが存在する、そういう法則、逆説的な法則を、神は打ち立てて下さっているからだと思うのです。神は「無力」にもこの法則の中に介入はされないという決断をなさって、それを貫徹していらっしゃるのだ、そういう理解を私はしているわけです。

23――苦難の極致としての人間の死もまた然りです。「また然り」というのは、神の許しを得て人は死んでいく、ということではない、ということです。歴史上八〇〇億という人間がこの地球上に生まれてきたと言われていますが、もしもそこでこの人間の死が、本来の神の意図ではなくて、神の許しのある人だけが死んでいくというようなことであるのだとしたら、つまり、そもそも人間とは死ぬものではなくて、死は、神の意に反してアダムの犯した罪（原罪）のゆえに入り込んできた非本来的で否定的なものであるのだとしたら、もともと人間は死なない者として造られているということになり、とうの昔に地球上は抱えきれない数の人間で溢れかえり、人類は食糧不足のゆえに絶滅してしまっていたことでしょう（現在の世界人口は約七一億人です）。人間の死を「アダムの犯した原罪のゆえだ」とする捉え方、それはパウロも言っていることではありますが、しかし彼は非常に慎重に、ローマ5・12で「一人の人が罪を犯したがゆえに、そして、全てのものが罪を犯したがゆえに」という言い方をしていますね。

単数形の罪について語ると、すぐに神学生から、「それは原罪のことですか」と尋ねられるのですが、パウロは単数形の罪を、原罪とはまるで関係のない形で展開しています。繰り返しになりますが、天地創造の太初の昔から、肯定的な事柄と否定的な事柄と、両者がないまぜになって存在しているところにこそ、神の意志は〈逆説的に〉露わになっているのです。世界のもろもろの不条理、人間の責任には帰せられない「不条理」「障碍」などは、すべてそのようにしか解釈できないと私には思われます。昨日ふれました詩人・島崎光正さんが、ご自身の著書のタイトルを『神は見て良しとされた』とされていることは、実に注目すべきことでしょう。障碍をもっていらっしゃる方が、「神は（その障碍を）見て良しとされた！」と言っておられるわけですから。そしてもしも神がそのような法則を打ち立て、そして今もそれが有効なのだとしたら、それを打ち立てられた神ご自身もまた、その法則のなかにおられることになります。東日本大震災を例にとって言えば、神はそこで「無力にも」苦難のただ中にいた者、そして今なおいる者とともに苦しんでおられる神なのであり、なおかつ不可避的な苦難の中に「さいわい」を宣言しておられる神なのであって、決して天の高みから人間を見おろしておられる神などではないことになります。ローマ8・34の訳出の問題ですが、実際には「（復活の）イエス・キリストは神の右にあって」としか書いてないんですね。キリストは神の右の玉座に「座って」などおられません。be動詞のエスティンがあるだけですから、「神の右にあって」としか書いてありません。もちろん、新約聖書の記者にはいろんな人がいますので、神もキリストも玉座に「座って」おられる、という言い方をする人はいますけれど、少なくともパウロは、天にあられる存在としては、「十字架につけられ給ひしままなるキリスト」を考えておりますから、その人が玉座に「座っている」なんてことは全然考えてないでしょうね。天の玉座に「座って」人間を見おろしておられる方ではない。そうではなくて、苦難のただ中にいる者と共に苦しんでいて下さる方、無力にもそこでただ苦しみ、ペックの言葉を借りれば、「一緒に涙を流してくださる」方としてキリストを、そして神を、捉えることができると思います。

24――以上のような理解は、「インマヌエル（神われらとともにいます）の原事実がすべての者の脚下に厳として存在している」ということを強く主張された、元九州大学教授の滝沢克己先生の主張と構造を同じくしております。私は当初、滝沢先生のおっしゃっていることがよくわかっておりませんでした。でもその後、自分なりにパウロ研究を押し進めていく中で、とくに、キリストと神との関係は「不可分」だけれども「不可同」である、全く同じじゃない、そして「不可逆」だ、つまり順序の問題は、神がいて初めてキリストがいる、キリストがあって神があるわけじゃない、ということを考え続ける中で、滝沢先生の主張は、パウロの、そしてイエスの言っていることとピタリと合致していることに気づかされていったのでした。つまり、第一義のインマヌエルとしての神、そして第二義のインマヌエルとしてのイエス・キリストを、滝沢先生は「不可分」「不可同」「不可逆」の関係において捉えられるんですが、それが実に新約聖書の証言の構造をピタリと言い当てていたのです。よく滝沢の影響で青野はそういう考えになったのか、と言われることがあるんですが、そうじゃないんです。私の場合は新約聖書を読んでいって、そこで滝沢先生のおっしゃっている主張の構造が基本的には新約聖書のそれと同じで、正しいんじゃないか、と確信したという次第なのです。とくに私は先生が言われるところの「原事実」の中の「逆説的な性格」を強調しています。第一コリント1・26―28の、神の「召し（クレーシス）」の内容ですね、それもまったく私の主張に沿っていると思います。ここも訳によっては、「あなたがたの召された時のことを思い起こして見なさい」と訳されていたりしますが、しかし原文には、「召された時のこと」なんて全然書いてないですよね。そうじゃなくて、あなたがたの「召し」という単語一語ですよ、その「あなたがたの召しそのものを考えてご覧なさい」、と言われているのです。そして神は、優れた者や、力ある者を召して選ばれたのではなくて、無に等しい者を召して選ばれたではないかと、そういうことが書かれているんですね。過去形で「召された時、あなた方の中にはそういう優れた者は少なかった、今はどうか知らないけれど」というような訳文になっていることが多いのですが、それは違うと思います。そうではなくて、神の「召し」そのものの性格が問題になっているのです。そしてその「召し」そのものは、極めて逆説的な性格を持っているのですが、それと同じように、滝沢先生の言われる原事実というものも、非常に強く逆説的な性格を持っているのだ、と私は考えています。決して並みいる強国ではなかったイスラエルの選びもまた然りであって、強く逆説的な性格をその選びは持っています（申命記7・7参照）。

25――ではイエスの「自意識」はどのようなものであったのでしょうか。イエスは「預言者」としての意識を持っておられたのでしょうか。いずれにしてもイエスに「メシア意識」はなかっただろう、と私は思っております。昨日もふれましたマルコ10・45は「事後予言」(vaticinium ex eventu)でありまして、遅れて認識を与えられた者たちがイエスに当てはめている「解釈」の言葉であろうと思われます。福音書は、というよりも、すでに新約聖書は全部、実はそういう形で出来上がっているということを押さえておく必要があります。すべて信仰が成立してから書かれているものですから、信仰も何もない白紙の状態で歴史的事実を解釈も加えず、ありのままに書いた、というのとは全然違う文章だということを、しっかりと押さえておく必要があります。ですからマルコ10・45は「事後予言」です。さもなければ、イエスの最後の「恐れおののき」や十字架上の「絶叫」は説明不可能なものとなってしまうことでしょう。イエスを、シナリオを知っている「役者」(hypokrites=偽善者)にしてしまってはなりません(昨日の講演Iを参照)。それにもかかわらずそのイエスを、「キリスト」「神の子」と告白するのは、大貫隆さんも言われるように、「認識は遅れてやってくる」からです。しかし遅れてやってきたその「認識」を、あたかも「歴史的事実」そのものであるかのごとくに考えてはなりません。それはあくまでも「信仰告白」としての「認識」なのです。福音書の記述の仕方は、すべてこの「信仰告白」を基にして「歴史」を描くという手法なので、あたかも客観的な「歴史」がそこには書かれているかのごとくに、誤って考えてはならないのです。

26――ではイエスの果たした役割は、最終的にはいったい何だったのでしょうか。それはすでに上述しましたように、まことの神のあり様をわれわれに明らかにするということであったのだと思います。それを、関西学院の元院長の山内一郎先生は「神の証人」と呼ばれました。そして、私たちはイエスと共に神に向かってお祈りするのだ、という構造を語って下さいました。新約聖書学をやると、どうしてもそういう結論にならざるを得ないんですね。新約聖書学をやらないで、教義学などから入っていかれると、全然違う構造をもった神学をお語りになることになると思います。もちろん聖書学と教義学との対話は必要ですが、私には、教義学的なドグマは、しばし受け入れるのがば非常に難しい構造を持っています。イエスのことを、私は「仲保者」と言いたいと思っています。

ともかく、キリスト教信仰を、ただただ贖罪論からのみ捉えることは、そろそろやめなくてはならないと思います。贖罪論の良質の部分はとても重い意義を持っておりますから、全否定するつもりはありません。しかしそれだけでは、信仰は個人化し、この世界の不条理の問題は、解決することはありません。関田先生は「苦の問題」「苦難の問題」の方が重いということを、昨夜の対話の中で語って下さいました。私も全く同感です。不条理の問題は、贖罪論だけでは解決できません。「あの人は私の身代わりになってくれた」と解釈することと、事実がそうであったということとは、区別して考えなくてはならないでしょう。第一コリント8・11、ローマ14・15についても、さきほどふれましたね、私たちは買い取られたのだという解釈もありうるでしょう。講演Ⅰでふれた詩人の島崎光正さんの母上への思いを参照してください。高市和久君（市川八幡バプテスト教会牧師）が、最近の拙著『最初期キリスト教思想の軌跡』（最近の著書といっても、ただ書き溜めてきたものをまとめただけのものですが）の書評を『本のひろば』二〇一三年八月号に書いてくれまして、「災害にも揺るぐことなく立っている十字架を見いだす」とお褒めの言葉をいただきました。私が今まで語り続けてきた十字架は、今度の東日本大震災についての捉え方との関連で「揺るぐことなく立つことができている十字架」理解でありますでしょうか、そういうことが最終的に問われているのだと思います。

ご清聴心からありがとうございました。

講演 VII

森　一弘

2015年3月16日-18日
無原罪聖母修道院（黙想）［東京黙想の家］

虚しさにつきあげられて

はじめに

「カトリック教会に出会えて、本当によかった」、それが、私の今の正直な気持ちです。

私が洗礼を受けたのは、高校三年生のときです。それから六十数年の歳月が経ちました。これまでの歩みを振り返る時、もし、カトリック教会に出会うことができず、また洗礼の恵みに浴することができなかったら、今の私はなかったろうと思います。

人一倍感じやすい私ですから、たとえ就職したとしても、そこで悩み苦しんで胃潰瘍や心身症などを患って倒れたりなどして、複雑な現実を生き抜くことはできなかっただろうと思います。また人並みに結婚したりなどしても、私は自分の内面にこだわりすぎる傾向が強いものですから、明るく楽しい家庭を育てることはできず、結果として妻や子どもたちに暗い翳りを与えてしまっていたのではないかと思います。

しかし、この道を歩んできて、全てが順調だったというわけではありません。問題がなかったと言えば、嘘になります。大きな厚い壁にぶつかり、悶々とした時期もありました。列挙してみればきりがありません。

まずは、洗礼を受けた後も、自分自身の中にある深い闇をどのように克服していくか、もがき悩みました。また司祭の召命を感じてその道を進もうとする時期に、教会の指導者や先輩たちの醜い姿をみて、躓きそうになったこともありました。さらにまた、いざ信仰を深め、生きようとするとき、二千年の歴史を持つ教会が伝え教え続けてきた伝統や教義を、複雑な現実の世界の中でどう受け取り、どう生きたらよいか、信仰と生活の遊離、カトリック教会と現実社会との遊離に戸惑い、もがいた時期もありました。さらにまた、欧米諸国の文化的な背景のもとに培われてきた信仰理解と信仰様式の壁に突き当たり、日本人として違和感を覚え、悶々とした時期もありました。また、司教に叙階されて組織としての教会の管理者となって、改めて硬直した教会制度の壁の厚さに直面し、抜き差しならない状況に追い詰められ、深い挫折感を味わわなければならない時期もありました。

幸い、神様は、その時々に、適切な指導者、良い友、良い仲間を送ってくださり、なんとか、その時々の壁を乗り越え、今日まで歩んでくることができました。

自分のことを語ることには一抹の戸惑いがありますが、神様とどのように向き合ってきたか、神様との向き合い方が、その時々でどのように変化してきたか、神様との関わりに焦点をあて、皆様の参考になることを願いながら、これまでの歩みについてお話ししたいと思います。

この世界に対する虚しさからの出発

私は、幼児洗礼ではありません。また家庭の宗教も、キリスト教とは無縁な、仏壇と神棚とが並存しているような、宗教に関しては極めてルーズな日本的な家庭の中で生まれました。

私とキリスト教との最初の出会いは、小学校五年生のクリスマスの時でしたが、それは、残念ながら、私にキリスト教に対する不信感を与えただけで、終わりました。

私は横浜の生まれです。終戦直後の横浜の街は、米軍兵士たちで溢れておりました。私の家の近くにも米軍キャンプがあり、兵士たちのジープが通る度に、私たち子どもは「ギブミー　チョコレート」と言ってその後を追いかけたりして、兵士たちが車から投げてよこすチョコレートやガムを競い合って拾ったりしておりました。また隣近所の女性たちの多くは、兵士たちに体を売って生活しており、私たち子どもたちは、日々身近なところで、兵士たちの乱暴な振る舞いや女性たちと戯れる淫らな振る舞いを目にしておりました。

そんな兵士たちが、キャンプのクリスマス会に近隣の小学生たちを招待してくれたのです。主催者は、善意の塊で、私たちを慰安するつもりだったのでしょうが、私にとっては、偽善的な行為以外のなにものでもありませんでした。聞きなれないクリスマスソングを唄わされ、最後にサンタクロースに扮した兵士たちからお菓子のプレゼントをもらっても、強い違和感を抱くだけで、戻ってから担任の教師にその感想を伝えに行ったことを憶えております。

そんなわけで、キリスト教との最初の出会いは、キリスト教に対する戸惑いと違和感で終わりました。

ところが、クリスマス会よりも前の、もっともっと否定的な出来事でしたが、それが後に私をキリスト教に導くことになる下地を準備していてくれました。それは、米軍の空爆による横浜の街の徹底的な破壊でした。それは、悲惨な出来事でしたが、その出来事がなかったならば、私の人生はキリスト教とは繋がらなかった、と思います。

私の幼い時の住まいは、横浜の伊勢佐木町でした。港の近くです。米軍のB29が横浜の上空に頻繁に飛来するようになってから、心配性の父母は、そこにいては危ないという思いから、横浜の奥へ奥へと引越しを試みました。一度や二度のことではありませんでした。それまで住んでいた家は、私たちが引っ越しした後、例外なく爆撃にあって焼け落ちてしまっております。両親の心配は、無用なことではなかったわけです。

決定的な出来事は、終戦間際のB29による大空襲でした。焼夷弾がいたるところに投下され、夜空が真っ赤に染まってしまうほど街全体が燃え上がって、人々は、燃え上がる炎の中を逃げ惑い、右往左往しておりました。焼け出された親戚が、わずかな持ち物を抱えて私の家に避難してきたのも、その夜のことでした。私の家は横浜の奥の方にありましたので、無事でしたが、私たち家族は、高台からそんな光景を見ながら、何もすることができず、震え、おののいているだけでした。横浜の中心街は完全に焼け野原になってしまいました。

その時の光景は、幼い私の目に焼きつき、心の奥にこの世界に対する虚しさと不安感を刻み付けてしまったのです。そしてそれが思春期の頃に蠢き始めたのです。「この世界に存在するすべてのものは、破壊されていく。確かなものは何もない、すべてはいずれ崩れ落ちてゆく」という意識が、表面に浮かび上ってきたのです。

私の言動はおかしくなり、私は徐々に仲間から浮き上がり、孤独に追いやられていきました。

私が通っていた学校は、カトリック校で、中高一貫校でした。高校になると、学年全体の雰囲気が大学への進学態勢一色に染まり、教師たちの指導も仲間たちの話題も、受験が中心になっていきます。ほとんどの仲間たちは、人生を疑うこともせず、明るい将来を信じて受験に没頭しようとしています。そんな仲間たちに「何のために大学に入る？　大学を卒業して、結婚してどうなる？　就職してどうする？　どうせ全ては崩れてしまうのではないのか？」などなどと、とてつもない問題を私が投げかけるようになったわけですから、当然のように煙たがれ、だんだんに変人扱いされるようになり、変わり者というレッテルを貼られ、一人ぼっちになってしまったのです。

当時、職員室の中でも、森は変わってしまった、と教職員の話題にもなってしまっていたことは後で知りました。

もし、その頃、オウム真理教の教祖のようなタイプに声をかけられていたら、そのままその道に飛び込んでしまっていただろうと思います。

幸い、私はカトリック学校に通っており、身近な所に司祭がおりましたので、心の奥に大きく開いてしまった空洞を満たすことを求めて、司祭の部屋の扉を叩くことになったのです。高校二年の時でした。その時から、カトリック教会の中での私の歩みが始まったのです。

不安の解消を求めて神へ

受洗は高校三年の時でした。両親は、私が洗礼を受けることには、別に反対はしませんでした。むしろ、ほっとしたようでした。というのは、その頃の私は非常に無口になり、かなり暗い顔をしていたからです。受洗で少しでも楽になるのではないかと思ったのでしょう。「よかった」と言ってくれました。しかし、一つの条件をつけました。「司祭や修道者になるのでなければ、構わない」というものでした。それは思いつめたら一筋に走ってしまう私の性格を見抜いてのことだったろうと思います。

その言葉を聞いたときは、私は「見破られていたか」と一瞬どきっとしましたが、その時はすでに、その世界に賭けようと腹の中で決めておりました。

周りの友だちや教師たちからは、そこまで思いつめなくてもよいのでは……と言われましたが、私の心のうちは、「この世界は全て虚しい、絶対的な安心感を与えてくれるものは、神以外にはない」という思いに覆われていましたから、周りの声には耳を貸さず、進学にも、結婚にも、就職にも、そして社会の営みに背を向けて、神だけの世界に向かおうと決断してしまっていたのです。

当時の日本社会は、第一次日米安全保障条約の問題で騒然としておりました。それは第二次世界大戦後の日本の方向を決めてしまう恐れのあるものだったため、激しい反対世論が燃え上がり、各地で集会が持たれたりしておりました。そんな流れの中で、国会議事堂を取り囲んだデモ隊と機動隊が激しく衝突し、その中で一人の女性が押しつぶされて命を落としてしまうという事件などもありました。

いずれにしろ、日本社会全体が熱く燃え上がっている時期に、私はそうした社会問題や政治問題などには全く関心を示さずに、自分の内面の不安と虚しさの解消だけを求めて、人生を歩み始めようとしていたのです。

実に、私の司祭への歩みのはじまりは、人に奉仕するとか、神に身を捧げるとか、教会の発展のために尽くすとか、教えを広げるとかいうようなものではなく、自分の飢え渇きを満たすことだけを求めた、極めて個人主義的な歩みだったと言えます。

キリスト教と禅――宗教に二股をかけて

ところが、洗礼を受けても、私の心の中は、虚しさと不安に覆われたままでした。信仰の光で見れば、洗礼によってキリストに結ばれたのですから、キリストによる平安と落ち着きがあるはずだ、と指摘されればそれまでですが、私は、実存レベルで私の心を満たしてくれる神を求めてしまっていたのです。

人混みの中で親とはぐれ、迷子になってしまって幼子が、母親が駆け寄ってきてしっかりと抱きしめてくれるまでは不安に覆われ、泣き続けるのと同じように、私は幼い時の空襲体験から心の底に焼きついてしまった不安に揺れる私のもとに駆け寄ってきて、しっかりと抱きしめ、心の底から安心させてくれる神を求めてしまっていたということになります。

ですから、信仰の恵みをいただいたとはいえ、心の空洞を埋めるために必死でした。これはと思う手段・方法にはがむしゃらにしがみついていきました。ミサ、祈り、黙想会などなどです。日曜日のミサだけでなく、学校に行く前に、朝早く家を出て近くの教会の早朝のミサにもあずかるように努めました。しかし、駄目でした。皆が一緒に唱える祈りや典礼聖歌、それに司祭が淡々と進めるミサの式文は、私の心に響いてこなかったのです。

またミサ後の教会の仲間との交わりなども、私が若かったこともあって苦手でした。声をかけてくれる親切な信者の方々もおりましたが、なかなか心を割って会話するまでにはなりませんでした。それも、私の問題意識、私の求め続けていたものが、周りの人々とはあまりに違いすぎていたからです。

また学校の中にも聖堂があり、時間がある時はそこに行き、一時間、二時間と、人気のない静かな聖堂のなかにひとり身を置くようなこともいたしました。

しかし、何をやっても心の空洞は埋まりませんでした。どうして良いか分からず、途方に暮れておりました。その時期の私の心情は、家も捨て、職場も捨て、社会の営みに背を向けてオウム真理教に飛び込んだ若者たちの問題意識に極めて近いものだったと思います。

幸い私の問題意識を理解してくれる良い出会いに恵まれました。戦時中、韓国のベネディクト修道院で教鞭をとっていたことのある高校の恩師でした。私の問題を理解し、男子カルメル修道会と静岡県三島にある臨済宗の道場、龍澤寺を紹介してくれたのです。カルメル会は沈黙の祈りを軸にした修道会、三島の禅寺は、住職などの資格をとるお坊さんたちが修行のためにやってくる道場でした。

こうして私は、カルメル会に通うと同時に禅寺にも通うという二股をかけた歩みを始めたのです。カルメル会には土日に修道院を訪ね、念禱の指導を受けるようになりました。禅寺には、春休み、夏休みに二週間、三週間、長い時には一カ月を越えて泊まり込んで、お坊さんたちと起居を共にして、座禅を組むようになったのです。

お坊さんたちには、私がカトリックの洗礼を受けていることや修道院にも通っていることは隠しませんでした。彼らは私を寛容に受け入れてくれました。

ところが、三年目の夏のことでした。沖縄から来られた一人の若い修行僧が、私の話を聞き、「宗教の世界では、二股をかけるべきではない。それでは本物にはなれない。真実の信仰は二股を許さない。仏教の禅にも仏への信仰がある。禅を続けたいなら、禅宗に徹しなさい。カトリック信者として生きていきたければカトリックに徹しなさい。カトリックの世界にも内面を深めていく道があるはずだ」と言って、私を諭してくれたのです。

その言葉は、私の傲慢さと甘さを打砕きました。私は、宗教の世界を甘くみていたことを恥じ、申し訳なかったとお坊さんたちに詫び、その翌日に下山し、キリストへの信仰に徹しようと腹を決め、カルメル会に飛び込むことを決意したのです。

その後は今日に至るまで、どのような理由にしろ、たとえキリスト教の土着の観点からであっても、他の宗教の修行の方法を取り入れたりするというようなことに関しては、一定の距離を保ってきました。

身も心も神だけに向けて

志願者として男子カルメル会に入会したのは、一九五九年一〇月、二〇歳の時です。

カルメル会は、中世期にパレスチナのカルメル山で共同生活をしていた隠修士たちによって始まったと言われています。彼らが精神的な創立者として尊び、その精神を生きようとしていたものは、偶像崇拝を厳しく糾弾し、ひたすら神に心を向け、神のために燃え上がろうとした預言者エリアです。

パレスチナがサラセンによって占領されるようになってか

らはヨーロッパ各地に移って広がり、一三世紀頃にはフランシスコ会やドメニコ会のような托鉢修道会の形態に変化し、さらに一六世紀になってからは念禱を中心とした共同生活に改革されていきます。私が入会したのは、改革された男子カルメル会でした。日本では、五〇年代の初めに東京の世田谷の上野毛に創立されておりました。

その修道士たちが目指しているものは、神との交わりでした。日本の男子カルメル会は、地域の教会を担当し、信者たちを対象とした司牧活動を行っておりますが、しかしそれは二次的な意味しかもたず、修道士たちが最も大事にしようとしていたものは、あくまでも神に集中し、神との交わりを深めようとする共同生活です。私はそんな修道会に飛び込んだわけです。

一日の日課の全てが、つまり共同で唱える祈りも典礼も休憩時間も、仲間の修道士たちとの交わりも、そのために方向付けられておりました。その中心に位置付けられたものは、朝夕の一時間ずつの念禱でした。

念禱とは、極みなく人間を愛してくださった神の愛を信じてその愛に応え、神と「あなたと私」という形で向き合って、人格的な交わりを深めていくことを目指した沈黙の祈りです。それは夫婦が、それぞれ日中別々の仕事などでしていても、かならず二人だけが向き合う時間を取り、心も体も開きあって交わりを深め育んでいくのと同じように、神だけに意識を集中し、神との愛の交わりを深めていくことを目指した営みです。

カルメル会に入会して私は、誰にも気兼ねすることなく、自分の魂の奥深くから突き上げてくる飢え渇きを満たすためだけに集中することができるようになりました。それは私が心の底から待ち望んでいた生活でしたので、本当に幸せな日々でした。

自分という壁につきあたって

ところが、そこで一年、二年と過ごしていくうちに、私はまたそれまでとは違う壁にぶつかることになりました。それは、他ならぬ自分という壁です。自分の問題意識に拘って神を求め続けてきた私自身の姿勢が、カルメル会の念禱を深めていくために求められる姿勢と異なっていたからです。

それまで私は、この世界の虚しさに不安を抱き、心の底から安心してすべてを委ねることができる絶対的な神を求めて走ってきていたわけですが、その根底にあるものは、「自分」でした。自分の平安を求めていたわけです。ですから、神に向かう私の姿勢は、基本的には「私が主で、神が従」という図式になっていたのです。

ところが、カルメル会の念禱が目指していたものは、神との愛の交わりです。それまで私を駆り立ててきていたモティベーションと修道会が目指すものとの間に、大きなギャップがあることが明らかになってきたのです。

この世界の虚しさ、そして自分の弱さ・脆さを自覚して、神により頼んでいく姿勢は否定すべきことではないでしょうが、「私が主であり、神は従」という図式の枠の中に留まってしまっている限り、カルメル会のなかでは真の安らぎを得られないということになります。

それどころか、そのままですととんでもない「落とし穴」にはまってしまう恐れがあったのです。

実にその図式には、一つ間違えば宗教の世界に生きようとする者が嵌ってしまう落とし穴が隠されています。もし、私がそれまでの姿勢にこだわり続けるならば、カルメル会が目指す世界を生きられないだけでなく、その落とし穴に嵌ってしまう恐れがあったのです。

その「落とし穴」というものが、どのようなものなのか、それを理解していただくためには、オウム真理教の教祖を思い浮かべていただければ良いと思います。彼とその弟子たちは、その落とし穴に見事に嵌ってしまった宗教者の典型によ

うに思われます。

私は、サリン事件の前に、オウム真理教がどのような宗教か、何が若者たちを引き寄せているのか、勉強会を開いたことがあります。その勉強会のために集めた資料の中に、教祖麻原彰晃が若い弟子たちに与えていた講話集や指導書がありました。私がそれを読んで驚いたことは、そこに「超越する」「超能力をつける」などという「超」という言葉が頻繁に使われていたことでした。そこからは、弟子たちをこの世のことから離脱させ、絶対的に揺るがない心境に導こうとする教祖の熱意は伝わってきますが、しかし、力をつけることだけが強調されていて、愛とか人に対する優しさという点については一言も言及されていなかったのです。

愛の欠如は、宗教者に致命的な過ちをもたらしてしまう恐れがあります。自らを絶対化してしまう過ちと教条主義に流れて、人を一方的に裁いてしまう過ちです。サリンを撒き、無差別殺人事件にまで彼らを走らせてしまったオウム真理教の根本的な過ちは、そこにあったように私には思われます。

私にも同じような過ちに陥ってしまう恐れがあったのです。それには私自身も気がつき始めておりましたし、また周りも気がつき始めておりました。カルメル会での生活を続けようと願うならば、それまでの姿勢を転換せざるを得なく

なってしまっていたのです。

　幸い私の場合、指導者は経験豊かな方であたたかな方でした。彼は私の問題意識を理解しながら、人間の真の成熟は愛の交わりにあることを強調し、指導し続けてくれたのです。そのお陰で、私はその落とし穴に嵌らないで済んだのです。

　修練長は一緒に丁寧に聖書を読んでくれたりなどして、旧約聖書にも「人間が主、神が従」という基本的な図式があることを示してくれました。詩編などによく見られる「神は、わたしの逃れ場」「わたしの岩」「神は盾」などという信仰宣言は、まさにそれです。それは、厳しく苛酷な人生の現実に直面して、神に向かって叫び救われた人々の信仰宣言です。その根底にあるものは、人間の脆さ、弱さです。その上に立って、力強い絶対的な神の助けを呼び求めています。

　しかし、「人が主、神が従」という図式になっていても、オウム真理教のように絶対的な心境の獲得に汲々として、上からの目線で人を思うように操ってしまうような傲慢な姿勢は、聖書の世界には見られません。助けられ救われた人々は神に感謝し、神を主として仰ぎ、神のみ旨にそって生きてかなければならないという謙虚な心を育んでいます。そして、隣人愛の実践を神の掟の中心に位置づけており、バランスの取れた信仰になっています。


　私の指導者は、私の問題意識を尊重しながらきめ細やかに導いてくれました。そのお陰で、それまで社会の人間の営みには心を閉ざし否定的だった私も、一人ひとりを愛し大事にするという神の視点に立って、隣人に心を開いていくことができるようになっていきました。

　こうして私は、オウム真理教の指導者たちは嵌ってしまった過ちに落ちないで済みました。

　カルメル会の念禱を介して向き合おうとする神は、人格的な心を持った存在としての神です。その向き合い方は、人間の存在論的な弱さ、脆さを前提にした神との関わりとは、明らかに異なります。つまり、私とあなたという形で、神と向き合おうとするものです。

　修練長は私に、心を持った存在として人には「愛し愛されたい」という交わりへの飢え渇きもあることを強調し、自分がどうなるかは考えずに、素直に神の前に心を開いていくことに努めるよう指導してくれました。

　神と交わり、神と心を通わせる、そうした神との関わりは、確かに旧約聖書の中にも示されています。エゼキエル書の16章です。

　神は最初、へその緒も切られないままに見捨てられていた赤子を憐れに思い、手を差し伸べて助け支えますが、赤子が成長した時、恋の季節を迎えたと語り、恋人として向きあい、契りを交わします。しかし人は愛を裏切ります。それでも神は、裏切られても人を見捨てずに、永遠の愛の誓いを交わそうとします。

神が、夫と妻が愛し合うような形で人と向き合おうとする。カルメル会の念禱が目指す神との関わりは、そのようなものだったのです。

交わりが目指すところは、何よりも心が触れ合うこと、相手と共にあること、相手と理屈なしに溶け合うこと、そして相手と交わることを楽しもうとすることにあります。自分にこだわり続ける限り、心を持った存在としての神との交わりは深まってはいきません。

カルメル会の念禱生活を続けようとする私は、それまでの神に向かう姿勢の転換を求められるようになってしまっていたのです。

その転換は容易なことはありませんでした。私たち一人ひとりの中には、自己を中心とした生き方、自己への拘りが染みついてしまっています。それを究極の自己中心主義と呼んで良いと思います。その自己中心主義からの解放は、人間自らの力では不可能です。それは神の業です。神の霊による働きです。

神がご自身の霊を通して、私たちの究極の自己中心主義を浄化し、解放してくれるのです。その点に関して、エゼキエルとパウロが明らかにしてくれています。

「お前たちの中に新しい霊を置く。わたしはお前たちの体から石の心を取り除き、肉の心を与える。またわたしの霊をお前たちの中に置き、わたしの掟に従って歩ませ、わたしの裁きを守り行わせる」（エゼキエル36・26、27）

「わたしたちに与えられた聖霊によって、神の愛がわたしたちの心に注がれているからです」（ローマ5・5）

私たち人間は、心を開いていくことで、神の霊が私たちを浄めてくれるというわけです。ちょうど遮光カーテンなどで覆われて真っ暗な部屋も、カーテンを開けば太陽の光が射し込んできて温め明るくしてくれるのと同じように、信頼して素直に心を開けば開くほど、神の霊は私たちの心の内に深く浸透し、私たちのエゴイズムを浄化してくださり、それとともに神との交わりに深まっていくことになります。

念禱とは、神に向かって自分の心の窓を開け、神の霊に心の中に入ってきていただいて、浄められながら心の隅々まで神の豊かな命によって潤していただくための道だとも言えます。

私は時間がかかりましたが、有能な指導者のおかげで存在論的な飢え渇きに軸足を置いた神と向き合い方から、交わりという人格的な飢え渇きに軸足を置いた神との向き合い方に変わっていくことができました。

心を持った存在としての神との交わりは、私の心をあたたかに包み、私の心の硬さをほぐし、私の心に愛し愛されるという人間にとってはこの上ない喜びを与えてくれるようになりました。またそれと同時に、私の中でそれまでの求道的な人を寄せ付けない厳しい姿勢は背後に退いていきました。

人との出会いによってキリストに

もう一つ、私の神との向き合い方を変えたものは、司祭に叙階されたことによるものでした。それは一九六七年、私が二八歳の時でした。

司祭はその役務として、個人としての問題意識がどうあれ、人々と向き合わざるを得なくなります。無論、修道者だからと言って、その役務を拒むことはできません。一〇年前には人にも社会にも背を向けて修道生活に飛び込んでいた私も、司祭として叙階されてからは、否応なく人々と直接向き合わざる得なくなってしまったのです。

上野毛の修道院には地域の人々に開かれた聖堂がありましたから、多くの信徒たちが集ってきておりました。司祭になりたての若い私は、教会の青年たちや子ども会、中高生会などを任されました。また求道者たちを対象とした聖書のクラスとか勉強会なども任せられました。無論、誠実に準備をし、その役務に応えようとしました。しかし私が大事に心がけようとしたことは、グループよりも一人ひとりと向き合うことでした。個人的に話を聴き、誰でも相談にこれるよう工夫したのです。

一人ひとりと向き合うことに私が拘ったのは、私が若い頃、一人で悩み抜き、グループでの教えなどにはついていけなかったという経験があったからだと思います。

十人十色、一人ひとりの顔が異なるように、それぞれが歩んでいる人生は異なり、背負っている重荷も異なります。グループになっての十把一絡げの教えや勉強会では、満たされない人々もいるはずです。ひとりの人にとって、プラスになると思われることも、他の人にとってはマイナスなることもあります。それぞれにとって光となり力となるものも異なり、ひとりの人にとって光となり力となる一言も、他の人にとっては戸惑いとなり躓きになってしまう場合もあります。

そんな思いもあって私は、グループとかかわりながら、同時に一人ひとりと向き合う時間を大事にするようにしました。その積み重ねが、私の神との向き合い方を変えていくことになったのです。

一人ひとりとして向き合うことによって、まず私が知らされたことは、人生ははなはだ複雑で、多くの人々が身近に相談相手を見つけることができず、地獄のような苦しみを一人で耐えながら歩んでいるという事実でした。

人生経験が乏しく、二八歳で司祭に叙階され、人々と向き合わなければならなくなった私にとって、私を信頼して打ち明けてくれる一人ひとりの人生の現実は、私が頭の中で思い描いていたものよりもさらに深刻で悲惨でした。

最初の頃に私に相談にきた人々のことは、今も私の心には鮮明に残っております。司祭に成りたての私には新鮮な印象を与えたからだと思います。

例えば、幼い頃から性的な虐待を父親から受け、そんな父親に反発して思春期になってからは家出を繰り返し、見ず知らずの男性に簡単に体をまかせてしまうA子さん。家族計画に無理解な夫から身ごもる度ごとに中絶を強要されて最後は鬱におおわれてしまったB子さん。妻からも子どもたちからも見放されて家庭内別居のまま寂しく日々を過ごさざる得ないC夫さん。いじめが原因で自ら命を絶ってしまった中学生の息子の死に対して、我が子の苦しみを察することができなかったと言って自らを責め続けていたD子さんなどなどです。四〇数年前のことですが、今でもそうした人々の辛そうな悲しげな顔を思い起こすことができます。

そうした人々が、溺れるものが藁をも摑むような思いで、光と支え、そして慰めを求め、教会の門を叩き、若い経験不足の私に心の内を打ち明けていったのです。

ケースワーカーでもなく、また精神科医でもなく、カウンセラーでもなく、セラピストでもない私が、こうした人々に具体的な解決の道を示すことができるはずがありません。

正直に申上げれば最初の頃、私はどちらかというと私自身の価値観に軸足を置いて向き合おうとしていたように思います。つまり、私の若い頃の生き方、生きる姿勢が、相手にも光になるという思い込みが働いていたのだと思います。つまりこの世が虚しく、この世には信頼できるようなものは何も無いのだから、この世界には期待せず、神に目を上げ、神の手の中に飛び込んで支えていただくという姿勢です。

それは煎じ詰めれば、この世への執着を断ち、出家してしまえば、楽になるというようなことにもつながっていきます。しかしそれは、社会の只中にあって家族があり、職場があり、複雑なしがらみの中でもがき苦しんでいる人々には簡単なことではないでしょう。はっきりと出家を勧めるようなことはしませんでしたが、最初の頃の私の姿勢にはそのようなニュアンスが滲み出ていたことは否定しようがありません。

もう一つ、私のその頃の傾向は、カトリック教会の教義を説明し、それにそって歩めばいずれは神と出会い、救われ支えられるようになるというものでした。そのために、難しい教義を一般の人々にもわかるように噛み砕いて説明するように努めました。ある時期までは、自分はカトリック教会の教義の通訳者であると自負していた時期もありました。

しかし、二千年の歳月をかけてヨーロッパの歴史と風土の中で培われ組み立てられてきた教義や信仰様式が、日本社会の現実に生きる人々の実人生に必ずしもすんなりと響いていくのではありません。カトリック教会の教義や信仰様式は、現代日本の社会で生きてその中で苦しみもがく人々の現実からはあまりにも離れ過ぎていて、その人々の光となり力となるには、ギャップがありすぎます。もし、敢えてその教義や信仰様式に合わせようとすれば、生活に無理をきたしてしまう恐れもあります。またそれが出来る人は、限られた者になってしまいます。苦しみの渦中にいる人々が、教会の教えにそって生きることができるはずもありません。教会の模範解答は、直接的には役に立ちません。

私が出来ることといえば、あたたかく受容し、その苦しみに寄り添い、一緒に涙を流すくらいです。具体的には何もできません。

そんな私が徐々にたどり着いた着地点の最後は、「わたしは義人を招くためではなく、罪人を招くため」に来たと明言し、「疲れた者、重荷を負う者は、だれでもわたしのもとに来なさい。休ませてあげよう。わたしは柔和で謙遜な者だから」というキリストでした。つまり、苦しみもがき悩む人と共にあろうとするキリストの心を示すことです。現実の問題に具体的な解決を与えることが出来ない私が、苦しむ人々と向き合った時どうしたら良いか、最後にたどり着いた答えは、福音書の中のキリストにあったのです。

柔和・謙遜なキリストの心で、人々と向きあうことを、ひたすら心がけるように努めました。福音書の中で罪の女と軽んじられていた女性が、柔和なキリストの心に惹かれ、そのあたたかな心に包まれて・慰められ、力づけられたように、私も具体的な解決を与えることができなくても、キリストの柔和とあたたかさで人と向きあうように心がけたのです。

また、さらに「義人を招くためではなく、罪人を招くため」に来たというキリストの言葉をまともに受けとれば、キリストは、修道者や聖職者たちの傍よりも苦しみもがく人々の近くにおられるということになります。さらに極言すれば、キリストをこの世界に呼び寄せたのは、このような人々に他ならないということになります。ですから、キリストがすでにそこにおいでになるということになります。おいでになるならば、キリストに委ねてしまえば良いということにもなります。

　こうして私自身が、自らをキリストの心に合わせながら、そうした人々の叫びにひたすら耳を傾け、その苦しみに共感し、一緒に涙を流すこと、それが私の役割だという確信を持つことができるようになったのです。そして一人ひとりと丁寧に向き合いながら、後はそこにすでに駆け寄ってきていてくださるキリストに委ねてしまえば、それで良い。具体的な問題は解決出来なくても、キリストがその人に寄り添って歩んでくださると腹をくくるようにしたのです。

　最近の私は、厳しい人生を歩んでいかなければならない人々の止まり木として、自分自身を意味付けることが出来るようになりました。無論、その止まり木をしっかりと支えてくれているのはキリストです。

　こうした積み重ねから、私は修道会を退会し、教区司祭に変わっていったのです。厳しい共同生活の枠に縛られていては、求めてくる人々とじっくりと向き合うことは困難です。共同の日課、共同生活を重んじる修道生活に止まっていては、訪ね求めてくる人々に十分に応えていくことができなくなってしまっていたからです。修道生活の枠から飛び出さざる得なくなってしまったのは、一人ひとりと丁寧に向き合あうとしてきた結果だったと言えます。そして、これを支えてくれたのは、人々の労苦と重荷を背負おうとしたキリストへの目覚めでした。

キリスト教と教会の原像

――キリストがもたらした価値観・世界観の普遍性と、担い手としての教会と福音書

はじめに　キリストの担い手として福音書と教会

キリストは紀元前五、六年頃、当時ローマ帝国の支配下にあったユダヤの寒村に生まれ、西暦三〇年代にエルサレムでローマから遣わされていた総督ポンテオ・ピラトの管轄下で十字架の刑に処せられて、この地上での生を終えました。その死後、四つの福音書と弟子たちは三日目に復活したと証言しています。

そんなキリストの生涯にあって重要なものは、当時の社会を根底から揺さぶった生き方を人々に伝えようとしたその価値観・世界観です。それは、当時の人々だけでなく、二千年の時空を超えて、民族・国籍そして老若男女の別なく、多くの人々の光となり、現代に至るまで受け継がれ、今もって世界に、無視出来ない大きな影響力を及ぼし続けています。

それが現代に至るまで伝えられてきているのは、福音書の存在と教会の働きによるものです。

一般の人々にとって、キリストの生涯とキリストがもたらした価値観・世界観を知るための一番手っ取り早い道は、四つの福音書でしょう。福音書を繙けば、キリストがどのような人物で、どのような存在であったか、文字を介して知ることは出来ます。しかし、それだけがキリストを知るための唯一の道ではありません。教会共同体も、福音書とは全く別の形で、その一端を担ってきている筈です。

そこで教会とは、そして福音書とはそもそも何なのか、時空を越えてキリストの存在とそのメッセージを伝え続けてきたという観点から、教会と福音書の原像に迫ってみたいと思います。

教会共同体について

教会についてのポピュラーなイメージからの解放

「教会」と聞いて一般の人々がイメージするものは、信者たちが集まって厳粛に祈りを捧げる教会堂や教皇をピラミッ

ドの頂点とする全世界に広がる組織体、あるいは俗っぽい人間には近づき難い最高の倫理・道徳の崇高な理念にそって生きる聖なる人々の共同体、また罪人の集まりというようなものではないでしょうか。しかし、そのような教会の姿は歴史の中で形づくられてきたものでしかなく、本来の姿はもっともっと素朴で単純なものだったように思われます。

歴史を振り返ってみれば、「教会」には実に教会堂を建てることも許されない時代がありましたし、キリスト者と分かるだけで弾圧されてしまう時代もありました。さらにまた崇高な倫理道徳や教義が確立されていない時代もありました。しかし、そんな時にも教会共同体は存在し、魅力ある存在として多くの人々の拠り所になっていたわけですから、歴史の中で形成されてきた教会堂や組織、崇高な教義や理念などと教会を結びつけて理解しようとしても、「教会」の本質にはたどり着けない恐れがあります。

「教会」についての思い込みや先入観を払拭するために、まずは日本語では「教会」と訳されてしまっているギリシア語原語「エクレシア」に目を向けてみることです。「エクレシア」という言葉には、『教え』『教義』をほのめかすニュンスが全くありません。

「エクレシア」を「教会」と最初に訳してしまった犯人は、一八世紀、一九世紀に中国に渡った宣教師たちです。その後、江戸時代の末期に福音書の日本語訳を試みたギュツラフ牧師は、「エクレシア」を「寄り合い宿」と訳しております。明治になってからはヘボン先生が「集会」と訳しております。明治の半ば、学者たちが中心となった翻訳委員会では「教会」と訳され、それが定着して、今日に至っているわけです。

「エクレシア」という原語の元々の意味は、「誰かの呼びかけに応じたり惹かれたりして集まった人々のグループ、団体、党派」という程度のものです。当時の社会では、ある著名な政治家や学者の魅力に惹かれて集まったグループ・団体が「エクレシア」と呼ばれておりました。

この言葉を、キリスト信者たちは、キリストに出会い、キリストの魅力に惹かれた人々の集まりにあてはめたわけです。したがって、「エクレシア」を定義づけるとすれば、キリストに出会い、キリストに魅惑され、キリストを自分たちの人生を支え照らす存在として確信を抱いた人々の集まり、共同体ということになります。

キリストとの出会いに、キリストを、自らを照らす光、自らを支える力を見出した人々の共同体としての「教会」

新約聖書には「エクレシア」という言葉は数多く使われていますが、それが具体的にどういうものなのか、詳しい説明も正確な定義もほとんど見当たりません。「教会」がどのように理解されていたか、具体的に私たちに伝えてくれる新約聖書の中の唯一の箇所は、新約聖書の中ではコリントの人々に宛てた手紙の冒頭です。そこで、パウロは「エクレシア」について次のように表現しています。

「コリントにある神の教会へ、すなわち、至る所でわたしたちの主イエス・キリストの名を呼び求めている人々と共に、キリスト・イエスによって聖なる者とされた人々」（Iコリント1・2）。

パウロは、「キリストの名を呼び求めるすべての人、キリストによって聖とされた人々」を、「教会」と呼んでいます。したがって、「キリストの名を呼び求めている人々」が、どんな人々であったかを見極めていけば、「教会」の姿がみえてくることになります。

四つの福音書は、キリストに惹かれた人々とキリストとの出会いのエピソードをいくつか記していますから、そうしたエピソードから、「キリストの名を呼び求める人々」がどんな人々であったか、具体的に分かります。ここでは、ルカ福音書が伝えている、罪の女と言われている女性とキリストとの出会い（ルカ7・36〜50）を取り上げてみたいと思います。

そのエピソードは、ファリサイ派の人がキリストを家に招いたというところから始まっています。

当時のファリサイ派の人々が著名人を自宅に招くことは珍しいことではなく、またその集まりは近隣の人々にも開放されていました。

そこにひとりの女性が飛び込んできます。ルカ福音書は、彼女を、その町の「罪深い女」と記しています。恐らく、彼女の日々は、近隣の人々に知られていたに違いありません。そんな彼女が、泣きながら香油の入った壺を抱え、後ろからキリストの足下に近づき、その足を涙で濡らし、自らの髪の毛で拭い、その足に香油を塗っていったのです。

それを見た家の主人は彼女に冷たい目を向けただけでなく、さらに非難の矛先を罪ある女性が自らの身体に触れるままにしているキリストにも向けていきます。「罪人に接し、触れる者は汚れる。神は罪人を嫌われる」という固定観念に縛られてしまっていたからです。

それに対して、キリストは「あなたの罪は赦された」と女性をかばい、「安心して行きなさい。あなたの信仰があなたを救った」と言って、彼女に安らぎと希望を与えます。

ルカ福音書は、彼女は「罪深い女」であったと記すだけで、彼女がどのような生活をしていたのか、具体的には説明していません。ほとんどの聖書註解者は、彼女の生業を娼婦としています。しかし、実際そうだったのか確証はありません。ここでは、「娼婦」であったという仮定に立って、彼女の心情を推測し、彼女がキリストの何に惹かれたかを明らかにしてみたいと思います。

不特定多数の男性に体を提供して生活の糧を得ようとする女性の背後には、止むに止まれない事情があるはずです。たとえば、幼いときに親が不慮の事故で亡くなって、身近に頼れる親戚・縁者もなく、孤児のような形で生きてきたのかもしれません。あるいは、暴力を振るう親に嫌気がさして家を飛び出してしまって生きてきたのかもしれません。あるいはまた、親たちが病弱であったり職がなかったりして、家族を支えるために止むを得ずその道を選択した女性かもしれませんし、また貧しい親によって売られてしまった女性だったかもしれません。

いずれにしろ、その背後には苛酷な人生があったに違いありません。世間は、そんな女性たちには冷たく、暗黙の内に裁き、蔑《さげす》んだ目を向けます。

また、当時のユダヤの人々には、神から選ばれた特別な民であるというプライドがありました。神が忌み嫌う罪人をそのまま放っておけば、自分たちも神から見捨てられるかもしれない、という思いに縛られていましたから、罪人には容赦なく、社会の片隅に追いやったり厳しい刑を課したりしていました。彼女のような女性たちは、片隅で、身を小さくし、針のむしろの上に座るような思いで惨めな日々を過していたに違いありません。

そんな中で頼りになる男性でもいれば、気持ちは和らぐことが出来たでしょうが、それも簡単なことではなかったでしょう。自分たちの体の上を通り過ぎていく男性たちの弱さや汚さ、身勝手さを知り尽くしてしまっていたわけですから。

さらにまた、彼女たちの心の奥から突き上げてきて、彼女たち自身を責める声も無視出来ません。生きていくためとはいえ、不特定多数の男性に体を提供しながら生きることを、自ら肯定することはできないでしょう。「自分は駄目な人間だ」という否定的な思いが自ずと沸き上がってきます。そんな思いを抱えながら生き続けることは、誰にとっても辛いことです。

神の前にあっても、人々の中にあっても、そして自分の中に戻っても、安らぐことができない惨めな人生。そんな彼女の心の奥は、当然のように深い孤独感と不安に包まれ、人生に対する諦めに覆われてしまっていたに違いないのです。

しかしどんな闇に覆われても、肯定されたい、幸せになりたい、生きていて良かったと感じたいという飢え渇きは消えないものです。それはどんな人の心の奥の奥にも、本能のように生きています。すべての人間に共通する人間の根源的な欲求といえます。その叫びは、追いつめられていく人間に希望の道を開いていく究極の叫びといえます。

罪の女と呼ばれた女性の中にも、その本能のような飢え渇きがあったはずです。彼女がキリストのもとに飛び込んでいったのも、その根源的な欲求に突き上げられたからに違いありません。

恐らく彼女は、それまで群衆に混じってキリストの説教を聞いたり、キリストが貧しい人々や病んだ人々に近づき言葉をかけたり手を差し伸べていく姿を遠くから見たりして、キリストの全存在から溢れ出ているものが、一人ひとりを大切に、柔らかで、包みこんでしまうあたたかなものであることを直感的に感じ取り、機会があればそれに直接触れ、包まれたいという思いをつのらせていたに違いないのです。そんなキリストが自分の身近なところに客人としてきたわけですから、矢も盾も堪らなくなって、衝動的にキリストのもとに飛び込んでいったのでしょう。

こうして彼女もキリストの名を呼び求める人々の一員になったのです。キリストの名を呼び求める人々とは、自分たちの人間としての根源的な飢え渇きに応えてくれるものを、キリストの中に見出した人々ということになります。つまり、「教会」とは、難しい教えとか崇高な倫理・道徳の理念に惹かれて集まった人々というのではなく、自らの人生のすべてをかけてキリストの優しさに触れた人々の共同体として理解して良いと思います。そこに「教会」の本質があります。その中心にあるものは、人間ひとり一人に対してあたたかく柔らかで優しいキリストであり、そのキリストに包まれてキリストを自らの人生の究極の支えとした人々です。

「教会」が、二千年の時空を越えて、時の流れとともに消え去ってしまうこともなく、今もなお多くの人々の拠り所になっているのは、人間の根源的な飢え渇きにこたえるキリストがその中に現存し、今もなお生きているからだと言えます。

マザーテレサなどのような愛に燃えた人々が次から次へと輩出してくるのも、教会の中核に生きるキリストの心に息吹かれたからに他なりません。教育活動や福祉活動もそうした愛の源泉から息吹かれ、鼓舞された活動の一つということができます。

福音書について

キリストについての伝承の誕生と福音書

次に四つの福音書の誕生についてお話いたします。

当時、文字の読み書きが出来る人は限られており、ごく少数のエリートたちだけでした。そうした中で、当初キリストに惹き寄せられていった人々の大半は、読み書きも出来ない人たちです。

ですから、福音書が形成されるまでのキリストについての主な情報源は、体験者たちの語りということになります。

キリストに出会い、キリストを自分の光、支えとして確信を抱いた人々は、当然のように、自分とキリストとの遭遇がどんなものだったのか、キリストの何に惹かれたのか、そしてまた、それまでの自分の人生がどうだったのか、キリストとの出会いによって自分がどのように変ったかなどを、具体的に語り合ったはずです。そしてそれが、徐々に人々の間に広がり、物語としても膨らみ、豊かな伝承となって受け継がれ、伝えられるようになっていたと理解して良いと思います。そこに語り部たちも登場していたかもしれません。

福音書は、そのような伝承に基づいてまとめられ、形成されていったのです。福音書が先にあったのではなく、先に伝承があり、その伝承を担っていたのが「教会」という共同体だったわけです。

福音書が、キリストの生涯を逐一記録した報告書でも歴史書でもない、ということは心得ておきたいと思います。多くの人々は、福音書はキリストの語った通りの言動がそのまま記されていると思い込んでしまっておりますが、それはたいへんな誤解になります。

ちなみに、マルコ福音書が纏められたのが、六〇年代、マタイ福音書は六〇年代半ばから七〇年代にかけて、ルカ福音書は七〇年代、ヨハネ福音書は九〇年代と言われています。

実に福音書は、キリストが亡くなってから三〇年から六〇年近くも後にまとめられています。一番早くまとめられたものでも、キリストが人々の前から去ってから三〇数年も経ってからまとめられているものですから、そこに記されていることがどこまで事実だったのか、史実としての正確さという点では疑問は残り続けることになります。史実としての視点からキリストの生涯を確認していくことの意義を軽視するつもりはありませんが、それには限界があるということです。

福音書は、基本的には歴史書でも記録書でもなく、信仰の書として受け取るべきものだと思います。福音書の土台となった伝承そのものが、キリストに出会って希望を汲み取った人たちが生み出したものだからであり、またその伝承から福音書をまとめた人たちも信仰者だったからです。

しかし、まとめていくにあたって、キリストの生涯とその出来事についてそれぞれが深くキリストについて思索し、何を伝えるべきか、そしてどのように伝えるべき、どうすれば多くの人々に分かってもらえるか、真剣に思案し、工夫を凝らしたという事実は、見落としてはならない大事なポイントのように思えます。

福音書に見られるキリストについての思索と知的作業について——福音書の成立

福音書におけるキリストの生涯について、どのように思索し、どのようにそれを伝えようと工夫したのか、次に具体的に説明いたしましょう

一つの分かりやすい例として、マタイ福音書の冒頭の系図をあげてみたいと思います。

実にマタイは、キリストの生涯の物語をアブラハムから始まりキリストの誕生で終わる系図で始めているのです。しかし、それは、旧約聖書の世界に疎い者には無味乾燥以外の何ものでもありませんし、またキリスト信者と自負する者にとっても、系図からマタイの意図を読み取ることは容易なことではありません。

それにもかかわらず、マタイは冒頭に系図を持ってきました。そこに、マタイの明確な狙いがあったからに違いないのです。つまり、そこにマタイなりの知的作業があったということです。

マタイは、キリストに出会った人々の間で語り継がれてきた伝承に耳を傾け、キリストの何が人々の光、支えになっていったのかを真剣に捉え、それをまた人々に伝えていくためにどうにしたら良いのか熟慮して、系図から物語を始めるのが最もふさわしいと判断したからに違いないのです。

マタイが、その系図でもってはっきりと人々に伝えたいと意図したものは、まずは神の姿だったと言えます。恐らくキリストの生涯と真正面から向き合った彼が、キリストの生涯の出来事の中心に、人間をこよなく愛し、人間の力、支えになりたいと真剣に願う神が働いている、キリストの生涯のすべてはそれによって説明出来ると判断し、まずはそんな神の姿を伝えたくて、冒頭に系図をもってきたと理解して良いと思います。

「誓い」を立てて人間に希望を与えようとする神の真実――系図

そんな神の姿を伝えようとしていることは、その系図が、アブラハムから一四代、ダビデから一四代、バビロンの捕囚から一四代と、一四代ずつに区切られていることから読み取ることが出来ます。それは、旧約聖書とイスラエルの歴史に馴染みのある人々にとっては、それほど分かりにくいことではありません。その三つに共通するものは、神の誓いです。

実に「誓い」は、聖書の中の神を理解していくための重要なキーワードの一つです。他の宗教には見ることの出来ないキリスト教の神の特徴です。

一般に誓いとは、誰かを前にして、「自分は必ずこうする」と宣言して、相手に安心感を持たせることを意図した行為です。誓ってもらえる立場の人間にとっては有り難いことですが、誓う側の立場に立つと、自らを束縛する行為に他なりません。

神が誓いを立てる相手は、無論人間です。神は天地万物を創造した万物の主宰者ですから、神が人間の前で誓う必要性はありませんし、誓わなければならないという負い目もありません。それにもかかわらず、神は人間に向かって誓いを立てたのです。

神の誓いの真の狙いは、人間に希望を与えるためです。そのために神が自らの自由を束縛したということです。そこに神の人間に対する真実を指摘できます。

この世界の現実は複雑で厳しく苛酷です。その一方で、人間は脆く、迷いやすく、倒れやすい、極めてか弱い存在です。人生は人の思いどおりにいきません。その歩みの途上でしばしば重い壁に遮られ、打ち砕かれたり押しつぶされたりしてしまいます。その壁を押しのけることが出来ず、暗い闇の中に閉じこめられてしまうこともしばしばありますし、周りに助けてくれる者を見出すこともできず、自分ひとりでもがき、のたうちまわらなければならないときもしばしばです。

人生の至る所に絶望につながる道が開かれ、思うようにならない人生にもがき苦しむ人々の叫び声は至る所から聞こえてきますし、地球の至る所がそんな人々が流す悲しみの涙に濡れてしまっているはずです。

人間の生きることの難しさを理解し、人間の悲しみもがく姿を見た神は、人間を安心させ、希望を持たせるために人間の前で誓いを立て、どんなことがあっても人間を見守り、支え導くということを誓いという形で表したのです。そんな神に支えられて、聖書の民は生きてきたのです。

その誓いが最初になされた相手がアブラハムであり、その後ダビデ、そしてその後バビロンの捕囚の時期に、神は人々に希望を持たせるために、誓いを新たにしているのです。

マタイは、キリストの背後に誓いを立ててまで絶対的な希望を人々に与えようとする必死な神の姿を見て取り、そんな神の姿を伝えようとして冒頭に系図を持ってきたといえます。

罪人の中に飛び込む神――系図の中に登場する女性たち

もう一点、系図の中にマタイが洞察し伝えようとしていたものがあります。それは、罪人の中に飛び込んでくる神の姿です。これは、マタイが系図の中に罪と関わる女性たちを意図的に登場させることによって、神が罪人を一方的に断罪する裁きの神でなく、罪人たちの中に飛び込んでくる神であることを伝えようとしたのです。それもまたマタイなりの洞察と知的な工夫、知的作業といえます。

五人の女性たちとは、タマル、ラハブ、ルツ、ウリヤの妻、そしてマリアです。男性を中心とした世界にあって、系図の中に女性たちの名が取り上げられるというだけでも珍しいことなのですが、マリアを除いた四人は、ユダヤ社会では断罪されてしまう罪人であったり、汚れた民として接触が拒まれたりしていた異邦人であるということは、実に注目すべきことなのです。そこに明確なマタイの意図を見ることが出来ます。

最初に登場するタマルは、ユダの長男と結婚した女性です。彼女は子宝に恵まれないまま夫に先立たれてしまいます。子どもが欲しい彼女は夫の弟を誘いますが、拒まれてしまいます。そこで彼女は最後の手段として、旅にでた義理の父を娼婦を装って誘惑し、子どもを得ることに成功します。しかしこの行為は、律法が禁じている近親相姦の罪にあたります。

次に現れるラハブは街の遊び女、その後のルツはユダヤ人が毛嫌いする異邦人です。

ウリヤの妻の名は、バト・シェバです。ウリヤは夫の名です。ダビデが関係をもった女性の名よりも、その女性の夫の名が記されていることは要注意です。夫の名を明記することで、ダビデとその女性との関係が罪にまみれたものであることがよりはっきりと伝わってきます。

ある日、ダビデはバト・シェバの美しさに惹かれ、彼女を館に呼び寄せ、手込めにしてしまいます。女性は身ごもります。夫ウリヤは戦場に行っていますから、夫が不在にもかかわらず身籠ってしまうわけですから、それが公になれば彼女は姦通罪として公に裁かれ、ダビデも人望を失ってしまう恐れがあります。それを避けるため、ダビデは小細工に走ります。戦場からウリヤを戻らせ、酒を飲ませ酔わせて、家に戻るよう図るのです。ウリヤが家に戻れば、表向きはバト・シェバの身籠りは夫によるものと世間の目を誤摩化すことが出来る、と考えたからです。

しかし、ウリヤは家に戻りません。彼は忠義一徹な兵士でした。戦友たちが戦場で戦っているのに、自分だけ楽をしたくないという思いからでした。そこで思い余ったダビデは、最後は卑劣な決断をします。ウリヤを戦いの激しい前線に送り、敵に殺させてしまうよう腹心の部下に命じるのです。夫が死んだ後、彼女を自分の側室の一人として迎え入れ、ソロモンを得、ソロモンがダビデの後継者になっていったわけです。

マタイが、系図の中に敢えて罪に関わる女性たちや異邦人を加えたということは、キリストが罪人の血につながっていることを強調するためであったと思われます。それは、神は聖なる存在で、罪人を忌み嫌うという神理解が浸透していた当時の社会にあっては、衝撃的であり挑戦的なことだったはずです。

こうした神理解のもとに、さらにマタイは、超越した神が現実の社会の中に泥まみれになって生きなければならない人々の身近な存在になったことを、随所に示しながらキリストの生涯の物語を進めていきます。

系図の直後には、キリストそのものが「人々とともにある神」であることを、ヨセフへの夢の中に現れた天使の言葉を借りて明らかにします。「その名は、『インマヌエル』と呼ばれる。『神は我々とともにおられる』という意味である」（マタイ1・23）。

「人々とともにある神」は、旧約聖書の世界の人々にとっては目新しいものではありません。神は、機会ある度ごとに「人々とともにある」と紹介されています。たとえば、モーセをエジプトに派遣する際、神は「あなたとともにいる」（出エジプト3・12）と言って自らを紹介し、エジプトへの派遣の要請を受けて不安を抱くモーセを安心させ励ましています。しかし、それはせいぜい「天上から見守る」とか「傍らにいて支える」という程度の意味にすぎません。罪ある人間の中に飛び込んでいくという積極的な意味はありません。「我々とともにいる神」は、マタイにあっては、文字通り罪に汚れた人々の中に入り、彼らと一緒になって飲み食いしようとする神です。

さらにマタイは、罪人たちと一緒になって飲み食いするキリストを律法学者たちが非難する場面（9・9～13参照）を取り上げ、その非難に応えるキリストの言葉を通して、当時の人々には到底思い描くことも出来なかった神の姿を明らかにします。

「わたしが来たのは、正しい人を招くためではなく、罪人を招くためである」（マタイ9・13）

さらに8章では、イザヤ書を引用して、キリストが、「人々の煩《わずら》いと病を背負い、担う存在である」と記し、11章では、「わたしは柔和で謙遜な者だから」労苦する者、重荷を負う者はみな、私のもとに来なさいというキリストの言葉も伝えています。

注目すべきものは、25章に記されているマタイ福音書に記されている最後のたとえ話です。

「お前たちは、わたしが飢えていたときに食べさせ、のどが渇いていたときに飲ませ、旅をしていたときに宿を貸し、裸のときに着せ、病気のときに見舞い、牢にいたときに訪ねてくれた……わたしの兄弟であるこの最も小さい者の一人にしたのは、わたしにしてくれたことなのである」（マタイ25・35～40）

現実の世界の過酷さに覆われて罪を犯し、もがき苦しむ汚れた人々と共にいようとする神の姿は、それまでの神理解の大転換です。それは、当時の指導者たちにとっては聖なる神に対する冒瀆と映り、キリストは人々を惑わす危険人物と判断し、最後は十字架という処刑で抹殺してしまいます。

しかし逆に、指導者たちには躓きとなった神の姿こそ、罪の女と呼ばれた女性をはじめとして社会の底辺でもがき苦しむ人々がキリストと出会って、心の底から解放され、喜びに包まれて生きていくことができるようになった究極の理由であることを、マタイは伝えようとしたのです。

罪人の中に飛び込み、人の悲しみや苦しみを理解し、人々の歩みに寄り添って歩もうとする神の姿こそ、二千年の時空を越えて多くの人々を惹き寄せ、その人生の支える力と光になってきたのです。

人間一人ひとりの絶対的な尊厳
――普遍的な価値観・世界観

さらにまた、マタイがキリストの生涯の物語から感じ取り、人々に明確に伝えようとしたものがあります。それは、人間一人ひとりがかけがえのない尊い存在であるという哲学、価値観です。これは、いつの時代の人にとっても魅力ある普遍的な価値観です。

「小さな者の一人をつまずかせる者は、大きな石臼を首に懸けられて、深い海に沈められる方がましである」(マタイ18・6)

「これらの小さな者の一人でも滅びることは、あなたがたの天の父の御心ではない」(マタイ18・14)

「人間一人ひとりの掛け替えのない尊さ」を強調するキリストのメッセージは、強者が歴史をつくり、弱者は底辺に追いやられ砂粒のように踏みつぶされていった当時の世界にあって、実に新鮮なものだったはずです。しかし当時に留まらず、いつの時代にあっても新鮮で貴重なメッセージです。

この地球の上に誕生して以来、私たち人類は、血筋、家柄、性、肌の色、学歴、能力、国籍などで、人と人とを差別しあってきました。今日になってもなお、身内の論理を正当化し、異なる人々を力づくで排除しようして世界各地で紛争を繰り返し、尊い人の命を奪ってしまっています。

差別と暴力が決して収まることのないこの世界の現実を念頭におくとき、キリストのメッセージはどんなに新鮮で普遍的なものであったかが分ります。

人間一人ひとりの尊さを示したたとえ話として無視出来ないものは、九九匹を野原に置いたまま迷った一匹の羊を探しにいこうとする羊飼いのたとえ話です。九九匹を野原に置いたまま探しに行けば、九九匹が羊飼いの留守の間に狼に襲われたり盗人に奪われたりする怖れがあります。それにもかかわらず、羊飼いは、一匹を求めて探し続けようと出かけていきます。

このたとえ話から浮かび上がってくるものは、羊飼いの羊に対する愛情と迷った羊の掛け替えのなさです。主人公は、肩に担いで群れのところに戻り、「一緒に喜んでくれ」と仲間たちに呼びかけます。このたとえ話は、マタイでは、「このように小さな者の一人が滅びることは、天の父の御心ではない」という言葉で結ばれており、ルカでは「このように、悔い改める一人の罪人については、悔い改める必要のない九十九人の正しい人よりも大きな喜びが天にある」(ルカ15・7)と神の喜びで結ばれています。

人間一人ひとりの掛け替えのなさ、尊さを訴えるキリストのメッセージは、当時の社会の底辺でもがき苦しむ人々に魅力になっただけでなく、二千年の時空を越えて人々を魅了し続けてきました。

結び

教会とは、キリストが示した神、つまり柔和であたたかく、人間の弱さを底の底まで理解し、一回限りの尊い人生になんとか生きる希望を与えようとして必死になって、人々のもとに飛び込んで来た神によって救われ、活かされた共同体であると同時に、キリストを求め、キリストに触れたいとする人々がキリストと出会うための媒介だということです。

しかし、「エクレシア」が、時代の流れとともに社会の仕組みに組み込まれるようになったとき、その中心にあるものが曖昧にされたり弱められたりしてしまったことは認めざるを得ません。たとえば、それまで弾圧されていた「教会」がローマ社会から認められ、国教にまでなってしまったときは、教会はキリストの単純さや素朴さを見失っていくことになりますし、ローマ法典にならって教会法を作成し、管理的な姿勢を強め、中世になってキリスト教がヨーロッパ社会にすっかり浸透し、教会がヨーロッパ社会の統治の責任を担うようになると、地上における神の代理者として自らを正当化し、この世界の秩序を守り、人々を神のもとに導く最高の権威を身に付け、裁く神、統治する神の姿を強調するようになっていきました。また教皇、枢機卿などの教会の高位聖職者たちの腐敗堕落によって、教会が分裂した一六世紀以降は、プロテスタント運動に対する対抗意識から、自らのアイデンティティーを守るために教義を明確にするようになり、その結果、教義を強調するようになり、教会は正統な教義を学び・理解し、それを信じ守る人々の共同体であるかの印象を与えるようになってしまいました。

実に長い歴史の歩みの中で、教会は数々の過ちを繰り返し、キリストの本来の姿を閉じこめてしまうような歩みもしてきています。しかしそれにもかかわらず、教会が現代にまで生き続け、多くの人々の支えになってこれたのは、その根底にその本質を失わず、その本質に生かされ、生きようとした人々が存在し、福音書が読み継がれてきたからに他ならないからです。

キリストが人類に向かって示そうとした価値観・世界観は時空を越えて、いつの時代にも人々の支え・希望になり得るものです。福音書はそれを伝え、教会は常に原点に戻りながら、そんな価値観・世界観を発信し続けようとつとめる共同体として、重い責任を課せられていると思います。

講　演

Ⅷ

並木浩一

2016年3月7日–9日
ナゼレ修女会　エピファニー館

自伝的な回顧と聖書学の方法の探索

——初期を中心に

経歴の概略

　自伝には関心がないのですが、講演の第一回目は生い立ちから始めて自伝を語れという、主催者のお求めに応じないわけにはいきませんから、まず簡単に「経歴」の概略を述べておきましょう。私は一九三五（昭和一〇）年、横浜に生まれました。父は化粧品・雑貨問屋を営んでおり、一家は従業員と起居を共にしましたが、問屋の激務に耐えられなかった母は結核に罹り、しばらく入院の末に亡くなりました。私は幼時に母と死別したばかりでなく、虚弱児でした。幼児期にはさまざまな病を患い、入院の多い生活でした。

　小一に入学の前年一二月に大戦が勃発しました。小三で当時は横浜郊外の農村地帯の父の生家に疎開しました。戦時下でも横浜市内の小学校では「赤い鳥」運動が教員たちに影響を残しており、比較的自由な雰囲気でした。しかし市内西端から一山越えた戸塚区の農村地帯の小学校では、状況がまったく違っていました。校舎に入ると正面に軍服姿の東条英機が睨む大きなポスターが貼られていました。この小学校で私は軍国主義の浸透を実感しました。その翌年、小四年の夏に敗戦の日を迎えました。生まれ育った地域は占領軍の兵舎と飛行場となっていましたので、市内では周辺部に新たに構えた店と住まいで暮らすことになりました。

　横浜の関東学院六浦中学校、三春台高校を経て、私は一九五四年にＩＣＵに入学し五八年に卒業し、一年近く形ばかり家業に就きましたが、転身して五九年に東京教育大学文学研究科倫理学専攻生となり、六四年に博士課程の単位を取得して中退、ＩＣＵ人文科学科助手となりました。六九年にＩＣＵ専任講師に採用され、以後、昇進を重ねて教授になりました。助教授時代の七六年の大学院比較文化研究科が開設されましたが、私はその準備作業に携わりました。二〇〇一年に六五歳で定年退職、以後、名目上は大学院特任教授として残り、教養学部での科目を担当、卒論の指導もしました。

〇六年に大学院特任教授を退職しました。准教授、教授時代は各種の行政職を同時に引き受けていました。長く難しい裁判に携わって心臓を痛めて九八年にダウン、心臓に動脈二本を使ったバイパスを設ける手術を受けました。ＩＣＵでの収穫は何と言っても多様な分野に進んだ学生たちとの、現在に及ぶ交わりでしょう。

〇七年から一一年まで東京神学大学非常勤講師を勤め、非常勤の定年七五歳まで主として大学院の学生たちを相手にしました。私は大学に関係して以来、七〇歳代の東神大講師の時期になって、初めて旧約学の講義に打ち込むことができました。

ＩＣＵ教員時代の七〇年代の後半から、毎年夏に行うＩＣＵの学部、大学院生、若い研究者を対象にした勉強合宿を毎年どこかの登山基地の近くで開いてきましたが、東神大生とＯＢの牧師たちが毎年数名参加しておりました。かつて何回か引き受けた東神大の非常勤講師時代の古い友人たちに近年の非常勤時代の新しい友人たちが加わり、賑やかでした。東神大との関わりも長く続いています。

経歴の概観は以上ですが、一つ特別な体験に言及しておきましょう。私がＩＣＵ専任講師となったのが六九年四月ですが、早くもその冬には「大学紛争」が激しくなりました。紛争は大学だけではないので、「学園紛争」と呼ばれていますが、私は話しをＩＣＵでの紛争に限りますので、「大学紛争」と言いましょう。大学紛争が発生した当時のＩＣＵ執行部は全共闘学生の要求を一部飲みましたが、大学の立場を失う失策であったことに気づいて退陣しました。それに対して、学生の声に積極的に耳を傾けようとした教員たちが臨時執行部を形成し、恩師が学長代理に就任しました。私は恩師との関係でこの異常な時期に学長補佐とされ、同時に出来事の経緯をまとめる報告書作成委員を兼ねました。

この臨時執行部は学生の声に聞く姿勢を取り過ぎて、多くの教授会成員の教授会ボイコットを招きましたが、学生との対立点をなくすことを優先したために、定足数に達しない教授会を合法と認定し、学生が要求するすべての確認書を承認しました。臨時執行部は非常事態に対する対応を誤りました。執行部の方針は当然のことながら理事会の理解を得られず、臨時執行部は崩壊せざるをえませんでした。教授会が機能しなくなりましたので、理事会の責任で機動隊が導入されてバリケード封鎖が解かれました。学生たちを教育施設から排除した後、工事現場用の塀が巡らされ、大学の方針に従う学生を対象にした授業が再開されました。授業再開に応じなかった教員二名が免職されました。恩師は引責辞職し、他に数名の教員が去り、ＩＣＵを離れた教員は六名に及びました。

私は対応を間違えた臨時執行部の関係者でしたが、大学再建に一定の緊張関係を維持しつつ協力しました。教授会再建のための委員会の一員となり、議事法の研究を含めて合議体とはいかなるものかを研究しました。かつての臨時執行部が判断を間違えた根本的な理由を総括しました。

大学紛争は誰にとっても不快でしたが、私にはそんな程度の感情ではとうてい済まされず、過酷な体験でした。その後も痛みを残し続けました。しかし大学紛争は私には掛け替えのない体験でした。大学紛争中に、それを乗り切る力はそれしかないという確信を私は持ちました。

(1)「およそ人間に立派な立場などない」。

(2)「人間は自分の責任を取ることができない」。

この二つは未だに意味を持っています。

大学紛争は学生と教員との間の争いには終わりませんでした。学生同士の争い、教員間の激しい対立がありました。人はそれぞれ自分の立場を正しいと信じました。正義の感情が人間の不信を深めました。それを通し、自己相対化できない人間の罪を痛感しました。たとえ個々の人間が善良であっても、「組織体」に固有な罪を背負わざるを得ません。人が自己の生存と関わる組織体に関係する限り、義人は一人もいないのです。

大学紛争はまた、「変革」の本質とは何か、について学ぶ最大の機会となりました。私が大学紛争中に得た教訓を二つ記します。

(1)政治化した異常事態においては、「形式」が人間を救う。

(2)闘争状態において人が他者の「質」を問うことは、人が人を裁き、結局、人は悪霊に支配される。

〈補足1〉「形式」が人間を救う、と私が大学の対応に不満を懐く同僚たちに語ったとき、大学に着任したばかりの後輩教員は私に、呆れた口調で反応しました。その人も昨年、歴史のあるキリスト教大学の院長の職責を無事に果たしました。今は私の言葉にどう反応するでしょうか。「形式」は人間関係を間接化します。人間関係の間接化は人間が築き上げた「文化」の実質でしょう。丸山眞男は東大での大学紛争の際に、学生から「形式主義者！」となじられたとき、キッとして睨み返し「形式がすべてだ！」と怒鳴り返したということです。丸山は政治的判断における「実質主義」を嫌悪していました。こんなことを私が知るよしもありませんでした。私は大学紛争勃発後、短期間でしたが、政治行動の意味を把握しようとして、夜中に必死に勉強しました。私が得た「形式」の重要性の認識には、マックス・ヴェーバーの影響があるでしょう。

人間が自分の正義観に基づいて他者の社会的な存在の意味を抹消して行動しようとするとき、人は「悪霊」に支配されます。それは聖書の、とくに福音書の叙述を貫く人間観、信仰観です。ドストエフスキーの『悪霊』の問題提起には脱帽です。また「オウム真理教事件」なども、悪霊に取り憑かれる人間の観点から考察しない限り、自己とは縁のない、あちら側の人々の狂信と暴力であったというに過ぎないでしょう。

〈補足2〉（これはすでに二日目の講義、講演IIの主題に入る前に、前日の補足として、その梗概を語っています。）大学紛争は私の生涯における、私がコミットした最大の出来事でしたが、客観的にも、戦後日本の社会で起きた最大の出来事でした。若者たちの情熱に満ちた反乱には日本の希望を感じさせるものがありました。しかし同時にそれは、積極的に関係した教員たちと若者たちの人間観、政治的思考と行動における未熟さを露呈しました。結局、大学紛争の混乱は体制によって秩序へと再吸収され、体制は自信を深めました。これだけの出来事を全国の学園に巻き起こしながら、当時の大学闘争の推進者であり、全国に名を馳せた指導者は、なぜこの運動が挫折せざるを得なかったのかについての反省と総括を未だに行っていません。全共闘世代の評論家小浜逸郎（一九四七年生まれ）はそれに対する苛立ちを表明しています（『オウムと全共闘』草思社、一九九五年）。小浜は全共闘が大学アカデミズムの欺瞞性に挑んだ批判的感覚を評価しますが、彼らが批判運動を導く政治的視野と思想的創造性に欠け、時代遅れになりつつあった左翼理論に依存し、自己に跳ね返る批判を「自己否定」という観念的な倫理命題に結晶させたことを最悪の運動理念であったと厳しく批判しています（同書、第3章「全共闘批判からオウムへ」を参照）。

私の理解では、日本の資本制的な再編成によって自分たちがどこまで疎外されていくか分からないという、学生たちと一部の教員たちの差し迫った不安感が大学闘争への共感を呼びました。その人々がその不安感から直感的に大学闘争をサポートしたので、運動が日本中に広がりを見せました。

大学闘争のリーダーたちが資本主義の再編成の中での教育者の役割に無自覚と見える教員たちに「自己批判」を迫りましたが、彼らはその意味を理解できませんでした。学生にすり寄る教員たちも現れました。教員たちへの失望感は多くの学生たちに、自分たちは大学と社会を変革する正しい運動に参加しているのだという高揚感を与えました。

全共闘は資本主義社会とその支配体制およびそのイデオロギーを相手にした批判闘争を始めたはずでした。もし闘争に成功すれば、既存の秩序の「破壊」をもたらすでしょう。「破壊」は犠牲者が出るのを厭わない「革命」につながるはずです。各セクトは革命運動だと理解していたでしょう。大学での指導幹部もその可能性を考えていたはずですが、そのことを強調しませんでした。とりわけ闘争開始後に運動に共鳴して忽然と出現したサブリーダーたちは、この運動が「革命」の発端であるなどとは考えませんでした。

学内での運動は、総じて「破壊を通して創造へ」というスローガンを掲げて人間変革を希求する倫理主義に動機づけられていました。倫理主義には自己反省の余地がありません。したがって学生運動が鎮圧されたときに、学生たちはただ「挫折感」を味わうのみで、自分たちの姿勢に根本的な問題があったとの反省には導かれませんでした。挫折後の学生たちの無反省は、列強の軍事力に屈した後の日本が自分たちで戦争責任の追及を行わなかったことに、構図的には似ていると思います。全国に名を馳せた指導者たちは、運動の崩壊後、確かに日本社会の日の当たる道を歩みませんでした。しかし「塾」の講師になっても、有機農業に携わっても、この社会で生活するためには体制に依存するでしょう。このことにどれだけ指導者たちが自覚的であったかを私は知りません。

顧みて、大学紛争の動機には、資本主義社会に絡め取られない人間のありかたの追及と知識人の役割を問うという正しい契機がありました。運動にコミットした学生たちの「自己批判」の姿勢も、それ自体は間違っていません。しかし「自己批判」が「自己否定」へと無自覚に転化し、それに対する感受性のない他者を蔑視すること、さらには他者を罵倒することを正当化しました。この運動にコミットした人々が、そのような独善と思想の貧困を後日、深刻に反省したようには見えません。もちろん、皆無ではないはずです。教員、学生を問わず、この運動から学んだ人は少数ですが、存在しました。言いにくいことですが、私は大学紛争から大きな学びをしたと思っています。

もう一つの体験を付け加えます。私が大学院部長在任中のことでした、ICU教員がキリスト者であることを定めた規定については賛否が分かれていましたが、教員の間で、そもそも教員がキリスト者であるべきなどという条項の存在がおかしいとする意見が強くなりました。この事態に対処するために理事会は「寄附行為」の「施行細則」に規定されている

「キリスト者条項」の存続の是非を問うために、理事会に所属する「ＩＣＵのキリスト教理念検討委員会」を設置しました。私は理事と教員を構成員としたその委員会のメンバーの一人となり、報告書『ＩＣＵのキリスト教理念』一九九四年（後日、Issues of ICU, Vol.4, 2003として再刊行）の実質的な執筆者となりました。理事会は二度この報告書の討論を行い、ＩＣＵ教員のキリスト者条項を維持する決議をしました。

それ以後、私は大学教育が果たしてキリスト教を必要としているのか、キリスト者の何が期待されるのか、それを真剣に問い続けることが私の義務であると認識しました。この問題について、二つの私の講演がＩＣＵから冊子のかたちで公刊されています。その冊子の一つ『学問共同体としてのキリスト教大学その構成論理を求めて』（ＩＣＵ、二〇〇〇年）の中で、キリスト者と非キリスト者教員が共に守るべき約束事を五点提出しました。この問題は今日でも重要であると思いますので、列挙します。

①良心に基づく行動
②自発性の尊重
③客観的で公正な判断
④平等と差異の承認
⑤マイノリティであることの承認

私が理解する限り、この五点は個々人が特定の目的に賛同して結合する自発的結社（Voluntary Association）としての「団体」（Association）を利害関心によって自然に集合する「集団」（Interest Group）から分ける重要な原則です。プロテスタント教会やカトリック教会の修道会も団体に区分されます。④の「平等」と「差異」の承認は、「差異」を「差別」と見なす者の批判に晒されやすく、理解を得るのが困難です。「差異」の動機づけは「目的合理性」です。団体には精神があり、理念があります。政教分離や人間の尊厳など、それを譲っては結社の目的がなくなるという共同の約束事があります。それは教会では大事ですが、キリスト教大学にも共有すべき人間観、社会観、国家観があります。一般社会の価値観との差異を維持することは緊張を産みますが、「自発的な結社」を大事にする市民社会を確立するためには差異の自覚は大事です。「団体」を「集団」から分ける基本的な判断には、社会科学的な知識が不可欠です。困ったことに社会科学に携わる教員の多くはこの問題に対する関心が薄く、無原則的な平等観になびきます。

キリスト者となるまでと、その後

私のキリスト教との関わりをお話しします。私の一族はキリスト教とは無縁です。私がキリスト教に初めて触れたのは、関東学院中学の入学式でした。以来次第にキリスト教に接近しますが、教会生活は無縁でした。しかし高校一年の時、高等学校ＹＭＣＡ運動に専心することになり、仲間との関係維持のために横浜ナザレン教会に出席し、その冬に受洗しています。大学時代は一時ＣＳ教師を勤め、大学院時代は教会青年会長、教会役員などを継続しました。青年会では『会誌』作りを重視しました。大学一年からイーミル・ブルンナー（Emil Brunner, 1889-1966）先生が平信徒伝道者育成のために創始したサークルに出席し、先生の日本伝道への熱意と献身に深く感銘しました。（ブルンナーの名前は日本では「エーミル」もしくは誤って「エミール」と表記されますが、先生の口からは「イーミル」と聞こえました）。

ＩＣＵの助手に就任すると、自転車通勤ができる現在地に住みつき、近くの福音派の伝道所を見過ごしにできずに母教会より転籍しましたが、教会の和を乱す事態を引き起こして退会しました。教会生活に一年間のブランクが生じましたが、その間、日本基督教団調布教会の当時の牧師に批判的な人々が行っていた持ち回り家庭聖研に参加しました。その縁で新牧師が着任した調布教会に参加し、九年間在籍しました。九年間の内、役員を三期勤めています。その初年度に大学紛争が起きました。教会に奉仕していた東神大生二人が退学しました。私はその一人の人生の選択にコミットしていましたので、大いに苦労しましたが、そのお陰で教会における聖書主義と純粋絶対の福音の立場を主張することの危うさを知ることができました。聖書主義的な判断は一〇〇パーセント正しく、同時に一〇〇パーセント誤っていることがあります。教会にはいわば「家風」がありますから、それを尊重し、時には静かに身を引くことが賢明でしょう。

一九七〇年代の末に私たち夫婦はＩＣＵ教会に転会し、現在に至っています。役員長を二期勤めています。タイ、チェンマイの元ハンセン病患者の厚生施設で有機農法を教える浅井重郎氏を支援する委員会に長年関わりました。

ＩＣＵ教会は日本人と非日本人のためのプロテスタント系超教派単立教会です。ＩＣＵ教会は地域教会ですが、大学教会の役割を負っています。実際、少数ながら一定数の教員と学生が教会に所属しています。ＩＣＵ教会は、受洗による教会への参加もしくはアフィリエーションによる参加を大学教育の完成を助けるものと見なしています。ＩＣＵ教会に参加した学生たちは在学中にＣＳ教師として重要な役割を果たしています。

ＩＣＵ教会は教会員に加わる資格について、「イエス・キリストを主であると告白する者」という以上の規定を設けていません。無教会育ちの人や母教会の籍を抜かない人々をアフィリエーション・メンバーの名目で、教会の構成員であることを認めます。このように教会の構成においてファジーなところがあります。ＩＣＵ教会はその実験的な性格のゆえに課題も苦労も多いのですが、日本における教会のあり方の貴重な実験でしょう。

魂の欲するもの、信仰の端緒、生き方の選択

もう一つ、私の内面史に触れましょう。幼時に母が病没し、私自身もしばしば入院しました。母の没後、私は継母の世話にたいへんあずかりましたが、意思の疎通はうまくいかず、仕事漬けの家庭でしたので、心の交通と対話に欠けた日々を過ごしました。少年時代の私の魂が欲したのは、「理解されること」、「暖かな愛」、「不安からの解放」でした。

一九四八年春、私は中学校の入学礼拝で、「ここも神の御国なれば」という讃美歌をいきなり歌う体験をしました。心に響くその旋律と歌詞が心に残りました。私はそれまでの自分の考え方や関心事をまったく超え出てしまう、壮大な世界があるのだと感じ取りました。神は「天地」を越える。しかしこの世界の鳥も花もそれぞれに神を讃える存在の役割が認められています。思っても見なかった世界が開けて、私には衝撃でした。今思えば、それはヨブが自分の苦難の問題で苦闘している最中に、神が彼の意表を突いて語りかけ、未知の被造世界が目の前に開かれて感銘を受けたことに似ているかもしれません。私のキリスト教への関心がその日から始まりました。

私は毎日、二時間をかけて横浜市内の一角から金沢区にあった関東学院六浦中学校に遙々通いました。ようやく学校から帰宅すると、週に三日、横須賀、鎌倉、藤沢方面のいずれかの地域の小売店に商品を届ける仕事が待っていました。私は商品が詰めこまれた、使い古したずんどう型の重いザックを背負い、電車を乗り継いで小売店への配達に出かけました。帰宅が夜の一一時を過ぎることもありました。一度だけ、配達を拒否して父を悲しませ、反省しました。しかし辛い仕事自体からの解放を求めたことはありません。解放されたいとの思いはもっと深い事柄でした。この仕事に私が私の人生を賭けることはできない、との直感が働いていました。人生の無意味さからの解放を私は希求したのです。

私の少年期の思い出を語りましょう。その前に、思想家であった森有正（一九一一－一九七九）の言葉を引用したいと思います。森はパリ滞在の貧しい生活の中で、日記風の

エッセー『バビロンの流れのほとりにて』を小著にまとめ、一九五七年に講談社のミリオンブックス新書の一冊として刊行しました。その書物の冒頭で彼は思いを込めて、次のような少年時代の体験を記しています。

「一つの生涯というものは、その過程を営む、生命の稚い日に、すでに、その本質において、残ることなく、露われているのではないだろうか。僕は現在を反省し、また幼い時代を回顧するとき、そう信じざるをえない。……」(『森有正全集1』筑摩書房、一九七八年、3頁)

「考えてみると、僕はもう三十年前から旅に出ていたようだ。僕が十三の時、父[森明、一八八八〜一九二五]が死んで東京の西郊にある墓地に葬られた。二月の曇った寒い日だった。……僕は、一週間ほどして、もう一度一人でそこに行った。人影もなく、鳥の鳴く声もきこえてこなかった。僕は墓の土を見ながら、僕もいつかはかならずここに入るのだということを感じた。その日からもう三十年、僕は歩いてきた。フランス文学をやったことも、今こうして遠く異郷に来てしまったことも、その長い道のりの部分として、あそこから出て、あそこに還ってゆく道のりの途上の出来事として、同じ色の中に融けこんでしまうのだ。……」(同6頁)

「……この旅は、本当に、いつ果てるともしれない。僕は、稚い日から、僕の中に露われていたであろう僕自身の運命に、自分自ら撞着し、そこに深く立つ日まで、止まらないだろう。」(同6〜7頁)

中二か、中三の頃、生母の一三回忌の法事がその墓のある、父の生家近くの寺で営まれました。私は本堂の座布団に座ることを拒否して外におり、法事に集まった親戚一同に聞こえよがしに、それまでに知った讃美歌を歌って抵抗しました。焼香だけはしたものの、父には参会者に失礼だと叱られました。当然です。森の言葉を想起すれば、私自身の運命がその時に現れ出ていたように思います。その時私は親族から外れ、日本的な宗教感覚と宗教的な権威とに逆らう歩みに一歩踏み出してしまったのです。

もう一つ思い出します。中三のある時、私の浮かない気持ちを見透かした母が私に、将来何になりたいのかと、聞いたのです。私はとっさに「牧師か、評論家になりたい」と答えました。母は黙りました。牧師とか評論家について知識があったわけではありませんが、そんな言葉が口をついて出たのです。私の人生はその通りにはなりませんでした。しかしその後の運命を予感したような言葉だったと思います。

こんな言葉を口にしても、家業を継ぐことは長男の私の逃れられない宿命であると、私は自分に言い聞かせ続けていました。父は私には特別の存在でした。この人は一五歳の時に卸問屋の丁稚小僧となり、三〇歳代の前半に独立しました。父のこれまでの努力を裏切ることはできませんでした。父は幼時に母を失った私を気に掛け続けてくれました。人情家で働き者、独学で知識を身に着けた父への敬意がありました。

中学を卒業すると、横浜市街地の一角の丘の上に立つ関東学院三春台高校に進み、通学が楽になりました。その頃、商品の配達は車で行われるようになり、地方への電車による配達は幸い私の仕事ではなくなりました。しかし私は人生の意味への不安は自我の形成が進むに応じて、ますます重く私にのしかかりました。高一の時の高校YMCA運動への没入も、受洗と教会生活の開始もこの問題からの一時的な逃避であったに過ぎません。高三になって仲間たちが大学受験先を具体的に決める様子を見て、私は一人取り残されることに耐え難くなり、校長に願い出て、前年開学したばかりの、しかし最初からレベルの高い大学として知られたICUへの学校推薦者にしてもらいました。もちろん推薦入学の願書を出しても試験による選抜がありましたが、何とか入学できました。

ICU在学の四年間で学問とはお別れだと、私は観念していました。ならば私は在学中、自分の思想的な関心事、ことに哲学・神学の勉強に集中しようと決心し、二年次に社会科学科から人文科学科に転科しました。当時のICUは小規模な教養学部で、ドイツ語のクラスなどはまだありませんでした。二年時の終わり頃、ある若手教員からドイツ語の発音の手ほどきを受けましたが、後は自分で学習し、最初に通読したのはブルトマンの有名な著書『Jesus』でした。そのとき、すでに版を重ねていたこの本になお何箇所かの誤植があるのを発見して、マールブルク大学のブルトマンに英文で手紙を書き、誤植を通知しました。私の手紙がブルトマン・アーカイブスに保存されているとのことです。ブルトマンは絵はがきで返礼をくれました。それには感激しました。

二年次には東神大の博士課程に在籍していた熊澤義宣氏がICUの非常勤助手として、ディスカッション・クラスを担当していました。そのクラスでの影響を受けて、私はブルトマンの **pro me** モティーフ（キリストが私の救い主だから、世界の救い主なのだという確信）による潔いキリスト理解に惹かれました。また、私はキルケゴールの著作を母教会の喜田川信牧師とともに読んでおり、その学びも影響して、私は実存主義的キリスト教信仰を正しいと思うようになりました。卒論はローマ書7章のブルトマンの神学的な人間学路線に添ったものでした。教養学部の方針に従って卒論は英文でしたが、苦心して入手したドイツ語文献からの引用がそのまま散りばめられていました。

教師たちは私が学外の大学院に進学しないことを惜しんで下さったのですが、父との約束があったので、卒業後は家業に就きました。しかし大学への未練断ちがたく、週に一日はＩＣＵでの石原謙先生の講義に出席することを父に認めてもらうという、まことに煮え切らない姿勢でした。しかしその姿勢を続けることはできません。断を下す時が年末にやってきました。私は次の三点を決意しました。

⑴私は商品の売り込みのために自尊心を金に換えて生きることをしない。

⑵私が義務で仕事をすれば、従業員にばれる。彼らの士気に影響するので避ける。

⑶私は父との約束を破る。謝って赦しを得、家を出て、大学院に進学する。

第一点は私を囲む特殊な状況を突破するための判断で、経済活動一般に対する私の姿勢ではありません。人と直接に関わる仕事に携わりつつ、ある程度自尊心を押さえないで生きることは難しいでしょう。

加えて私には婚約したい女性があり、教員志望でした。彼女は心臓に欠陥があって、商家には不向きでした。私は一切のことを父に話しました。父には寝耳に水の話しであり、当然、父とのやり合いになりました。その時、六歳下の弟がその様子をうかがっていました。彼はすぐに部屋に入ってきて、自分が仕事を引き継ぐと、父に申し出てくれました。そのお陰で私は少年時代からの葛藤から救われました。私はこれまで実に多くの人々に助けられました。人の話では父は三日ぐらい、密かに涙を拭っていたようです。その父は納得してその後は私のよき理解者となってくれました。

父との話しがつけば、私は直ちに家を出るしかありません。私は半年後には妻となる人の実家に転がり込みました。私は道義上、通常の職業に就くことは断念し、学問の道を選ばざるを得なくなりました。学部時代から私は大島康正『実存倫理の歴史的境位　神人と人神』（創文社、一九五六年）を読んで、これはすごいと思っていました。そこでこの先生から学ぶことを考えて、東京教育大学大学院倫理学専攻の修士課程への入学を目指し、実現できました。実は、当時の私にはヘーゲル哲学への関心もあり、金子武蔵のいる東大大学院に行くことも考えたのですが、止めました。権威と一流趣味を嫌うというへそ曲がりの性格のためです。

大学院に入ってから二カ月後には結婚しました。ＩＣＵでの非常勤助手のわずかな給与の大半は横浜の奥から遥々三鷹に通う交通費に消えました。家庭教師を二つ掛け持ちましたが、それで暮らせるわけはなく、以後の数年間、本も買いながら何とか多少の勉強ができたのは、心臓の欠陥に耐えて中学教員を四年間も勤めた家内のお陰でした。最後の年には子どもも生まれていました。家内は健康の限界に達していました。とにかく私は選択した道を行くしかありませんが、留学を可能とする諸条件には恵まれませんでした。それに私には次々に研究課題と原稿執筆の仕事に縛られ、また学問領域を広げる必要性と問題関心に常に捕らわれていましたから、とにかく机に向かう時間を確保することに必死でした。

若き日の学問的な関心とその後について少しだけ

私は若いときから人生の曲がり角は何度曲がってもいいと思ってきました。しかし、思想や学問の問題で角を曲がるのは、基礎からの構築のし直しが必要で、つらい作業です。特に若いときには、せっかく築き始めた知的立場を棄てるようでこわいものです。大学院に入学して間もなく、私は思想的な転向に追い込まれました。実存主義に疑いを懐き始めたのです。最初の揺さぶりは、パネンベルクがドイツの雑誌に寄稿した一九五八年の論文（「キリスト教信仰と人間の自由」、一九五七年のハイデルベルク大学就任講演に基づく論文）を読んだことに起因します。彼は「別様にもなし得る」という人間の自由の能力を疑います。説得力がありました。私はそれを実存主義が前提とする決断の場の中立性が成り立たないのだと受け止めました。

また大学院に入学した私はアリストテレスを知り、惹かれました。マルクスの資本論の原典講読のクラスに参加し、当時は学問的な威信を誇っていたマルキシズムに直面し、下部構造の重要性を認識しました。とにかく私は個人より以前に共同体があるのだと悟りました。実存主義の手中には個人の実存しかないのです。キリストの出来事も、ブルトマンでは個人の実存史における「有意味性」に解消されます。人間の具体的な歴史がすっぽり抜け落ちています。このような判断から私は実存主義からの離脱を加速しました。

転向に決定的な影響を与えたのは、教会の恩師と読み始めたバルト『教会教義学』の第62節、「和解論」中の教会論でした。当時はまだ翻訳（『和解論Ⅰ／4』）の出版準備中で、原典で読んでいました。大学院の一年次を終えた春、私は当該節の主要部分を自分の言葉で翻訳縮小し、それを教会の青年会誌に載せました。しかもそれを強引にも教会の夏季修養会でのテクストとして使うようにと教会役員会に提案し、そのようになりました。当然私が解説者でした。責任上、私は必死に勉強して、考えをまとめました。この間の出来事が、私をブルトマンの実存主義から決定的に決別させました。私が得たものは、「イエス・キリストのからだ」としてのゲマインデ（教団、教会、信徒の共同存在）から考えることでした。このゲマインデの存在がキリストの復活と再臨との間に生きるわれわれを意味づけます。それは「見える教会」と「見えない教会」とを超える、第三の次元としての現実です。どんなにまずしい姿であっても、このゲマインデが「イエス・キリストの地上的・歴史的な存在形態」です。ヘーゲルの「現実的なものが真理である」という主張は私には魅力的でした。私は「現実的なもの」の内実を、バルトの終末論的キリスト論に見出しました。

とにかくバルトの教会論は新鮮でした。私は実存主義の、そして実存主義が結びついている近代の「個人」中心の思想、「個我」から解放されるとともに、神学的な立脚点を得ました。思想上の転換を果たして自由を得た私は、歴史の中での信仰と歴史、民族の関わりを扱った学術書として、学部時代から感銘を受けていた関根正雄『イスラエル宗教文化史』（岩波全書、一九五二年）の世界に立ち戻り、修士論文を旧約学の分野で書くことにしました。私はハイデガーへの関心から旧約学へと、舵を大きく切ったのです。私は大島康正指導教授に事情を話して理解を得ました。もちろん主任教授のクラスには出席しましたが、言語学教室の関根正雄教授（その頃はまだ助教授）のクラスにも参加するようになりました。修士論文はヤハウェとイスラエルとの契約について、当時の限られた研究を参看しつつ、また生活のための仕事に追われつつ、限られた時間に書いたものでした。

大学院時代の学問的な関心事をお話ししましょう。私はマルクスが残したノート、『資本制的生産に先行する諸段階』からの影響を受け、共同体理論の学びへと導かれました。大塚久雄の『共同体の基礎理論』（岩波書店　一九五五年）は、生産様式について、マルクスを継承して「アジア的」、「古典古代的」、「中世的」と三つの類型に分けましたが、経済史家としてそれを継起的に捉えています。東大での経済史の教科書として書かれたこの本を私は必死で読みました。しかしイスラエルへの言及はこの本にはなく、私は考え込みました。

古代イスラエル民族の誕生と展開はギリシアによる古典古代的都市形成以前です。では、イスラエルはアジア的な生産様式で理解できるのだろうか？　町々は王者に支配されるだけの存在だったのだろうか？　しかし、旧約聖書の叙述は宗教的な表象に満ちています。そこから具体的な社会の姿を取り出すことはできません。そうであれば、イスラエルの独自性をどう判断してよいのか。私はこれらの書物から世界史的な視野からの経済史の知識を吸収しましたが、旧約の叙述と重なるところがありません。私はまったく途方に暮れました。

それに対して、内田芳明によるヴェーバー『古代ユダヤ教』における「社会層」の研究（一九五四年）、および彼が訳したヴェーバー『古代ユダヤ教Ⅰ』（みすず書房　一九六二年［Ⅱは一九六四年］）は刺激に満ちていました。私はマルクスとは違う社会学的な視座を教えられました。しかしウェーバーの宗教集団についての言及は、集団の結束力を評価するに止まっていました。私はヤハウエ契約の実像を理解したいと願っていましたが、それは無理な願望でした。

イスラエルの出発点はシナイ契約にあると見なすのは、旧約聖書を読めば自然なことで、私はその実態に何とか迫りたいと考えました。しかしシナイ契約の記事ほど宗教的に着色されている叙述はありません。六〇年代前半の旧約学は宗教的着色を気にする気配はなく、中核部分の言葉（出19・3－6、24・3－8）は歴史的出来事を下敷きにして書かれていると考えていました。アブラハム契約（創15）についての判断も同様でした。

しかし私には、シナイ伝承の記事は歴史的、共同体論的な現実とは無縁で、後代の神学思想の集積に見えました。そもそも、「契約」（ベリート）という考え方が、ヘーゲルの用語で言えば、「対自的」（フュア・ジッヒ）なのです。自己の本質についての矛盾の意識がベリートの「概念」を生み出した。そのように理解すれば、ベリートについての叙述がイスラエルの実態と違うことは当たり前です。これが私の基本姿勢となりました。他方、関根正雄は契約を「即自的」（アン・ジッヒ）だと見なしました。矛盾の意識がないとすれば、伝承は事態を反映していると信ずることになるでしょう。この点について私は学問上の恩師の関根正雄先生と大学院時代からずっと個人的に論戦を行ってきました。関根先生は圧倒的な力量のある私の恩師であり、私はずっと後から走り始めたランナーに過ぎなかったのですが、どういうわけか、お互いによきライバルでもありました。

一九六四年の最初の印刷論文、「初期イスラエルの契約の理解――方法論的考察と試論」（並木浩一著作集2『批評としての旧約学』二〇一三年に手を加えて収録）は、その問題を抱え込んだ私の苦闘の軌跡を示しています。そもそも、どうして神が超越者でありつつ、イスラエルとの契約関係に入れるのだろうか。人間がどうして神と契約を結べるのだろうか。ベリートは後代の「神学的な概念」ではないのか。

このように私が大胆に問いを提起できたのは、実は、バルト神学のおかげでした。バルトは教会教義学の『創造論』で、「創造は契約の外的な根拠であり、契約は創造の内的な根拠である」と定義しました。要するに「契約」は「創造」と同じ次元に置かれるべきもので、神の「原歴史」的な出来事なのです。それはイエス・キリストにおける「救い」、終末における救いの「完成」に至る救済史を構成する礎石の一つです。人は、創世記1章に創造記事があるからと言って、神の創造を説明することも立証することもできません。イエス・キリストの「救い」とその「完成」と同様、「契約」も神の「秘義」と認めるほかはないのです。

「秘義」に関する叙述は、いわば「信仰告白」の言葉です。聖書は「秘義」を指し示せば十分です。加筆がかえって「秘義」の具体的な意味をよく指し示すことがあります。十字架上のイエスの言葉（ルカ23・34）や姦淫の女を赦すイエス（ヨハネ7・53－8・11）などがそうでしょう。

「シナイ契約」の叙述が歴史的実態であるか否かによって、神のイスラエルとの契約が立ちも倒れもするということはありません。ドイツ語圏の研究者ペルリットが契約神学を論じた研究書（一九六九年）で、五書と歴史書における「ベリート」は申命記史家的な神学概念だというテーゼを提出しました。この研究書が出版されたのは大学紛争の時期でしたので、私はそれを読む機会を逸しました。その後は別の課題に取り組んでいました。恥ずかしいことですが、この研究書を読んだのは、私が最初の論文を公にしてから半世紀後の二〇一四年春です。一昨年、私は著作集の第三巻『旧約聖書の水脈』に収める預言者論を書き下ろすために、申命記史家についての基礎勉強をしていました。ペルリットの研究書を読んで、ベリート概念の問題は古典預言者についても徹底すべきであると感じました。そこで私は預言者論の「付論」として、「預言者における契約の表現」を書き、古典預言者の言葉に使われている「ベリート」がすべて申命記史家的な双務的な契約観に基づく加筆であることを論じました。加筆を行ったのは聖書を作成したユダヤ教時代の人々です。彼らは当然にも、ヤハウェと民族との契約関係を有効に維持できるのは、ユダヤ教の根基をなした「律法」を守ることによってであると、双務的に考えました。預言書の編集者はこの観点から預言者の言葉に加筆を行ったのです。

では、神とイスラエルの契約の考え方は存在しなかったのでしょうか。そんなことはありません。イスラエルが独自な民族であり得たのは、モーセの時代以来、「イスラエルはヤハウェとの特別な関係にある民族である」という意識を伝達したからでしょう。王国時代、イスラエルのヤハウェ主義的な知識人たちは、この民族はヤハウェの意志に適う法に基づく個々の共同体の集合であるべきだと考えたでしょうが、前八世紀以降、経済の発展が共同体を破壊しました。イスラエルの古典預言者は法の下での兄弟関係の維持の重要性を認識し、それから遠い現実を批判しました。

あるべき兄弟関係はヤハウェを盟主だと意識する契約団体であると、私は理解しています。預言者たちは概念的には思考しませんから、彼らは「契約理念の破壊」を論じません。彼らは都市の法共同体の破壊に対する神の厳しい批判の言葉を述べただけです。概念によって語るのはギリシア人がしたことで、預言者には不得手です。彼らは神の審判のイメージを提出しつつ、審判、あるいは審判を経た後の救いを語りました。ホセアやエゼキエルは神とイスラエルとの関係を夫婦に喩えて、妻がその関係を破るという姦淫のイメージを展開しました。預言者たちのこのイメージを駆使しての発言から、イスラエルにおける神と民との契約関係の伝統を読み取ることが大事です。私は「付論　預言者における契約の表現」でその読み取りの概要を記しました。

このような読み取りはテクストを分析しても得られません。イスラエル民族の歴史全体を考え、その特殊な神関係を説明するために、都市の法共同体のかたちでの契約団体の伝統があったと推論するほかありません。これは帰納法的な考え方です。

一般に聖書文献学は文言にないものは存在しなかったと考えて、文言から一定の思想を引き出します。これは演繹法的な方法です。例えば新約学。研究者はイエスの真正な言葉を割り出して、そこから事柄の本質を取り出そうとします。それを解釈する際に、聖書全体の精神にはそぐわない宗教哲学的な概念を密輸入することがあります。自分で満足できる説明ができれば、それが真理であると考えます。その危険を防ぐには、第一に、神学の重要性に目覚めること、第二には、帰納法的な考え方に習熟することが必要です。

預言者の発言に戻ります。帰納法的な考察については、もう少し説明を加えた方がよいでしょう。人は本質認識のために補助線を引く努力を惜しんではなりません。そのためには社会科学的な感覚にある程度習熟する必要があります。私が「契約団体」というとき、私は「集団」と「団体」を区別しています。「兄弟関係」の考え方は、「団体」に適用されます。ヴェーバー社会学に基づいて言えば、都市的人間関係の本質は「兄弟盟約」です。砕いて言えば、法という共同の約束事を守る自由民の連帯的な関係です。預言者たちはそれを神と民との関係の維持として認識し、その関係を夫婦関係で説明したのです。夫の立場に置かれる神が主導権を持ちます。

前八世紀に経済的な繁栄が訪れると、人々は生産力を神格化し、富者による貧者の支配を神の加護の結果と認めるようになりました。ホセアやエレミヤのような預言者はそれをイスラエルがヤハウェを捨てて、バアルに従った結果だと見なしました。そこで彼らはイスラエルが都市共同体を破壊することを、民がヤハウェとの夫婦の関係を破ったというイメージで捉えました。そもそも神のイスラエルに対する行為を人は説明できません。メタファーを駆使して語ることができるのみです。ヤハウェは、自分を捨ててバアルに走った淫行の妻を処罰することができますが、夫婦関係を再建することもできます。神は自由な主です。

帰納法的な推論について、もう少し具体的に考えましょう。もし、ヤハウェを盟主とする契約団体の伝統が都市の法共同体というかたちで存在しなかったならば、ヤハウェとイスラエルとの関係を夫婦の関係で捉えたでしょうか。都市が保持した契約団体の伝統は、部族連合時代における氏族たちを結合させる力を発揮したモーセ団的な契約団体の伝統なしに存在し得たでしょうか。モーセ団への参加者はそれぞれの家族を超えた結合を果たしたと想定されます。もし、それぞれの家族神を超えた「未知の神」ヤハウェを連合神として受容したのでなかったならば、モーセ団の伝統はパレスティナの諸部族に受容されなかったでしょう。

このように、ある要素を想定しないとその後の時代の出来事や思想の説明がつかないとき、その「ある要素」はその後の歴史的経過に対して因果関係を持っています。そのような発見的な思考法を「客観的可能性」の方法と言います。

キリスト教会の教義も、実はこの帰納法的な思考を働かせないと、存在の意味を失うでしょう。たとえば「三位一体」の神の教理。それは聖書の個々の叙述からは演繹できません。しかし教会が聖書の精神全体から結論した「三位一体」の神の理解は、聖書が証言する神のあり方、ことに新約における神、子、聖霊のあり方を力強く意味づけるでしょう。プ

いま、旧約聖書の世界から考える

ロテスタント教会の二つのサクラメントも同様です。

すでになされた日本の路線の変更

キリスト教の使命から「いま」を認識しましょう。われわれの重要事は次の二点ですが、すでにこの二点の基盤が脅かされています。

①キリスト教信仰は「個人」の「良心」によって支えられる。（信教の自由の根拠）

②「教会」は「国家」に対して警鐘をならす義務を負う「公共」的な存在である。

憲法と共に根幹の法であった旧『教育基本法』（一九四七［昭和二二］年）は二〇〇六［平成一八］年に小渕内閣によって改正されています。旧教育基本法の「前文」から重要な文言が落とされ、改正法は「個」の立場から「国家」を尊重する立場へと切り替えられています。

改正教育基本法は、旧基本法の「前文」冒頭の一文「われわれは、さきに、日本国憲法を確定し」という、憲法の精神確立への努力を抹消しました。憲法によって権力を抑止する国民の基本的な権利を押さえ込んでいます。「良心」とは、個々人の精神の自発性の働きですが、それが基盤を失いました。「教育」による憲法の「理想」の実現努力も削られました。「普遍的にしてしかも個性ゆたかな文化の創造」は、ただ「**新しい**文化の創造」へと変えられました（**ゴシック**は改正後の文言、もしくは改正案文）。「新しい文化」の中身は規定されていませんが、新たな国家主義的な文化でしょう。

改正基本法は「個」と「普遍性」を追放しました。その代わりに「**公共の精神を尊び**」、「**伝統を重んじ**」と「公共」と「伝統」の尊重義務を加えました。「公共」とは、二〇一二（平成二四）年に決定の「自民党憲法草案」（以下、「草案」と略記します）を見れば、「**公益と公の秩序**」のことです。「草案」の「Q＆A」（これはネットに公開されています）では、「公の秩序」は「社会秩序」のことであると説明されています。「公」が「国家」ではないとは明記していません。すでに改正教育基本法では「公共」と「伝統」とが並んでおり、両者が内容的に密接な関係があることが推察できます。「草案」を見れば、「伝統」とは「元首としての天皇」を「戴く」国家の伝統であることが分かります。明治の「大日本帝国憲法」(明治憲法)以来の「国体」の理念と伝統が想起されます。「公共性」が全面的に後退しています。教会の「公共的」役割を支える公共性の理念が退けられています。

「草案」の「前文」では、「日本国民は」で始まる憲法前文の冒頭句は「**日本国は**」に置き換えられ、憲法が国家のものであることが宣言され、この日本国は「天皇を戴く国家」であり、「主権が国民に存する」ことと、それに基づく国政が「人類普遍の原理」であるとの文言が削除されています。「草案」のQ&Aによれば、憲法の西洋的な「天賦人権説」を削除するため、ということです。「天賦人権」は単なる西欧近代の一説に過ぎず、「人類普遍の原理」などと言えないということでしょう。「平和の内に生きる権利」も削除されています。国防軍の創設のためにも、武器輸出のためにも、人々の平和に生きる権利は邪魔でしょう。総じて「草案」は個々人の権利を嫌うのです。

明治憲法二八条は「信教の自由」について、「安寧秩序を妨げず、及び臣民たるの義務に背かざる限りにおいて」と、これを限定付きで認めました。現行憲法はそれを排して、二〇条一項では「信教の自由」を「何人に対しても」保障しています。しかし「草案」二〇条一項は「何人に対しても」という重要な一句を削除しています。「草案」二一条は「集会、結社、言論、出版の自由」を「明治憲法」のように無条件では認めず、「公益及び公の秩序を害する」目的とするものには認めないとの制約を明確に課しています。二〇条一項での「何人に対しても」の削除は、「草案」におけるこの制約と連動するでしょう。最近ある政治家が「安保法案」に反対する学生たちを「利己的」と非難しましたが、その発想が「公益」と「公の秩序」の内実を説明しているでしょう。

なお、「草案」二〇条三項は「国家、地方自治体、公共団体」には「**社会的儀礼又は習俗的行為**」の範囲内の宗教活動を認めます。それは政教分離を厳格に判断し、愛媛県による靖国神社などへの玉串料の公費支出に対する最高裁の違憲判決(一九九七年)を無効とする意図を持つでしょう。「社会的儀礼」を拡張すれば、首相の靖国参拝も単なる政治家の儀礼と見なされる可能性があります。これはキリスト教が見張るべき「政教分離」と「信教の自由」の原則への明確な挑戦です。

問題の根は、戦後民主主義は国民が勝ち取った結果ではなく、根付いていないところにあります。戦前と戦後との精神的な「切断」がないのです。戦後、保守主義者には、元首の座を天皇に戻したい願望が残り続けました。願望は今や巨大な政治勢力となって現出しています。一九七〇年に発足した「神道政治連盟」は「神社本庁」の神道振興、天皇の元首化を視野に入れた自主憲法制定を謳う「政教不分離」の立場を表明する一大勢力です。神道政治連盟国会議員懇談会（会長は安倍晋三）には、驚くべきことに、二〇一六年二月一六日現在、三〇四名が参加していると言われます（Wikipedia による）。八月一五日には政治家たちが集団で靖国神社参拝を行っているのは周知の事実です。そのほかの国家主権に関わる日にも一定数の政治家が参拝しています。

この状況は、日本における政教分離が法理論の上だけであって、実際には意味を持っていない現状を物語っています。二〇〇〇年の神道政治連盟国会議員懇談会では、森喜朗首相（当時）が挨拶し、「日本の国、まさに天皇を中心としている神の国であるぞ」との意識高揚に努力してきたことを述べて、語り草になりました。問題の深刻さは、有力なメディアがこの発言を時代錯誤とは見なさなかったことに認められます（産経、読売は「政教分離に反せず」との立場を取りました）。

また、日本の首相は新年には伊勢神宮に参拝します。伊勢神宮は神社本庁の本宗の神社であり、天皇家の祖先を祭る特別の神社ですが、大多数の国民はその政教不分離のマツリゴトに違和感を感じていません（二〇一〇年一月四日には当時の首相の鳩山由紀夫も、翌年の同じ日に菅直人ですら伊勢神宮に参拝しました。二〇一六年一月五日には安倍晋三首相は九人の閣僚を伴い、自民党の県会議員、国会議員たちを従え、伊勢神宮に参拝しました。一月二二日までに、日本キリスト教会、日本長老教会、日本同盟基督教団がそれぞれの委員会より抗議声明を出しています）。

日本では今なお、「国家と宗教」が二元的な対抗関係に置かれていません。日本の過去を振り返れば、将軍家の政治的「権力」と天皇家の宗教的「権威」とは、相補的な二重構造を構成し、両者は対立関係にはなかったのです。両者は融合しやすく、戦前・戦中、国家の実権を握る軍部は天皇の権威を帯びて権力を振いました。

「いまや国家と宗教との二元的相克を知らない日本の《国体》は、ナチ《指導者国家》の将来にたいして、羨望せざるをえない《理想的》模範として称賛されることになっていた」（宮田光雄『カール・バルト　神の愉快なパルチザン』岩波現代全書、二〇一五年、114頁。『ナチ・ドイツの精神構造』に既述)。

「草案」の「前文」は、「国と郷土を誇りと気概を持って自ら守り」と記します。その祖国愛の実践が、「草案」九条二項が規定する「国防軍」を、将来、靖国参拝へと向かわせるかも知れません。「政教不分離」の日本では、「国防軍」や首相の参拝は国家自体の神聖化をもたらすのではないでしょうか。

バルトは『義認と法』(Rechtfertigung und Recht,1938『バルト・セレクション5』新教出版社、二〇一三年に収録)で「教会は安らかで静かな生活を必要とする」と記しました。教会はその保証を国家に求める権利があり、国家はそれを提供する義務がある。その義務を怠る「国家が[自己への]愛を要求し始める時には、[国家自身が]〈偽りの神の教会〉になりつつある」。バルトはその時、教会には「断固たる責任を覚醒した行動」が必要だと語ります。日本の教会は信徒に福音を語りつつ、他方で国家の神聖化に対して警鐘を鳴らせるでしょうか。

日本では同調圧力が高まっている

一九七八年のA級戦犯合祀は、それ以後の靖国神社参拝に特別な意味を与えました。一九八五年に中曽根康弘首相は靖国神社公式参拝を強行して日本の右傾化へとはっきり舵を切りました。それ以降、教育権力による愛国心の強調、公立学校における「日の丸・君が代」の強制、儀式での「君が代」の起立斉唱の強制が目立ちます。不起立教員に対する仮借なき処分は、八九年に北九州市で始まり、現在はとくに東京と大阪の公立校での処分が進行中です。東京でも大阪でも、不起立教員の反抗が平定されるのは間近いと見られています。

裁判所は処分を合憲としますが、起立斉唱義務が教員の思想・信条への間接的制約になることは認めています。にもかかわらず、裁判所は、八九年の文部省の「新学習指導要綱」と、都教委の起立斉唱義務づけた「通達」(〇三年一〇月二三日)を根拠として、「不起立者処分は合憲」との判断を未だに維持し続けています。

大阪維新の会の橋下徹知事(当時)は「草案」を先取りしたかのように、一一年に制定した国旗国歌に対する府条例において、起立斉唱は「国と郷土愛」の「意識の高揚」のため、と規定しています。この姿勢はかつての「皇国」と「皇民意識」の高揚運動を思わせるものです。一二年の大阪府条例は、驚くべきことに、同一内容の職務違反三回で免職と規定しています。東京都では〇四年以降、石原慎太郎都知事

（当時）の高圧的な政策で、少なからぬ良心的な教員が処分されています（二〇一五年一二月までの処分件数は四七一件、桝添要一都知事もその路線を踏襲しています）。被処分教員にはかなりのキリスト者教員が含まれています。不起立者処分は「個人に国家の公を優位させたいという、戦後の権力者が懐き続けてきた執念の暴力的な露出である」（拙論「精神の自由を貫く――「君が代」裁判とは何か」『福音と世界』二〇一六年一月号、45頁）。

「君が代不起立者」に対する処分は「同調圧力」の最も端的な事例です。起立斉唱という同調圧力は、かつて日本に侵略されたアジア国民にも、子女を公立学校に通わせる限り、向けられます。日本には異質な構成要素は含まれないという「共同幻想」が働くからでしょう。八六年に中曽根康弘首相（当時）は「日本人は単一民族」であると語りました。「先住民族」（オキナワ、アイヌ）も「在日コリアン」も視野の外に置かれています。これは日本の先住民・アジア蔑視が払拭されていないことを物語るように思えます。異質な他者の存在を認めないのは、「特殊主義」（Particularism「個別主義」とも言う）の特色です。

日本で国家に同調する奨めを最も早く国家の規律文書に記したのは、聖徳太子が制定したとされる『十七条憲法』（七〇四年）です。「一に曰く、和を以て貴しとなし、逆らうことなきを旨とせよ」（「一曰、以和為貴、無忤為宗」）。しかし、注意が必要です。「和を以て貴しとする」は、後半句の「逆らうことなきを旨とする」、すなわち国家に「服従すること」とセットにされています。「草案」の「前文」は「基本的人権を守り、和を尊び、家族や社会全体が互いに助け合って国家を形成する」と記し、「基本的人権」を決して一人歩きさせません。Q＆Aは「和を尊び」が聖徳太子以来の日本の徳性であると説明します。

日本における「和」とは、結局「同調」（Alignment）です。「和」は等質性を求めます。かつて民衆は権力に「滅私奉公」させられましたが、日本人は身分の違い、宗教の違いに関係なく、「天皇の赤子」としては等質と見なされました。権力と権威を、政治と宗教を、合着させる「万世一系」の「天皇」の聖性がそれ以外の人間を等質と見なすイデオロギーを可能にしました。一人突出する天皇の統治が政治の「単数原理」の根拠です。また単数原理の象徴でもありました。「草案」が一条で、天皇を国家の「元首」と規定するのは、政治を支配する単数原理の確保のためであるように思われてなりません。単数原理は支配層の特権を保証するでしょう。

日本的なメンタリティは過去を排除する

「和」は結局、大勢順応（Acclimation）を誘導します。それは『古事記』以来の日本人の心性となりました。丸山眞男は「つぎつぎ」、「なる」、「いきほひ」という、日本近現代には常に古代的な心性が持続していると指摘しています（「歴史意識の古層」一九七二年、『丸山眞男集10』岩波書店、『忠誠と反逆』ちくま学芸文庫に収録）。

古事記は神々と島々の生成記事から書き始めます。引用しましょう。

「天地の初発の時、高天の原に成りませる神の名は、天の御中主の神。次に高御産巣日の神。次に神産巣日の神。…」。「次に国稚く、浮かべる脂の如くして水母なす漂へる時に、葦牙のごと萌え騰がる物に因りて成りませる神の名は、宇摩志阿斯訶備比古遅の神。次に天の常立ちの神」。

その後、十柱の神々が次々に紹介され、伊耶那岐《イザナギ》と伊耶《イザ》那美《ナミ》の男神と女神のペアの登場で結ばれます。この二柱の神が天つ神の命を受けて地上に降下して漂う国を固め成し、沼矛を海水に指してかき回して引き上げると、滴る海水が固まって島となる。伊耶那美が伊耶那岐より先に「あなにやし、えをとこを」と宣った（「のる」は呪力を持った言葉の発出）ので、二神が交合しても、まともな子（国々）が生まれず、伊耶那岐が伊耶那美より先に「あなにやし、えをとめを」と宣り直すと、各地の国が生まれたと記されます。

丸山は国土の誕生を語る神話的な叙述に「次々に成り行く勢い」の原型を見出しています。葦牙が萌え騰がるのは、有機体的な生命が一方向へと噴射する勢いを示しています。人々は政治の威力に服すのです。伊耶那岐と伊耶那美に宣る上位の神が存在します。神々に階層があり、尊卑の関係があって、男女に及びます。

神々と国土の「生成」は呪術行為と生殖の結果です。古事記を国学の典拠とした本居宣長は「神ながら」（威力が浸透するまま、成り行きのまま）を「やまとごころ」として推奨し、「からごころ」（漢心）を「作為」の立場であるとして排除しました。

「神ながら」は歴史意識を排除します。歴史意識が「過去」の重視によって作為的に構成されるからです。「過去」は「現在」を批判的に吟味し、行為者のあり方を反省する機能を持っています。現在の「秩序」の批判の根拠が「過去」です。

他方、「神ながら」の拠り所は、宣長における「古事記」、すなわち「神話」です。「神話」は現在の秩序を肯定的に根拠づける「原古」（もしくは太古）の意識です。「神話」はその根拠付けの機能において定義するのが有効です。

神話的な「原古」の意識は「過去」を排除します。現代では、日本のアジア侵略、従軍慰安婦問題という自己批判と謝罪のための過去の出来事を消去しようとします。過去の加害に代えて、日本が開始した大戦がアジア諸国に宗主国からの独立を促すきっかけになったという、日本の寄与を強調して、負の遺産を覆ってしまおうとします。

「原古」の意味は現在の国家秩序を根拠づけることですから、いわゆる「神話時代」の出来事をそのまま信じ込むまで人々の意識を戻す必要はありません。「王政復古」を「錦の御旗」として掲げ、天皇制への復帰を果たした「明治維新」は十分、「原古」たり得ます。大戦の傷がまだ癒えていなかった一九六八（昭和四三）年、政府は一〇月に「明治百年」を祝う祝典を挙行し、各地に記念物を残しました。「明治百年」の制定を前にして政府はその間の過ちを反省するとの姿勢をも示しましたが、祝典の挙行と記念事業とは、明治の偉業を称えて暗い昭和の前半期を消去したいという意図に基づくでしょう。それに二年先立つ一九六六年に制定された「建国記念日」は明らかに「原古」の意識に基づく祝日でした。二月一一日は神話上の神武天皇の即位日、「紀元節」として敗戦まで祝われていました。首相の伊勢神宮参拝も靖国参拝も客観的には「原古」の意識の更新を果たすものです。伊勢神宮の式年遷宮は、その「原古」性を主張しているように見えます。

原古は反復を要求します。それが「儀式」の本質です。「君が代起立斉唱」の要求も、「非違行為者」（「良心的不服従者」とは決して呼ばれません）処罰の実行は、「過去」に差し向かわない国家を是認させようとする「原古」の意識への服従要求に思われてなりません。日本が「伝統」を重んずる特別な国民であることを権力によって認めさせようとします。

今日の歴史修正主義者の歴史教科書は「過去」に対する批判的な感覚を弱体化させ、「原古」を強調します。『新しい歴史教科書』（扶桑社、市販本　二〇〇一年）は神話的な物語を大きく取り上げました。見落とせないのが、最初（6〜7頁）に記された教科書編纂の意図です。

「歴史を学ぶとは、今の時代からみて、過去の不正や不公平を裁いたり、告発することと同じではない。過去のそれぞれの時代には、それぞれの時代に特有の善悪があり、特有の幸福があった」。

「歴史を固定的に、動かないもののように考えるのをやめよう。歴史に善悪を当てはめ、現在の道徳で裁く裁判の場にすることもやめよう。歴史を自由な、とらわれない目で眺め、数多くの見方を重ねて、じっくり事実をたしかめるようにしよう」。

この教科書は「偏りのない」歴史観の手本を示したつもりでしょう。「それぞれの時代には、それぞれの時代特有の善悪があり」とは、もっともですが、「過去」の負の遺産の直視を避けるための予防線を張ったように見えます。各時代の善悪の強調は「普遍主義」を排除しているように見えます。「歴史に善悪をあてはめ、現在の道徳で裁く裁判の場にすることもやめよう」。これも見事な、「歴史相対主義」的な論理です。現代は価値の多様性を認める時代であり、歴史相対主義的な姿勢も必要です。しかしこの教科書での歴史相対主義の装いは、「普遍主義」を排除し、特殊な価値観に誘導するための「地ならし」かも知れません。引用した教科書の後半の叙述にはその試みがちらついてはいないでしょうか。「偏らない」などという、もっともに聞こえる言葉には批判的感覚を麻痺させる毒が仕込まれていないかどうか。それを見抜く力を養うべきでしょう。

以上が、「いま」の時代状況についての一つの概観です。この状況の中で旧約聖書を読むとどのような特色が見えてくるでしょうか。それを試みましょう。

ここで、現代日本の動きとの対比のために聖書に意識を切り替えます。『新しい歴史教科書』の姿勢と対照的なのが、旧約の「原初史」(創1~11章)です。「原初史」はイスラエル民族の誕生を記す前に「人類」の誕生と諸民族の広がりを論じています。「普遍主義」の宣言だと言えます。「歴史書」は民族の、ことに指導者の過去の行為について、明確な評価を下して、指導者の懺悔を求めます。ダビデが部下の妻を奪ったことを後代の倫理基準から厳しく批判しています。また「預言者」は現在の民族の罪を指摘して、懺悔すべきことを審判預言によって語ります。旧約聖書が善悪を相対化することは決してありません。

旧約聖書は原古の意識に対立し、個の尊厳を基礎づける

旧約聖書の編纂はイスラエル/ユダヤ民族を支配した世界帝国とその王権イデオロギーを跳ね返してアイデンティティを確立するための、「対抗文化」(Counterculture)の提示でした。「原初史」巻頭の「創造記事」はその綱領的な宣言であると見なすことができます。

創造記事には神の六日間の創造が描かれています(創1・

3-31）。それぞれの日の終わりには、「夕べがあり、朝があった。第〇の日である」との定型句が繰り返されます。これは単なる反復ではありません。世界の完成は「つぎつぎ」に成り行くという「生成」ではなく、一日一日がそれぞれの存在価値を持って独立していることを確認する言葉です。第六日には特別な価値が認められています。その日に人間が創造されました。

第七日は、それまでの日とはさらに区別されて、その日に「安息日」が制定されました（2・1-4）。「安息日」の制定は、確かに現在の秩序を根拠づけています。その点では神話的な機能を果たしているように見えます。しかし第七日目の記事は、「なぜ人間がそれを守らねばならなくなったのか」という問いへの説明となるような、神話が問題とする人間の運命的な行為には、まったく関心を示しません。神がその日に創造を完成して安息し、その日を聖別したという、神の自由を語るのみです。安息日は人間の配慮によるものではありません。人間に対する神の恵みです。また安息日は支配者の特権やその祭儀を根拠づけていません。ユダヤ民族にも特権を与えません。それは諸民族を超えた創造の秩序で、一民族の特殊主義的発想を破る普遍性を持っています。

なお、出エジプト記と申命記に記された「十戒」にも「安息日」の規定があり、その日の遵守を求めますが、それは一民族を超え出ています。驚くことに、人間を超えて被造物全般に安息日の効果が及びます。その日には、男女の性別、自由人と非自由人、住民と寄留者、人間と家畜の区別に関係なく、すべての被造物が安息すべきであると規定されます（出20・10、申5・14）。社会的弱者と家畜とが酷使され過ぎないようにと、配慮されます。申命記は安息日の意味づけのために、人々がエジプトで奴隷状況に置かれ、そこから救済されたという「過去」を想起させます（申5・15）。申命記は現実の社会を批判的に吟味することを求めています。神話のように、現在の国家秩序を肯定するものではありません。

人間の創造に関して、考察を加えましょう。創1・26-27は、南北の二大帝国のイデオロギーに対抗しています。帝国の大王は神から統治委任を直接受けた支配者か、神と実体的に連続する神聖な存在と考えられていました。メソポタミア諸国の王は地上における神の代理人として支配しました。その意味で王は「神の似像」です。王者・英雄の血統は神に起源を持つと観念されます。ギルガメシュは神の血統を三分の一所有しましたが、死ぬ運命を免れません。それに対してエジプトのファラオは「神の似像」を専有する現人神であり、死後は地下世界の永遠の緑野で生きると信じられました。

　それは日本の天皇にも当てはまります。古事記によれば、神武天皇は邇邇藝《ニニギ》の命の曾孫です。万葉歌人はすでに天皇を神的存在と見なしていました。柿本人麿呂の歌を一首挙げます。「大君は神にしませば天雲の雷が上に廬《いほり》せるかも」（万三－235）。明治憲法三条は「天皇は神聖にして侵すべからず」（現代表記による）と規定しました。一九三七（昭和一二）年に文部省が編纂した『国体の本義』によれば、「国体」は「万世一系」の天皇の「神勅」を奉じて「万古不易」で、天皇は「現御神《あきつみかみ》」であると規定されています。天皇はファラオの「現人神」の類型で理解されます。

　創1・26では、神は「われわれの像に、われらの姿に似せて人を造ろう」と決意しました。注意しましょう。「人」（アダーム）は王ではなく、具体的な個々人の総称です。総称としての人類の代表としての一人の「人」です。人類の一員である「私」でもあり得る「人」です。神はこの「人」こそが「神の似像」であると宣言します。ボンヘッファー、バルト以後のプロテスタント神学は「神の似像」を存在論的な類比ではなく、「関係の類比」(analogia relationis) として理解してきました。「関係」とは「応答」の関係です。男女の差し向かいが応答関係を具体的に示します。その根底には人間に応答する神の決意があります。人間はこの神の応答性を他者との関わりで写す限りにおいて、「神の似像」です。

　神ご自身の応答性は、神の一人称複数表現「われわれ」が示唆する人間創造の意志決定のプロセスに現れています。まず、「神は言った」と記されます。神ご自身が聞き手です。ご自身において対話的な関係を実現するのですから、神はご自身を「われわれ」と複数で表現するほかありません。私はここでの一人称複数の使用をcommunicative（コミュニケーションが成り立つ状況）と理解することに賛意を表します。神は人間を創造する意志決定において「熟慮」します。神は対話を欲しますが、「対話」は相手が言葉を返す力のある対話者であることを承認します。しかし自己の他に対話者がいません。神は言葉を自分に返す相手としての自己と対話し、その自己を説得した、その意味でのコミュニケーションを行った、と理解できます。私はそれを丸山眞男の言葉である「自己内対話」の考え方を適用して積極的に理解したいのです。丸山は「自己内対話」を次のように説明します。

　「自分のきらいなものを自分の精神のなかに位置づけ、あたかもそれがすきであるかのような自分を想定し、その立場に立って自然的な自我と対話することである。他在において認識するとはそういうことである」（丸山眞男『自己内対話』みすず書房、一九九八年　252頁）。

私の目は、「あたかもそれがすきであるかのような自己を想定する」という表現に釘付けにされます。丸山が考える「自己内対話」とは、自己の欲求を限定するように自己の精神の自由を行使することだと言えましょう。「他在において認識する」という表現も見落とせません。「他在」、すなわち自分とは違う独立した他者が存在し、そのような「他者」の存在が自分を対話者にするということです。この他者の存在意味を認識しなければ、「対話」は成り立ちません。このように、「自己内対話」は自分が自己の内部に閉じこもることでは決してありません。他者との対話に自分を開く行為です。神はそれを行い、人間をご自分に応答するそのような存在として意味づけました。神が人間に差し向かう真剣な意志が、人間における「個の尊厳」を基礎づけます。他者に応答する個々人の主体性を基礎づけます。

（人間の創造に先立つ神の自己限定の決意はイエス・キリストの出来事として具体化されます。また神の「自己内対話」は内在的三位一体論を準備するでしょう。しかし神学的な議論には立ち入らないようにします。）

創1・27bは、「神は男と女とに、彼らを創造した」と記します。口語訳、新共同訳は「彼らを」（オーサーム）を訳しませんが、ハンナ・アーレント（Hannah Arendt, 一九〇六－一九九五）は「彼らを」に彼女の言う「活動」（公的社会における政治活動）の基盤である人間の「多数性」を、言い換えれば「複数原理」を見出しています（『人間の条件』ちくま学芸文庫、20頁参照）。さすが、と言うべきです。

団体における指導者のあり方

イスラエルは民主政にまで達することはなく、教会が生み出した近代以後の政治社会も指導者を必要とするゆえに「間接的民主政」に止まりました。イスラエルも教会も「複数原理」を統治の原理として提示しなかったのです。その代わりイスラエルも教会も単数原理を排除する「団体」としてのあり方を模索しました。そもそも、神と人間はそれぞれに対話的な自律存在です。人格的な次元では複数原理が確立されていました。それが「団体」を構成する必要条件です。

出32章は「金の子牛事件」として知られています。出32－34章までは後代の申命記史家の筆によります。その最初に置かれた32章は「契約団体」としては失格したイスラエルを仮借なく描きます。その叙述は失敗に対応する指導者のあり方をモーセの意志と行動において示した傑作です。32章には五書形成期の編集者たちの加筆が複雑に加わっていますが、ここではそれを問いません。編集過程に関する詳細な議論については拙論をご覧ください（「モーセ　とりなしの愛」『旧約聖書の水脈』所収）。基本的な物語は1－6、7－8、15、19、21－24、30－34節をつなげてみれば読み取れます。物語の筋書きだけをかいつまんで紹介しましょう。

ヤハウェとイスラエルが特別な契約関係に入った後、民の代表者モーセが一人だけ山に残り、神からの指示を受け続けています。山の麓に残された民衆からは神が隠されて四〇日も経ちました。民はモーセの生存も定かでないと思い、不安に陥ります。頼るべき神のない生活には耐えがたいのです。そこで人々は留守をまかされていた祭司アロンに向かって、自分たちに「先立って進む神」を与えてくれるように要求しました。アロンは民衆の要求を容れ、人々から金の装身具を提出させて「金の子牛」を鋳造し、ヤハウェの祝祭日を設けて布告しました。その日、人々は犠牲を捧げ、会食しました。民は食べ、「立って戯れた」。（これは農民が豊饒の予祝のために集団的に酩酊し、性行為を伴いつつ、乱飲乱舞することを含意します。）モーセはヤハウェから注意を受け、急ぎ下山し、その事態を見て怒り、金の子牛を火で焼き、粉々に砕いて水に混ぜ、それを民に飲ませました（それは懺悔の行為です）。モーセは民に偶像礼拝の大罪を犯させた理由をアロンに問い糺しましたが、彼は民衆のためにやったことだと弁解するのみでした。モーセは祭りの翌日山に戻り、「命の書」からの自分の名の抹消と引き替えに、神が民を大罪のゆえに滅ぼさないようにと、執り成しの祈りを捧げました。神はそれに答えず、モーセに民の指導の続行を命じました。神はただ、裁きの日には処罰するだろうと語ります。

「金の子牛事件」を読むと、イスラエルは、モーセですら変更できない、超越性を持つ「共同の約束事」（十戒の存在を語りの上ではすでに前提としている）の受容によって成り立っていると了解されています。それを真剣に受け止める人々がこの物語を伝承し、今日のように造り上げました。約束事の受容は明確に「作為」です。「金の子牛」の鋳造と礼拝は、アロンと民による重大な約束事破りです。この重大な「罪」に対して、モーセは連帯責任を表明しました。「団体」に責任を持つ指導者は、団体の過ちに対して自ら傷を負います。彼は法の外に立つ特権者ではありません。

他方、「民」はどうでしょうか。彼らには「共同の約束事」を受容したという意識がありません。彼らにとっての神は法を与える者（共同の約束事を根拠づける超越的な第三者）ではなく、彼らの不安に応えて豊饒を約束する存在であるに過ぎません。その意味で、神は民の利益の根源です。(「経済至上主義」は現代に固有の欲求ではなく、古代から威力を振るっていました。)民は利害状況によって離散する「集団」にほかなりません。民は「金の子牛」を祭り上げる「いきおい」に身を委ねます。それを止める人はいません。

アロンは「集団」の利益の要求に対する批判力をまったく持ちません。モーセから民に大罪を犯させた理由を問われると、アロンは「この民の悪いことはあなたもご存じです」と答えて、自分を局外者として位置づけました。彼は民の不安を鎮めるために金を集めましたが、「わたしがそれを火に投げ入れると、この若い雄牛ができたのです」(24b)と弁明しました。「できた」には、「出てきた」、「生まれた」という動詞(ヤーツァー)が宛てられています。それは「なる」の立場の表明であり、彼が制作したという作為を否定するものです。彼は自ら約束破りの当事者の真ん中に立ちながら、局外者として振る舞い、処罰を免れました。傷を負わないのです。

出32章は、イスラエルが「団体」の精神をいかに維持しがたいかを語り、警告を発します。顧みて、礼拝団体である「教会」もまた例外ではありません。この物語は、モーセが自らの霊的な命を犠牲にして民の罪を神に執り成そうとした、民への愛を語っています。またこの民に対する神の忍耐が語られています。福音を準備し、福音を先取りしています。教会とその指導者がこの物語から学ぶことは大きいでしょう。キリスト者はこの国の集団主義に対する醒めた目をこの記事から養うことができます。

講　演

Ⅸ

石田　学

2017年3月14日–16日
関西セミナーハウス

わたしの霊的な歩み

――いまも途上にある魂の旅

はじめに

二回の講演の一回目を自伝的な内容でとのことでした。わたし自身六四年近い生涯を振り返ってみて、大きな苦難の体験はなく、波瀾万丈の生涯というわけでもありません。しかし、生まれた環境、幼少時から青年期の精神的遍歴、そして今日に至るまでのいろいろな出会いと体験が、わたしの感性と精神を形成してきたことは間違いありません。

人は誰でも、多くのものを生物的に遺伝情報として受け継いでいます。たとえば、わたしの髪は四十代半ばでかなり白くなりました。これは両親の遺伝です。強度の近視と乱視で視力がとても弱いのは父からの遺伝です。しかし、それだけでなく、あるいはそれ以上に、親の人格性、育った家庭の環境、地域の社会性、その時代の歴史的文化的背景などによって人は形作られてゆくものです。同じような出来事であっても、それをどのように解釈し、どのような仕方で体験するかによって、その出来事が人格形成に与える影響は異なってまいります。そこで、今回は、二つの観点からわたしの霊的な歩みについて話してみたいと思います。一つは、わたしの家族との関わりとわたしの受けた教育が、わたし自身の人格と思想を形作る上でどのような影響を与えたかということです。もう一つは、牧師としての体験がどのように今のわたしへと導いたかということです。

わたし自身、今回の依頼を受けるまで、自分自身のこれまでの歩みをきちんと省察したことがありませんでしたので、この講演はわたしにとっても、今に至るまでの魂の旅を振り返る良い機会となりました。

家族と生い立ち、そして教育

わたしが生まれ育ったのは、神奈川県小田原市です。もともと小田原の出身ではなく、祖父は渋沢村という今の秦野市の農家出身でした。祖母は山梨県の出身で、祖父の仕事で名古屋に住み、祖父が結核で勤めを辞めてから、祖母の母がいた小田原に引っ越してきました。二人の間に五女二男が生まれましたが、末の子は戦時下の栄養不足で亡くなりました。わたしの母が長女でした。

母は幼い時から病弱だった両親を手助けし、弟妹たちの世話をして、親に代わって授業参観にも行ったそうです。いろいろな意味で母の肩に一家の将来が託され、女学校を卒業すると文字通り一家の希望と未来を一身に背負って、福島県立女子医学専門学校に入りました。第二次世界大戦の最中のことです。家族のなけなしの財産のほとんどがわたしの母に託されました。母の選んだ専門は小児科でした。研修は東京にあった日本医学専門学校（現在の日本医科大学）でおこないました。そのときに知り合って恋愛結婚した相手が、わたしの父です。

父は東京浅草の生まれ育ちでした。もともとは陣屋（大名相手の宿屋）を経営する一族であったようですが、戦争ですべてを失ったようです。父は頑固なところがありますが、性格は温厚で殺生を好まず、戦場に行くことを避けるために、日本医学専門学校に入り、医師となることを志しました。戦争がなければ、父は新聞記者になって、その後政治家を志したかったようです。「ようです」というのは、父がそのことを誰かに話したことはなく、わたしが子どもの時、ただ一度だけ、父がそのことを話した記憶があるからです。

父の手と顔にはケロイド状の傷がありました。左手の小指と薬指は半分曲がったままで伸びず、頬からあごにかけても、醜いというほどではありませんが、皮膚がつっぱっていました。なぜそうなったのか、父は直接話すことはありませんでした。東京大空襲で負ったやけどの跡であることは、母から聞いたことです。

父と母が結婚し、聞いたことがないのでいきさつはわかりませんが、母の家族と暮らすことになりました。小野の家で石田夫妻が同居する生活でした。母は結婚後、小田原の自宅を一部改装して開業し、小児科医院を開きました。父は医局に残りましたから、毎朝早朝に小田原から東海道線で本郷の日本医大に通い、ほぼ終電で帰って来る生活でした。わたしが子どもの時に知っている父は、月曜から土曜までほとんど会うことはなく、日曜日は疲れ果てて昼まで寝ているというものでした。

母方は一族がクリスチャンでした。母の祖父母が最初の信仰者でした。わたしは四代目ということになります。父はキリスト教とは無縁の生まれ育ちでした。クリスチャンである母と結婚するにあたり、いつかきっと洗礼を受けると母に約束したそうです。それが実現したのは結婚後二十年近く過ぎてからのことでした。どうしてそんなに時間がかかったのかは、後で触れることにします。

家族の信仰的系譜（母系家族）

わたしの曾祖父がどのようにしてキリスト教と出会い、信仰者になったのかはわかりません。祖母にきちんと聞いておけばよかったのですが、以前はそのような関心はなかったため、知ることができませんでした。祖父母は養蜂家でした。蜂の世話をおもにしていたのは曾祖母で、曾祖父は学者だったようです。「養蜂大鑑」というミツバチ飼育に関する分厚い著作があり、かつては養蜂家のバイブルであったそうです。その夫婦の娘であったわたしの祖母がどのようにして祖父と知り合ったのか、これも聞いておけばよかったのですが、聞きそびれてしまいました。祖父は渋沢村の農学校を卒業して東大に入り、日本銀行に就職しました。農学校から大学に進学する者などほとんどない中で、祖父が東大に合格したことは学校でも渋沢村でも一大事件であったそうです。祖父は仕事の関係で十五年戦争のただ中、太平洋戦争の直前に満州を視察し、この戦争は負けると確信したそうです。

すでにクリスチャンであった祖母と結婚した祖父は、結核をわずらって小田原に引っ越してまもなく、国府津ホーリネス教会で洗礼を受けました。

ホーリネス信仰の系譜

祖父の仕事で名古屋での生活をしていた時期に、祖母はじめ家族はホーリネスのリバイバル運動に感化され、ホーリネス信仰の根幹である四重の福音（新生、聖化、神癒、再臨）を受け継ぎました。祖母は四重の福音の中でも特に神癒と再臨に関心が強く、癒しの祈りが小田原の教会（日本基督教団小田原十字町教会）の信仰理解と異なり、牧師から「あなたの信仰とわたしたちの信仰とは異なる」と言われる原因ともなりました。

長老主義の系譜

小田原から国府津までは少し距離があり、列車に乗っての教会通いでしたが、やがて曾祖父母が関係していた、一八九七年設立の小田原基督同胞教会（Church of the United Brethren in Christ）に移り、祖父は教会の長老として教会の働きを担い、特に一九四〇年に宮内俊三牧師が赴任してからは、祖父と牧師は無二の親友となって家族ぐるみで親しい交わりをしてまいりました。しかし、祖父が一九五一年に脳溢血で突然天に召され、宮内牧師は翌五二年、「小野さんのいない教会にいるのがつらい」との理由で十字町教会牧師を辞し、他の教会に移ってゆかれました。後任は藤原亮先生で、五二年から九五年までの長い年月にわたり、牧師を務めました。藤原先生時代に十字町教会は長老主義の立場を鮮明にし、やがて連合長老会に加盟することとなります。

祖父の死後、祖母が長く十字町教会の長老を務めましたが、癒しと再臨の理解をめぐって牧師とは意見が合わなかったようです。わたしの母が父と結婚したのは一九五二年、小田原十字町教会においてでした。結婚と同時に小田原で暮らすようになった父は、医局での働きと研究に没頭し、唯一の休日である日曜日は昼過ぎまで寝込んでいる状態でしたから、礼拝に集うことはほとんどできない状態でした。わたしは祖母、母、そして叔父叔母たちに連れられて幼児の時から教会に行き、幼稚園は無認可の付属幼稚園「めぐみ園」を卒園しました。長老主義神学に立ったことと、おそらく牧師の性格で、とても几帳面な教会でした。十時に会堂の柱時計が「カチ、カチ」と十回鳴ると(ボーン、ボーンという音は止めてありました)、ぴったりに前奏が始まり、牧師が招詞として詩編一〇〇篇(文語)を読んで礼拝が始まりました。礼拝の間、わたしは家族と共に会堂にいましたが、子どもが声を出してよい雰囲気ではなく、わたしは教会の隣りにあった雑貨屋でチョコレートを買い与えられ、それを一時間の礼拝の間、本を見たり絵を描いたりしながら、ちびりちびりと囓って過ごした記憶があります。この教会しか知らなかったわたしは、この教会が「教会」というものの標準であり、すべての教会がこうだと思い込んでいました。小学生までのわたしにとって、正統な教会は日本基督教団とルーテル教会と聖公会、そしてカトリック教会だけで(親戚に信徒がいましたから)、その他の教会は怪しい「異端的な」ものだと思い込んでいました。

父の体験と信仰

ここで父のことを少し話したいと思います。わたしの父は結婚して小田原に来ました。小野の家に入りましたが、婿養子になったわけではなく、小野の家に石田姓の両親が同居するという形でした。家にほとんどいない生活でしたし、寡黙であった(と思われていた)ため、嫌われていたわけではありませんが、あまり馴染みもしなかったようです。

父は自分の体験はほとんど話すことがありませんでした。実はわたしも、父本人の口から結婚に至るまでの生涯について直接聞いたことはわずかしかありません。父の家族は浅草におりました。太平洋戦争末期の一九四五年三月十日、東京大空襲の業火により父は家族のほとんどを失いました。空襲警報が鳴ると、近くの防空壕に避難する日々でした。防空壕といっても、そんなに深いものではありません。本格的な空襲に遭えば、気休めにもならない程度だったのでしょう。その日、父の家族は、防空壕に逃げ込み、焼夷弾の直撃を受けました。長男であった父は、母と弟妹たちを先に防空壕に入れ、最後に壕に入ろうとして、入り口の一番近くにいました。その時、天井を貫通して壕の中で爆発した焼夷弾によって、父の母と、五人の弟、妹たちは焼き尽くされました。奥で燃える家族を助けようとして伸ばした父の手は、しかし、短くて彼らには届きませんでした。

こうして父は、母と兄弟姉妹を失いました。生き残ったのは、顔と手に重いやけどを負った父と、徴用されて家族とは共にいなかった祖父だけでした。その体験が、父に重大な疑問、神への問いを抱かせたのだと思います。この世界に神はいるのか。神がいるなら、どうしてこのような残酷なことが起きるのか。神は、冷酷で理不尽な神なのか。神は、この世の悲惨、罪のない者の苦しみには無関心なのか。

父がなかなか洗礼を受けなかったのは、忙しいという口実もあったかもしれません。しかしこの疑問が心にずっとあったはずです。この問いに対して、神に答えてほしかったのだと思います。父は日本医大の小児科医局を離れ、ある企業の病院で医師として働くようになりました。その背景には医学部という白い巨塔の内部事情もあったようです。時間的には余裕のできた父は、この問いに向き合うこととなりました。問うても神から直接答えを得ることはできないので、聖書に答えを求め、牧師に疑問を投げかけ、神学者の書物の中に光を求めてきたのだと思います。父は二〇一二年に亡くなりましたが、遺品の聖書には赤や青の線が引かれ、膨大なメモがはさみこまれ、二倍の厚さに膨れていました。わたしは機会があれば父に、受洗に至る霊的な旅を訊きたいと思っていました。しかし、亡くなる五年ほど前に転倒して脳挫傷になり、こうした深い会話はできなくなってしまいました。いまでも残念です。ただ、わたしの心象では、父は結局、わからないことはわからないこととして保留し、神に委ねることにしたのだと思います。父はクリスチャンになる直前、菩提寺で父が主催者となる最後の法要をおこない、代々の墓を弟に委ねて、教会の幾組かの家族と共に小田原に石田の墓地を設けました。

このように、結婚から二〇年近くの歳月の後、一九七一年にわたしの父は洗礼を受け、クリスチャンになりました。忠実に信仰生活を送りましたが、神学的、聖書学的な妥協はできない人で、牧師と議論し、しばしば論争にもなったようです。牧師としてはとても迷惑な信徒であったことと思います。しかし、その議論にはほとんどの場合正当性がありました。わたしが牧師となってときどき実家に戻ると、父とはよく信仰、神学、聖書を巡って話し合いました。楽しい時間でした。教会で牧師とどのような議論が繰り広げられたのか、あまり詳しくは聞いておりませんが、聖書批評学をめぐる義論が多かったようです。父はもちろん聖書学を専門に学んではおりませんでしたが、本だけは大量に読み、知識を蓄えていました。牧師も聖書学の専門家というわけではありませんでしたから、きっと苦労させられたと思います。わたしの印象に残っているのは、同性愛を罪と断定する牧師に対して、父はかなり強く抗議し、「罪の問題ではなく生物学的なことがらだ」と主張したことです。この義論は平行線に終わったようですが。

その父が「死亡時典礼」のお願いとして、十字町教会の牧師に書き送ったメモがあります。その中でかなり無理な要望、たとえば会場にマーラーの交響曲第二番（復活）の第五楽章を流してほしいなどと願っていますが、その末尾にこういうくだりがあります。「列席者が遺族に挨拶するために通るときにおめでとうとは言い難いでしょうから笑顔で喜びの意を面に込めて会釈して会場を後にしていただきたい」。温厚ではあっても、とても頑固で少し変わったところのある父を理解することは、家族の中でも難しかったようです。おそらく家族の中でわたしだけが父の思いにある程度の共感を抱いていたかと思います。

信仰的な模索 —— ストイシズムへの憧憬

わたしはいつの頃からか、ストイックな生活への憧れを抱くようになりました。単純な感情ではなく、憧憬と恐れの混在した感情と言うべきものです。ストイックなものに憧れると同時に、それによって失われるものが多いことへの恐れ。怖いものに魅了される感覚と似ていたかもしれません。その狭間での緊迫感に魅了されたのかもしれません。小学生から中学生の時期、地味な服装を心がけ、禁欲的な生活を試みました。もちろん子どものすることですから、一貫性があったわけではなく、恣意的なものに過ぎませんでしたが。

中学二年生の時わたしは事情で小田原の中学から玉川学園に転校しました。させられたと言った方が確かです。今にして思えばかなり風変わりな子どもで、勉強もほとんどしなかったため、家族、特に祖母と母がわたしの将来を案じたのでしょう。せめて大学までは親の責任として行かせようと考えて、大学までエスカレーター式に進むことのできる玉川学園に編入学させようと考えました。祖母に連れられて玉川学園に行き、編入試験を受けさせられ、編入学が決まりました。わけのわからないままに自分のこととは思えないまま事態が進んでいき、気付けば「玉川っ子」になっていました。最初、通学は小田原から通いました。片道一時間半はかなりつらいものでした。そこで、途中から町田に住んでいた叔母家族のもとに間借りをして通学しました。小原國芳先生の全人教育はすばらしい教育理念です。しかし、わたしには合いませんでした。自由でのびのびとしているようで、実際には自然動物公園で飼育されているように感じたからです。わたしは良くも悪しくも批判精神に富んでいたので、疑問を抱かないでみんなと同じことをさせられることが嫌でした。むしろ自由奔放さと自律性を求めていたのだと思います。それとは矛盾するようですが、同時にカトリックの修道生活に心引かれていました。わたしは学校に行くのが嫌で、あらゆる手段で病気を装って学校を休み、休学しました。わたしの休学を支援してくれたのは父でした。父自身がかつて、将来の道がわからず休学した体験があったことは、後で知りました。父が「好きな魚釣りと読書で過ごすのも良いのではないか」と言ってくれたおかげで、わたしは三年生の六月頃から一年間近く、読書と魚釣り（おもに鮎釣り）に没頭しました。

自分の将来が不透明で、自分自身の存在がとても空虚に思われました。かぎりなく透明な自分。霊的な透明人間。それが実感でした。街を歩いていて、自分がほんとうにそこに存在しているのかどうか確信が持てず、人々がぶつからないようにわたしをよけて通ることが不思議でした。他の人にはわたしの存在が見えているのだということが驚きでした。そんな中で心引かれたのがフランスの作家アンドレ・ジッド（当時はジイドと呼んでいました）でした。『狭き門』『田園交響楽』などに惹かれ、何よりも彼の「わたしはカトリックでもなくプロテスタントでもない、キリスト者だ」という言葉に感銘を受けました。

やがて三年生として復学することになりましたが、ここに自分の居場所はないと感じたわたしは、中学を卒業したらエスカレーター式に高校進学するのではなく、別の学校に出ることを考えました。医者になりたいからということを口実にしました。そこで、大学受験のできる高校を受けることにしました。たぶん祖母や母は喜んだと思います。父の思いは好きにしろということであったかと思います。本当に医者になりたかったのか。わたし自身未だに分かりません。ただそこを出たかったというのが本音です。どの高校を受験するか。幾つか候補を選び、最終的に暁星高校ともう一校を受験しました。玉川中学は、高校受験の対応がまったくありませんでしたから、高校受験をすることを告げると、学校としては対応できないので自主学習でしてくださいと言われ、月に一度、近況報告に行くだけで出席扱いになり、あとは自宅学習をすることになりました。真剣に受験勉強などする意志はありませんでしたから、相変わらず読書と魚釣りに専念し、申し訳程度に夏休みなどにおこなわれる中学生対象の予備校集中講座に行く程度でした。

二校受験しましたが、ほんとうに行きたかったのは暁星高校です。カトリックの学校でしたから。当時暁星は中高一貫教育でしたが、一クラス分だけ高校からの入学者を受け入れていました。今にして思えば奇跡的に暁星に入学することができ、はじめて学校で自分の居場所があると感じられる時間を過ごしました。カトリックの学校ですからお御堂がありますす。敷地内に修道院もあります。宗教の授業を担当していた友永神父にお願いして、カトリックの公教要理を一年間勉強しました。カトリックで受洗し、その後修道院に入ることを本気で考えはじめました。祖母はそんなわたしの雰囲気を察したのでしょうか。ある時「おまえ、カトリックにはならないでおくれ」と言われてどきっとしたことがあります。時代はちょうど、第二バチカン公会議が開かれて数年後です。エキュメニカル運動が盛んになり、カトリックとプロテスタントの対話、一致が話し合われ始めた時です。わたしは暁星高校で「宗教部」に属し、文化祭でカトリックとプロテスタントの歴史、分裂から第二バチカン公会議後までの歴史とエキュメニカル運動の流れを掲示して発表したりしました。

一年間の準備を終えて、修道院に入る可能性も含めて友永神父に相談しようと、修道院を訪ねました。不思議なことがありました。修道院は玄関を入ると、呼び出しマイクがあり、そこで館内放送を通じて修道士あるいは司祭を呼び出すことになっています。ふだんはほとんど修道院におられる友永神父でしたが、わたしが意を決して訪ねて行き、呼び出すと不在なのです。三回繰り返しました。四回目、わたしはある決断をしました。もし今回友永神父がおられたら話をしよう。もし今回も不在であれば、神の御心は別にあるのだと考えようという決断です。四回目、館内放送で呼び出しましたが、おられませんでした。そこでわたしは、カトリックになること、修道者になることが御心ではないと考えるようになりました。カトリックを否定したのではなく、わたしの歩む道ではないと悟ったということです。

将来の道を模索する中で

修道者となることをあきらめた段階で、わたしにとって自分の将来がいっそう不透明になりました。家族と学校には、建前上医学部志望でした。しかし、本当には自分の道が定まっていませんでした。とりあえず洗礼を受けようと思い、小田原の教会で礼拝に出て、礼拝後に牧師に受洗の相談をしようと考えました。すると、ちょうどその日の礼拝説教の中で牧師が、一年間教会に通って教理問答を学んでから洗礼が授けられると語ったのです。わたしのことを意識してでないことは明らかでした。わたしがそのような霊的巡礼をしていることなど牧師は知る由もなく、まして受洗の相談をしようと考えていたなど想定もしていないはずでしたから。この時もわたしは、ああ、一族の教会で洗礼を受けることは現実的に無理だし、神の御心が違う所にあるのだと受け止めざるをえませんでした。

わたしは行くべき教会も、将来の道もわからないまま、建前として医学部受験を目指しました。しかし、受験勉強に専念することはなく、高校時代は異なる複数の友人グループのはしごをして過ごしました。ある同級生たちとは麻雀などに明け暮れ、別の友人たちとは文学と音楽に浸る日々を過ごし、当然、大学に受かるはずもなく浪人生活をすることになりました。目標も進むべき道も見えないまま、魂の「旅」というよりも「放浪」していたというのが正直なところです。浪人時代は予備校に行かず、家を出ると朝一〇時の開店に合わせてパチンコ屋に並び、昼過ぎまでパチンコをして過ごし、換金してから遊びに行く日々でした。二浪して臨んだ受験は、試験の日に体調を崩して受けることさえできませんでした。巡礼の旅と放浪の旅がどれほど異なるか、当時を振り返ってそのことを実感します。

ナザレン教会に導かれて

三浪するかどうかが問題でした。当時、医学部受験は加熱していて、たとえば私立医科大学などは倍率が四十数倍というのが普通でした。国立受験を目指していたわたしにとって、ハードルは結構高いものでした。しかし、その時代、四浪、五浪という人も普通にいました。どうするか。家業を継ぐという意識は低く、医師になるという意欲も強くなかったわたしは、三浪はやめることにしました。日本の大学も選択肢ですが、時期的に翌年になってしまいます。そこでその年の秋からの海外留学を選択肢に考え始めました。わたしは祖母のつながりで単立教会の牧師から洗礼を受けました。戦前はメソジスト教会牧師で、戦後単立教会の牧師をしていた森渓川先生です。森牧師は癒しの賜物で知られた先生で、礼拝説教が二時間から三時間近く、ほとんどは癒しの話でした。森渓川牧師がある日、わたしに告げて言うに、渓川先生のご子息が千葉で牧師をしており、米国留学の経験があるので話を聞くようにとのことでした。さらに、単立教会には将来がないので、息子の教会に転会しなさいというのです。その教会は千葉ナザレン教会で、牧師の名前は森稔先生でした。渓川先生に連れられて電車に乗り、千葉に向かったのですが、わたしはとても不安でした。「ナザレン教会」という名前を聞いたのは初めてだったからです。異端的な教会ではないかと心配でした。そんなことは言えませんから、連れてゆかれるままに従っていきました。話をしてみると怪しげな雰囲気はなく、まともな方でした。森稔先生は当時千葉の四街道にあった日本キリスト教短期大学の教授でした。その時期、米国で心理学を学ぼうかと考え初めていたわたしに、森牧師は直接米国留学するよりも短大を出て編入した方が良いとの助言を与えてくださいました。そこで、キリスト教短大の試験を受けることになりました。五月の連休前でしたので、もう新年度は始まっていましたが、特別に一人だけの受験をして、入学が決まりました。そして千葉ナザレン教会に教会籍を移しました。こうしてわたしは、ナザレン教会に所属することになりました。それがどのような教会かということを知ったのは、もっと後のことです。

出会い

短大時代、わたしは二人の人との出会いを体験しました。ひとりは、熊本の短大を卒業して、ナザレン神学校に入学する前段階として一年間、神学科の聴講生として在籍していた女性です。ナザレン神学校は四年制大学卒業もしくは同等の学力を有する者、または千葉のキリスト教短大神学科を卒業ということが入学の条件でした。そこでわたしはこの女性と出会いました。しばらくの交際を経て、短大を卒業して米国のナザレン大学に編入学する前に婚約し、彼女がナザレン神学校を卒業するのに合わせて、二年後に結婚しました。その時はわたしも三年に編入したナザレン大学神学部を卒業する時期でしたので、米国で二人での生活をはじめ、わたしは大学院に進学しました。

もうひとりの方は、当時、東京教育大学（筑波大学の前身）博士課程後期に在籍し、ナザレンの短大で講師として英語講読を教えていた井谷嘉男先生です。この先生とは短大時代とても親しくさせていただき、いっしょに何度かスキーに行きました。短大には当時幾人ものナザレン教会の宣教師がおりました。とても世話になりましたが、彼らの確信を込めた単純な聖書理解に困惑していたわたしに、井谷先生が紹介してくれたのが、荒井献先生の『イエスとその時代』（岩波新書）でした。

①近代聖書学との出会い

それが近代聖書学との最初の出会いでした。この本がどれほどわたしの助けになったか、言葉では言い表せません。わたしは幼少の時からひねくれ者で、たとえばゲツセマネの園でイエス様がひとりで祈っていたのに、祈りの言葉が福音書に書かれているのはなぜかが疑問でした。わたしの信仰的な導き手であった祖母にそのことを質問し、弟子たちの誰かがこっそりと近くに忍び寄って訊いていたのだろうかと疑問を口にしました。祖母の答えは「変なことを訊くんじゃありません」。わたしの疑問は解決しませんでした。他にも食い違いや矛盾は聖書の中に多数あります。それがなぜなのか、何を意味しているのか。わからず疑問のままでした。荒井先生の本はその問題に解決を与えてくれました。そして同時に、聖書の信憑性を疑うのではなく、聖書の奥深さとおもしろさを教えられたのでした。

②正統と異端の問題との出会い

東京教育大学が筑波に移行するにあたり、最後の記念として大学院の研究論文集が刊行され、井谷先生から一冊いただきました。その中に井谷先生のマルキオンに関する論文がありました。この論文はわたしに、マルキオンへの関心を抱かせただけでなく、正統と異端の問題への興味を与えてくれました。正統と異端の識別が、直ちに善と悪、正義と不正義の区別と結びつかないことを知り、正統主義だけが正しいと信じていたわたしに、正統と異端の問題がそんなに単純ではなく、異端思想の中に真実性があり、正統主義の中に闇があることを教えられました。キリスト教思想史を学ぶ上で、とても複眼的な視点を持つきっかけとなりました。

召命　ローマ6・13－14

千葉の短大で学んでいる間に、わたしは召命の体験をしました。時間が空いたので、成田山新勝寺を見物しようと思って出かけました。その境内で人々が護摩を焚いた煙を頭や体に浴びせているのを見た時、聖書のある御言葉が強く迫ってきました。ローマの信徒への手紙6・13－14です。これがわたしの召命の御言葉となりました。実は、ほんとうはあまり好きな御言葉とは言えません。でも、これが召命の御言葉として与えられたので、仕方がありません。この言葉に依って立ち、いまも牧師を続けております。ですから、わたしの召命は研究者ではなく牧者へのものです。

保守的信仰の原点と、リベラリズムへの共感

これまでに述べてきましたとおり、わたし自身の信仰体験には二つの大きな流れがあります。ひとつはホーリネス信仰に象徴される保守的な信仰形態です。わたしの祖母、母はその流れの中で信仰を養われ、その教えを受けてきたわたしもまた、その流れを受け継いでいます。「ただ信ぜよ」という言葉に象徴されるでしょうか。

しかし同時に、リベラルな信仰理解の系譜もわたしの内にあります。その系譜をわたしに受け渡してくれた一人がわたしの父であり、信仰を理性的に評価し、聖書を批評的（批判的ではなく）に読み、解釈することを教えられました。

教育

召命を受けた以上、米国に留学するとしても神学関連の学びをすることになります。短大の神学科を卒業後、日本ナザレン神学校に進んで牧師になるという選択は、もちろんありました。しかし、その時までに当時の日本ナザレン教会の指導者たち、神学校の教師たちから、米国で学んで帰国後は神学校で教えることが期待されるようになっていました。わたし自身の関心は新約聖書学と古代キリスト教史（教父学）でした。神学校からはキリスト教史と教理史を教えることが期待されていました。とりあえず米国にある八つのナザレン大学のどこかに編入学し、大学院で何を専攻するかは大学中に考えることにしました。

ナザレン教会 The Church of the Nazarene は世界教会です。世界のおよそ一七〇の国と地域に二七〇万人ほどの信徒がおります。起源はアメリカの地で、創立者の中心的人物フィニアス・ブリジーは米国メソジスト教会の牧師でした。ロサンジェルスの教会で聖化の強調とホームレス支援をおこなった結果、当時のメソジスト教会監督から離脱か活動の停止かの選択を迫られ、ブリジー牧師と彼に賛同する教会員が分離しました。そのとき新しい組織の名を Pentecostal Church of the Nazarene と定め、やがて Pentecostal が別の意味で理解されるようになると、Pentecostal を除いて現在の名称となりました。ナザレン教会がロサンジェルスで組織されたのは一八九五年のことであり、一九〇七年に複数のホーリネス主義教団が合同して、現在のナザレン教会の母体

となりました。

　ナザレン教会は現在、世界一六〇カ国に五二大学および神学校を開設しています。北米（合衆国とカナダ）には一〇大学と一つの神学院があります。わたしが三年次に編入したのは、イリノイ州にあるオリベット・ナザレン大学でした。そこを選んだ理由は、当時日本人学生がいなかったことと、米国のナザレン大学の中ではもっとも評価が高かったからです。語学学校にはいかず、最初からここの神学部に編入してフルタイムの学生として必要な単位数の講座を登録しました。最初の三カ月は文字通り苦闘でした。苦労したのは神学、聖書学の講座ではなく、地質学や社会学、美術史、英文学、スピーチなどの一般教養科目でした。聞き取りが充分ではないため、睡眠時間を削って本を読み、試験を受け、レポートを提出する日々を過ごしました。つくづく、日本の大学はぬるま湯だと実感しました。

　オリベットでの二年間は楽しくもありました。特に哲学の授業は日本語よりも明快に理解することができました。おそらく言語の特性の問題なのでしょう。日本語は哲学的な思索と表現にあまり向いていないのかもしれません。二年が過ぎ、卒業前の段階で次の学びをどうするかという問題に行き当たりました。オリベットで目を開かれた哲学を専攻するか、新約聖書学・古代キリスト教文学を学ぶか。その二者択一に絞り、哲学ならイリノイ州立大学と考えました。そこであればオリベットのある町から車で通うことも可能でした。新約学および古代教会史であればシカゴ大学の神学院（Divinity School）でした。そこにはロバート・グラントという古代教会史の大家がおりました。最終的にシカゴ大学に行くことを決めました。

　シカゴに行くことを話すと、オリベットの友人たちは身の安全をたいへん心配してくれて、もしかするともう二度と会えないかもしれないという悲壮な気持ちで送り出してくれました。シカゴはかつてギャングの町として有名でしたから。車を運転している時は必ずドアをロックして、決して窓を開けず、誰か近づいて来たら信号無視をしてでもアクセルを踏んで逃げろとアドバイスされてシカゴに向かいました。大学に行く途中、スラム街に迷い込み、とても心配しましたが、意を決して車を降りて、路上にたむろしている人たちに大学への道を聞いたところ、とても親切、丁寧に教えてくれました。

シカゴ大学神学院（U.C.Divinity School）と教会生活

　こうして、わたしたち夫婦のシカゴでのアパート生活が始まりました。アパートの五階に引っ越したわたしたちは、初めの頃、危険な町と言われてきたので、夜に外出することが不安でした。窓から様子をうかがうと、人々が夜になっても普通に歩いています。思い切って近くを歩き、マクドナルドでコークを飲み、歩く距離を伸ばし、映画館で映画を観ることもしてみました。大丈夫でした。観た映画は「スターウォーズ」の第一作でした。

シカゴ大学でわたしは、とにかくまず日本の神学校で期待される教理史を教えるために、ラングドン・ギルキー、ブライアン・ゲリッシュといった先生たちのキリスト教思想に関する講座を取りました。それからグラント先生による古代教会史関連の講座、そしてハンス・ディーター・ベッツ先生の新約聖書のゼミを取りました。わたしがもっとも親しくなり、またわたしに期待をしてくれたのは、デイヴィッド・ウィルモットという死海文書と初代教会文書を専門とする先生でした。彼のもとで死海文書を読み、マカベア書などの外典文書を読み、特にギリシア語修辞学を学びました。

シカゴ時代の体験は、信仰的な旅と結びついた学問的探究と表現できると思います。ここで批評的・分析的な研究が信仰を破壊するのではなく（子どもの時、祖母からドイツ神学、聖書学が信仰を破壊したと聞かされてきましたので）、どれほど深い信仰理解をもたらし、世界の現実と聖書の対話を可能にしてくれるかということを知りました。同時に、いわゆる「聖書信仰」ということの問題性についても考えさせられました。聖書という信仰の書は歴史的・批評的な解釈を通してこそ、わたしたちと世界と神の現実を結び合わせ、意味のあるものとなることを体験的に学ぶことができました。また、新約聖書を古代キリスト教史という大きな枠組の中で理解し、古代教父文学との連続性を踏まえて解釈することができたのは、わたしにとって大きな収穫でした。

シカゴでは、最初大学近くの合同メソジスト教会に行きました。しかし、あまりに交わりを体験することがなく、わたしたち二人とも信仰的な孤独さを感じたため、少し離れてはいましたがナザレン教会に行ってみました。ここは真逆でとてもフレンドリーでした。しかしあまりに神学と典礼がなさすぎてなじむことができず、最終的に、車で四十分ほどかかりますが、シカゴの北部にあるデボン教会という日系人教会に通うことにしました。その教会の牧師は、わたしの母が福島県立女子医学専門学校にいたときに、福島の信夫教会で青年会仲間だった方です。澄江さん（母の名）の息子だということでとても喜んでくれ、わたしたちもそこをシカゴでの故郷のように感じました。三年間にわたって教会生活を楽しみました。当時、日系一世の最後の時代でした。

帰国

シカゴ大学で博士号を取得するまでには、五～七年はかかります。三年目を迎えた時、わたしたち夫婦に子どもができました。どうするかを考えたすえ、子どもを育てながらの学びは無理だと判断し、修士号までで帰国することにしました。

日本ナザレン教会は招聘制ではなく任命制です。帰国したわたしたちが任命されたのは、栃木県小山市に開設されたばかりの伝道所でした。縁もゆかりもない土地で、当時の住所は小山市大字小山九〇五でした。「大字」という住所表記があることは知っていましたが、実際にそこに住むのははじめてでした。できたばかりの教会で信徒は数名。教会からの牧師給与は期待できず、教団からの教会援助金九万円がそのまま牧師給与でした。当時の教団理事長からは、不足分はアルバイトでも何でもして自分で確保するようにと言われました。教団事務主事からは、教会援助金は最初の五年で、その先は自給するようにと言われました。そして任地に赴けば、教会は田んぼを埋め立てて新しく十軒分の開発がなされたところで、そこに家は三軒あり、道路は行き止まりで、その先は農業用水を挟んで田んぼでした。二軒分の土地に教会と牧師館が建てられました。開拓伝道でありながら、最初から会堂と牧師館が建てられたのは、東京にあった宣教師館を売却した時、宣教師の要望で売却資金を開拓伝道に用いることになっていたからです。教団として東北伝道を開始することが決まり、まず仙台と小山に教会を建て、やがてその間に順次教会を建てる計画でした。あまり現実的な方策であったとは思えません。今でも間に教会はなく、小山と仙台の二教会だけです。こうした事情で、信徒がほとんどいない状態で小山と仙台に会堂が建てられました。しかし最初から会堂が与えられているという点ではとても恵まれた開拓伝道でした。問題もありましたが。後から教会に集うようになった人たちは、最初から会堂があり、自分たちで献金し、苦労して建てたという体験がないことです。

ウェスタン神学大学

小山に赴任して良かったことの一つは、当時の日本キリスト教会小山教会に高崎毅志先生という方がおられたことです。この先生はとてもリーダーシップのある方で、近隣教会の牧師たちを集めていっしょにいろいろな活動をし、バルトの教会教義学を読む会も主催しておられました。この先生との交わりは、彼が六〇歳の若さで召されるまで続きました。高崎牧師はアメリカ改革派教会のウェスタン神学大学（Western Theological Seminary）で学び、神学修士号を受けた方でした。ジョン・ヘッセリンク先生という方がウェスタン・セミナリーの出身で、宣教師として東京神学大学で教え、カルヴァンの講義をしていました。ヘッセリンク先生はバーゼル大学のカール・バルトのもとで博士号を取得し、バルトとブルンナーの和解を演出したことでも知られています。ヘッセリンク先生と高崎先生が親しかった関係で、ヘッセリンク先生が小山を訪ねて来られたとき、わたしの教会で礼拝説教をしてくださったことがあります。ウェスタン・セミナリーはミシガン州のホランドという、ミシガン湖の東岸に面したオランダ移民の建てた町です。彼らは最初に神学校と大学（Hope College）を建てたのでした。ウェスタン・セミナリーは日本と関係が深く、日本人で留学した人（大多数は日本基督教団の牧師）が何人もいます。また宣教師も多く送られています。現在は東京神学大学にウェイン・ジャンセン先生がおります。

ヘッセリンク先生が小山教会に来られてから数年後、わたしに手紙が来ました。「奨学金を支給するので、ウェスタン・セミナリーに来ませんか」という招きの手紙でした。日本に戻って八年。わたしの気持ちの中では学びを中断したという思いがありました。しかし、すでに三人の男の子がおりました。小学三年生と二年生、そして二歳の幼児です。家族全員で行く可能性もありましたが、小山教会を離任することになります。それはしたくなかったし、またできない状況がありましたので、行くとすれば単身です。二人で話し合い、悩みましたが、わたしが迷っている間に話はどんどん進み、行かざるを得ない状況になっていました。ライフ・パートナーの「こっちはなんとかするから行ったら」の一言で決断し、単身アメリカに旅立ちました。成田空港で家族を離れ、家族が見えなくなった時、後ろから「パパー」という声が聞こえ、その瞬間から後悔しました。渡米を止めて引き返したくなる気持ちをこらえて出発しました。神学修士 Th.M. は原則一年のプログラムです。日本人の場合、語学のハンディがありますから二年をかけますが、わたしはその点有利でしたから、最初から一年の予定でした。

ウェスタンに留学する日本人牧師のほとんどは、ヘッセリンク先生のもとで学ぶために行きましたから、ほとんどの方がカルヴァン研究でした。わたしの前に一人だけ、新約聖書学の分野で学んだ方がおられます。わたしもシカゴでの未消化部分を補いたかったので、パウロ研究をしました。ウェスタン・セミナリーは宣教学ですぐれた教授がおりました。Th.M. プログラムも宣教学関連講座が必修でした。福音と文化の関係、文脈化をめぐる問題などを中心としたものです。そのような関係で、わたしはパウロ神学の宣教学的視点からの考察を論文とすることにしました。書き上げた論文の表題は、To Glorify God : Paul's Notion of the Collection for the Poor in Jerusalem. エルサレム献金の宣教神学的解釈でした。パウロがどれほど賜物と民族性の互恵性を重要視していたかがわかりました。

宣教学というのは、わたしにとって新しい分野でした。しかし、教会にとってまた神学にとって、宣教が本来の存在意義ではないかと気付かされました。そこで、宣教学の分野で研究を深めたいと考えました。ウェスタンからプリンストンに行く道が一つの選択でした。しかし、わたしにとっては時間的にも経済的にも不可能です。さらに教会と神学校が待っていますし、なによりも家族が首を長くして待っています。そこで、一つの選択の可能性として、ウェスタン・セミナリーの D.Min コースに進むことを考えました。しかし、当時のウェスタンにはある規定がありました。海外からの留学生は Th.M. で学び、D.Min は北米文化圏の学生を対象とするという規定でした。D.Min は基本的に学びのために大学に常駐するのではなく、牧会に従事しながら集中講座などを利用し、あとは設定したいくつかの研究課題を終えて論文を書くコースです。これなら日本で働きながら、集中講座の期間渡米してできます。

問題は、ウェスタンが外国人、特に英語を母語としていない者を博士課程に受け入れるかどうかでした。幾人かの教授たちと相談し、不可能ではなさそうな感触を得たので、思い切って申請してみました。教授会での話し合いで、「マナブは英語と生活体験において北米文化圏と解釈できる」という理由で受け入れてもらうことができました。神学修士のコースでしたが、時間的に余裕がありましたので、博士課程を同時進行することにしました。

最初、宣教学教授であったジョージ・ハンズバーガー先生が指導教授で、副指導には組織神学のクリストファー・カイザー教授がなりました。しかし、わたしの研究課題が使徒信条の文脈的解釈ということで、組織神学の方に比重があることから、最終的に指導教授が入れ替わり、カイザー先生になりました。論文審査の委員会には、カイザー先生、ハンズバーガー先生の他に、ヘッセリンク先生、そして永らく宣教師として東京神学大学で教えていたゴードン・レーマン先生が加わりました。論文の表題は、A Contextual

Commentary on the Apostles' Creed, Envisioning the Formation of a Christian Missionary Community in Japan です。これは少し省略したものが新教出版社から、『日本における宣教的共同体の形成　使徒信条の文脈的注解』として出版されています。

礼拝と説教へ

こうした関心を追求していく中で、わたしは礼拝と説教の在り方が、神学的にも実践的にも深められ、探究される必要があると感じるようになりました。わたしの学びの歩みは、新約聖書学からはじまり、古代教会史、キリスト教思想史、神学、宣教学へと拡がり、現在ではそれらを基礎としての礼拝学、説教学、そして宣教学といった実践的な分野に向かっています。

牧師としての歩み

わたしの召命は、研究者になることではなく、あくまで牧者としての召命です。教会の場を離れることは考えられませんでした。

開拓伝道へ

すでに話しましたとおり、わたしは帰国後に栃木県小山市大字小山九〇五での開拓伝道に遣わされました。厳密には完全な開拓伝道ではなく、教会の前身は宇都宮伝道所でした。そこを閉鎖して小山に新たに伝道所を設けたのです。宇都宮時代に洗礼を受けた宇都宮在住の数名の信徒を引き継ぎました。数人がほぼ毎週、宇都宮から小山まで通ってきました。電車でも車でもおよそ一時間の道のりです。赴任した当初は、礼拝出席が二桁になると躍り上がるほど嬉しかったです。宇都宮伝道所を開いたきっかけは、平山正実先生という精神科の医師が自治医科大学の教員として栃木県に来られたことでした。栃木県にナザレン教会がないので、教会を開きたいという熱い祈りのもと、宇都宮市にマンションの一室を購入し、そこで開拓伝道をはじめました。宇都宮時代最初の受洗者は、マンションの近くの豆腐屋のおかみさんでした。もう一人は当時養護学校の生徒だった女性。そして地元の高校生ほか数名でした。しかし、牧師が重度の病で離任し、後任がないまま宣教師が日曜毎に千葉から通い、あるいは関東の牧師たちが交代で通うという状態で、伝道所の存続が困難になり、自治医大の官舎がある小山に、新たに開拓伝道することになりました。東京の宣教師館を売却して、それを資金として小山と仙台に会堂が建てられたのは、すでに話したとおりです。

会堂建築を委ねられたのは、わたしの前任者でした。しかし、若さのゆえでしょうか、会堂建築で躓き、一年で離任することになりました。ちょうどその時期に帰国したわたしが、小山伝道所に遣わされたのでした。

牧師として体験した四つの危機

小さな伝道所で、集まっているのは数名の大人と高校生たち。そして大きな特徴は、精神科医師である平山先生の関係で、精神的な病を負っている方たちが幾人も来るようになったことです。大きな教会であれば問題ないのですが、小さな教会で過半数が精神的な病を負っている方というのは、牧師として苦慮することでした。そんな中で、わたしは四つの危機を体験することになりました。

一つ目の危機は、教会存続への不安です。伝道をはじめてもなかなか人が来ません。ある時は、礼拝の時間が来ても誰もいないということもありました。そんな時どうするか。誰もいなくてもひとりで礼拝をはじめるべきでしょうか。誰か来るかも知れないから、それまで待つべきでしょうか。誰も来なければきょうの礼拝は中止でしょうか。おそらくカトリックの司祭は迷わないと思います。ひとりでもミサを上げることができますから。プロテスタント教会では、なかなかそうは行きません。説教する相手が必要ですから。そんな状態で、最初の三年は教会が存続することができるかどうか、不安でした。教団からは五年で自給と言われていましたから。なんとか教会は無くならなくてすみそうだと実感できたのは五年が過ぎた時でした。結局、自給は五年では無理で七年かかりましたが。

二つめの危機は生活の心配です。月額九万円で家族四人の生活はちょっとたいへんでした。妻は給与が郵便振替で送られてくると、最初に小麦粉を買いました。粉さえあればなんとか生き延びられるからです。それでも、月末になるとお金と食べ物が底をつき、わたしたち夫婦で幼い子どもをひとりずつかかえ、夕暮れの公園でブランコに乗りながら、「今晩何を食べようかねえ」と会話することがありました。不思議と悲壮感はありませんでした。期待していたわけではないのですが、わたしたちはエリヤを養った烏を、神様は今も遣わしてくださることを、何度も体験させられました。ある時は教会の方が、家でお寿司を取り寄せたので、先生の分も取りましたからどうぞと届けてくださいました。ある時は新米を届けてくださる方がありました。近所の方がおかずのお裾分けをくださいました。ご自分のボーナスの一部を個人的に捧げてくださる方がありました。いずれも、不思議とわたしたちが、今晩は何を食べようかねえと首をひねっている時のことでした。

三番目の危機は教会としてのアイデンティティ・クライシスです。わたしたちの教会はどのような教会になってゆくのか、なりたいのか、どのような教会を目指すのかという危機です。精神的な病を負った方をおもな伝道牧会の対象とする教会になるのか、地元に密着した教会になるのか。最初に集って来られたのは精神的な病を負った方たちでした。教会は誰でも集うことのできる場所です。しかし、小さな教会で次々に来られるのは平山先生を慕って、あるいは先生の紹介で来られた方たちです。そこに健常者が加わる余地があるかどうか、それが心配でした。小山教会での最初の受洗者は、平山先生の紹介で来るようになった一八歳の女性でした。自宅は那須。自治医大に入院中に平山先生と知り合い、教会に来ました。那須からは電車を使って二時間ほどかけて来られました。しかし、平山先生は三年が過ぎた頃、ご両親の世話をするため東京に越してゆかれました。

四つ目の危機は、わたしの転任問題です。ナザレン教会は任命制です。五年が過ぎたころ、教団理事が訪ねて来られ、わたしに転任の話を持ってきました。向こうは好意で話を持ってきてくださったことはわかりました。しかし、あとで詳しく話しますが、教会の状況で転任することはできないと考えました。お断りをしたところ、「平社員が課長のポストを断るのか」と言われました。教団からは自分の都合で転任を断ったのだから、教団援助金は出せないと言われました。なんとかお願いしてあと二年援助をいただくことができましたが。

牧師として模索したこと

いろいろなことがありましたが、いろいろ模索し試行錯誤を重ねてきたのが実情です。

開拓伝道所から教会への移行

なによりもまず、開拓伝道からはじまった伝道所が役員会を持ち、教会になる過程を歩んできました。最初は牧師が教会の働きを、会計を除いてほとんどすべておこないました。そこからいろいろな働きを教会の方たちに移行してゆくのは、案外とたいへんなことでした。教会員の方はお客さまに慣れてしまっていたので、自分たちが人々を受け入れ、教会の働きを担うという思いから育てねばなりませんでした。

しかし、何よりもたいへんであったのはわたし自身です。ぜんぶ自分のやり方で、自分でやってきたことを他人に任せるのは、牧師の性格にもよるでしょうが、難しいのです。たとえば、週報の折り方一つでも、他の人がやって折り目がずれたりすると、あーあと思います。教会は最初、婦人会も壮年会もありませんでした。他の教会からは婦人会員はいないのか、壮年会員はいないのかと問われます。そんな中で、わたしたち夫婦が共同牧会者としての信念を持ってきたのは、性別によって教会の組織を分けないということでした。性別をはじめ、変えることのできない・変わることのない身体的・精神的・民族的特質で教会組織を構成すべきではない。それを神学的な信念にしてきました。小山教会にはいまも壮年会、女性会はありません。代わりに「委員会」として世代、性別、その他を超えていっしょに活動をする仕組みを考えました。今は委員会もやめて「チーム」制にしています。壮年会や女性会が組織されていないことが教団から問題視されたり異義を唱えられたりしたことがありますが、この点ははっきりさせてきました。ただ、そのような在り方が比較的簡単に実現できたのは開拓伝道であったからというのも事実です。現に女性会、壮年会といった組織ががっちりとある教会では、簡単にそれを変えることは困難かもしれません。

地域との関わり

地域との関わりは、教会の最初からの課題であり、今もそうです。地域にどう根付くか、またどう貢献するか。そのことにはっきりとした答えを見出していません。ただ、地域への貢献をしなければならないのかというと、そうではない気もします。小山教会は近隣の教会員が多い教会です。歩いて教会に来ることのできる方が十軒ほど。その他の方も自転車や車で二〇分圏内が中心です。それも地域密着ということではないかと思います。教会が何かの活動をする、あるいは何かの活動の場所として用いられることはすばらしいです。しかし、教会で何かするよりも、教会の方たちがそれぞれに信仰者として直接的、間接的に地域での活動を担うことがよいのです。たとえば小山教会では教会員のある方が精神的な病を負う方のの自立支援ＮＰＯ法人を設立し、その法人で教会員が職員あるいはメンバーとして五名働いています。わたしはその法人の副理事長をしています。

転任問題

皆さんもいつか行き当たる課題かもしれません。「この教会」の牧師として限界を感じるときがあります。わたしもそうでした。たとえば教会の存続が不透明だったとき、他の牧師が来た方が教会にとって益ではないかと考えました。マンネリ化したように感じた時、別の牧師と交代した方がよいかと考えました。いつまで同じ教会に留まるべきか。ある方はひとりの牧師が一教会にずっといることはよくないと言います。定期的に、たとえば十年ごとに牧師を転任させる教派もあります。どうあるべきかを客観的に判断することはできません。あくまで、牧師自身と教会が考え、判断すべきことなのでしょう。わたし自身は一九八二年四月に小山伝道所牧師に任命されて、この四月で三六年目に入ります。いつまでいるのか、最後までいて小山で引退するのか。まだわかりません。

神学校教師として――新約聖書学と歴史神学

わたしは留学当初から、キリスト教史と教理史を教えることが求められていましたので、関連の講座を取り、新約聖書、古代教父の講座を取りました。牧師として小山に赴任して五年目に按手を受けると同時に（当時のナザレン教会では早い方でした）、神学校で教えはじめました。キリスト教史と新約ギリシア語がわたしの最初に担当した科目でした。やがて新約釈義と新約神学を教えるようになり、キリスト教史、教理史も担当するようになりました。

しかし、牧会をしながら神学校で教え、キリスト教の世界でいろいろな役割を担うようになるにつれて、ある確信が深まってきました。それは、学問としての聖書学、組織神学、歴史神学のいずれも、研究分野としての自律性はあってよいのですが、牧者を養成することを目的とする神学校教育においては、それらの分野の目標は、実践的なことにあるという認識です。その結果行き着いたところは、礼拝学、説教学、そして宣教学でした。わたしが確信しているのは、これらの実践神学分野を教える教師は、できれば聖書学・神学・歴史学の分野である程度の専門性を持っているべきだということです。神学の学びをするにあたり、いきなり説教学や礼拝学あるいは宣教学を専門とすることには賛成できません。実践の根拠が浅くなるからです。宣教学の百科全書的なTransforming Mission（『宣教のパラダイム転換』）を著した南アフリカの宣教学者デイヴィッド・ボッシュは、もともと新約学者でした。ナザレン神学校は卒業論文を課題として要求しています。学生は実践的な主題を扱いたがるのですが、まず基礎的な神学領域に取り組むことを勧めています。

なぜ小山教会牧師であり続けているか

最後に、なぜわたしが三五年間小山教会の牧師であり続けているかについて、少し話させていただきます。

不思議な体験と、神の導き

そこには不思議な神の導きの体験があります。すでに話しましたとおり、わたしは何度か小山から離れようか、小山教会の牧師を辞めようかと考えたことがあります。自分自身への行き詰まり感がある時ほど、それは誘惑です。別の教会への転任が求められると、その教会に移った方が自分自身の力をよりよく発揮できるのではないかと考えます。もっと大きな教会に行けば、経済的に楽になるという思いに駆られます。ところが、その都度、不思議な体験をさせられてきました。転任の話が来てわたしが逃避して楽になりたいとの誘惑に駆られるたびに、わたしたちの支えを必要とする人が教会におられるのです。いまこの教会を離れたら、この人はいったいどうなるのか。支えをなくして途方にくれ、あるいは生きてゆくことが難しくなるのではないか。そう実感させられて、その人のために転任を断りました。転任の話は、わたしの記憶するかぎり四回ありました。この十数年、もう転任の話は来なくなりましたが。

わたし自身、とても不思議に思うのは、転任の話がくるその都度、同じことが繰り返されたことです。わたしはその都度、この弱い人を支えるために、わたしはいま小山を離れるわけにはいかないと考えました。結局、転任することなく三五年が過ぎようとしています。もし、わたしが転任することにしたとしたら、それは新たな使命を示されてというよりも、現状逃避をしたいがためでした。もしそうしていたなら、わたしは牧者として挫折し、困難を避けて逃げたという負い目を生涯負うことになったに違いないと思います。

そう考えた時、わたしは重大な事実に気付かされました。弱い人たちを支えるためにとわたしが思い込んでいた、その「弱い人」と考えていたその方たちこそ、実は、わたしが牧者としての道を歩み続けることを支えてくれていたのだと。パウロは「弱いときにこそ強い」(2コリ12・10)と言いましたが、弱い人の弱さが、わたしを強める強さとなったことを体験しました。

牧者の喜び――ルカ15・1-7から

そんなことを考えていたとき、わたしは迷える小羊のたとえには、通常理解されていることとは別の局面もあることを悟りました。一般にこのたとえは、迷った小羊が羊飼いによって救われた物語として読まれます。しかし、あまり意識されない別の意味があるのではないでしょうか。それは、羊飼いもまた、弱い小羊によって救われたのではないかということです。小羊を探し求め、見出すことができたという羊飼いとしての体験が、この羊飼いの喜びとなり、感動となって、羊飼いとしての働きを続ける糧になったのではないかと考えたとき、イエス様のたとえの羊飼いが、わたし自身の体験と結びついたのでした。牧者としてのわたしの生涯は、「ひとり」に支えられてきた日々であった。そのように確信するからです。

これがわたしの霊的な巡礼 spiritual journey であり、それは今も継続中 still continuing です。このような一牧者の旅の物語が、皆様の生涯になにがしかの光を与えるなら、わたしにとって大きな喜びです。

日本で福音を宣べ伝えるということ

——わたしの牧者論

はじめに

一回目の講演は、わたしのこれまでの霊的な旅について話しました。二回目の講演は、そのような旅の途上で、わたしが牧者としてまた宣教者として、何を考え、何を学び、何を提言しているかについて話したいと思います。

前提——今日、教会はどのような状況にあるか

いま、世界的に激変の時代を迎えつつあります。おそらく二～三百年単位の世界的変動でしょうから、その始まりも長い時間をかけて起きてまいります。巨大なものが方向を変えつつあるとき、すぐには変わりません。ですから、注意深く現在の変化を分析して統合的に理解し、未来にどのようなことが起きるかの予測を考察することが求められます。その自覚がないと、社会的変動の意味を理解できず、激動の中でただ翻弄され、不安と恐れ、嘆きと怒りに衝き動かされるか、あるいは深い落胆とあきらめの中で刹那的になるか、もしくは虚無的になる以外の選択肢がなくなると思います。

その大きな変動は、おそらく資本主義市場経済と近代国家秩序の終焉を意味するのだと思います。その現実はキリスト教および制度としての教会にも深く関係してまいります。そこで、わたしたちはまず、キリスト教の歴史をおおざっぱに、いわゆるキリスト教史とは少し視点を変えた仕方で概観してみましょう。

背景——キリスト教の歴史的状況

西欧世界は、大きな二つの特徴によって形成されてきたと言えます。一つの特徴は一九世紀まで西欧世界は「キリスト教世界」Christendom であったということです。一九世紀までというのは遅すぎるという意見もあるかと思います。一七世紀後半には「西欧キリスト教世界」は終わりの始まりを迎えていたといえるかもしれません。しかし、わたしはと

りあえず、はっきりと認識できる仕方で西欧がキリスト教世界ではなくなりはじめた時代を一九世紀としておきます。

この時代まで、西欧ではキリスト教が社会的、文化的、生活的、倫理的な大前提でした。世界観そのものがキリスト教に基づくものでした。したがって、西欧の社会構造、信仰体系、生活の規範、文化的産物はキリスト教によって培われてきました。そしてそれは同時に、キリスト教もまた、キリスト教徒だけによって構成される社会、生活、文化によって神学的にも実践的にも形作られてきたのでした。西欧キリスト教が、「The Christianity」でした。その基本構造は、カトリックでもプロテスタントでも変わりません。もちろん、西欧キリスト教とは異なるキリスト教体系は世界の各地に存在していました。たとえばコプト教会、アビシニア教会、シリア教会、モサラベ教会、アッシリア教会、いくつもの単性論教会などなどです。しかし、それらの諸教会は西欧正統主義教会とはほとんど接触がなく、多くは孤立して存在していたため、西方教会では存在が意識されることさえありませんでした。キリスト教といえば、西欧の人々にとって西方教会を意味していました。完全なキリスト教世界で、キリスト教が社会、政治、文化、権力において圧倒的マジョリティでした。西欧キリスト教はそのような特徴を持っています。重要な点は、西欧キリスト教の社会的、政治的、制度的な在り方が、教会の最初の三百年の歴史とは大きく異なっているということです。

もう一つの特徴は、西欧は一五世紀まで「閉ざされた世界」であったことです。東と地中海を挟んだ南はイスラム世界、北は北極、西は大西洋。要するに出口のない閉じ込められた世界でした。地図を見れば一目瞭然です。ある意味、巨大なゲットー世界、閉鎖空間の中で西欧キリスト教の教会制度、神学は形成されてきました。それはきわめて特殊で具体的な特徴を持った環境であり、歴史的状況であり、教会の置かれた現実でした。しかし、もはやその西欧はキリスト教世界ではなくなりつつあります。

西方キリスト教の世界宣教

西欧が世界に進出し、それと共にキリスト教が世界に出て行った、世界宣教の波はおおざっぱに分けて二回ありました。一回目は大航海時代（一五～一七世紀）、もう一回は近代植民地支配の時代（一八～二〇世紀）です。どちらの場合も、西欧の教会が宣教師を送り出して伝えたキリスト教は「西欧キリスト教」に他ならず、それは西欧キリスト教の移植でした。つまり、西欧教会の神学、教会制度、文化が、新たにキリスト教が宣べ伝えられた地域でも、キリスト教そのものであったということです。

統計的な概観

世界的な統計を概観してみましょう。

時間の関係で詳細な分析ではなく、二〇一三年と二〇一六年の対比だけにします。ヨーロッパのキリスト教人口は、二〇一三年に五億八八五三万八〇〇〇人。二〇一六年は五億八一三六万八〇〇〇人。三年間で七〇〇万人以上の減少です。北米は少し増えています。しかし、この増加はおそらくカトリックの移民によると思われます。オセアニアも若干の減少。相対的に伝統的なキリスト教世界では、キリスト教徒の数は減少、特に西欧で急速に減少しています。

それに対して、伝統的に非キリスト教世界はどうでしょうか。アジア、アフリカ、ラテンアメリカを綜合すると三年間でおよそ五五〇〇万人の増加、それもアフリカが突出して増加しています。

結論として言えるのは、現代はキリスト教徒の六二パーセントあまりがかつての非キリスト教世界の住人であるということです。少なくとも統計的にはキリスト教はもはや「西欧の宗教」ではありません。しかもこの逆転が起きたのはごく最近、二〇世紀末のことです。

事例としてのナザレン教会

総体的な比較ではわかりにくいでしょうから、わたしの属する教派を事例として取り上げてみます。ナザレン教会は、一九世紀末にアメリカでメソジスト教会から分離独立し、十数年の内に全米各地のホーリネス運動の教会が合流して形成された教派です。神学的にはメソジストの伝統を継承し、制度的には監督制と会衆制の折衷です。大きな特徴は世界教会(Global Church)としての制度を取っていることです。四年に一度の世界総会で六名の総監督(General Superintendent)を選出し、世界を六つの地域(北米、メソ・アメリカ、ラテン・アメリカ、アジア太平洋、ユーラシア、アフリカ)に分け、二年ごとに担当地域をローテーションする仕方で担当監督が置かれています。日本はアジア太平洋地域に属しています。

ナザレン教会自体は百年少々の歴史しかありませんが、メソジストの伝統を重んじ、同時にはじめから世界宣教を進めてきました。日本のナザレン教会の歴史は米国のナザレン教会と同じなのです。そのナザレン教会の現状を統計でご覧ください。

二〇〇五年から二〇一五年までの十年間で、世界全体で五五・八七パーセント信徒が増加しています。その増加を地域ごとに見ると、直近の十年間ではユーラシア地域がもっとも増加率が高く、ついでアフリカ、そしてラテン・アメリカ、メソ・アメリカと続きます。十年間で教勢を落としている唯一の地域は北米です。

さらに、二〇一六年を前年と比較してみると、アジア太平洋地域でかなり減少し、北米、メソ・アメリカも減少しています。かつては圧倒的な主流であった北米のキリスト教徒比率は、全体のわずか二六パーセントです。おそらく今後十年で、二〇パーセントを切るのではないかと予測されます。自分たちを伝統的なナザレン教会と見なす北米の人々にとって、これはかなり深刻で、危機感を抱かせる現実です。

ところが、もっと深刻な危機感の理由があります。それは、教会財政の面から見ると、北米のキリスト教徒が全体の二六パーセントにすぎないにもかかわらず、財政全体の八五パーセントが北米に依存していることです。この事実が何を意味するか。皆さんも想像がつくことでしょう。

こうした問題はナザレン教会に限ったことではありません。西欧に起源を持つキリスト教教派はどこも例外なく、同じ現実に直面しています。大きなパラダイム転換の時代です。世界に拡がると同時に、伝統的な教会観や常識が共有されず、多様化してゆきます。そのような中で、変化と保持、継承と適応をどのように考え、受け入れる、あるいは拒むのかが問われています。

日本の教会の状況

日本のキリスト教徒人口比率は、総人口に対して約一パーセントだと言われ、わたしたちもその数字をおおむね受け入れています。現在の日本の人口(一二年)が一億二七五二万人なので、その一パーセントは一二七万人ということになります。文化庁の統計ではキリスト教系信徒総数は一九五万人ほどですが、これは「系」というところに仕掛けがありそうです。

実態はどうかというと、カトリック・オーソドックス・プロテスタント全てを合わせてキリスト教人口は一パーセントを超えたことがありません。『キリスト教年鑑』の統計によると、人口比は第二次世界大戦後の一九四八年が〇・四二三パーセントで、それから一九七〇年に〇・七九九パーセントに大きく伸びています。二二年間で四七万七〇〇〇人あまり増加していることになります。一九四八年から二二年間でキリスト教徒が実に二・四七倍になった計算です。しかし、それ以降はおおむね横ばいで、〇・八パーセントを超えるのは、一九八八年になってのことです。二〇〇九年に最大の対人口比率になった時で〇・九パーセント。一九七〇年から二〇一三年までの四三年間で、キリスト教人口は一・三倍ほど増加していますが、二〇〇二年から二〇一二年までの一〇年間に限れば、〇・九七倍と減少傾向にあります。そのため、二〇一三年にはキリスト教徒の対人口比率は〇・八三二パーセントに下がっています。ほぼ一九八八年の水準に逆戻りしたことになります。

現在の日本で一〇六万人ほどがキリスト教徒であり、そのうちプロテスタント教会の信徒は約六〇万人。推計ですがプロテスタント礼拝出席者は全信徒数の二分の一程度なので、かなり多めに見積もっても、毎回のプロテスタント教会礼拝出席平均数は、約三〇万人と推定されます。これは、総人口比のわずか〇・三パーセントです。日本で実際に礼拝に集っているのは、四三〇人に一人程度という計算になります。この数字をわたしの住む栃木県小山市のキリスト教に当てはめてみると、全部で十三教会（統計で分かるのは一二教会）の会員総数が四三六人。その内半分がおおむね毎週礼拝に集っているとすると、日曜毎に小山市では二二〇人が教会に集っていることになります。わたしの実感ではそんなに多くはありませんが。仮にそうだとして、これは小山市の人口で言えば、七八〇人に一人です。全体の平均値よりもかなり低いです。これが日本の地方都市の現実だと言えるでしょう。

プロテスタント受洗者数は、対一九五〇年比で、六〇年に五〇パーセント、七〇年に二〇パーセントに減少しています。現代の問題は、キリスト教ブーム世代の超高齢化と、そのジュニア世代の高齢化です。伝統的教派に属する教会は、おおむね高齢化が顕著になり、若い世代の教会員は減少し、人口分布は釣り鐘状ではなくワイングラス状態になっているのが現代の日本プロテスタント教会です。

さらに、いわゆる二〇二〇年・三〇年問題が控えています。戦後世代の高齢化と死亡者の増加、さらに三〇年には段階ジュニア世代の高齢化、そしてその世代の未婚率の高さが人口減少に拍車を加えています。団塊ジュニア世代以後の男性生涯未婚率は三〇パーセントと推定されています。教会もその例外ではありません。教会の少子高齢化は加速的に進み、特に戦後キリスト教ブーム世代の比率の高さからして、一般社会よりも教会はいっそう人口減少の波にさらされることになります。二〇年後、三〇年後には教会員数が半減することも例外的ではなくなっているかもしれません。

どうしてこのような状態になったのでしょうか。決して牧師や信徒が怠けて伝道してこなかったわけではありません。それどころか、教会単位、教派単位、地域単位でいろいろな努力を重ね、伝道に励んできました。その果ての現状だからこそ、いっそう苦悩は深く、無力感を払拭することができないでいます。伝道の努力が実らないこと、教会員の高齢化と少子化、それに伴う教会財政の逼迫。これらが信徒・牧師共に未来への不安を抱き、閉塞感に苛まれる原因となっていると思います。牧師の失意、精神的な病、牧会からの離脱の増加。それらが、牧師・教会から喜びを失わせ、未来の希望を不確かにしているのは間違いありません。

日本で伝道は停滞しているのでしょうか。

それでは、日本の伝道は現在、停滞しているのでしょうか。実は、キリスト教徒の対人口比率は、第二次大戦中も微増です。戦争末期に壊滅的になっていますが、それは疎開や空襲の被害が大きかったからと考えられます。キリスト教徒が減少し始めているのは、受洗者がないからではなく、召される方が多くなっているからです。いわゆるキリスト教ブーム世代の方たちが、今後十年で、四〇万人ほど天に召されることでしょう。ながらく教会の維持運営、伝道、財政を依存してきた世代の人たちの激減をどうソフトランディングできるかが課題です。あまりに無策でここまで来てしまったと思います。

日本の宗教性と共同体性

キリスト教やイスラムに代表される唯一神信仰が、宗教戦争と自然破壊という弊害をもたらしてきたという認識が現代になって広まりつつあります。絶対の神を信じることが、不寛容と宗教対立、宗教戦争、ひいては自己正当化に基づくテロリズムの恐怖を生みだすといった論調が広がり、絶対性を主張する宗教の危険性を指摘する声が高まっているように感じます。環境破壊や汚染も、キリスト教に根ざした自然支配を是とする近代西欧文明の結果だといった論評もここ三十年来、目立つようになりました。

こういった単純化された議論は、多くの人々に説得力を持つのも事実です。現代世界で起きている幾つもの紛争や対立が、唯一神信仰同士での、キリスト教対イスラム、ユダヤ対パレスチナといった宗教対立であるかのようにみなされ、唯一神宗教は不寛容な宗教だといった認識が広まっています。近代科学技術文明とキリスト教の世界理解が自然破壊と資源の乱開発の原因だとする主張も多方面からなされています。それらが現代のキリスト教嫌いの理由の一つになっているのではないでしょうか。

カミの問題

日本の伝統的な宗教性の特徴は、「カミ」の理解にあります。同じカミ（神）という言葉ですが、その意味するところはキリスト教神観とはまったく異質です。しかし、同じ音・同じ字ですから、どうしても同列に理解されてしまいます。宗教学者の山折哲雄によると、日本の宗教性は先祖崇拝と、災いと祟りへの恐れ、そして守りと恩恵への感謝に要約され、神道と仏教の関係は、「祟る神」と「鎮める神」という図式で発展し、それが次第に統合されてゆくプロセスでした。カミとは荒ぶる霊、あるいは霊力であり、それをいかに鎮め、コントロールするかが宗教的な関心事でした。カミは破壊や災いをもたらす荒ぶる力であり、恐れの対象でした。宗教あるいは神と関わることは、日本の伝統的宗教性にとって、尋常ではない事態あるいは危機に直面した時のものだと考えられてきました。神との積極的な関わりは、日常の生活を維持できている限りにおいては必要ないと見なされているところに、キリスト教の直面する問題の根が存在していると思います。日本人の宗教観によれば、日常生活において神と関わりを持たないでいられることが幸福のしるしであって、神との関わりを持つ必要を自覚するのは、たいていの場合、問題に直面した時や願掛けといった、特別な事情のある時に限られます。いかにして神に近づくことができるかというキリスト教固有の信仰的な問いは、もともと日本人の宗教性の中では希薄だし、むしろ逆でさえあります。キリスト教が「神に近づく」ことを熱心に説くほどには、人々はその必要性を感じていませんし、逆に疑問を抱かれることになるでしょう。

唯一神信仰以外の宗教の基本は呪術であり、それはたたりへの恐れをどう克服するかということに集約されます。したがって、たたりへの恐れは、別に日本固有のものというわけではなく、人類に普遍的なものだといえます。キリスト教世界では、呪術は悪魔の仕業として徹底的に排斥されてきたために、西欧世界は呪術が、少なくとも表面には出てこない世界なので、呪術は文明世界のものではないかのように考えられてきました。こうした宗教進化論に基づく西欧の呪術観をそっくり受け入れて、わたしたちも呪術的なものは文明度の低い世界のものだと思い込んでいます。しかし、実際にはそうではありません。呪術が抑圧されているのは、唯一神信仰という特殊な信仰形態の世界でのことにすぎないし、それも表面的でしかなく、民間信仰やサブ・カルチャーのレベルで見れば、キリスト教世界であった欧米においても、呪術的な習慣や因習は存在してきたのでした。

日本を含め、唯一神信仰が少数派（マイノリティ）の世界では、呪術は現代でも、公的、私的両面で重要な意味を持ち続けています。多くの日本人が、病気や禍の時、お祓いや清めをおこない、お守りやお札を持ち、神社仏閣にお参りする理由はおもに、たたり（厄災）への恐れが人々を動かす主要因であり続けています。たたりを遠ざけ、災いを免れるためです。

日本人の精神の奥には、神に近づくことを求めるキリスト教の神理解とは対極の神理解が植え込まれているのであり、これが日本における宗教性の特徴となっています。霊力を振るう神に近づくことは災いを意味するので、できるかぎり、神と関わらずにすませることこそが平穏な生活の秘訣であるという考えが、日本の伝統的な神理解です。そこで、神との関わりは最小限にして、神は社の奥に鎮まっていていただくことが宗教的な願いとなります。神の霊力を御利益のために利用する方法を伝授したり実践したりする宗教は流行っても、キリスト教のように神に近づき、神と共に歩む生き方を説く宗教は、日本の伝統的宗教観にそぐわないと思われているのが実態です。

日本において宣教の働きに携わるにあたっては、そう簡単に人が集まるような状況にはないことを理解することは重要です。そうしてこそ、成果が伴わないからといって、あきらめたり落胆したりしないで、忍耐強く宣教に取り組み続けるようになることができるからです。

日本社会の共同体的特質

キリスト教は本質的に「心の問題」や「悩みの解決」のための宗教ではありません。はるかに総合的な世界観を持ち、その新しい世界観を信じるようにと人々を招く宗教です。それは信じようとする人々に対して、社会、文化、価値観に対する見方・考え方の変革を要求することであり、したがって、「文明の衝突」を引き起こすことになります。社会との摩擦を避けたいなら、キリスト教信仰を受け入れることをあきらめるか、もしくは信仰を個人の内面的な事柄、つまり魂の問題に封じ込め、世界観の違いを表面に出さないようにすることが必要になります。

人類の歴史において、社会構造そのものの変革を人々が求め、あるいは構造変化を受け入れざるを得なくなるのは、社会制度そのものが何らかの危機に直面して崩壊するか、制度そのものが時代や外圧に耐えられないことが明らかで大幅な変動が必要だと考えられる時です。キリシタン時代は、まさにそのような変動の時代でした。近代日本にとって、そうした機会は少なくとも二回あったと思います。一回は明治維新。このときは天皇制国家神道を基軸に据えて徹底的に反キリスト教主義が国家政策化されました。もう一回は第二次大戦後。しかし、このときも根本的な社会制度つまり天皇制国家形態が温存されたことにより、人々の価値観、社会観が結局は維持継続されて今日に至っています。要するに、日本の社会そのものがキリスト教を受け入れるというような劇的な変化を、社会構造的にも精神的にも許容しないできたのだと言えます。従って、キリスト教徒になることは、なにがしか反社会的な存在、あるいは社会全体の中で異質な存在とみなされることになるでしょう。

キリスト教が独自の世界観を持つ宗教ではなかったとしたら、ことはもっと単純であったはずです。どの世界観においても受け入れが可能な祭礼や、御利益をもたらす呪術的なものがキリスト教信仰の中枢であったとしたら、日本においても受け入れられることは難しくなかったにちがいありません。キリスト教が強い拒絶反応を引き起こしたのは、ゴードン・レーマン先生が主張するように、迫害時代以来、キリスト教に対する邪教観が浸透していたこともありますが、それだけでなく、キリスト教があらゆるものを統括する大きな世界観を持つ信仰体系であり、キリスト教信者になるということは、その世界観を受け入れることが不可欠だったからです。キリスト教世界観とは大きく異なる世界観を構築している日本社会において、キリスト教を信じるということは、日本的な世界観を否定するということでした。その意味で、キリスト教は多かれ少なかれ反社会的であり、キリスト教徒になるということは、日本社会の秩序にそぐわなくなることを意味しました。キリスト教徒になるということは、生活、価値観、倫理観のあらゆる面において違う原則を持つということであり、社会集団から異質な存在としてはみ出すことです。伝統的な共同体性が強い社会であればあるほど、この異質化はそれ自体が反社会的行為とみなされます。そのような社会では、個人に対する社会的役割の強制度が高いからです。何らかの社会的役割を期待され要求されているとき、それをおこなわないこと、拒否すること、合一化しないことは、社会システムそのものに対する敵対行為であり破壊行為となります。

問題は、そのような社会秩序と慣習は、それ自体が宗教的性質を持っていることです。社会の在り方そのものが自然宗教となるのであり、しかも、そのような宗教にはこれといったドグマや教団組織が存在しません。社会そのものが一種の信徒集団なのですから。日本の伝統的宗教はまさにそのような形態で存在してきましたし、これからもそのように存在します。個が先にあるのではなく、集団ないしは共同体が先にあり、個はそのような宗教性を帯びた共同体の一部です。

日本社会の場合、社会構造が流動的ではなく、歴史的にも伝統的にも、拘束力の面でも、構造的に確立された共同体ですから、個の自由度はきわめて低いのです。全体を脅かさない範囲では個の自由が認められ、多くの人が自分は自由だと思っていますが、全体の秩序や慣習に反する仕方で個を主張すると、反社会的な異分子として嫌われ、排斥されることになります。

日本のプロテスタント伝道において、共同体としての教会よりも個人の救霊が強調されてきた背景には、日本にキリスト教を伝えた欧米の宣教師たちが、個人の回心と救霊を目指す信仰覚醒運動にルーツを持っていたからだということは、よく指摘されます。しかし実は、それ以上に、日本でキリスト教信仰を持つにあたって、日本の社会構造と対立するのではなく、なるべく適合する仕方でキリスト教を受容しようとする日本人の心情的傾向が、個人的な救霊という仕方でキリスト教を受け止める傾向の根底にあるのではないでしょうか。

日本の宗教性と共同体性は日本の教会にどう関係してきたか

わたしたちは、ここに述べたような文化的、社会的状況の中で、プロテスタント・キリスト教が日本においてどのような宣教を展開し、教会を設立してきたのでしょうか。

近代日本におけるキリスト教のはじまり

一九世紀後半から二〇世紀初期にかけて日本にプロテスタント・キリスト教を伝えた宣教師の大多数は、北米の教会から遣わされてきた人たちでした。この時代、北米は信仰覚醒運動から引き続いて、リバイバル集会が各地で催され、個人の信仰的確信と倫理的に高邁な生活を求める運動が展開されていました。女性たちを中心とした禁酒運動が盛んになったのはこの時代であり、一九一九年には禁酒法の成立にまで至るほどでした。日本に来た宣教師の多くは、こうした「高邁な」道徳観をキリスト教信仰と結び合わせて伝えました。

この時代はまた、西欧列強諸国による植民地化が進められた時代であり、その動きと並行して世界宣教への熱意が高まっていました。日本の開国と共に来日した北米からのプロテスタント宣教師たちの多くは、世界宣教への情熱を受け継ぎ、ピューリタン的な倫理観と、自覚的な回心を重んじる信仰覚醒運動の流れを汲む人々でした。しかも、開国はしたものの、キリスト教に対しては拒絶的な対応をしてきた当時の日本に、欧米の宣教師たちが来ることができたのは、彼らが、西欧文明を日本に移植しようとする明治政府の意向に添う教育者や医師、技術者としてでした。彼らは教師であり、学識と教養のある紳士でした。日本人学生は人格的にも優れた教師としての宣教師から、文字通りキリスト教を「学んだ」のです。しかも、宣教師のもとに来て学ぶことのできた学生の多くは、士族出身者や裕福な農民の子弟たちでした。彼らは英語や欧米文化を学ぶ中で、師を敬愛し、その弟子として入信しました。初期の日本人プロテスタント・キリスト教徒の多くは知識階級に属し、倫理的な高潔さに強く影響されていました。このような仕方でキリスト教に触れる人々の数は、当然、人口比からすれば少数でしたが、彼らの多くは文化人、知識人として活躍しました。日本でキリスト教人口が少ないわりに、キリスト教徒の与えた文化的影響が大きかった背景には、こうした事情があります。

こうした明治期のキリスト教の特徴は、それ以後の日本プロテスタント・キリスト教の在り方を方向付けることになりました。つまり、教会はおもに聖書の学びをする所となり、個人の信仰的確信を強調し、倫理的に高邁な生活を追求するタイプのキリスト教が主流となったのです。それは一方で自覚した信仰を持つキリスト教徒を生み出すと同時に、他方でキリスト教の敷居がとても高いもののような印象を与え、多くの人にとってキリスト教が近寄りがたいものになってしまいました。

明治政府によって進められてきた文明開化は、決して日本の社会構造そのものを欧米化することはありませんでした。政府の主導による西欧文明の受容は、あくまで知識と技術、軍隊組織と法制度などの近代化を目的としたものであり、近代日本の国家としての在り方はむしろ、天皇制を基盤としての復古主義的な形態を目指していたからです。政府主導による国家神道が形成され、日本が国家主義を強めるにつれて、知識や技術などの外面的なものの受容は進めつつも、精神面においては反欧米、つまり反キリスト教の傾向が顕著になりました。そうした社会の流れの中で、日本のキリスト教徒は基本的に相反する二つの立場の狭間に立たされることになったと考えられます。一方で、国家全体が国家主義を一段と強めてゆくにつれて、キリスト教徒も日本国民として国家主義を受け入れることが要求されました。しかし同時に、キリスト教信仰を守り、福音を宣べ伝えてゆこうとする熱意をも抱いていました。この二つの立場を共存させるような仕方で、明治から昭和初期のキリスト教徒は、自分たちの信仰の在り方を模索したのでした。

もともと日本に伝えられたプロテスタント・キリスト教は、信仰を個人的、内面的なものと捉える傾向の強いものでした。日本の特殊な事情が、この傾向に拍車をかけました。日本におけるプロテスタント信仰は、個人の信仰体験を重んじ、高い倫理性を持つ、「個人の信仰」として受け止められてきたのです。こうして、個人の信仰と国民としての立場を切り離して両立させることが可能になりました。キリスト教徒としての個人が、国家との関わりにおいては積極的に国家主義を受け入れて日本国民であることを表明したのです。もちろん、キリスト教に対してそのように要求する国家の圧力があったのは確かですが、むしろ、キリスト教徒の側から積極的に国家政策に協力したのも事実でした。

こうした態度の背景には、日本に伝えられた西欧キリスト教の神学的・社会的特徴が関係しているのではないでしょうか。西欧はコンスタンティヌス大帝による三一三年のキリスト教容認以後、急速にキリスト教化し、三九二年にはキリスト教がローマ帝国の国教となりました。キリスト教が迫害される宗教ではなくなってから数十年の内に、ローマ帝国全域が「キリスト教世界」（corpus Christianum）へと変貌したのです。以後、近代に至るまで、西欧はキリスト教世界であり、キリスト教が社会的、政治的、文化的主流（マジョリティ）であり続けてきました。西欧の教会は千数百年にわたって、こうしたマジョリティの立場にあり、この間に築かれた教会制度、神学、信仰生活は全て、社会的マジョリティとしてのキリスト教を前提としたものでした。こうした西欧キリスト教の在り方は、最初に話しましたように、閉ざされた世界としての西欧という特殊な環境で築かれたものなのですが、それが千五百年以上にわたる西欧正統主義キリスト教を形作ってきたため、こうした特殊なキリスト教の形態が普遍的なものであるかのように考えられてきました。その教会制度、神学、信仰生活を伝えられ、受け継いだ日本のキリスト教徒にとって、キリスト教が社会的マジョリティになることが必然と受け止められたのは当然であったと思います。もちろん、日本がキリスト教国家になることについては、真剣に祈り求める人たちがいたにせよ、実際に実現する可能性はほとんどありませんでした。そうした状態においては、多くのキリスト教徒が、国家のキリスト教化ではなく、キリスト教が日本社会におけるマジョリティの一角を担う存在として認知されることを願い求めたのは当然でした。そこで、日本の教会は積極的に国家政策に協力し、反国家的とみなされることについては妥協を重ね、一九一二年（三教会同）に仏教および教派神道と並ぶ立場で国家への奉仕を求められたときには、それを政府によって認められた証しとして歓迎し、マジョリティの仲間入りを果たしたと考えて喜んだのでした。こうした妥協と協力は、国家主義の強化と共にエスカレートし、ついには軍国主義体制を肯定する神学を構築することにまでなっていきました。

信仰を個人的、内面的な事柄として捉え、社会構造（地域、国家、組織など）との関わりと切り離す日本キリスト教の傾向は、現代においてもそれほど大きく変わってはいないのではないでしょうか。

教会の体質と今日の問題

日本のプロテスタント教会は、最初から教会を学びの場と理解されてきました。最近でこそ、典礼に対する理解が変わりつつありますが、永らく、礼拝は基本的に説教を聞いて教えを学ぶ時間であり続けてきたし、今もそうした考えは根強く残っています。説教壇は相変わらず「講壇」と呼ばれ、説教に間に合うことが礼拝に間に合うことだと考えている信徒は多いのではないでしょうか。キリスト教の礼拝をおこなう場所は「教会」と呼ばれ、多くの会堂の作りは学校の教室のように見える。礼拝で一緒に座っていても、みんなが個人として神（と牧師）に向き合っていて、共同体として礼拝を捧げているという意識は希薄なのが実情です。教会の中で種々の交わりはあっても、それがおもに学びと親睦、食べることに限定されているのが実情です。

日本のプロテスタント信仰が個人主義的傾向を強く持つのは、欧米から伝えられたキリスト教のタイプがそうであったことに加え、日本においてキリスト教徒であるためには信仰の個人化、内面化が必要であったことに原因があることも認めなければなりません。たしかに、個人の回心と救霊を中心とする信仰理解は、信仰の自覚と体験を明確にする上で有益でした。だが、キリスト教徒一人ひとりが「キリストの体」の部分であることを確信し、教会という信仰共同体に属することを自覚することにおいて、不十分であったことは否定できないと思います。

日本のプロテスタント教会は総じて、キリストを信じる個々人の集団にとどまっていて、キリストの体という身体性を実体あるものとするような共同体とはならないできました。教会は礼拝共同体だと言いながら、実際には個人が恵まれる場として理解されています。結局、教会は各自それぞれが自分の敬虔さを表す、個々人の集合体でした。『讃美歌21』ではだいぶ改善されましたが、日本の教会で用いられてきた賛美歌の多くは、「わたしたち」ではなく「わたし」の信仰を歌う歌詞のものが多く、共同体としての賛美というよりも、個人の信仰を主題とし、個人として神に祈り、賛美を捧げ、この世を避けることを願う歌でした。敬虔主義的、個人的な賛美歌が日本で広まり、好まれた背景には、日本に賛美歌を伝えた宣教師たちの信仰的傾向があっただけでなく、日本のキリスト教徒の側が、信仰を個人のものとする理解を持っていたことと深く関係していると思うのです。

教会が、共同体としてよりもむしろ、学び、霊的な満足といった機能として理解されるとしたら、人間は共同体として生きる存在ですから、キリスト教徒であっても教会以外のどこかに自らの所属する共同体を持ち、あるいは見出すことになります。教会は残念ながら、教会以外の共同体に優先順位を譲り渡してしまっています。教会は学校共同体に負け、スポーツクラブや塾に負け、企業共同体に負け、血縁共同体に負け、地域共同体に負け、国家共同体に負け続けてきました。そうであるなら、教会本来の共同体性をどのように構築するかが、わたしたちの取り組むべき宣教的課題なのだと思います。

日本の教会は、はるか昔、キリシタンの時代に信仰共同体をみごとに形成してきた歴史があります。キリシタンは最初から、宣教師の指導のもとで慈悲組会（ミゼリコルディア）と信心講（コンフラリア）を組織して、病人、貧者、孤児の世話や養育を教会の働きとしておこない、禁教下ではこの組織が信仰の維持と教育を信徒の互助活動として担った歴史があります。教会内の信仰教育および霊性の維持と、社会的な慈善活動が分離されず、信仰生活そのものにおいて統合されていました。それを、反キリスト的な社会構造、支配構造の中で実現した実績があります。それに対して、日本のプロテスタント・キリスト教会、特に第二次世界大戦後の教会は、教会の内と外を分離し、伝道か社会活動かという二者択一によって、宣教の働きを分断する仕方で構築してきたのではないでしょうか。そのような歴史をたどってきた背景には、社会的、教会的な事情があったことはたしかですが、それは克服してゆかなければならない課題の一つに違いありません。

日本で福音を宣べ伝えるということ——共同体性の確立

もし教会の本質が宣教と深く関わっているとするなら、教会が教会としてこの世に存在すること自体が、教会の宣教の働きだということになります。だから、宣教を問うことは教会を問うことに他なりません。わたしたちは、「宣教」という言葉をあまりに活動と結びつけて考えすぎていないでしょうか。何かをすることが宣教だという考え方そのものが、結局、伝道か社会活動かといった二者択一に行き着いてしまうのだと思います。むしろ、本来この世において教会が存在することと自体が宣教なのであって、その意味で教会は宣教共同体なのではないでしょうか。

そうだとしたら、日本において教会が宣教共同体として存在するとは、どのような在り方を意味するのでしょうか。わたしたちはこのことを、「対抗的共同体」という視点から考えてみたいと思います。

対抗共同体としての教会

聖書は、その全巻をとおしてこの世と神の民の関係を扱っている。この世において神の民がどのような仕方で神の民としてのアイデンティティを保ち、どのような意味でこの世に属し、どのような根拠に立ってこの世と異なっているのでしょうか。神の共同体はこの世においてどのような道を歩み、何に価値を置き、何を究極の望みとするべきなのか。そのことを時代的、文化的、社会的現実の中で信仰的に思索し、提示してきた文書の集成。それが聖書だと言うことができると思います。この事実は、旧約のヘブライ人共同体から新約の教会共同体に至るまで一貫して変わることがありません。神の民は、あらゆる時代を通して常に、世が神の民に対して敵対的であること、あるいは少なくとも、神の民の在り方はこの世の在り方と大きく異なることを自覚することが求められてきました。現代の教会にとってもその事実は変わりません。この世は本質的に、反キリスト的、反教会的です。それだからこそ、教会が教会として世に存在する時、教会は宣教的共同体となるのではないでしょうか。

聖書は教会がキリストの体であることを強調しています。したがって、教会という共同体は、ただ人の集まりではなく、有機的な身体性を持つ共同体です。パウロはコリントのキリスト教徒に向かって「一つの体となるためにバプテスマを受けた者」は「一つのキリストの体であり、一人一人はその部分」だ（Iコリント12章）と述べています。コロサイ書はさらに踏み込んで、教会を「御子の支配下に移された」（1・13）人々の共同体と定義しています。しかし、いずれの場合においても、教会はこの世から分断された共同体とはみなされていません。教会はこの世において「すべての点で主に喜ばれるように主に従って歩み、あらゆる善い業をおこなって実を結ぶ」、「上にあるものを求め」て生きる（コロサイ1・15、3・1）共同体です。ここにおいてわたしたちは、教会が世から分離された存在であると同時に、世の中において存在する共同体だという、一見矛盾するかのような両面性を併せ持つ存在であることを認める必要があります。

しかし、有機的な身体性を持つのは、教会共同体だけではなく、おおよそあらゆる人間の共同体は、なんらかの身体性を帯びています。そして、共同体としての結束が強くなればなるほど、身体的一体性が強まります。家族はもちろん、企業、学校、地域、国家など、離脱が困難なものであればあるほど、身体的な一体性は強い。逆に言えば、共同体の関係を強めようとすればするほど、身体的・有機的な一体性を強調することになります。パウロが教会を「キリストの体」と呼んだのは、教会が結束力の低い同好会やサークルのようなものではなく、ほとんど不可分離な身体的一体性を持つものだということを、パウロが深く理解していたからだと思います。

日本人の共同体意識は、家族共同体もしくは村落共同体を源泉としているためでしょうか、日本人が形作る共同体は、多かれ少なかれ、とても身体的な一体性を志向しがちです。そのために、いろいろな共同体がどうしても教会共同体に対するアンチ共同体となってしまいます。つまり、世の中の共同体が、教会共同体に対する対抗的共同体として機能するのです。

ところが、キリスト教徒の側は、教会共同体としての自覚があまり強くないために、世の共同体に対する対抗的共同体としての意識と役割を自覚しそこなっています。そのために、個人としてはクリスチャンで教会にも集うが、教会としての共同体の自覚は薄いため、この世の様々な共同体への帰属意識の方に優先権を持たせてしまうことになります。かつての国体思想に基づく国家主義は、国家を有機的な一つの体としての共同体とみなして、日本国民に身体的一体性を共有することを要求しました。それに対して、共同体性が実体として脆弱だった日本のプロテスタント教会は、個人としてはキリスト教徒であっても、共同体としては国家共同体に呑み込まれてしまったのでした。教会が、キリストとは異質で反キリスト的な国家共同体に対する対抗的共同体となることができませんでした。身体的共同体として自らの存在意義を強く自覚せず、むしろ、教会が個々人の信仰者の集団にとどまってしまっていたからです。

キリストを信じて、教会というキリストの体に受け入れられた者は、キリストの身体的構造としての教会の視点に基づいて、身体的構造としての世の共同体を、いつも対比的、批判的に見なければなりません。ただ両者を比べて違いを意識するだけでなく、自分たちがキリストの体という身体的共同体にふさわしい生き方を出来る限り心がけなければならないのです。そして同時に、世に対して、キリスト教的視点から見ての、あるべき生き方、歩むべき道がどのようなものかを提言し、世にそのような仕方での変革を求め、働きかけなければなりません。聖書はこの世の身体的特徴を厳しく断罪しています。たとえばコロサイ書は、地上的な身体の特徴を「みだらな行い、不潔な行い、情欲、悪い欲望、貪欲」に代表させることで、キリストの身体の特徴を「憐れみの心、慈愛、謙遜、柔和、寛容」に代表させ、両者を鋭く対比しています（3・5、15）。この対比は、わたしたちに世を嫌悪させ、世を否定させることを目的としているのではなく、世という身体性の特徴に対してキリストの体の特徴をはっきりと自覚して生きるようにさせることを目的としているのです。

この世の構造は本質的に貪欲であり、罪の支配下に置かれています。キリストの体に属する者は、この事実を明確に自覚し、それに対抗しなければなりません。しかも、ただ反対するための対抗ではありません。教会共同体は、世が御子の支配下へと移されるための働きをするために世に存在しているのだからです。

もし教会が、このような意味での神の共同体だという自覚を明確に抱くなら、教会は必然的に、この世のあらゆる権威、支配、制度、構造、価値観、理念に対して、対抗的共同体として存在することになります。この世界は悪そのものではないけれども、反キリスト的なものを多分に内包しているからです。

教会は、自分自身や自分の家族、民族、国家を礼賛する人間の賛美に対抗して、全ての民を公平に裁く唯一の神のみを礼拝します。教会は対立と不信を基盤とする世の在り方に対抗して、愛と憐れみの共同体であることを実証します。教会は競争原理の社会に対して、共存の原理を示すことによって対抗します。教会は軍事力と同盟に依存して平和を作ろうとする社会に対して、武器によらない平和を提唱することによって対抗します。教会は強い者によって構成される社会において、弱い者の側に立つことによって対抗します。

教会は自らをこの世から分離しない仕方で、この世の諸々の構造、あらゆる共同体に対して、対抗的構造、対抗的共同体でなければなりません。しかも、ただ対抗するだけでなく、この世の共同体の在り方とは異質なマイノリティ性を特徴とする別の共同体を形作り、そこに人々を招き、そこでの共同体としての生活を示します。したがって、その意味で教会は「代替共同体」(Alternative Community) です。そのような教会は、この世において教会が存在すること自体が宣教的だということになるのではないでしょうか。

教会は本質において宣教共同体ですが、自動的に宣教共同体としての役割を果たすことができるわけではありません。既に見てきたとおり、日本においてプロテスタント教会は、自らを神の共同体として明確に認識し、自覚してきたわけではありませんでした。教会が宣教共同体としてこの世において対抗的な役割を担うようになるためには、自らのアイデンティティをはっきりと自覚することが必要です。それこそが、これから日本の教会が取り組まなければならない、神学的、実践的な課題ではないでしょうか。

教会がマイノリティであることを本質とすることは、教会がこの世において寄留者の共同体であること、そしてその共同体に人々を招くと同時に、自分たちの共同体の在り方をこの世に伝えてゆこうとすることです。そこで、わたしたちが意識すべき、共同体としての教会の特質を五つの観点から考えてみたいと思います。

礼拝者の共同体

教会は礼拝をする場所であるということ自体を疑問視する人はいないでしょう。だが、教会にとって礼拝とは何でしょうか。教会ははじめから礼拝を守ってきたからという習慣的な理由だけで、わたしたちは今でも礼拝を守るのでしょうか。

教会は、礼拝について神学的、典礼的に吟味し検討してきたし、礼拝の刷新も教会の歴史の中で様々試みてきました。礼拝でおこなわれる説教を伝道の道具として用いることもしてきました。しかし、礼拝そのものを教会の宣教と理解することについては不十分だったのではないでしょうか。礼拝は自分たちキリストを信じる者たちが恵みを受けて養われる場だと、いまでも思われています。わたしたちは礼拝が本来持っている宣教的な本質を見落としてはなりません。教会は礼拝者の共同体として宣教的な存在なのです。

教会は、この世が礼賛するもの、この世が神(的なもの)として崇めるものを崇めるのではなく、天地万物の造り主である唯一の神を礼拝します。このことがこの世に対してどれほど対抗的なことかを教会が自覚して礼拝をおこなう時、神礼拝そのものが宣教であることが明らかにされるはずです。教会は礼拝において、この世の価値とは異なるものを価値として重んじることを表明する。教会は礼拝を共同体の行為として共に祝うことによって、世の交わりとは違う、愛に根ざした信仰的交わりの存在を具体的に体験させます。教会は礼拝説教によって、キリスト教徒にもそうではない人々にも、神の国と永遠の命の望みに基づいた生き方、価値観、ものの考え方、神の民であることの意味と喜びを宣べ伝える。礼拝において、キリスト教の信仰内容、希望、喜び、感謝、確信、究極の目標が全体的に表現されていなければなりません。要するに、礼拝自体が、教会が対抗的共同体であることの宣言であり行動であり喜びの体験なのです。

そうだとすれば、わたしたちは礼拝の在り方を、より宣教的なものとして整え、刷新してゆくことが必要です。この努力をすることなしに、いままでと同じ礼拝を漫然と続けているのは、宣教的であるはずの礼拝者の共同体としては問題です。

寄留者の共同体

ヘブライ人への手紙は、神の民が地上では「よそ者」であり、「仮住まいの者」、「地上に永続する都を持っておらず、来るべき都を探し求めている」（13・14）者だと教えています。パウロも「わたしたちの本国は天にあります」（フィリピ3・20）と宣言しました。いずれも、わたしたちキリスト教徒の正体が何であるかを、具体的かつ明確に教えています。

神の民とされることは、この世の定住者から神の国を目指す寄留の民とされることとです。もちろん、それはわたしたちがこの世を捨てるとか、この世を軽視するということではありません。自分が本当はどこに帰属しているのかをはっきりと自覚することを意味しているのです。教会は周囲の人々とは異なる文化を持つ者たちの共同体であり、その意味で植民都市にたとえることができます。教会はこの世においては少数者（マイノリティ）です。神の民の価値観、倫理観は、周囲を取り巻く圧倒的多数の人々とは異なっています。そして人生の目標点も違っています。その違いをはっきりと認識し、それを教会の信仰的旗印としなければ意味がありません。言い換えるなら、「わたしたちは何者か」ということへの明確な答えが、教会の自己認識としてなければなりません。それがないとき教会は、かつてそうであったように、周囲の多数者（マジョリティ）に加わろうとして、信仰的な妥協を重ねてゆき、この世の寄留者ではなく定住者へとなってしまうことになるでしょう。

教会に集う人々は、世の中であらゆる仕方で多数者の文化、価値観、世間体、交わり、倫理にさらされ、そちらの仲間になるよう要求され続けています。もし教会が、寄留者の共同体という自己理解を鮮明にしていないなら、教会に集う人々は多数者の共同体に取り込まれて、多数者の共同体の住民となって本国を地上の国に持つようになり、教会に集う時だけ一時的にキリスト教徒に戻るだけの、いわば観光ビザで入国する旅行者のようになってしまうでしょう。

教会は圧倒的な多数者に取り囲まれた、少数者の共同体ですが、教会は自分たちだけで閉鎖的に閉じこもってしまうべきではありません。教会が周囲の人々とほとんど接触のないゲットーのようになってしまうと、宣教共同体としての役割を担ってはいないことになります。残念ながら、日本のプロテスタント教会は周囲の人々や世間から孤立した集団になってしまっていることが多いのではないでしょうか。教会に集う人々が、教会の近隣の人たちと挨拶を交わすこともなく教会の玄関をくぐり、教会を出て帰る時も周囲の人たちと何の関係もないかのように去ってゆくのが、不思議な光景でも何でもありません。教会の隣の人の名前を、毎週教会に集う人が知らないことさえあり得ます。地域の中で教会が異空間のかけ離れた存在になってしまっているとしたら、それは「寄留者の共同体」とは言えず、得体の知れないよそ者にすぎません。

教会はこの世において寄留の民であればあるほど、世の人々とできるだけ平和に暮らすのでなければなりません（ローマ12・18）。この場合、平和とは無干渉でいるということではなく、積極的な交わりを前提とする「シャローム」であることは言うまでもないことです。わたしたちは、自分たちの文化、価値観、理念を積極的に周囲の多数者に示し、伝えることによって、多数者の中からこの寄留の民へと加わる者を招いてゆきます。そして、神の国の理念と倫理を世に広めてゆく務めが神から委ねられています。そのためには、教会が自らを寄留の民と自覚し、この世の多数者の文化、理念、倫理に対抗する共同体として存在していなければなりません。

弟子の共同体

日本でひとりを教会に招き、信仰を抱くまで導き、洗礼を授けるのはたいへんなことです。家族や友人が反対することもあるでしょうし、地域や職場などからの逆風も覚悟しなければなりません。キリストは「あなたがたは行って、すべての民をわたしの弟子にしなさい」（マタイ28・19）と命じました。主の弟子になるということは、聖職者や教会の特別な職務へと召された一部の人のことではありません。キリスト教徒になるということは、主の弟子になるということです。教会の宣教は、これらの弟子たち、つまり、教会に集う全ての人々によって担われるべきですし、教会に人々を招くということは、弟子になるよう促すことです。

すべての民が弟子とされるということは、一部の人々を除いて、教会の働きをすることによって収入を得て生活するわけではないということを意味します。つまり、大多数の主の弟子は、職業としてではなく奉仕として、宣教の働きを担うということです。日々の生活において、サラリーマンであり、専業主婦であり、医者であり、教師であり、技術者であり、パート労働者、派遣労働者であり、学生であり、隠退者であり、無職であり、その他もろもろの人々が、奉仕として教会の働きに携わるのです。この人たちがそれぞれの立場において、それぞれの生活と労働の場において、主の証人であり、教会の働きの担い手であることを、牧師は常に思い起こさせ、奉仕への責任と喜びを抱かせ続けるように教え導くことが、牧者の務めです。

信仰者は直接的に福音を伝えることをしなくても、平和の使者として語り合い、時に忍耐と寛容をもって接することができます。空いた時間をボランティアとして用いることや、とりなしの祈りを捧げるために用いることが可能です。キリスト教的善を生きること自体が、主の弟子としての生活に他なりません。もし全ての教会員が、主の弟子として生きるなら、そのような人たちの共同体である教会は、この世における堅固な弟子の共同体として、世の風潮や価値判断に対する対抗的共同体となることでしょう。

世を福音化（Evangelize）する共同体

わたしたちが住んでいる世界は、罪に支配された、基本的に反キリスト的な世界です。それはこの世界が悪そのものだとか、嫌悪すべきものだという意味ではありません。この世界は神の被造物であり、良いもの、美しいものはたくさんあるからです。だが、わたしたちはこの世の悪、しかも構造的な悪をつぶさに見、実感させられています。教会が愛と憐れみ、和解と平和の共同体である以上、教会はこの世の構造に対する対抗的構造のはずです。世の社会構造によって苦しめられ疲弊させられている人々、世の共同体に問題を感じている人々にとって、別の共同体の可能性を示し、生きることを可能にする代替的《オルタナティブ》共同体として自らの存在を明らかにする。それが教会です。だから教会は、愛と憐れみ、恵みと平和、正義と公平の交わりを教会内に閉じ込めておくべきではないし、また、閉じ込めておくことはできません。神は正義と公平の神です。だから神を信じる者は、自らもこの世のあらゆる局面において正義と公平を造り出そうとしなければなりません。キリストを通して神と和解させられた者は、神と敵対している世の人々が神と和解するよう祈り求め、機会のあるごとに人々を神との和解へと導きます。神の前では「ユダヤ人もギリシア人もなく、奴隷も自由な身分の者もなく、男も女もありません」（ガラテヤ3・28）と信じる者は、その事実を教会の中だけでなく世界のあらゆる所で実現しようと願い、差別、偏見、人間の物質化など諸々の非人間的扱いを無くすために努力しようと思うはずです。

こうした働きは教会がはじめたことではなく、罪に満ちた世界に対して神がずっとおこなってきた神の働きだということを見落としてはなりません。神が絶えることなく、愛と憐れみ、正義と公平の働きかけを続け、回心を呼びかけ続け、神のもとに立ち返るよう呼びかけ続けてきたことは、聖書が証しています。神がこの働きかけを最も明確に、決定的におこなったのが、イエス・キリストの出来事であり、それが福音だとわたしたちは信じています。キリストによる救いの恵みを受けているわたしたちは、この福音を世に表す神の働きに参加するようにと召されているのですから、教会は世を福音化する共同体として存在しています。この使命が教会において明確に自覚されていないと、教会はどうしても内向きの閉鎖的集団になってしまうでしょう。

世を福音化する使命は、わたしたちがキリスト教徒として共同体に加えられた時からはじまります。キリストにある新しい命を授けられたことを喜びとし、あらゆる対人関係と、すべての社会生活において、感謝をもって福音に根ざした生き方をし、この世のあらゆることを福音化してゆく使命を自覚し、そのために祈りを絶やさず、困難に直面するとしても忍耐と勇気をもって立ち向かい、究極の目標を目指す歩みをしっかりと続けること。それがキリストを信じる者すべての歩むべき、喜ばしい道です。

霊の闘いを担う共同体

いつの時代でも、教会の宣教は霊の闘いでもありました。パウロは「あなたがたは、人を奴隷として再び恐れに陥れる霊ではなく、神の子とする霊を受けたのです」（ローマ8・15）と述べて、この世の霊の支配から、キリストの霊の支配へと移された事実をキリスト教徒に確信させようとしました。パウロがこのことを強調したのは、キリストの霊を受けていながら、世の諸霊へと戻ってしまったり、世の霊との絆を維持したままの人たちがいたからです。だからガラテヤ書でパウロは「なぜ、あの無力で頼りにならない支配する諸霊の下に逆戻りし、もう一度改めて奴隷として仕えようとしているのですか」と警告しなければなりませんでした。パウロは、この世の支配や権威、権力、いっさいの構造などを、単に人間的な仕組みとして見るだけでなく、そこに霊的な影響力を認めていました。それらは罪の支配下にあるので、基本的に反キリスト的であり、それゆえに、キリストの霊的な支配と権威は、この世の霊的な支配と権威に対して対抗的です。だから、キリストに従う者は霊の闘いの中に置かれているのであって、教会は霊の闘いのための砦でもあります。

この世界をどう理解し、宣べ伝えるか

人間と世界の関係について、今日およびこれからの教会がこの世に何を語り、何を預言者的使命を抱いて警告し、社会の在り方の代替案を物語るか。それが問われます。

特に現代、教会が取り組むべき課題として、神と自然と教会の関係理解があるのではないでしょうか。自然破壊や資源搾取、現代科学文明の行き詰まりが言われるとき、しばしば、唯一神信仰の問題、そして神が人間に世界を治めることを命じたとするキリスト教信仰の問題が批判されてきました。たとえば梅原猛さんがそうです。そしてその対極として、自然と共に生き、自然を尊重する日本的（神道的）自然観が主張されます。わたしは、日本の自然理解が環境保護、自然破壊の抑止になるとは思えません。日本文化は基本的に、わたしの考えでは「幕張り文化」だからです。千葉県の幕張ではなく、幕を張ってその内側の世界の美だけを求め、幕の外はごみや廃棄物を捨てても気にしない文化です。

教会は自然との関係について、環境問題、汚染、破壊、乱開発にどう向き合い、発言するかの、四つの大きな課題があると思います。

対抗文化としての教会の存在

教会を政治と切り離すことはできません。信仰者としてこの世で生きること、教会が共同体としてこの世の共同体と対抗する限りにおいて、教会も信仰者も必然的に政治的だからです。

特に日本の教会は、政治的主題としての平和（シャローム）を作る使命があります。日本の教会固有の歴史と課題から言えば、それは過去の体験をどう悔い改め、かつ未来のシャローム構築へと繋げて行くかということです。そのために、かつて戦争と侵略、人々の抑圧と暴力的支配に協力した教会の事実を悔い改めることは避けて通ることができません。むしろ、それが日本の教会の未来を肯定することになると信じます。その一歩が戦争責任告白です。これは、告白すると同時にその告白に基づいてどのような信仰生活、どのよ

うな教会の使命と働きを考え、担うかということです。

そこで、ナザレン教会の例を話したいと思います。ナザレン教会は一九九三年に戦争責任告白を教団年会において採択しました。この告白は、従って、日本ナザレン教団の公式表明です。その告白と、翌年に刊行された告白の解説書『平和を生きる』を携えて、韓国と台湾を公式訪問し、フィリピンで開かれたアジア太平洋地域の集会でも謝罪と悔い改めの時を持ちました。ナザレン教会の戦争責任告白を紹介します。

第二次大戦下における日本ナザレン教団の責任についての告白

わたしたち日本ナザレン教団は、唯一の主であるイエス・キリストの名のもとに集められた信仰共同体として、平和を求めるものであることをここに表明し、次のように決意をいたします。

わたしたちの国は、先の侵略戦争において、アジア諸国及びその他の国の人々、並びにわが国の同胞に対して、多くの悲惨と苦難を与えました。

わたしたち日本ナザレン教団に属する教会は、この侵略戦争に反対することをせず、むしろ協力してきたことに心を痛め、悔い改めます。

さらに、わたしたち日本ナザレン教団は、戦後四十八年もの間、悔い改めを公にしないままにきたことを懺悔し、ゆるしを請い求めます。

わたしたちは、わたしたちの国がこの戦争をしたという過去の事実をたえず想起し、このような罪を再び犯さないためにあらゆる努力をすることを約束します。

わたしたちは、この悔い改めに基づいて、あらゆる機会をとらえ、将来に向けて、広くアジア諸国及びその他の国の人々、並びに在日外国人との和解を求めてゆくことを心から決意いたします。

一九九三年三月一五日　日本ナザレン教団理事長　樋口茂

しかし、本当に重要なことは、この戦争責任告白に基づく教会の在り方、そして宣教をどのように展開してゆくかです。告白文を出しただけで終わっては意味が乏しいです。そこで、二〇一一年に「宣教宣言」(missionstatement)を、解説を付けて4頁の小冊子として全教会に配布しました。ナザレン教会の「宣教宣言」を紹介します。

宣教宣言「喜びをもって主に仕え」

わたしたちは、教会が主イエス・キリストの十字架と復活により罪あがなわれ、召されて聖なる者とされた神の民の共同体であると信じます。教会は天の国を目指して世を旅する神の群れであると同時に、この世に神の福音を宣べ伝え、御旨を表す使命を授けられて生きる神の民の群れです。

わたしたちは、父なる神が福音を世にもたらすために御子を遣わされたように、御子キリストが福音を世に告げ知らせるために教会を遣わしておられることを信じます。

わたしたちは主キリストに遣わされた者として、神の国と神の義を第一に求め、聖化の恵みに感謝し、「キリストに倣う弟子」にふさわしい生き方を心がけます。

わたしたちは主に遣わされた者として、霊と真実をもって神を礼拝し、愛と憐れみ、和解と平和の交わりを、教会の内においても外においても作ります。

わたしたちは主に遣わされた者として、良い時も悪い時も主の救いと恵みを証し、あらゆる機会と方法を用いて福音を宣べ伝えます。

わたしたちはこの世の支配者、権力者の側にではなく、主キリストに倣って、弱い者、小さい者の側に立ち、平和の福音の使者となります。

わたしたちは、この福音宣教の業にあずかる者とされたことを主に感謝し、喜びをもって主に仕えることを、ここに宣言します。

現在、「宣教宣言」実行委員会がこの宣言に基づく具体的な活動計画を作成、実施しています。

共同体が目に見える時と場としての礼拝

共同体としての教会。しかし、現実として教会が目に見える形で表れるのは、たいていの場合週に一回、礼拝の時だけです。週一回、一時間の礼拝に集うことで共同体としての教会が現れるとしたら、それは総時間の、わずか〇・六パーセントに過ぎません。二時間を日曜ごとに過ごしてやっと一パーセントです。共同体が目に見える形で出現するのは、圧倒的にわずかな時間でしかありません。それが現実です。そのなかで一体、どのようにしたら「対抗共同体」としての自覚と体験を持つことができるのでしょうか。

わたしの確信は、礼拝と説教による共同体の具現化こそが、教会の共同体性を構築する鍵ではないかと考えています。礼拝の在り方と、どのような説教が語られるかが重要です。しかし、このことはそれだけで大きな主題ですので、今回与えられた時間と内容を越えてしまいますので、いずれかの機会に譲ることとして、今回の講演はここまでにさせていただきます。

講　演

X

神田健次

2018年3月5日−7日
イエズス会　日本殉教者修道院　鎌倉黙想の家

エキュメニカルな課題との出会い

二つの宗教との出会い
浄土真宗の実家

私の生まれ故郷は、新潟県の下越地方の新発田市で、人口約一〇万人の城下町です。取り立ててこれというものはないのですが、江戸時代の忠臣蔵で有名な堀部安兵衛の出身地であり、社会運動家の大杉栄や戦前に竹久夢二などと共に一世を風靡した蕗谷紅児なども故郷ゆかりの人物です。近郊には、冬になるとシベリヤから白鳥が群れをなして渡来したりします。実家の近くには、キリスト教主義学校の敬和学園大学があります。

一九四八年に、このような雪国に生まれていますが、三歳の時、重い疫痢の病にかかり、伝染病院に隔離され、生死の間をさまよい、何とか生き残ったようですが、それ以降、入院したという記憶はありません。そのことは、後に聞かされ、少しショックでしたが、わたしのいのちの問題を考える原点のような経験だったと思われます。

新潟や北陸地方は、浄土真宗が歴史的に盛んな土地柄です。実家はキリスト教とは無縁で、かなり熱心な浄土真宗の門徒であり、生きた宗教として信仰していました。現在の上越市にかつて親鸞聖人が迫害を受けて流され、厳しい風土の中でその宗教思想が深められたようですので、その教えも深く浸透してきたと言えます。一度、寺泊の良寛の足跡と併せて、親鸞の足跡を辿ったこともあります。

幼いときに大病したことが無意識にあったのでしょうか、地元の中学校や高校では、バレーボール部に所属してクラブ活動に打ち込み、どちらかと言えば、読書や思索することは苦手だったと思います。そのような者が、こうして皆さんの前でお話ししているので、自分でも不思議な思いです。

親族の中のキリスト者

一つ忘れられない出会いは、高校二年生の春頃でしたが、授業で数学の先生が旺文社の問題集を購入するように言われたので、クラブ活動の後、自転車で本屋さんに立ち寄りました。参考書を見つけ、それを取ろうとしたのですが、少しクラブ活動で疲れていたのか、その隣の旺文社の文庫本を抜き取ってしまい、ぱらぱらとめくっている内に、何故かその文庫本も購入していました。それは、山室静著『シュワイツァー』（旺文社文庫）でした。帰宅して、夕食を済ませ、部屋でその文庫本をひも解きはじめてみると、その内容に引き込まれ、疲れているはずなのに、時間を忘れるように読みふけり、読み終えていました。すでに真夜中になっており、暗闇の中で、読み終えたばかりの衝撃が心の奥底に走り、わたしは一体何者なのか、どこからやって来て、そしてどこへ行くのかという、それまで深く考えたこともない根源的な問いの前に、おののくような思いに駆られました。いわゆる自我の目覚めと呼べる経験が、この小さく、安価な一冊の文庫本を通してもたらされたと言えます。その後、もう少しシュヴァイツァーについて知りたいと思い、白水社から出ている選集を何冊か買い求め、同時に学校の授業とクラブ活動の帰りには、市立図書館に通うようになりました。それは、もっとさまざまの本を読んでみたいという思いと、大学の受験勉強を本格的に始めたいと思ったからです。思えば、自我の目覚めというものが、一冊の、しかもたった一七〇円の小さな文庫本に秘められていたわけです。

シュヴァイツァーの「生命の畏敬」の思想、ゲーテやバッハの文学や音楽などは、その後もひきつづき親しんでいました。後にドイツに留学の機会が与えられたとき、シュヴァイツァーの故郷のカイザースベルクを訪れて記念館を訪問し、また彼が神学研究の時を過ごしたストラースブルク大学を訪れましたが、驚いたことに、その博士学位論文が『晩餐論』（Das Abendmahl im Zusammenhang mit dem Leben Jesu und der Geschichte des Urchristentums, 1901）であり、私の学位論文と同じテーマでした。

高校時代もう一つ忘れがたいのは、三年生の夏休みを挟んで、たまたま出会った父方の伯父と、母方の叔父との出会いでした。父方の伯父は、戦前、アメリカに移住して少し成功をおさめ、デンバーに住んでいましたが、わたしの夏休み前に、実家に戻ってきて三日ほど滞在しました。いよいよ帰国する前日、少しゆっくり話す機会があった折り、実は自分はプロテスタントのキリスト者で、アメリカ合同メソジストの日系教会の教会員として、教会生活が生きがいになっていると語りました。特に内村鑑三の著作を愛読しているということで、砂川萬里著『内村鑑三・新渡戸稲造』（東海大学出版会一九六五年）という一冊の伝記的な本をプレゼントしてもらいました。

夏休みの後に、今度は私の母の弟で、叔父にあたる青山玄という方が、ローマの留学から帰ってきたということで訪れてきました。少しうわさ程度では知っていましたが、戦時下、軍国少年であったことから、戦後になって人生の意味を失い、その中から新発田のカトリック教会に友人と共に通い、洗礼を受けたようです。その後、名古屋の南山大学の神学部で学び、カトリックの神言会の司祭となり、一九六〇年から六年間、ローマのグレゴリアン大学に留学し、南山大学の神学部に就任するということで帰国し、実家に帰ってきたわけです。僅かな時間滞在しただけでしたので、その時にはゆっくり語り合うことはありませんでしたが、その後の交流の中で、グレゴリアン大学では、日本におけるザビエルの宣教活動に関する学位論文を仕上げたこと、滞在期間中がちょうど第二ヴァチカン公会議というカトリック教会の大きなエキュメニカルな転換期であり、さまざまの公会議の準備過程に参与する経験やK・ラーナーやH・キュンクなどとの対話の機会などがあり、帰国後は歴史神学を講じ、岐阜や愛知を中心にキリシタン研究を推進していることなど、うかがう機会がありました。

高校三年生の夏休みを挟んで、身近な親族の中に、プロテスタントとカトリックのキリスト者に出会った経験は、その時はその影響力をそれほど感じませんでしたが、その後のわたしの歩みにとって大きな意味のある出会いの経験であったと思っています。特に、母方のカトリックの司祭で、南山大学で歴史神学を教えてきた叔父との出会いは、その後エキュメニカル運動に関わる、潜在的に重要なモティーフになってきたと思っています。三年前、研究期間を利用して久しぶりにローマを訪れた際、叔父がかつて勉学したグレゴリアン大学を訪問し、学舎や図書館などを歩いて巡りました。

明日のフィールドトリップで、皆さんと是非、江戸時代の「駆け込み寺」として著名な東慶寺を訪ねてみたいと願っていますのは、その寺にキリシタン時代の足跡があり、当時その寺に寄贈されたと思われる螺鈿工芸の見事な聖餅器（重要文化財）があるのでそれを見たいからです。このような全国各地のキリシタン時代の足跡を、各地の教会を訪問する折に、意図的に探し求めて歩いてきたのも、日本における福音宣教のあり方を考える一環でしたが、同時にどこかで叔父の影響があったのだろうと思われます。

故郷での一八歳までの歩みにおいて、実家の浄土真宗と親鸞の教え、そしてとりわけ高校二年生の時、A・シュヴァイツァーとの出会い、三年生の時の親族における二人のキリスト者との出会いは、大学でのキリスト教との出会いへの布石であったと言えます。

明治学院大学社会学部

聖書との出会いと受洗

最初の大学では、社会学を学んでみたいという漠然とした思いから、一九六七年に東京の明治学院大学社会学部に入学しました。この大学で在学中にキリスト教と出会って、教会で洗礼を受けますが、特に大学では三名のキリスト者の先生と出会いました。一人は、一年生の時、アドヴァイザー・グループの担任をしてくださった宮崎先生です。地理学や農村社会学を教えておられ、長野の農村におけるフィールドワークにも参加いたしましたが、たいへん温厚な人格者の先生で、困難な状況を抱えたときなど相談に乗っていただきました。もう一人は、スイスのチューリッヒに留学されて帰国されたばかりの高森昭先生です。先生には、一年生のキリスト教学で、聖書を読んだことがないのに、いきなり第一コリントの信徒への手紙の講義を受けました。内容的によく理解できなかったのですが、かろうじて合格点をつけていただきました。また、三年生の時には、ボンヘッファーの生涯と思想に関する講義をうけ、個人的に少し親しくさせていただきましたが、まさかこの先生との関わりで、後に関西学院大学の大学院に進学し、さらに神学部の同僚として働こうとは思いもよりませんでした。そしてもう一人の先生は、ゼミを担当してくださった橋本茂先生ですが、M・ウェーバーの社会学理論などを教えていただきました。

もう一人、本当に不思議な出会いを与えられた先生は、ドイツ語担当の柏原兵三先生です。

実は、この先生との出会いは、わたしは入学時に、第一外国語に英語、第二外国語にドイツ語を履修登録したはずなのに、授業開始時にどこで間違ったか第一外国語がドイツ語になっていたのに驚き、教務課へ問い合わせましたが、確かにあなたが登録した通りだと言われ、たいへん落ち込んでしまいました。

仕方なく教室に入ったら、二〇名ほど受講しており、先生が入ってきて、授業の最初に、第一外国語にドイツ語を履修した動機についてそれぞれ話す機会がありました。履修登録を間違ったとも言えず、将来、ジャーナリストとしてドイツにも出かけたいと、その場しのぎの見栄を張り、ますます落ち込んだわけです。後に、ドイツに留学したので、あの時の半分は実現したのですが、人生で不思議なことは、たとえ間違った選択をして落ち込んだとしても、そのことが人生に影響を与えるような出会いになると言うことです。ドイツ語の授業は、毎週四時間行われ、文法を夏休み前で済ませ、夏休み以降は、父との葛藤を綴った『カフカの日記』を読まされ、ついていくのがやっとでした。

秋も深まった頃、ある朝の朝刊を開くと、社会面に大きく、担当の柏原先生の写真が出ていたので、驚いてよく読んで見ると、何とその年の芥川賞を受賞という記事で、本当に驚きました。『徳山道助の帰郷』という小説で受賞したということで、次のドイツ語の授業後、渋谷の安いレストランで、先生を囲んで受賞のお祝いをさせていただきました。そのこともあり、ドイツ語の授業が楽しいものになったと言えます。柏原先生は、その後ご病気で三九歳でなくなられましたが、全七巻の著作集が刊行されています。後年、東欧革命の直後、東ドイツの教会を訪問した後、プラハに出かけてユダヤ人街の一角にあるカフカの生家を訪れた際、『カフカの日記』を講読してくださった柏原先生の授業のこと、一緒に学んだ仲間たちのことが、無性に懐かしくなったのを覚えています。

大学一年生の秋頃から、下宿していた近くにあった日本キリスト教団のむさし小山教会を友達と訪れるようになりました。地方から大都会に出てきたことで、途方もない解放感を味わうと同時に、隣の住人が死んでいても気づかないような孤独感、疎外感も深く味わされたと言えます。当時、D・リースマンの『孤独な群衆』という本がよく読まれましたが、まさにそのことを実感し、生きる意味の喪失感に苛まれたことも、教会の門をたたいた要因にあったと思われます。むさし小山教会には、当時、小林寿牧師がおられ、翌年のイースター礼拝に洗礼を受けました。六〇年代は、まだ日本のキリスト教会には青年が溢れており、まさに青年の宗教と呼べる勢いがあったと言えます。洗礼式の当日には、八名の受洗者があり、一人ひとりに洗礼を授けられるとき、「世の光」とか「野の百合」などの聖句が語られたので、ロマンティックな聖句を期待していました。ところが、その期待も外れ、わたしがいただだい聖書の言葉は、Ⅱテモテ２・３の「汝キリスト・イエスの良き兵卒として我とともに苦難を忍べ」という聖句でした。この聖書の言葉は、まず「良き兵卒」という言葉が、当時ヴェトナム戦争反対の声がさまざまに上がった時代でしたので、少しひっかかりました。また、なんと言っても、「我とともに苦難を忍べ」という言葉は、だいぶ荷が重すぎる言葉だなと、ややネガティブな受け止め方でした。しかも、その後、青山の神学科に編入学した際、授業でテモテ書は牧会書簡で、パウロ以降の手紙であると知らされ、愕然としました。

しかし、聖書の言葉は不思議ですね。その後のキリスト者としての歩み、伝道者としての歩みの中で、さまざまの試練の中で、不思議にもこの自分の好みで選んだわけでない聖句が、大切な問いかけとして立ち現れ、自分の人生において信仰の原点とも言えるものとなってきたと思います。

しかもその後、第二テモテ書に愛着を覚えるようになったのは、ドイツ教会闘争の指導者M・ニーメラーの強制収容所での説教集のタイトルが、『然れど神の言は繋がれたるにあらず』（Ⅱテモテ2・9）であったこと、またD・ボンヘッファーがドイツ教会闘争に本格的に参与する契機となったのが、「冬になる前にぜひ来て下さい」というⅡテモテ4・21のフレーズであったことを知ってからです。一九三五年からボンヘッファーは、ドイツのフィンケンヴァルデの牧師研修所の所長として就任しますが、その直前までアメリカに一時滞在しています。そこで特に、ユニオン神学校の先生からここに留まるように慰留され、かなりその方向で決意が固まりかけた、ある朝の『ローズンゲン』（『日々の聖句』）の聖句が、「冬になる前にぜひ来て下さい」という一節でした。格別にどうと言うことのない聖句ですが、何故か日増しに彼の心深くに大きな問いかけとして響くようになり、ドイツの告白教会の状況が、より厳しい「冬になる前に」、ドイツに戻る決断をするに至ったわけです。何気ない小さな聖句との出会いが、ひとりの人間の生涯を変えうる力を宿していると言えます。

「基督教福祉研究会」の発足

教会で洗礼を受けて以降、大学で社会福祉への関心が芽生え、キリスト教と社会福祉の接点を考える「基督教社会福祉研究会」（「基福研」）を、親しくなった五〜六名の仲間たちとで発足し、呼びかけたら六〇名ほどの学生たちが集まってきました。わたしは、それ以前に「バット・ホーム」という養護施設にボランティアとして関わっていましたが、基福研との関係では、障がい者、特に知的障がい者の問題に関心を抱き、夏休みには浜松の聖隷福祉事業団の知的障がい者施設「小羊学園」で二週間の実習をさせていただきました。この時の経験が、後に、日本基督教団における知的障がい者の聖礼典をめぐる神学的考察につながっていると言えます（拙稿「知的障碍者と聖礼典」『礼拝と音楽』94号、一九九七年夏を参照）。

「基福研」で相互に議論したり、多様な現場で実習を行い、箱根などで合宿したりしましたが、そのような問題意識との関連で、東京における寄せ場として山谷の伝道所などにも仲間と共に訪問させていただき、中森幾之進牧師の働きからも多くの問いかけを受けたりしました。

その間、大学紛争が全国同時的に始まり、また教会や教団でもシャープな問いかけが起こり、現実の激動する時代や社会における大学や学問の在り方、聖書の読み方や信仰の在り方など、さまざまの形で問われ、この時期、多くの青年たちが教会を去って行ったと言えます。

他方、同時にそのような問いかけから、自分自身の生き方、信仰の在り方を新たに探求したいという思いで、キリスト教神学を学び、伝道者への道を模索し始めた学友が何人かいたことも事実です。私は、親しくなった中村淳一君と共に、青山学院大学の文学部神学科へ編入する決断に導かれたわけです。

伝道者への道

青山学院大学文学部神学科

一九七一年に青山学院大学神学科に編入学いたしましたが、その時に出会った神学科の先生たちは学問的にも優れ、たいへん充実していたと思います。旧約では浅野順一先生や木田献一先生、新約では佐竹明先生や川島貞雄先生、歴史では荒井献先生、組織では小田垣雅也先生、実践では関田寛雄先生など、新鮮な出会いを与えていただき、その後もさまざまの機会にお世話になり、ご指導をいただきました。非常勤で来ておられ、宗教哲学の講座でバルトの『ロマ書』を講義して下さった小川圭治先生とは、WCCでの関わりが生まれたばかりか、後に先生に博士論文の実質的な審査を担当していただくことになり、出会いの不思議さを感じさせられました。

また忘れられないのは、浅野先生がご自宅を開放されての勉強会に招いて下さったことです。その勉強会には、われわれ学生だけではなく、カトリックの神父や井上良雄先生も出席しておられ、ボンヘッファーの『キリスト教倫理』をいろいろと教えてもらいました。その浅野先生から、神学の学びと教会の責任の両輪を担う在り方も教えられ、そのことは今回の神学生交流プログラム校長の関田先生からも、両者を担う重要性を教えられた思いでした。

しかしながら、それぞれの先生方の学問的な凄さや、学問と教会の両輪を担うことは、後になって徐々に理解できたと言えることで、その当時は、正直言ってよく理解出来ず、とにかく授業について行くので必死だったように思います。しかも、実家には神学校へ行くことでは反対されていましたので、授業料と生活費は何とかしなければならなかったので、アルバイトに追われた日々でした。皆さんも、勉学を続ける上でいろいろアルバイトがたいへんだったと思いますが、家庭教師やライオン油脂の店頭販売での仕事、また教会関係のつながりで、川崎の精神病院の副院長の方から夜勤の仕事を紹介していただき、随分助かったと言えます。病院の夜勤では、夕方に病院に入り、症状が比較的軽度の方々の病棟のお世話を、翌朝までさせていただく仕事でした。朝晩の検温や指定された薬を投与したり、少し話し相手をさせていただいたり、また真夜中に救急車で運ばれてくる方を、担当医や看護師さんのお手伝いをして対応したり、心の病を負われた方々と具体的に出会い、関わる機会が与えられ、貴重な経験だったと思います。当時の神学教育では、まだ臨床牧会訓練という授業はなかったので、その病院での夜勤の仕事自体、まさに生きた臨床牧会訓練であったと言えます。さらには、そこに入所しておられる方々と出会い、関わらせていただき、いわゆる「正常と異常」の区別の境界線とは何なのか、誰がその境界線を引くのか、そのことで差別も生まれてゆくこともあり、その現場で生きた人間の問題をシャープに問われ、副院長の先生とも議論し、いろいろと考えさせられました。

関西学院大学神学研究科

神学科に編入学し、先生との関わりだけではなく、多様な在学生との交わりも広がり、大学院に進む準備を始めていた中で、ある日、神学科を廃止する方向で大学院の募集は停止ということになり、本当に戸惑い、路頭に迷う思いでした。先生方もたいへんな状況だったと思いますが、学生たちも、理事会の理不尽な決定に抗議しつつも、それぞれ自分の進むべき進路を探らざるをえない状況に追い込まれました。わたしは、いろいろと悩んだ結果、一緒に歩んできた友人の中村君と、すでに関西学院大学神学部の教師として赴任しておられた高森先生を頼って、東京から関西に移ることを決断し、友人に青山学院自動車部のトラックを借りて運転してもらい、未知の地である関西へ、さながら小さなアブラハムの旅立ちの思いで、六〇〇キロの道のりを走ってきました。

一九七三年四月から、関西学院大学神学部研究科の修士課程で二年間、比較的落ち着いた環境で勉学することができました。関西では、東京とは異なった文化的土壌があり、教会と神学も関東とは異質の傾向があります。修士課程では、組織神学を専攻し、指導教授は松村克己先生でした。松村先生からは、主にＰ・ティリッヒの神学と波多野精一の宗教哲学をじっくり学びつつ、自分で物事を掘り下げて思索する訓練の重要性を教えられました。六年間の東京での激動とも言える学生生活を静かに顧み、自分自身の混沌としていた歩みが整理され、生きることと学ぶこととの一体性の大切さを培われたと思われます。修士論文は、「初期ティリッヒにおける〈文化の神学の構想〉」というテーマで、当時出版され始めたティリッヒのドイツ語版全集の中から、ベルリンの副牧師時代に執筆した草稿「教会的弁証論」を読み解き、そこから一九一九年の『文化の神学』の構想を分析し、さらにその構想が後年の組織神学における弁証論的性格に至る射程を考察しました。内容的には、時代の多様な問いかけに、どのように応答するかという神学の弁証論的・社会倫理的展開と言えます。また、松村先生には、フライタークの伝道の神学、ボヴェーの牧会神学、あるいは関西セミナーハウスの責任も負っておられたので、セミナーハウスでのゼミ合宿を通してアカデミー運動についても教示していただきました。

博士課程へ、そして伝道者として

修士課程を修了後、さらに後期課程において研究を進めたいという志を抱くに至り、当時は、後期課程は聖書学専攻に限定されていましたので、最初の一年間だけ松村先生の下で指導をしていただき、二年目からは小林信雄先生の下で、福音書における譬え研究を進めることにしました。小林先生からは、新約における洗礼論や聖餐論について学ぶことができたことは、後にＷＣＣ信仰職制における聖礼典の研究を推進する上で、聖書学的な基礎を学ぶことができたと思います。また小林先生は、カナダに留学された後、ジュネーブのボセイにあるエキュメニカル研究所で一年間研修された経験ももっておられましたので、特に、当時ＷＣＣの顔とも言われていたＨ・クレーマーの信徒論や宣教論についても、教えていただく機会がありました。

後期課程に進んでから、平行して教会の伝道師として、神学生時代からお世話になってきた仁川教会で牧会伝道の働きも担うことになり、聖書学の研究はその意味でも説教作成に大いに役立ったと言えます。また、後期課程の二年目には、結婚をすることにもなり、桃山学院高校の宗教科の授業も担当し始め、カリキュラム作成の難しさや、受験とは無関係な宗教科目を生徒に教えることの困難さも経験しました。仁川教会の関わりは、高森先生とのつながりで神学生時代から中村君と関わってきたのですが、主任牧師の茂洋先生はティリッヒ研究家で、神戸女学院大学の宗教主事でもあり、学問と教会の責任の両輪を担ってきておられる点で、よき学びとなったと思います。

エキュメニカルな課題との出会い

ミュンヘン大学神学部留学

一九八〇年から、約三年間、ドイツの教会の奨学金で当時の西ドイツのミュンヘン大学神学部に、留学する機会がありました。

ミュンヘンは、ドイツにおけるカトリックの牙城とも言われ、一五世紀の創設時からカトリックの神学部がありますが、第二ヴァチカン公会議以降は、プロテスタントの神学部も設立されています。歴史的に、ミュンヘンはさまざまの芸術が豊かに花開き、ドイツにおける芸術の都とも言える街ですが、しかし、同時にナチスが結党した街でもあり、郊外にはナチスの最初の強制収容所が設置され、暗い歴史の影を帯びた街でもありました。大学本館の正面入り口を入った場所に、白バラ抵抗運動のショル兄妹記念碑があり、今でも花束が絶えません。神学部では、新約のF・ハーン先生のお世話になり、パネンベルク、レントルフ各先生などの講義にも出席しました。当時はドイツの大学神学部は、まだどこも盛況で、ミュンヘンでは八〇〇人くらいの神学生が在籍していましたし、モルトマンやユンゲルのいるチュービンゲン大学では二〇〇〇人くらいの神学生で賑わっていました。

演習などでユニークだったのは、例えば、洗礼をテーマにした演習は、カトリックの神学部と共同でもたれていたことでした。その背景には、例えばプロテスタントとカトリックの男女が結婚をした場合、どちらの教会で結婚式をあげ、子どもが生まれた場合どちらの教会で幼児洗礼を、さらに堅信礼を受けるのかという具体的な問題を話し合い、どちらか選ぶ必要があるからです。このような可能性は、第二ヴァチカン公会議以前では困難でしたが、公会議以降、両教会の合意で可能となったわけです。演習では、洗礼の問題を単に理論的にエキュメニカルな論議を展開するだけではなく、実践的な論議も伴うので活発な内容でした。その意味で、ミュンヘンで経験したエキュメニズムは、日本などのように幾分観念的な傾向があるものとは異なり、具体的な生活に即したエキュメニズムと言えます。

昨年は、宗教改革五〇〇周年ということで、世界のカトリック教会とルーテル教会が共同の宗教改革記念を祝い、話題になりました。しかし、留学中にミュンヘンで経験した宗教改革記念日では、プロテスタント教会で祝われるわけですが、そこにはカトリック教会の枢機卿、大司教など指導的な方々も参加して、既に共同で記念礼拝が行われることが当然でした。宗教改革記念日は、カトリックとの和解の記念日と位置づけられていたと言えます。

もう一つのエキュメニカルな経験は、ミュンヘンにおけるユダヤ教とイスラームとの宗教間対話でした。ヒットラーは、ミュンヘンでナチスを旗揚げし、最初のユダヤ教のシナゴーグ焼き討ちを行い、さらに郊外のダッハウに最初の強制収容所を設立しています。そのようなユダヤ人迫害と虐殺を生み出した地ということで、その戦争責任は重いものがあり、ユダヤ教徒との対話の課題は、抽象的な論議ではなく、具体的なユダヤ人との共生の課題と言えます。神学部の講義でも、ブーバーの弟子のユダヤ教ラビが招かれ、講演と質疑が活発になされたり、またこれまでのドイツの聖書学者が牽引してきた聖書学の表現や内容の批判的検証が集中して行われたりしました。例えば、「後期ユダヤ教」が「初期ユダヤ」に訂正され、また新約聖書の思想を初期ユダヤ教の思想的枠組みの中で再検討する等、学問的な作業が行われていたと言えます。

他方、イスラームとの対話では、特にトルコ人との共生課題として推進されていました。戦後のドイツのいわゆる経済復興の奇跡を一番底辺で支えてきたのは、トルコ人を中心とした「外国人労働者」(Gastarbeiter)でした。当時で、約三〇〇万人のトルコ人が、国内に生活し、そのイスラームの宗教・文化による生活形態が、伝統的なキリスト教文化との軋轢をもたらし、失業が増加して悩むドイツの青年たちと抗争が絶えなかったと言えます。そのような困難な状況に直面して、ドイツの教会と神学は、挑戦を受けていたわけです。日本でも有名になったヴァイツゼッカー大統領の講演「荒野の四〇年」は、まさにこのような困難な状況を反映して、ナチスの罪責の歴史的反省を踏まえ、ユダヤ人やトルコ人などとの具体的な共生をめざす社会を呼びかけた歴史的な講演だと思います。

「ミュンヘンは輝いていた」という有名な言葉は、ドイツ北部から移住してきたトーマス・マンの短編の一節ですが、ミュンヘンは、ドイツ北部に比べ、自然環境が豊かで、また音楽や美術などの芸術面でも、さまざまの機会に恵まれていたと思います。学生たちも多く集まっていたので、住宅問題が大きな課題で、最初の三カ月は、叔父に推薦文を書いてもらい、カトリックの司祭研修所で生活していました。世界各地から集っている司祭たちと早朝のミサへの参与、ラテン・アメリカの解放の神学について熱弁する司祭や、厳しいユーゴスラヴィアの政治情勢を抱えた司祭などとも語り合う機会があり、貴重なエキュメニカルな経験でした。さらに、家族を呼び寄せるまでの半年間は、バイエルン州の牧師研修所の一室で生活することが許され、ミュンヘンはじめバイエルン州各地の牧師補（Vikar）たちと知り合い、さまざまに教会の実践的な問題を語り合う機会があり、教会的背景が違いますが、随分恵まれた研修所だと思いました。今回のアカデミーのプログラムのようなことですね。

教会と社会を架橋するアカデミー運動

留学期間中、出席していた教会（ルーテル教会）での多様な集会への参加や、礼拝説教などの機会も与えられましたが、特に多くの学びを与えられたのは、ドイツのプロテスタント教会が、戦争経験の反省から教会と社会を架橋するEvangelische Akademieの運動と出会ったことです。京都のセミナーハウスの責任を負っておられた松村先生の紹介もあり、アカデミー運動本部のバート・ボルを訪れ、創立者のE・ミュラー氏と語り合う時を与えられ、また一週間にわたる「平和アカデミー」を経験いたしました。東西ベルリンの壁をはさんで、ミサイル兵器が増強される危機に直面して、平和が大きく脅かされる脅威を前に、多様な立場に生きる人々が、激しい論議を繰り広げて対立しあう関係が、寝食を共にすることによって、次第に緊張が緩和され、相互に理解し合うプロセスを体験させてもらい、まさにアカデミー運動の「社会的な牧会」の働きを見る思いでした。ミュンヘン郊外のトゥツインクにあるバイエルン州のEvangelische Akademieにも関わらせていただき、生命倫理やフランクルのロゴセラピー、宗教間対話や環境倫理などのセミナーにも参加し、教会と社会を架橋する活発なアカデミー運動の姿に触れる機会がありました。

留学期間の奨学金が、ドイツの教会の奨学金であったことから、国内の研修旅行もあり、忘れられないのは、ベルリンの壁をくぐりぬけ、東ベルリンの教会の集いに参加した経験です。チャーリーポイントと呼ばれる場所から、ベルリンの壁をくぐりぬけると、東の壁際に、数多くの十字架が立ち並んでいたのに衝撃を受けました。西側の世界への脱出を試み、殺された人々の多さに震撼させられました。また韓国からの留学生は分断の壁をくぐりぬけることは出来なく、他方東ベルリンの公園では北朝鮮の人々の姿に出会い、ベルリンの壁によって、東西の人々の分断の現実を改めて痛感させられた思いです。東ベルリンの教会の方々との交流は印象深いものでしたが、このベルリンの壁は、わたしが生きている間は決して崩されることはないだろうという確信がありました。

『リマ文書』（BEM）とアジアの人々との出会い

『リマ文書』との出会い

ドイツでの留学の時を終えて帰国する頃、その後の歩みにとって重要な意味をはらむ、二つの大きな出会いを経験いたしました。一つは、一九八二年四月にペルーのリマで開催されたWCC信仰職制全体会議で、満場一致で成立した『洗礼・聖餐・職務』（『リマ文書』）との出会いでした。この文書の重要性に鑑み、ミュンヘンのカトリックとプロテスタントの両アカデミー共催で、ミュンヘン大学のカトリックとプロテスタント両神学部の教授の講演もあると言うことで、一〇月の小雪舞う寒い日でしたが、友人に誘われて参加しました。当時のWCC信仰職制委員会のラザレス所長が、その文書の歴史的意義を強調しつつ、委員会では満場一致で採決され、「まさにエキュメニカル運動のカイロス！」という呼びかけを、幾分興奮気味に強調していたことが心に迫り、帰り際、ドイツ語版の『リマ文書：Taufe, Eucharistie und Amt』を、五マルク（五〇〇円）と安かったので購入しました。

その文書との出会いが、次第に大きくなり、神学部に就任して最初に学術紀要『神学研究』に書いた論文が、『リマ文書』の「職務（ミニストリー）」のテキストについての論文となった次第です。論文執筆直後は、特に注目されるわけでもなく、どちらかというとそういうことはあり得ないという冷ややかな見方をされていました。ところが、一九八五年に『洗礼（バプテスマ）・聖餐・職務』（日本基督教団出版局）という書物として、『リマ文書』が翻訳されると、日本のキリスト教界に大きな反響を呼び、わたしの論文も評価されてきたわけです。さらに「聖餐」のテキストを中心に、そのテキストの成立史を丹念にたどりつつ、宣教論の視点から、著書『現代の聖餐論』を執筆いたしました。因みに、『リマ文書』の日本語訳は、内容的にそんなに平易なものでないにも関わらず、教職や信徒の間でも、諸教派においてよく読まれ、また学習会が行われ、エキュメニカル文書としては五版まで版を重ねるという記録をつくり、キリスト教界ではベストセラーに近い拡がりを見せたと言えます。

アジアの人々との出会い

もう一つは、アジアの人々との出会いでした。留学期間中、韓国や中国、インドや東南アジアなどの留学生と、多様な機会で出会う機会がありました。特に忘れられないのは、最初にヨーロッパに到着し、フランスのパリからミュンヘンへの列車でインドからの留学生と隣り合わせでいろいろと語り合った時の出来事でした。国境で列車が停車し、当時は国境警察が麻薬犬を連れてパスポートの提示を乗客に求めていたのですが、わたしのパスポートはあまりよくチェックもしないのにOKが出たのに、身なりは私よりはるかに紳士風であったインド人の彼は、パスポートの入念なチェックだけではなく、棚に載せてある大きなトランクを開けるよう要求され、徹底してチェックを受けたのです。特に問題がないということで終わりましたが、この出来事は、改めて欧米での日本の位置を痛感させられました。しかしながら、日本はアジアにおいては孤立しているということを、目の前の衝撃的出来事を通して、本当に考えさせられたわけです。

留学期間中、アジア各国からの留学生と出会う機会がさまざまにありましたが、例えば、その頃から増加し始めた中国からの留学生と共産主義と宗教をめぐって論争したこと、あるいは当時国際的に大きな話題となったヴェトナムから命がけで逃げてくるボート・ピープルの留学生家族との家族ぐるみの交流は、いろいろな大切な事柄を教えられ、また問いかけられました。

中でも、最もシャープに問いかけられたのは、今でも親しい交流をもっているドイツ人の友人からでした。一九八二年の秋、日本ではいわゆる教科書の歴史叙述をめぐって韓国や中国との厳しいやりとりがなされていました。いわゆる歴史認識をめぐるこの教科書問題は、日本の新聞よりドイツの新聞の方が大きく取り上げていました。ドイツも、ナチス時代の歴史叙述をめぐって近隣諸国との教科書問題を抱えていたので、日本がどのような対応をするのか注意深く見守り、新聞でも詳しく報道していました。友人のフィアンセは韓国人でしたので、彼らと会うときは、日本の教科書問題を報じた新聞の切り抜きをもってきて、おまえはどう思うかと問いかけ、議論しました。会う度に問いかけられて議論を重ね、また韓国人の彼女から、自分の親から聞かされてきた戦前・戦時下の日本の植民地時代の苦難の経験について具体的に語られ、本当にズッシリ重く問われる思いでした。

日本への帰国も間近になった頃、彼らが訪ねてきて、実はフィアンセがまだ洗礼を受けていないので、今出席しているミュンヘンの改革派の教会で、おまえから洗礼を受けたいとの願いを受け、たいへん驚きました。それに対しては、即座に、それは難しいと返答しました。一つは、歴史的な問題との関連で、もう一つは、もうすぐ帰国しなければならないので牧会的フォローができないので、という理由を伝えました。それにも関わらず、彼らはその後何度か来て、授洗者を引き受けてほしいと要請してきました。最後は、固辞できないと思い、所属教会の牧師と共同で洗礼式を行うという形を提案し、教会でも承認していただきました。洗礼式当日には、少し時間をいただいて共同の洗礼式に至った経緯と、教団の戦争責任告白を紹介しつつ、歴史的反省を踏まえてアジアの教会に関わる自覚について語らせていただき、共同の洗礼式を執行させていただいたわけです。思えば、この共同の洗礼式は、その後の研究と教育、そして牧会にとって、重要な方向性を決める経験となったと言えます。

「エキュメニカルな巡礼」の旅

多彩なフィールドとの出会いと問いかけ

ドイツから帰国して、一九八三年四月より関西学院大学神学部の実践神学担当の教員として就任いたしました。その教育と研究の歩みにおいて、実に多彩なフィールドとの出会いと問いかけをいただき、歩んできました。最も基本的なフィールドは、やはり教会の現場であり、ささやかですが、これまで三つの教会の責任を負ってきました。最初は、南大阪にある、比較的大きな浜寺教会に一年間牧会の責任を負い、さらにその次の年からは、教会の要請により、小規模の甲陽園伝道所で、二年間牧会の責任を負わせていただきました。それぞれ大切な事柄を学びましたが、やはり教育・研究と牧会の両立の困難さを痛感させられ、甲陽園を終わる頃は少しホッとしていましたら、兵庫教区の聖峰教会の開拓伝道を担った牧師が病で亡くなられたという連絡を受けました。その福万栄二先生は、東京の母教会で少しお世話になった先生でしたので、一九八六年四月より、その自宅を開放された家の教会の責任を引き継ぐことになりました。開拓して七年目の教会でしたが、牧師を失った教会は、解散の可能性を考えるほどの状況になっていましたが、新たな開拓伝道を担う思いでお引き受けいたしました。四、五年くらいの予定でしたが、気がついたらこの三月で三一年間、責任をもたせていただいております。その間、会堂建築や宗教法人設立も行ってきましたが、教会の現場に仕えるということを、身をもって教えられてきた思いです。

その他、同窓関係の教会との多様な関わりも与えられ、全国各地の教会の現場を訪れ、多様な教会の在り方、宣教の現場に学び、多くの問いかけと考えるべき課題を与えられました。とりわけ、神学教育のフィールドワークとの関連で、障がい者、高齢者などの福祉施設やキリスト教病院の現場、あるいは関西のエキュメニカルな取り組みとの関わりで、釜ヶ崎におけるキリスト教協友会の働きや関西労働者伝道の取り組み、在日韓国キリスト教会館（KCC）の働きなどを通して、釜ヶ崎の労働者、在日コリアンの様々の苦しみに共に仕える働きから、重要なエキュメニカルな課題を学んできました。（関西労働者伝道の働きについては、『関西労伝60年の歩み』を参照）

また、『総説　実践神学』（Ⅰ、Ⅱ）の共同編集を通して「実践神学の会」という、さまざまの現場からの問いかけを受けつつ、関田先生や森野善右衛門先生、深田未来生先生や湯木洋一先生を中心に、そして金子啓一さんやわたしなどが事務局を担当しながら、実践神学の可能性を共同で討議する会が誕生しました。第一回をKCCで開催して以降、二〇年以上にわたって、毎年全国各地で開催し、東京や関西だけではなく、沖縄や東北（仙台）、太平洋側だけではなく、日本海側の松江など、多彩なフィールドとの出会いと宣教論的な問いかけ、共に考える集いがもたれ、本当に多様な課題を共に学び、討議してきました。

とりわけ、わたしのエキュメニカルな課題との出会いとなったのは、在日韓国・朝鮮人の人権をめぐる闘いとの出会いでした。神学部に就任した翌年、一九八四年に日本基督教団と在日大韓基督教会の宣教協約が締結され、在日韓国・朝鮮人の人権の戦いを支援する内容が盛り込まれ、その関連もあり、八〇年代の全国における外登法撤廃運動と指紋押捺拒否の闘いが推進され、関西では大阪の生野を中心に展開されました。ひとりの在日の青年の押捺拒否の痛みとの関わりから、指紋押捺を拒否したことにより国外退去を強いられたカナダ長老教会派遣のマッキントッシュ宣教師の宣教権に関わる宣教師在留権訴訟のリソース・パーソンとして、同志社の先生や関田先生も関わられましたが、わたしも八年間ほど訴訟に関わり、在日韓国・朝鮮人と共に生きる、ひいてはすべての滞日外国人と共に生きる社会をめざす在り方を求めて、関わることを通して自らの研究と教育の在り方、視座が培われてきたように思います。

世界教会協議会への参与

このようなエキュメニカルな広がりで展開された外国人登録法撤廃、マッキントッシュ宣教師の宣教権に関わる宣教師在留権訴訟への関わりから、一九八九年にアメリカのサン・アントニオで開催されたWCC世界宣教会議に日本キリスト教議会（NCC）の当時の前島宗甫総幹事から依頼があり、正式に派遣され、初めて世界のエキュメニカル運動に参与することになったわけです。この世界宣教会議では、当時のWCCのE・カストロ総幹事や、『宣教のパラダイム転換』という名著を遺した宣教神学者D・ボッシュなど、世界のさまざまのエュメニカル運動のリーダーに出会い、大きなインパクトを受けた会議でした。初めて中国の教会代表がWCCの会議に参加し、会議直後、天安門事件が起こりました。東欧の教会の指導者とも親しくなりましたが、祖国でいわゆる東欧民主革命が起こりつつあった時期でしたので、その緊迫感が感じられ、その年の一一月には、ベルリンの壁が崩壊する、歴史的な出来事も起こりました。ベルリンの壁崩壊直後、東ベルリンで出会った牧師を訪れ、また崩壊に至る平和への祈りと非暴力のデモンストレーションの拠点となったライプツィヒのニコライ教会の牧師を訪問して語り合う機会がありましたが、今回の一連の動向の背景にWCCのJPIC（正義・平和・被造世界の統合）という取り組みがあったことを伺いました。

さらに、一九九一年に開催されたオーストラリアのキャンベラにおける第七回WCC総会以降には、日本基督教団派遣の信仰職制委員会委員として関わる機会が与えられ（一九九一－二〇〇六年）ました。そこには、ミュンヘンでの留学時代に出会った『リマ文書』に関する研究を進め、論文を発表し、『リマ文書』への教団の応答のプロセスに参与していた経緯があります。

九〇年代以降、主要なWCCの会議に参与したのは以下の通りです。

WCCアジア・太平洋地域会議（香港、一九九二年）

WCC信仰職制第五回世界会議（スペインのサンチャゴ・デ・コンポステラ、一九九三年）

WCC信仰職制全体会議（タンザニアのモシ、一九九六年）

WCC信仰職制全体会議（マレーシアのクアラルンプール、二〇〇四年）

WCC第一〇回総会（韓国の釜山、二〇一三年）

WCCとの関わりで、日本基督教団信仰職委員会、NCC信仰職制委員会、NCC宗教研究所、関西エキュメニカル・フォーラム（KUIM）、エキュメニカル・ネットワークなどにも関わってきています。

大震災の経験と9・11の衝撃

阪神・淡路大震災の経験

このような関わりの中で、大きな出来事の経験がありました。一つは、一九九五年一月一七日に起こった阪神・淡路大震災です。高校一年生の時、新潟大地震を経験していたのですが、その時の恐怖を遙かにしのぐ、本当に足元で起こった出来事でした。初めて避難生活を強いられ、リュックで買い出しに出かけたりする避難生活も経験いたしました。震災直後は、学生の安否確認や教会員の安否確認に追われましたが、震災後の礼拝説教は、最もつらい説教の経験でした。そうした中、大学に学生たちが次から次に集まり、何か出来ることはないかという学生たちのパワーに押されるように、数名の教職員で、関西学院救援ボランティア・センターを立ち上げ、避難所となった近辺の学校二〇カ所に、最終的に二五〇〇名のボランティア登録をしていただいた方々を派遣する活動を展開しました。最初は、ライフラインに関わる物資の支援がつづき、やがて被災者のこころのケアに関わる、クラッシックやジャズなどの音楽の集い、落語や漫才の笑い、キャンプ場のお風呂のツアーや出前喫茶など、多様なプログラムを提供し、被災者に仕える働きを学生たちと共に担いました。

阪神淡路大震災は、ボランティア元年とも呼ばれ、それまでの日本の社会では信じられないほど、実に多様な方々がボランティア活動を経験され、キリスト教主義大学の授業の一環としてボランティア活動を経験させてほしいという具体的な要請もたくさんあり、また避難所の現場では、他の宗教に生きる方々、仏教界の僧侶の方々とも出会い、一緒に協力させていただきました。その共同の働きもエキュメニカルな協力と言えますし、東日本大震災でも、そのような協力関係が多様なかたちで展開されました。もう一つ注目すべき点は、関東大震災の際に、在日韓国・朝鮮人の方々が、震災によるパニックとデマにより犠牲になったという歴史があったので、外登法撤廃の取り組みで培われてきた関西のエキュメニカルなネットワークによって、被災地に住む外国人の支援がさまざまのかたちで取り組まれ、エキュメニカルな取り組みの蓄積が生かされたと言えます。

9・11の衝撃からの取り組み

もう一つは、二一世紀に入って最も衝撃的だった事件、いわゆる9・11のニューヨークにおける出来事でした。当時、わたしはエキュメニカル運動のパイオニアの一つYMCAにも関わっており、神戸YMCAのキリスト教使命委員会の責任を委託されていましたが、ある時、同様に理事をしている神戸風月堂の社長より、業者として出入りしているアラブ系の方々が恐怖を感じているので、YMCAとして何かできないかという提案をいただきました。事件後、アメリカではコンビニなどで襲撃され、アラブ系というだけで、大きな恐怖を感じ、その余波として外国人が多い神戸にも及ばないかという恐れを抱いていたからです。

このような状況の中、神戸ＹＭＣＡ主催で、神戸に住むイスラームに生きる方々をお招きして、イスラームに生きる人々とこれからも共に生きる、開かれた国際都市神戸をメッセージとして掲げ、シンポジウムと食卓を共に囲む集いを開催しました。それは、９・11以降、約二カ月経過した時期で、ちょうどラマダーンの季節でしたので、中東や北アフリカのティーやクッキーなども持参して下さり、豊かな交流の時を与えられました。それに合わせて、ＷＣＣが長年取り組んできたイスラームの信仰に生きる人々との対話の成果を盛り込んだ文書を『福音と世界』に紹介していたので、その文書も参加者に配布して、相互に理解し合い、共に生活していく大切な意義を確認しました。

このような宗教間の対話と共生の課題は、今日、エキュメニカルな重要課題であり、思い起こせば、浄土真宗の家庭に生まれ育った、わたし自身の実存的な課題と言えると思います。宗教間の対話と共生の課題は、その後、大学のキリスト教と文化研究センター長に就任して以降、「ミナト神戸の宗教とコミュニティ」というテーマをかかげ、三年間取り組んでゆくことになったわけです。

結び

以上、わたし自身のささやかな歩みを回顧するかたちで、どのようにキリスト教に出会い、伝道者への志を与えられたのか、さらにエキュメニカルな課題とどのように出会い、そしてエキュメニカルな巡礼の旅を歩み始めてきたのか、述べてまいりました。こうしたライフ・ヒストリーを背景として、明日の講演では、わたしなりに試行錯誤の中で探求してきた「エキュメニカル運動の歴史と神学的課題」について、お話ししてみたいと思います。ご静聴、有り難うございました。

エキュメニカル運動の軌跡と神学的課題

はじめに

昨日の第一回の講演では、わたし自身のライフ・ヒストリー、とりわけどのようにキリスト教と出会い、さらに伝道者としての歩みを志したのか、そしてどのようにエキュメニカル運動と触れあい、その課題に出会ってきたかについて、お話をいたしました。そのライフ・ヒストリーを背景として、この二回目の講演では、エキュメニカル運動の理念や軌跡について簡単にお話をし、その後わたしの立場から、試行錯誤を重ねながら探求してきた、いくつかのエキュメニカルな神学的課題について述べてみたいと思います。

エキュメニカル運動の理念・構造・軌跡

エキュメニカル運動の理念

「エキュメニズム」(ecumenism) とか「エキュメニカル」(ecumenical) という用語は、「オイクメネー」というギリシア語に由来していますが、これは「家」を意味する「オイコス」から派生した言葉です。「オイコス」から派生している言葉としては、その他に、「エコノミー」(economy) や「エコロジー」(ecology) 等があります。新約聖書では、「そのころ、皇帝アウグストゥスから全領土の住民に、登録をせよとの勅令が出た」(ルカ2・1) という箇所に出てくる「全領土」という言葉がオイクメネーにあたり、それは人が住む世界や全領土といった地理的な空間概念として用いられています。しかし、その後の教会の歴史的発展において、次第にその用語が、広域の地理的空間に散在する諸教会の会議に適用されてきたことは、三二五年の第一回ニケヤ会議以降のエキュメニカル会議の歩みが示しています。東西教会が分裂するまでの古代教会のエキュメニカル会議は、多様な立場を包摂しつつ一致を保っていたということで、現代のエキュメニカル運動の歴史的モデルとも言えます。なお、エキュメニズムという場合、伝統的にはキリスト教内部の教派間の対話に基づく一致と協力という狭義の意味をさしていますが、今日では、より幅広く宗教間の対話と多様な課題をめぐる協力という広義の意味をも含んでいます。

エキュメニカル運動の構造

昨日の自己紹介でもうかがいましたが、今回出席しておられる皆さんの教会の教派的背景は実に多様ですが、それは、特に宗教改革以降、西方教会の分裂にともなうさまざまの教派が派生し、それぞれの伝統を形成して展開してきた結果だと言えます。

現代のエキュメニカル運動の先駆的潮流の一つとして、一九世紀後半から、聖公会のランベス会議（一八六七年）、世界の改革派教会連盟（一八七五年）、メソジスト世界教会会議（一八八一年）、バプテスト教会世界会議（一九〇五年）など、各教派が世界的な交わりを結成する動きが活発になりますが、そのプロセスが重要なエキュメニカル運動の先駆的なステージの一つと言えると思います。第二次世界大戦後、世界教会協議会（World Council of Churches＝WCC）が結成された後も、各教派の世界的な交わりは豊かに形成され、一九七〇年代以降からは、世界的な交わりを持つ二教派間の対話による教理や宣教のあり方をめぐる合意が次々に締結され、一九九九年にはローマ・カトリック教会とルーテル教会が、宗教改革における最大の争点と言われてきた「義認論」に関する歴史的な合意に達し、近年における代表的な二教派間の対話の成果と言えます。なお、日本基督教団のような合同教会はどうなるのかということですが、一九六七年以降、WCCの総会期毎に、WCC信仰職制委員会が主催するかたちで、合同／合同途上教会（united/uniting church）の協議会が開催され、それぞれの抱える課題を共有しつつ共通の問題を協議してきています（拙稿「エキュメニカル運動における合同教会」『日本の神学の方向と課題』新教出版社、一九九三年）。現在、世界には五〇以上の合同／合同途上教会がありますが、日本では日本基督教団と在日大韓基督教会もこのカテゴリーに属しています。

各教派の世界的な交わりと並んで、重要なエキュメニカル運動の構造を成しているのが、特に各大陸・各国レベルの交わりです。各大陸レベルのエキュメニカル運動としては、このアジアではアジア・キリスト教協議会（CCA）がありますが、世界の各大陸の地域にエキュメニカル運動の推進機関が置かれています。また、各国レベルでは日本キリスト教協議会（NCC）のようなエキュメニカル運動推進機関が、世界の各国に設置されているわけです。

エキュメニカル運動の軌跡

WCC創設以前

現代のエキュメニカル運動は、通常、一九一〇年にエディンバラで開催された世界宣教会議が出発点と呼ばれていますが、一九世紀半ば頃から、先ほども少し触れました世界の諸教派の交わりの結成、YMCAやYWCAなどの青年運動、宣教運動、キリスト教社会運動など、エキュメニカルな先駆的諸潮流が存在し、それらの諸潮流が、エディンバラ世界宣教会議に結集したと言えます。エディンバラ以降、一九二一年にニューヨークで国際宣教協議会（International Missionary Council＝IMC）が結成され、宣教課題をめぐる世界会議をリードしていきます。また、第一次世界大戦の反省を踏まえ、一九二五年にはストックホルムにおいて、世界平和の取り組みを中心として社会倫理に関わる第一回「生活と実践」（Life and Work）世界会議、そして一九二七年にはローザンヌで、教会の教理や礼拝などに関わる第一回「信仰職制」（Faith and Order）世界会議が開かれています。

国際的な話で、少し縁遠いように聞こえるかも知れませんが、重要なポイントは、今ここで述べましたエディンバラから派生した「国際宣教協議会」や「生活と実践」、「信仰と職制」、それから一九七一年からWCCに合流しますが、「キリスト教教育」は、皆さんが所属しているそれぞれの具体的な教会、その規模が大きくともどんなに小さくとも、身近に関わっている課題だということです。教会の地域との関わりでは、伝道や宣教の取り組み、地域に仕える奉仕の働き、また教会の伝統的教理や礼拝の問題、さらに教会学校や生涯教育の課題などは、どのような教会でも日常的に取り組んでいるわけです。そして、長い目で見ると、聖書の共同訳、賛美歌の改訂、礼拝式文などは、エキュメニカル運動の成果が反映していると言えるのではないでしょうか。

戦前のエキュメニカル運動は、まだ欧米中心だったと言えます。一九三〇年代以降ではドイツのナチス台頭により告白教会がドイツ教会闘争を展開しますが、三四年にK・バルトによって起草された「バルメン宣言」は重要なエキュメニカルな事件と呼べるもので、一九三七年には開催されたオックスフォードでの第二回「生活と実践」世界会議とエディンバラでの第二回「信仰と職制」世界会議においても、その影響が濃厚に反映されています。一九三八年にインドのタンバラムで開かれたIMCの世界宣教会議は、アジアで開催された初めての世界会議として、アジアにおけるエキュメニカル運動の出発点と呼ばれています。

ＷＣＣ創設以降

第二次世界大戦後、「生活と実践」と「信仰と職制」の両運動が合流して、世界教会協議会（ＷＣＣ）が創設され、その第一回総会が一九四八年にアムステルダムで開催されました。その成立に際して、世界大戦のただ中で無力であった世界の教会の深い反省が表明されています。さらに、一九六一年には、インドのニューデリーで第三回のＷＣＣ総会が開催され、「宣教」の潮流であるＩＭＣがＷＣＣに合流しています。

またニューデリーでは、いわゆるアジアやアフリカ、ラテン・アメリカなど途上国の教会からの参加が急増し、途上国の教会が直面している貧困や人種差別などの問題がＷＣＣの課題として取り組まれ始めています。あるいは、東欧圏からの東方正教会の大量加盟があり、次第に正教会の伝統や神学がＷＣＣに入り始めてきます。

正教会は、日本ではハリストス正教会が存在していますが、これはご存じのようにロシア正教会です。東方正教会は、ギリシア正教会とロシア正教会から成り立っていますが、近年、日本でもようやく注目されているのが、オリエンタル・オーソドキシィーです。アルメニア使徒教会、シリア正教会、コプト正教会、エチオピア正教会などの教会ですが、以前の神学校の教会史などでは、正統的なカルケドン信条を告白する東方正教会には与しない非カルケドン的立場を堅持するということで異端視されてきました。しかし、わたしがＷＣＣに関わった時期に、ＷＣＣの指導的立場にあるアラム一世中央委員会議長が、かつては異端視されたアルメニア使徒教会出身であったことには、驚きました。教会内で、教理面で簡単に敵視し、排除するありかたは、時代錯誤と言えます。

ニューデリー総会で、もう一つ新たな動向は、ローマ・カトリック教会が初めてオブザーバーとしてＷＣＣ総会に参加したことです。そして六二年から六五年まで、第二バチカン公会議が開催され、これまでのあり方を一八〇度転換し、六八年の第四回総会から多様なプログラムをＷＣＣと共同で推進し、ＷＣＣ信仰職制委員会には正規に加盟しています。

ＷＣＣとローマ・カトリック教会とのエキュメニカルな共同の働きに加えて、もう一つ大切なのは、世界の福音派との関係です。世界の福音派の潮流で重要なエポックは、一九七四年にスイスのローザンヌで世界伝道会議を開催し、独自の宣教指針である『ローザンヌ誓約』を採択した出来事です。このような福音派の動向は、エキュメニカル運動の多元化を生み出すものでありましたが、より肝要なのは、七五年の第五回WCC総会においてWCC、カトリック、福音派の宣教理解をめぐるエキュメニカルな共通理解と協力関係が確認された点であります。今日のエキュメニズムの世界的な推進母体は、これら三つであり、しかも三者間の協力関係の中でエキュメニカル運動が推進されてきているのです。

エキュメニカルな信仰職制の課題

『リマ文書』プロセスへの参与――その成立と意義

昨日の講演で、ミュンヘンの留学時代に『リマ文書』に出会ったお話をいたしましたが、『バプテスマ・聖餐・職務』（通常、『リマ文書』或いは『BEM』と呼ばれている）は、一九八二年にペルーのリマで開催されたWCC信仰職制全体委員会において成立した、二〇世紀のエキュメニカル運動が生み出した最も重要な歴史的文書であり、その成立の出来事は「エキュメニカル運動のカイロス」と呼ばれています。その文書は、第一回信仰職制世界会議以降、五五年に及ぶ共同研究の成果であり、しかもプロテスタントの歴史的諸教派、カトリック教会、正教会などの諸教派の代表によって成立した合意文書です。

『リマ文書』に対する公的な応答は、一九八三年にヴァンクーバーで開催された第六回WCC総会で呼びかけられ、約三一種の言語に翻訳され、世界の諸教会で検討されました。そして、最終的に諸教会よりWCC信仰職制委員会に寄せられた総計一八六にのぼる公的な応答は、信仰職制委員会によって『BEMへの諸応答』全六巻にまとめられ、一九九〇年には、諸応答に対する信仰職制委員会の分析作業の成果『BEM 1982-1990年：プロセスと諸応答に関するリポート』が刊行されています。このような受容のプロセスも含め、『リマ文書』は、二〇〇〇年のキリスト教の歴史において、最も広範に世界の諸教会で公的に受容され、論議された歴史的文書と言えます。因みに、日本の教会より、WCCの加盟教会である日本聖公会と日本基督教団より、また加盟教会ではありません日本福音ルーテル教会から、宣教地に生きる教会の視点からの批判的な見解をも含む応答が送られています。

『リマ文書』以降の共同研究への参与

昨日、お話いたしましたように、わたしは、一九九一年のキャンベラにおける第七回WCC総会以降、日本基督教団から派遣され、信仰職制委員として参与してきました。最初の大きな会議は、九三年にスペインのサンチャゴ・デ・コンポステーラで開催された第五回信仰職制世界会議であり、その前年には香港において、世界会議にむけてのアジア・太平洋地域の協議会が開催され、世界会議にむけた討議資料への批判的考察という発題を行う機会がありました。サンチャゴの世界会議において討議され、『リマ文書』以後の信仰職制委員会の重要な共同研究の課題となったのは、次の五つの課題です。

第一の課題は、『リマ文書』の内容でもあったエキュメニカルなバプテスマ論、とりわけバプテスマの相互承認の問題であり、第二の課題は、エキュメニカルな教会論をめぐる研究課題です。さらに第三の課題は、現代の多様な倫理的課題からの問いかけを受けて、新たに着手された共同研究として、聖書の人間理解の視点からどのように受けとめるかという神学的人間学に関する研究です。第四の研究課題として、福音と文化の関係をめぐるエキュメニカルな解釈学の課題として、異文化間解釈学の課題があげられます。そして第五の研究課題として、人種的・民族的アイデンティティーと教会の一致への探求をめぐる課題です。

これらの共同研究の課題は、その後の委員会で継続的に討議され、それぞれの段階における研究成果が公刊されてきていますが、とりわけ二〇一三年の釜山で開催された第一〇回の総会で提示されたエキュメニカルな教会論の研究成果『教会』(The Church)は、その中でも最も重要な成果であり(WCC信仰職制委員会『教会』西原廉太監修、橋本裕樹訳、キリスト新聞社、二〇一七年)、加盟各教会は公式の応答を呼びかけられています。

WCCの会議に参与する中で、最も印象深い経験は、会期中の朝夕の礼拝です。会議の中では、討議課題をめぐって、時には、それぞれの教派的伝統から、あるいは大陸的・地域的な視点から、厳しい論争が生じ、分裂的な状況をきたすこともあるわけですが、そのような中で、朝夕の、本当に魂が揺さぶられるような豊かな礼拝に共に参与することによって、分裂の痛みが癒やされ、相異なる立場への理解と歩み寄りが示される源泉と言えます。

現代のエキュメニカル運動における最も創造的な成果の一つは、豊かな礼拝の創出ということです。古代教会のリタージーの回復と礼拝の現代化を標榜したエキュメニカルな礼拝復興運動は、一九六〇年代に、一方ではWCC信仰職制世界会議(一九六三年)でのリポート『礼拝とキリスト教会の一体性』が採択され、「レイトゥルギアとしての礼拝」という理念において一つの豊かな結実を見ました。他方、ローマ・カトリック教会の歴史的な第二バチカン公会議においても、典礼の刷新をめざす重要な『典礼憲章』が採択され、典礼の共同的性格、典礼言語の自国語使用などが強調されました。さらに、一九八二年のWCC信仰職制全体委員会における「洗礼・聖餐・職務」に関する合意文書『リマ文書』に呼応して成立した「リマ式文」は、その後のエキュメニカルな礼拝にとって重要な指標となる式文です。翌年のヴァンクーバー総会は、「礼拝する総会」と呼ばれるほど、数々の豊かな礼拝がもたれ、従来の欧米の讃美歌だけではなく、むしろアジアやアフリカ、ラテン・アメリカなどの教会から生み出された新しい讃美歌を豊富に盛り込んだ『ヴァンクーバー礼拝書』が重要な役割を果たし、その後のエキュメニカルな礼拝のモデルとなっています。

二〇〇四年に刊行された『世界の礼拝——シンフォニア・エキュメニカ式文集』（神田監修、日本キリスト教団出版局）は、このような世界の多彩な教派的伝統、またさまざまな地理的・文化的な背景から豊かに生み出されてきたエキュメニカルな礼拝の式文集の翻訳ですが、エキュメニカルな礼拝の豊かさが、どのようなものであるかを具体的に紹介したものです。

『現代の聖餐論——エキュメニカル運動の軌跡から』

「エキュメニカルな世紀」を聖餐論から解明

わたしの主要な研究は、単著『現代の聖餐論——エキュメニカル運動の軌跡から』（日本キリスト教団出版局　一九九七年）として刊行されていますが、重要な意図の一つは、「エキュメニカルな世紀」（Ecumenical Century）とも呼ばれる二〇世紀のエキュメニカル運動の軌跡を、信仰職制運動、特に聖餐論の切り口からたどりつつ、解明したいという意図に根ざしています。そのために、ジュネーブにあるWCCのアーカイブに何度か籠もり、関連した貴重な一次資料をすべてリサーチし、関連した聖餐論に関する文献を可能な限り収集し、読みこなしました。類似した研究は、ドイツの改革派の研究者やカトリックの研究者によって公刊されていたのですが、その先行研究と批判的に対論し、「歴史的・宣教論的研究方法」を提示し、アジアと日本の教会や神学者の先駆的な貢献、フライタークやディヴィスの宣教論的な聖餐論の研究なども批判的に評価しました。その意味で、『リマ文書』の聖餐論を単なる教理的な聖餐論ではなく、宣教論的な聖餐論へ至る道筋を批判的に検証し、展開することを主眼といたしました。

日本の聖餐論の研究で、これまでほとんど評価されることもなかった研究、例えば、日本聖公会の稲垣陽一郎先生の文献を、日本聖公会神学校の図書館の、人があまり踏み入れた形跡のない戸棚から貴重な資料を発掘し、その先駆的な業績を評価させていただきました。

聖餐の宣教論的な展開

聖餐論の宣教論的考察とはどのようなものか、例えば、聖餐の「愛餐的性格の復権」ということです。今日、聖餐論が世界的に豊かに展開してきた背景には、聖書学の貢献が大きいと思われますが、その一つが聖餐の愛餐的性格の復権ということです。初代教会における聖餐と愛餐の密接な関係（Ⅰコリント11章）から、聖餐の愛餐的性格を回復する理解が、すでに六〇年代後半からＷＣＣでは提起されています。このような聖餐の愛餐的性格を新たに捉え直すことによって、礼拝堂の構造を聖餐卓を共に囲むという教会建築の新たな潮流を創出してきたと思います。また愛餐的性格の展開として、病床における陪餐、また聖餐礼拝におけるグループ・ダイナミックスやグループ・セラピーとの関連で、共に喜びをもって与る主の食卓が内包する癒やしの力。それは、癒しの共同体としての教会の形成につながるのではないでしょうか。

あるいは聖餐を共に分かち合う働きとしては、新約聖書において、例えばヨハネ福音書6章では子どもが差し出したわずかなパンと魚をイエスが祝福し、共に分かち合うことによって五〇〇〇人を満たしたという箇所、あるいはⅠコリント11・17以降において、聖餐に先立つ愛餐において、富める者が遅れてきた貧しい者を配慮しない在り方へのパウロの勧告などの箇所は、聖餐に共に与る事柄と、この世界における格差の問題との関係を問いかけていると思います。ドイツの教会では、「世界（この世）のためのパン」（Brot für die Welt）、特にアフリカの飢餓の問題を覚えて、食料の分かち合いを覚える聖餐礼拝をもっていたのが印象的でしたが、多様な試みが聖餐論の課題としてあるのではないでしょうか。

また、聖餐とエコロジーをめぐる関係は、現代の聖餐論の神学展開において最も注目されている一つです。そもそも、「聖餐」（Eucharist）のギリシア語の語源は、ご存じのように「エウカリスティア」、「感謝」という意味であり、最後の晩餐伝承のテキストで、イエスが、パンを取り、感謝の祈りをささげたことに由来します。聖餐の物素である「パンとぶどう酒」は、創造主なる神への感謝としてささげられる大地の産物のしるしであるという点が、聖餐の生態学的理解の基礎と言えますが、教団の新しい式文にも「神よ、あなたは万物の造り主、ここに供えるパン（ぶどう酒）はあなたからいただいたもの、大地の恵み、労働の実り、わたしたちのいのちの糧となるものです」と、この点が反映されています。

しかしながら、現実には、大地の産物は、さまざまに人間の環境破壊により汚染され、心から感謝することが困難である状況です。また、どのようにきれい事を並べても、私たちは日々の食生活において、自然のいのちを犠牲にすることによって、わたしたちのいのちは成り立っていますが、このような「食べる」という日常における攻撃的な営みを自覚することを、「抗争における連帯」（G・リートケ）と呼んだり、また聖餐式に人間の攻撃性の罪責を反映させる試みもおこなわれています（M・ヨズッテス）。内村鑑三などが、人間と対立し合う西洋的な自然理解とは異質の「天然」という自然観を用いていますが、日本の風土に根ざした自然観から聖餐論が構想されてもよいのではないでしょうか。

エキュメニカルな宣教論の課題

宣教・伝道論の現代的展開

何事も議論が生産的に展開するためには、キーワードとなる用語の定義が必要となりますが、わたしは、英語の Mission の訳語を「宣教」という言葉で、また Evangelism の訳語を「伝道」という言葉で使用し、しかも「伝道」より「宣教」の用語が、より包括的な概念として幅広く使ってきています。エキュメニカルな宣教論の展開についてのわたしの理解は、以前に「宣教論の現代的展開――エキュメニカル運動の軌跡から」（『神学研究』第33号、一九八五年）という論文で、1「神の宣教」、2宣教と教会（世界宣教の地平）、3宣教の包括的理解、4対話による共同性を目指して、5いのちに触れ合う宣教（周縁的視点）という項目で叙述しました。このような理解は今もそれほど大きくは変わっていません。

D・ボッシュという世界的な宣教学者の『宣教のパラダイム転換』（D.J.Bosch,Transforming Mission. Paradigm Shifts in Theology of Mission, New York 1991）という著書があります。昨日お話しいたしましたように、一九八九年にアメリカのサン・アントニオにおいて開催されたWCCの世界宣教会議に、わたしはNCCから派遣されて参加いたしました折、その会議で際立って活躍していた方がいて、その方がボッシュでした。彼は、南アフリカでアパルトヘイトと戦いながら神学校で教鞭をとっていましたが、その宣教会議の直後に事故で亡くなりました。その最後の著書が出版された時、本当に幅広く読まれ、アメリカの福音派の拠点とも言えるフラー神学校の教科書にもなりました。かなり進歩的な宣教論に関する内容が盛り込まれています。新約時代から古代、中世、宗教改革、近代、現代という五つのパラダイムの下で、それぞれの局面における宣教論の変遷を論じた著書です。この著書を、アメリカで留学された日本の福音派の方々が、是非翻訳しようということで呼びかけ、そしてカトリック系やNCC系の研究者たちが共同で翻訳したわけです。従って、基本的な用語の訳語についても議論を重ね、優れたエキュメニカルな翻訳が刊行されたと思います。そして、この共同の翻訳作業をベースにして、一〇年前に「日本宣教学会」という学会が立ち上がりました。これまで、カトリック、NCC系、福音派の三者が、バランスよく理事会を構成して互いの立場を尊重し合い、協力し合って日本における伝道・宣教論について共同で考えてきた学会です。学術誌も毎年の学術大会の際に刊行してきています。

その学会で、宣教論的に共通した理解が二点あると思っています。一つは、「神の宣教」(missio Dei) の神学です。一九五二年に当時の西ドイツのヴィリンゲンで開催された世界宣教会議において、提起されたカール・バルトの弟子のハルテンシュタインによって提起された重要な神学的概念が「ミッシオ・デイ」です。それ以前は、植民地主義的な欧米の宣教理解があり、宣教というのはとにかく教会の存在しないところに教会を植え込んでいくんだという「教会植え込み」(plantatio ecclesiae) の宣教理解が、伝統的な欧米の宣教・伝道理解であったと言えます。教会がない所に教会を植え込んでいくという考え方が、非常に長い間、欧米の海外宣教のキーワードになってきました。それに対して「ミッシオ・デイ」という新しい宣教理解が提唱されたのです。宣教の主体はヨーロッパ・欧米の教会ではなくて神御自身、欧米自体も宣教の対象という理解です。

さらにまた、WCC関係の諸教会だけではなくカトリック教会や福音派の諸教会などの代表から構成されるGrobal Christian Forum (GCF) が、二〇〇七年にケニアのリムールで開催した世界的なフォーラムで採択した『使信』においても、「神の宣教」(missio Dei) の理念が重要な宣教論的理念として明記されています。聖書的な根拠としてよくあげられるのが、ヨハネ3・16「神は、その独り子をお与えになったほどに、世(世界)を愛された」、あるいは、第二コリント5・19「神はキリストによって世 (世界) を御自分と和解させた」といった箇所です。つまり、神は教会を通して世界と和解されたのではなく、直接にこの世界と和解され、この世界を愛されたのであり、教会は、その神の宣教の御業に参与するよう呼びかけられているということです。

もう一つ宣教学会で共通な理解は、宣教の包括的理解ということです。私たちが福音によって救いを経験するという場合、それはどのような内容でしょうか。魂の救いということでしょうか、あるいはもう少し幅広く人間の社会に関わる救いが考えられるのでしょうか。一九七三年にタイのバンコクで開催されたＷＣＣの宣教会議のテーマは「今日の救い」(Salvation Today) でした。当時、ベトナム戦争がすぐそばで起こっていたそのバンコクで、この問題が討議されたわけです。会議の『声明』では、福音による救いとは、個人の救いであると同時に共同体、社会全体の救いに関わり、さらには、「被造物がすべて今日まで、共にうめいている」(ローマ8・22) と語られているように、被造世界全体の救いに関わるということが強調され、包括的な宣教の理解が明示されています。

その翌年に、福音派によるローザンヌ世界伝道会議があり、そこで福音派は、社会的責任を強調するＷＣＣに批判的な見解を表明します。ところが八〇年代に入ってやはり実際の現場では、平和や人権の問題に直面して、無視することは教会とは言えないという認識が広がってきます。環境問題が深刻になってゆく中、その問題に無関心でいることは教会でないのではないかという反省が起こってくるわけです。そういう中から、宣教とは、伝道だけではなく社会的責任を伴うものであり、両者とも重要な宣教の要素であるという包括的な理解が神学的にも明確化されてきました。二〇一〇年に、南アフリカのケープタウンで開催された第三回ローザンヌ世界伝道会議の文書も翻訳されていますが、そこでも包括的な宣教理解がより一貫して強調されています。いま福音派は、日本においてもそのような包括的な理解によって、積極的に社会的な責任にも取り組み、地域福祉の分野でも多彩な形で展開していると言えます。

他方、カトリック教会においては、やはりラテン・アメリカ司教会議が一九六八年に、教会は貧しい者の側に立つという「メデジン文書」が出されました。そしてその神学的反省から「解放の神学」が大きな影響を与えてきたことを受けて、七四年に世界代表司教会議（シノドス）が開催され、その成果を反映したカトリック教会の宣教論の基本的指針と言える『福音宣教』（一九七五年）においても、明確な福音宣教の包括的理解を提示していると言えます。

このような世界のキリスト教会のエキュメニカルな動向を反映する形で、一九八〇年代以降の『キリスト教年鑑』では、日本のカトリック教会、ＮＣＣ系の教会、福音派の教会の代表者の論考が掲載されてきているわけです。

二一世紀の宣教・伝道論

二一世紀を迎えて、二〇〇五年にギリシアのアテネでWCC世界宣教会議が開催され、さらに今月の半ばからタンザニアのアルーシャで世界宣教会議が開かれようとしています。アテネで開催されたWCC世界宣教会議において、「和解と癒しの共同体」としての教会のミニストリーが強調されました。世界のキリスト教界が、医療宣教によって提起された「癒しのミニストリー」の役割を、今日の医療面での働きのみならず、教会やキリスト教主義教育の局面においても、その重要性を共有してきていると言えます。

その世界宣教会議に提出された主要な討議資料の一つ『教会の癒しの宣教』については、世界教会協議会世界宣教伝道委員会編『和解と癒し――21世紀における世界の宣教・伝道論』（神田監修、加藤誠訳、キリスト新聞社　二〇一〇年）として刊行されています。

その会議で焦点となった一つに「癒しのミニストリー」という、キーワードがあります。この宣教論的に重要な用語の歴史的背景には、医療宣教という働きがあります。現代のエキュメニカル運動の出発点は、エディンバラにおける世界宣教会議でしたが、この世界会議で、実は関西学院の創立者W・R・ランバス宣教師も深く関わっており、重要な貢献を果たしています。そのことについては、ランバス宣教師は、特に医療宣教師としても重要な貢献をしてきていますが、エディンバラ宣教会議において、医療宣教に関する初めての国際会議が開かれ、「医療宣教」がキリスト教宣教の中で位置づけられる本質的な部分だということを確認しています。その文書の中で、「癒しのミニストリー（healing ministry）」という重要な言葉が出てきます。この「ヒーリング・ミニストリー」という言葉は、実は戦後一九六〇年代半ばにWCCのキリスト教医療委員会で再評価されて、「ヒーリング・ミニストリー」は医療だけに関わっているだけではなく、キリスト教会の本質的なミッションでありミニストリーであることが表明されていきます。そしてそれを受けて、二〇〇五年にアテネで開かれたWCCの世界宣教会議では、「癒しの宣教・ミニストリー」が主要テーマの一つとなってきた経緯があるわけです（神田著『W・R・ランバスの使命と関西学院の鉱脈』関西学院大学出版会　二〇一五年）。

「現代世界エキュメニカル運動における二大重要文書」として、世界教会協議会（WCC）世界宣教伝道委員会・信仰職制委員会（編）『いのちに向かって共に／教会』（西原廉太監修、村瀬義史・橋本祐樹訳、キリスト新聞社、二〇一七年）が刊行されました。『いのちに向かって共に――変化する世界情勢における宣教と伝道のあり方』（Together Towards Life : Mission and Evangelism in Changing Landscapes, WCC-Geneva 2012）の文書は、世界宣教・伝道委員会から提出された共同研究の成果であり、二一世紀の宣教論を考える上で重要な指針となる文書です。この文書は、二〇一三年の釜山におけるWCC総会で討議され、また今月の後半にタンザニアのアルーシャで開催されるWCCの世界宣教会議でも基礎的な文書として活用され、討議されると思われます。このエキュメニカルな文書は、「変化する世界情勢における、宣教・伝道に関する理解と実践を刷新するための展望と理念、そして方向性を探究すること」を目ざしているものであります。これまでWCCの宣教論の基本的指針となってきた文書は、一九八二年に成立した『宣教と伝道：エキュメニカルな宣言』（新教出版社　一九九一年）でありましたが、今回提出された文書は三〇年ぶりに新たに更新された文書と言えます。

このWCCの宣教論の基本的使信である文書には、「神の宣教」（missio Dei）と宣教の包括的理解という考え方が、やはり基本線として継承されていますが、これまでにない新しい理解がいくつか窺えます。たとえば、伝道論の新たな展開があげられます。二〇〇〇年に出された『今日の一致における宣教と伝道』では、宣教と伝道との明確な区別と定義が行われ、伝道は、「福音の明確で、意図的な呼びかけに焦点を置き、キリストにおける新たないのちと弟子となることへの人格的な回心への招きを含んでいる」と規定されています。そこには、福音派との対話の反映もうかがえますが、しかしながら改宗主義的な伝道のあり方には一貫して批判的であり、宗教間対話に開かれた理解を示しています。

もう一つの特色として、「変化する世界情勢における宣教と伝道のあり方」という文書の副題が示唆しているように、地勢的な転換において宣教と伝道のあり方が展開されているという点です。三〇年前の『宣言』においては、欧米宣教から世界宣教へのパラダイムシフトが明示されていましたが、南半球のキリスト教人口が北半球を凌駕したことを承け、かつては周縁とされていた非欧米地域からの宣教、あるいは多様な周縁的状況からの宣教という視点が強調されています。

福音の文化的受肉の課題

新たなエキュメニカル解釈学

一九九一年にオーストラリアのキャンベラで開催されたWCCの第七回総会が、「来たれ聖霊よ被造世界全体を新たにする」という主題で開催されました。この総会において、フェミニズムとシャーマニズムの視点から基調講演した韓国の女性神学者の講演内容が、特に欧米の正統的なキリスト教理解にとって大きな問いかけとなり、反響を呼びました。その問題提起が契機となり、一九九三年に開催されたサンチャゴ・デ・コンポステーラにおける第五回WCC信仰職制世界会議においては、K・ライザー総幹事より、新たなエキュメニカル解釈学として異文化間解釈学が提起されました。一九六三年に開かれたモントリオールでの第四回のWCC信仰職制世界会議では、各教派の伝統を聖書との関わりで相対化して、教会一致をめざす「聖書と伝統」のエキュメニカル解釈学に注目が喚起されましたが、九〇年代の新しいエキュメニカル解釈学は、「福音と多様な文化」に関わるものと言えます。

さらに、一九九六年にブラジルのサルヴァドールで開催された世界宣教会議は、「一つの福音と多様な諸文化」という主題で、宣教論の課題として、「福音と文化」の問題が論議されています。そこでは、「文化への参与なしに人間的になる道は存在しない。アイデンティティーが創造されるのは、文化を媒介としているからである」と宣言された内容を受けて、「文化は、神の恵みの成果であり、人間の創造性の表現である」と肯定的に述べられています。同じ年に、WCC信仰職制全体会議がタンザニアのモシで開かれ、ちょうどその年の一月に、国際的に著名な型染版画家の渡辺禎雄氏が逝去され、会期中に渡辺さんの追悼礼拝を依頼されましたので、画像も準備して渡辺さんの型染版画についてお話をいたしました。礼拝後、多くの方々から好意的な反響を寄せられ、エキュメニカルな世界での渡辺版画芸術が、本当に幅広く愛されていたことを新たに知らされた思いでした。

民芸運動とキリスト教

わたしの重要な研究課題の一つは、「民芸運動とキリスト教」に関する研究であり、しかも日本における宣教神学の可能性を探求する試みとして推進してきています。具体的な出会いの契機となったのは、一つは『関西学院百年史』の共同編纂に関わる中で、民芸運動の指導的立場を担ってきた柳宗悦、寿岳文章、外村吉之介といった方々と出会い、その思想と実践に深く魅了されたということです。もう一つのモティーフは、やはりWCCに関わり、さまざまの会議に参与し、世界各地の神学者や教会のリーダーとの出会いを通して、足下の日本の文化的状況から、アジアと世界のキリスト教界に貢献できる宣教的神学の可能性を考えさせられたわけです。

ご存じのように、欧米の神学書がほとんど日本語で読めるほど溢れていますが、日本の固有の文脈、文化的状況を掘り下げて、そこから展開できる神学が少ないと言えます。勿論、戦前・戦時下の侵略的イデオロギーの役割を果たした「日本的キリスト教」とは一線を画さなければなりませんが、その意味で戦争責任を踏まえ、アジアの教会と神学と対話できるような日本の文化的土壌に受肉した宣教的神学のひとつの可能性を、民芸運動とキリスト教の関係を考察する中で模索してきているわけです。

日本民芸運動は、柳宗悦を基軸として、浜田庄司、河井寛次郎、芹沢銈介などによって一九二六年に創設され、展開されてきた民衆の芸術美の発見と創造の運動です。今日、思想的にも高い再評価がなされてきていますが、このような民芸運動の形成において、多くのキリスト者の多様な貢献、あるいはキリスト教の思想的影響が濃厚にあったにも拘わらず、これまでほとんど注目され、評価されることはありませんでした。従って、民芸運動とキリスト教の関係については、現在の日本民芸協会にとってもほとんど忘れ去られたことであり、他方、日本のキリスト教界にとってもほとんど知られていないと言えるでしょう。その意味で、日本の民芸協会及びキリスト教界に対して、双方の深い歴史的・思想的関係を新たに喚起することを意図しているだけではなく、その思想的・実践的内実が、今日の宗教と文化の多元的状況における平和的共生やエコロジーの思想に対しても示唆に富むものであることの提示を意図しています。さらに、「民芸運動とキリスト教」の思想的・実践的内容は、日本のキリスト教が、国内では少数的立場にも拘わらず、アジア及び世界のキリスト教界に発信し、貢献することができるものと言えます。

民芸運動の形成に幅広い意味で関わった主要なキリスト者としては、日本メソジスト甲府教会の信徒である浅川伯教と巧の兄弟や小宮山清三、関西学院大学神学部出身の外村吉之介、同志社大学神学部教授の村岡景夫、経済界や教育界から支援し、指導した倉敷の大原孫三郎やICU初代学長の湯浅八郎、国際的にも著名な型染版画家の渡辺禎雄などがあげられます。これらのキリスト者は、特に初期柳宗悦のキリスト教神秘思想によって基礎づけられた民芸思想によって触発され、民芸運動への参与を通して、日本におけるキリスト教の文化的受肉を多様なかたちで創出することに貢献したと言えます。以下にあげるこれまでの研究成果は、そのいくつかは韓国や中国の大学などで講演し、学術誌にも掲載されていますが、ここ数年でまとめたいと考えています。

「初期柳宗悦における宗教論と民芸論」(『基督教論集』第44

号、二〇〇一年：韓国監理教神学大学『神学と世界』二〇〇七年）

「朝鮮の土となった日本人キリスト者――浅川巧の足跡を求めて」（『関西学院大学人権研究』創刊号、一九九八年　韓国学術誌『基督教思想』一九九九年に翻訳）

「日本におけるキリスト教の受容の一考察―無教会運動と民芸運動―」（『明治学院大学社会学』二〇〇八年：中国の学術誌『基督教思想評論』第10号、二〇〇九年、上海）

「機織る伝道者――外村吉之介論」（『神学研究』第48号、二〇〇〇年）

「型染版画に託した夢――渡辺禎雄の信仰と作品」（『神学研究』第51号、二〇〇三年：『渡辺禎雄聖書版画集』新教出版社、二〇一三年に収録）

編著『講座　日本のキリスト教芸術II　美術・建築』（日本キリスト教団出版局　二〇〇六年）

宗教間の対話と共生

WCCの取り組みと指針――『宗教間の対話と共生を求めて』

NCC宗教研究所双書として出版された『宗教間の対話と共生を求めて――エキュメニカルな指針』（神田監修、村瀬義史訳、新教出版社　二〇〇六年）は、世界教会協議会（WCC）の宗教間対話に関する三つの基本文書を訳出したものです。すなわち、二〇〇三年の『他宗教に生きる人々との対話と関係のために――エキュメニカルな考察』、一九九二年の『キリスト者とムスリムの関係』、そして一九八二年の『ユダヤ教徒とキリスト者との対話』という基本文書です。

まず一九八二年の『ユダヤ教徒とキリスト者との対話』という文書は、長年にわたるユダヤ教徒に対する迫害、とりわけナチスにおけるホロコーストという悲劇的出来事を歴史的に反省しつつ、ユダヤ教徒とキリスト者とのエキュメニカルな対話と共生の取り組みと課題を叙述したものです。また一九九二年の『キリスト者とムスリムの関係』という文書は、WCCの二〇年以上に及ぶイスラームとの対話の成果を背景としたもので、イスラームとムスリムに関する理解、キリスト者とムスリムの関係における諸問題、そして両者が共に生き、共に協力関係を形成する課題について描写されています。さらに二〇〇三年の『他宗教に生きる人々との対話と関係のために――エキュメニカルな考察』という基本文書は、特に9・11以降の状況を踏まえて、WCCが刊行したものです。

WCCの基本的指針

この基本文書の第一の内容的特徴は、「他宗教に生きる人々との対話と関係のために」というタイトルが示しているように、他宗教に生きる「人々」（people）との対話と関係に焦点が当てられている点です。これは、WCCが展開してきた対話のプログラムに一貫している基本的視点であったと言えます。無論、それぞれの宗教の伝統や教理との対話が問題とならざるを得ないわけですが、最も重要な焦点となるのは、多様な諸宗教に生きる「人々」との対話と関係であり、その対話と関係を通して、多様な宗教に生きる人々とどのように共同体を、そして人類共同体を共に形成するのかという点に関心の重点が置かれているのです。

第二の特徴は、対話の方法と意義に関するものです。WCCにおいて宗教間の問題で対話というものが重視され、対話がプログラム化されたのは、一九七〇年のアジャルタウン協議会以降です。組織された対話として、第一に様々の課題をめぐって諸宗教の代表による対話、第二にアカデミックなレベルの対話、そして第三により実践に即した霊的なレベルの対話という三つの類型があげられます。これらの組織化された多彩な対話を、WCCはプログラム化し、展開してきていると言えますが、最も基本的なものは、あらゆる多元的状況の中で営まれている「生活の対話」と呼べるものです。このような洞察の中には、宗教間対話というものが決して特別の状況に限定されたものではなく、宗教の多元的社会における日常生活のレベルで対話が理解されているのです。

第三の特徴は、諸宗教及びそこに生きる人々の神学的意義をめぐる点であります。エキュメニカル運動における宗教間対話の軌跡の中で、一九三八年のタンバラム世界宣教会議においてはH・クレーマーによってキリスト論的包括主義の立場が提示されましたが、戦後のWCCの対話部門の取り組みは、新たな宗教的多元化状況の中でいかにタンバラムを超えるかという点に神学的関心が注がれてきたと言えます。このような神学的視点は、一九九五年のダブリン協議会では、より宗教の多元的状況が顕著となる時代において三一論的な神学的立場が論議され、展開されました。このような新たな神学的アプローチは、タンバラムの立場を包摂する、より幅広い神学的なパースペクティブを提示していると言えます。

第四の特徴として、9・11以降の状況を強く反映しており、一層具体的な描写が見出されているのです。その関連で、「対話において、われわれは希望を確信する。多くの分裂、争い、暴力のただ中で、正義と平和に生きる人類共同体を造り出すことのできる希望があります。対話は、それ自体目的ではなく、尊敬と理解の橋を架ける手段なのです。それは、すべての人々のための喜びに満ちたいのちの宣言なのである」と、述べられている点は重要です。二〇〇四年に、WCCの信仰職制会議がマレーシアのクアラルンプールで開催され、わたしも参加する機会がありましたが、会議の舞台をマレーシアに設定した意図は、まさに民族的・宗教的共存の場の重要性を考慮したものであり、9・11以降の世界の状況を反映させたものと言えます。

共同研究『ミナト神戸の宗教とコミュニティー』

ミナト神戸における多様な宗教とコミュニティー

昨日も最後の方でお話しいたしましたように、二〇一〇年の春から、関西学院大学の「キリスト教と文化研究センター」（RCC）のセンター長に就任いたしまして以降、三年間にわたりミナト神戸における多様な宗教とコミュニティーに関する共同研究に着手いたしました。その共同研究のモティーフの一つとして、9・11以降のグローバルな宗教間の対話と共生の課題が、足下の神戸にあることを実感し、神戸YMCAのキリスト教使命委員会の責任を負っていましたときに少し取り組んだ経験があげられます。

神戸市の中央区を中心とした、三年間にわたる共同研究は、主要な宗教施設を訪問し、それぞれの指導的立場にある方々との対話を積み重ね、神戸におけるキリスト教の諸教会をはじめ、神戸モスク、神戸ジャイナ教寺院、関西ユダヤ教のシナゴーグ、関帝廟、本願寺神戸別院（モダン寺）、北野天満神社、生田神社、立正佼成会神戸教会等々。各宗教施設の歴史的背景、活動の特色とコミュニティーのアイデンティティーの問題、また特に戦前・戦時下における状況や、阪神淡路大震災における被災と地域への協力関係などを伺いながら、一〇回以上に及ぶフィールドワークを重ねました。最終的な研究成果として、関西学院大学キリスト教と文化研究センター編『ミナト神戸の宗教とコミュニティー』（神戸新聞総合出版センター、二〇一三年）を出版させていただき、神戸市では評価の高い井植文化賞を受賞いたしました。さらに、共同研究の成果を、学部の垣根を越える「総合コース」の授業として、三年間開講してマスコミにも話題になりました。

ミナト神戸における難民の問題

『ミナト神戸の宗教とコミュニティー』が、井植文化賞などを受賞したこともあり、この本を片手に神戸の多様な宗教施設を歩く方々も増えてきたとうかがっております。この著書の刊行の責任を負わせていただいたことで、『新修　神戸市史』の「宗教」項目を担当する編集委員に就任することになりましたが、その一環として、これまであまり知られることがなく、公的な市史等において記述されることがなかった、特に神戸における難民に関わる出来事についての論考を、『神戸と歴史』（神戸市）のミナト神戸開港150年記念の特別号に掲載し、その監修の責任を負って、昨年の三月に刊行いたしました。

そこには、（1）一八九〇（明治二三）年に和歌山県串本沖で座礁したトルコ軍艦エルトゥールル号の遭難事故と生存者六九名の神戸滞在の出来事、（2）一九二〇（大正九）年、ロシア革命により避難した子ども達八〇〇人を無事親許まで送り届けた出来事とそれに貢献した勝田銀次郎（後の神戸市長）、（3）一九四〇（昭和一五）年～四一年にかけて、杉原千畝ビザにより多くのユダヤ人難民が神戸に滞在した出来事について、三つの論考が掲載されています。これらの論考は、それぞれ丹念に歴史を調べて書かれた力作ですが、執筆者の方々が必ずしも専門の研究者というわけではありませんでしたので、市史の編集委員会からのアドヴァイスもいただきながら、特にそれぞれの宗教的な背景を踏まえて、わたしが全体の総論的解説を記しました。そこには、戦前の明治、大正、昭和における難民に関わる出来事に加えて、戦後の一九八〇年代に、ベトナム戦争によってインドシナ半島から逃れてきた難民を受け入れた出来事も記されています。

既によく知られたことですが、一九四〇年、リトアニア日本領事館領事代理だった杉原千畝氏は、ナチス・ドイツの迫害から逃れてきたユダヤ人難民に日本通過ビザ、いわゆる「命のビザ」を発給しました。このビザにより、大勢のユダヤ人がヨーロッパからシベリア鉄道でウラジオストクに向かい、船で福井県の敦賀にたどり着いて、さらに彼らの多くは、神戸のユダヤ人協会などを頼って、神戸に滞在しています。その人数は、一九四〇年七月から一九四一年一一月までの間に、少なくとも五〇〇〇名を超えるユダヤ難民が神戸に滞在したと推定されます。当時、日本におけるユダヤ人共同体は、神戸が中心となっていたことが、神戸に集中してユダヤ人難民が集まってきた要因となっていたと言えます。このように多くのユダヤ人難民が、長期にわたって神戸で滞在が可能であったのは、アメリカに本部を置くユダヤ人救援委員会による具体的な支援のネットワークが、神戸のユダヤ人協会と緊密に連携していたこと、当時の戦時体制下、多くの欧米の外国人帰国に伴い、洋館での居住可能なスペースが広域にわたって存在していたことがあげられます。当時の神戸における多くのユダヤ人難民の姿は、例えば、手塚治虫の漫画『アドルフに告ぐ』、小説では妹尾河童『少年H』や野坂昭如『火垂の墓』などでも描かれています。さらに、当時の厳しい状況下にあって、神戸市民との豊かな交流があったことも、多くの証言が物語っています。

キリスト教との関係では、プロテスタントの「きよめ教会」の信徒の人々が、大阪、京都、神戸三教会から、ユダヤ人協会にリンゴ箱を寄贈し、パンの配給などの支援活動を行っています。このきよめ教会は、日本ホーリネス教会の和協分離に伴って設立された中田重治派の教団「きよめ教会」であり、かつて長田区に存在していた神戸教会を中心として諸教会がこぞって、何度かにわたり組織的に救援活動を展開していたことがわかります。当時の状況の中では異例とも言える、このような組織的救援活動の背景には、その教派の指導者中田重治が提唱する日本的な「キリスト教的シオニズム」と呼べる思想的立場があったと言えます。もう一つ重要な点は、神戸にたどり着いたユダヤ人のビザは、日本に滞在できる期限がわずか一〇日間ほどであり、ビザの期限が過ぎれば、強制送還されるものでありました。神戸ユダヤ人協会は、管轄機関に難民の滞在期間の延長を強く求めてゆく中、ユダヤ教学者の小辻節三が大きな役割を果たすことになります。小辻は、若き日にキリスト教と出会い、牧師となりますが、アメリカ留学では旧約聖書の研究のためヘブライ語も学び、ユダヤ教に改宗しています。小辻がユダヤ人の間で大きく注目を浴びたのは、一九三九年一二月にハルピンで開催された「第三回　極東ユダヤ人大会」において、迫害に苦しむユダヤ人の聴衆を前に、感動的なスピーチを行ったことでした。神戸ユダヤ協会の要請で、小辻は積極的にユダヤ人救援に動き出し、ビザ延長の権限は、外務省にあるのではなく、実は「地方自治体」にあることを突き止めます。小辻は、周到な作戦を立てて当時のビザ管轄業務を担当していた神戸警察署を訪れ、ユダヤ人難民の受け入れ国が決まらない場合でも、繰り返し延長申請できる交渉の道を切り拓いて、出国までの安全な滞在確保に貢献したのです。

結び

以上、エキュメニカル運動の理念と構造、歴史的展開を述べて、その展開において特に信仰職制、宣教・伝道、宗教間の対話と共生に焦点を絞り、どのように世界のエキュメニカル運動がそれぞれの課題を推進してきたかを、私の視点から明らかにしてきました。そしてそれぞれの課題を、わたし自身が、この日本の状況において、どのように足下の神学的課題として受け止め直し、神学的に展開できるかという、ささやかな試論を述べてまいりました。ご静聴、有り難うございました。

講　演

XI

戒能信生

2019年3月13日–15日
イエズス会　日本殉教者修道院　鎌倉黙想の家

私の歩んできた道

私の生い立ちから神学校入学まで

私は一九四七年、愛媛県の伊予小松教会の牧師館で生まれました。父親は関西学院神学部出身、つまりメソヂスト教会の牧師でした。ここで、少し父・戒能団平のことを話しておきたいと思います。松山の貧しい農家に生まれた父は、当時の東京理科大に進学したのですが、理数系の勉強について行けず、挫折して郷里に帰ってしまいます。その失意の中でキリスト教と出会い、勧められるままに関西学院神学部に学んだのだそうです。ところが元来が人間関係に不器用な父は、文化主義的な関学神学部の雰囲気に馴染めず、また信仰の確信を持てずに苦しみます。偶々、藤井蘆草というほとんど無名の独立伝道者と出会い、その薫陶を受けて贖罪信仰に目覚めます。そして卒業して当時植民地であった朝鮮の羅南メソヂスト教会に赴任します。当時の関学神学部は、語学が出来る成績優秀な神学生が、阪神地区の諸教会に赴任し、成績の悪い、そして教授たちのお覚えの悪い神学生は、徐々に地方の教会に、さらに植民地であった外地の邦人教会に派遣される風であったということです。同級生の友人に、中森幾之進、松本頼仁先生がいましたが、いずれも昭和初年前後のSCM運動に関わって逮捕されたこともあり、同じく朝鮮の日本人教会に赴任した親友たちでした。

さて、父はその後、内地の岩国、神戸などの小さな教会を転々としますが、その間待命処分を受けています。「待命処分」というのは、読んで字のとおり、命令を待つという意味で、ハッキリ言えば次の任地を斡旋されないまま、待機している状態を言います。監督制を採用しているメソヂスト教会では、牧師の人事は監督の専権事項とされていましたが、戦前の西部メソヂスト教会でこの「待命処分」を受けたのは二人だけだったと聞いたことがあります。一人は心の病で待命になったケースで、もう一人が戒能団平牧師だったわけです。団平牧師の場合は、とにかく不器用で牧師らしくなく、信徒の受けもよくなく、加えて神学部教授やメソヂスト教会の監督をはじめとする幹部たちの批判をおおっぴらにするところから、嫌われていたと言われています。次に赴任する任地がなくて途方に暮れている団平牧師は、当時、台湾の台北メソヂスト教会の牧師であった中森幾之進先生の紹介で、台南メソヂスト教会に赴任します。そしてそこから招集されてフィリピン戦線の戦地に赴きます。

戦後、捕虜収容所を経てフィリピンから引揚げてきた父は、やはり台湾から引揚げていた母や二人の姉と再会しますが、任地がありません。そこで致し方なく、松山の郷里でその日暮らしの土方のようなアルバイトをしていたそうです。その父に、伊予小松教会と西条教会の兼牧の話が舞い込みます。

この伊予小松教会と西条教会は、いずれも組合教会の今治教会の伝道所として明治期に生み出された教会です。どうして関学出身の父が、組合教会の牧師として招かれたかというと、そこには戦後間もない時期の事情がありました。戦後すぐにキリスト教ブームが起こりますが、まだ多くの若い牧師が戦地から戻っておらず、組合教会でも一時期牧師が不足していたのです。そこで関学出身で、フィリピンの捕虜生活から引き揚げて無職でいた父に声がかかったというわけです。

やがて父は、倉敷レイヨン西条工場での聖書研究会を始め、キリスト教ブームもあって大勢の若者たちが教会に来るようになります。しかし組合教会でも若い牧師を充足できるようになると、父は辞任を迫られます。その時、この町にまだ使命があると宣言して、西条の町での開拓伝道を始めたそうです。結果として、倉敷レイヨン西条工場の若い労働者たちを中心に、西条栄光教会が設立されることになります。

この西条栄光教会の諸施設は、町の中心地の陣屋跡の高等学校の隣りに一二〇〇坪の土地を得て、倉敷美術館の設計者・浦辺鎮太郎が設計した建物でした。倉敷レイヨンが全面的にバックアップして、一〇〇名の園児を受け容れる幼稚園と民芸風の立派な牧師館も建築されたのです。まだ町にホテルがなかったので、この牧師館の応接室が町の有力者の子弟のお見合いの場所によく利用されていました。それくらい立派な牧師館だったのです。

私の小学生の頃は、戦後のまだ貧しい時代で、近隣の教師会がしばしばこの牧師館で開かれました。その当時、教師会は家族連れで集まっていましたので、私と同世代の子どもたちと一緒によく遊びました。しかし、貧しく、きわめて劣悪な住環境の子どもたちが多く、私のように自分の個室を与えられているようなケースはありませんでした。その点で、私は、貧しくはありましたが、たいへん恵まれた環境で育ったことになります。私は高校一年生の時、洗礼を受けました。特に信仰的な開眼があったわけではなく、牧師館に生まれ育ったのだからとごく自然な成り行きでした。ところが、高校二年生の時、脳膿瘍という病気に罹り、視野の半分を失う症状で、生命の危機に瀕します。ほとんど奇跡的に回復したものの、一年間留年したこともあって、医師やまわりの人々も、なんだか当然のように私が神学校に行くことを勧めます。当時私は高校で生徒会長をしていましたが、高校の教師もまた私が神学校に行くことが当たり前のように遇したのです。根が素直な私?は、そういうものかしらと思って神学校に行くことにしました。ところが、父親は自分の母校である関西学院ではなく、東京神学大学を勧めるのです。そういうものかしらと思いつつ、私は東京に出てきたのです。

東京での教会生活は、何も分からないままに、姉の夫・柏井創牧師が副牧師をしていた信濃町教会に転会しました。そして教保に井上良雄先生がなってくれます。井上先生は、東京神学大学のドイツ語の教授であり、カール・バルトの和解論の翻訳者として知られる人ですが、その後たいへんお世話になります。井上先生のことは、後でまた触れます。

東京神学大学と東神大闘争

東京神学大学での学びは、すべてが新鮮で刺激的でした。ごく普通の真面目な神学生であった私は、クラス委員に選ばれ、三年生の時、学生自治会の副委員長に選ばれます。時あたかも、一九七〇年前後の学生運動の盛んな時期でした。キリスト者平和の会の活動や、ヤスクニ反対運動、万博キリスト教館出展問題などに関わる内に、次第に激しい学生運動の様相を呈していきます。東神大闘争についての詳細は省きますが、一つだけ私自身の当時の問題意識を紹介しておきましょう。

あれは一九六八年でしたか、岩波書店の『思想』という雑誌に、京都大学の松尾尊兊教授が、組合教会の朝鮮伝道のことを取り上げた論文が掲載されました。それを読んで、私は初めて戦前の植民地朝鮮への組合教会の伝道の実態を知りました。そして当時、それを厳しく批判した柏木義円という牧師がいたことも初めて知りました。しかしそれまで神学校で学んできた授業では、組合教会の朝鮮伝道のことは何一つ触れられていませんでした。つまり日本帝国による植民地支配と総督府による文治政策の一環として組合教会の朝鮮伝道が位置付けられていたこと、そこではたくさんの受洗者が生まれ、教会が設立されますが、その実態は御用クリスチャン、つまり総督府の支配に協力する親日派の人々への伝道であった事実を突きつけられたのです。しかも、キリスト教会の内側からではなくて、松尾尊兊という歴史研究者によってそれを初めて知らされたのです。伝道と言えばすべてが肯定され、受洗者が出たと言えばそれだけで評価されるというそれまでの素朴な伝道論が根底から覆えさせられる経験だったと言ってもいいと思います。そして、一九七〇年大阪万国博覧会に、カトリックとNCC（日本キリスト教協議会）が協力してキリスト教館を出展し、観光客に憩いの場を提供するという万博伝道論に根本的な疑問を懐いたことを覚えています。

しかし大学闘争という激しい仕方での問題提起には、ついに限界があります。当時の時代の流れの中で、全学ストライキやバリケード封鎖といった手法を取りますが、それに対して教授会は機動隊を導入し、全学をフェンスで覆って検問体制を敷き、警察力に守られた仕方で授業を再開します。それに抗議する中で私は逮捕されます。全共闘の執行部としての指名逮捕でした。警察の留置所を経て約一カ月後に拘置所から釈放されますが、その後、高裁まで裁判は続き、結局執行猶予はついたものの、懲役六カ月の有罪判決を受け、東神大を追われることになります。

石原謙先生との出会い

当時、私は週に一度のアルバイトとして石原謙という信濃町教会の長老のお宅に伺い、蔵書の整理や簡単な手紙の代筆など秘書のような仕事を担っていました。石原謙と言っても、現在の神学生たちにはピンとこないと思いますが、戦前の時期、東北大学教授、東京女子大学学長を務めたこの国のキリスト教学のほとんどすべての領域におけるパイオニアのような存在です。文化功労賞と文化勲章を受けていると言えば、その位置がある程度分ると思います。ルドルフ・ブルトマンやカール・バルトと同世代、早稲田中学で坪内逍遙の授業を受け、東京帝国大学でケーベル先生に学び、夏目漱石の英文学の講義を聞いたという人です。

当時既に八十歳代の後半で、脳梗塞の後遺症でお身体が不自由なので、書籍の整理などの助手が必要とされて私が推薦されたのです。この週に一度の西荻窪の石原邸におけるアルバイトの時間は、学生運動の最中にあっても、私の唯一の静かな勉強の時間でありました。石原先生は、後に岩波書店から刊行される『キリスト教の源流』『キリスト教の展開』という大著を執筆している最中でした。それに年表を付けることになり、その下書きを私に作れというのです。Schmidt の

Historische Tabellenを渡されて、これを参考にして年表を作れというのです。こちらはドイツ語の文法を習い始めたばかりで、辞書を引きながら訳していきます。

ところがその内容が分らない。例えば、Bild Streitという言葉が出てきます。「これは何ですか」と質問します。すると「画像論争」についての石原先生の講義が始まるのです。石原謙先生に教会史の個人授業を受けたわけです。

石原邸の書庫には一万冊以上の書籍が収蔵されていました。ほとんどがドイツ語や英語の文献です（それは現在、ICU図書館に収蔵されています）。その中から、身体の不自由な先生の言われる本を探し出すのも仕事の一つでした。蔵書のほとんどは髭文字で書かれています。しかも本の背表紙は装飾文字で印字されています。こちらは髭文字もよく読めません。懸命に探しますが、見つかりません。一時間ほど捜して、どうしても見つからないと申し上げると、「そうか、あの本は震災で焼いてしまったのか」という答えです。第二次大戦の空襲で焼いたというのではないのです。第一次大戦の直後、ハイデルベルクに留学した際に買い求めて、日本に送っていた大量の書籍が、一九二三年の関東大震災で焼失してしまっていたわけです。どっと疲れが出る思いでした。

しかしこんなこともありました。教会の長老の一人を介して翻訳事務所からドイツ語の翻訳のアルバイトが持ち込まれました。宗教改革者マルティン・ルターの讃美歌の序文のコピーで、当時の中高ドイツ語で書かれていて訳せないので、神学生なら訳せるだろうというのです。東京芸大の修士論文を書いている大学院の学生から依頼されたのだそうです。ルターの原文は、とても読めたものではありません。現在のドイツ語とはかなり異なっていて、語順はほとんどラテン語と同じです。それで石原先生にコピーを見せて、訳してもらいました。先生はすらすらと訳していきます。それを書き取って、それ以外の部分は、英語のルター全集に収録されている英訳版を参考にして、三〇枚ほどの翻訳を仕上げて翻訳会社に持っていきました。当時のお金で四〇〇字一枚一〇〇〇円、合計三万円という破格の臨時収入になりました。このお金でLiddell & Scottの“Greek-English Lexicon”を買いました。確かその見返しに石原先生にサインをしてもらったはずです。

話を東神大闘争に戻します。逮捕され、一カ月ぶりに拘置所から釈放された私に、石原先生の奥さんから電話がかかってきました。先生が呼んでいるというのです。これはもうてっきりお出入り禁止になると覚悟を決めて久しぶりに石原邸を訪れました。石原先生は、かなり長い私の東神大闘争についての話を聞いた後、こう言われました。「東神大のことは自分にはよく分らない。しかし君を信じているし、愛している。これからも自重して毎週来るように。」私は他人から「愛している」と言われたのは、これが初めてでした。そして深い感銘を受けました。

しかし東神大を追い出された後、今後どうしたらいいか。それが問題です。なにせ学部三年の途中なのです。石原先生はドイツのハイデルベルク大学神学部に留学したらと勧めてくれました。当時、先生はハイデルベルク大学から名誉学位を受けていたことから推薦してくれたのです。それで、私も渋谷のゲーテ・インスティチュートに通って、Mittel の資格を得て準備を進めました。ところが、当時の西ドイツでバーダー・マインホフ事件（今でいう過激派のテロ事件）が起こり、西ドイツ政府は留学生に無犯罪証明書を要求したのです。執行猶予中の私は、当然のことながら渡航資格が得られず、ここに留学の道は断たれることになります。

全共闘の仲間の何人かが、同志社大学神学部に編入していました。私も誘われて、編入試験を受けてみました。神学部の教授たちは、学生運動で札付きの私を受け入れて合格させてくれたのです。そこで石原謙先生に、同志社神学部に行くと伝えました。すると意外にも、石原先生は自分は反対だと言い出したのです。その理由を聞くと、なんと明治初期の日本一致教会と組合教会の合同が破綻した歴史から説き起こして、同志社に行くことには賛成できないと言うのです。先生は、同志社神学部に大学院が設置される際、集中講義に出かけて支援したことを聞いていましたので、まことに奇異に思いましたが、日本基督教会に属する人にとってあの一致運動の挫折はそれほどトラウマになっているのかと感じ入りました。そして、自分の弟子がいる立教大学キリスト教学科に紹介するので行けと言うのです。もうアルバイトの貯金をはたいて入学金も払ったと申し上げたところ、入学金や授業料は自分が負担するからと言われるのです。石原謙先生にそこまで言われては、致し方ありません。立教大学の編入試験を受けてなんとか合格します。

立教時代にお世話になった先生方のことは、ここでは省略します。『苦難の僕』の研究で有名な旧約聖書学者中沢洽樹先生、青山学院から移って来ていた教義学の野呂芳男先生、そして塚田理先生をはじめとする聖公会の先生たちから様々な薫陶を受けたことは確かです。しかし何より、この立教大学キリスト教学科で、後に連れ合いになる直子さんと出会ったことは何よりの幸いでした。

ところで、東神大全共闘には八〇名以上の神学生たちがいましたが、その多くは教会から去って行きました。もちろん教会にとどまって、やがて苦労して牧師の道を歩んだ人もいます。しかしそれは合わせても一〇数名に過ぎません。多くの学生たちが、牧師にならなかったばかりではなく、教会からも去って行ったのです。

そのような中で、私は既成の教会に赴任して、そこでもう一度出直そうと考えていました。学生運動の時代、私は自分の信仰について、ほとんどすべてを留保していました。なにせ尊敬していた神学教師たちの惨憺たる現実を見せつけられたこともありましたし、また聖書学の学びによって、それまでの単純で素朴な信仰が失われてしまったこともありました。仲間たちの多くが教会から離れていく中で、出来れば小さな教会に赴任して、教会員たちと真向う中で、もう一度自分の信仰を見直してみたいと考えたのです。

その頃、病気で入院していた友人を見舞った際、偶々井上良雄先生と一緒になりました。その帰り道、こういう会話を井上先生としたことを覚えています。私はこう尋ねました。「東神大闘争の過程で自分の信仰理解についてほとんどすべてを『留保』していた地点から、現在伝道者として一つの教会に仕えるようになるまでの軌跡を、自分でもよく説明できないで困惑しているのですが……。」井上先生は短く答えられました。「私もそうでした。その類のことは、無理に脈絡をつけたり、説明できないものです。」この短いやり取りの後、ほとんど無言で並んで歩きながら、しかし私は深い安堵というか、得心の想いを内心に確かめていました。全共闘時代、すべての権威を疑い、既成の概念を相対化する視点から、信仰や神学をも問い続けていた私は、一種の不可知論というか相対主義に陥っていたと思います。自由ではあるものの、そのようなある種無責任な立場から一歩出て、一つの場所に責任を負う仕方で信仰の捉え直しからやり直してみようと思い定めていたのでした。しかしそれは自分自身の中でも矛盾だらけの決断ではありました。当然のことながら、全共闘の親しい友人たちであっても、だれもその決断の同伴者にはなってくれません。あくまで私自身の孤独な選び取りでした。井上先生のこの短い言葉は、そのような私の孤独な決断への静かな励ましと思えたのでした。

そこで、立教の四年生の夏、自主的な夏期伝道実習をしてみることにしました。紹介してくれる人があって、下町の小さな教会・深川教会で、七月〜八月の二カ月間、夏期伝道実習をして準備をしました。

あれは、一九七五年のことです。その当時、全共闘の学生たちの身の振り方を相談していた元教団書記の木村知己牧師に斡旋をお願いしていました。しかし一向に返事がありません。もう一月の末になっていたでしょうか、その木村牧師から呼び出しがあって、行人坂教会の牧師館を訪ねました。昼食をご馳走になった後、木村牧師からこう言われたのです。「いろいろ探してみたのだがね、どの教会でも君を迎えるという話はまとまらなかった。ちょっと名前を知られすぎたね！」

東神大闘争で逮捕され、有罪判決を受けて執行猶予中の身であり、そのため教師検定試験も受けられず、したがって教師資格を持たない者を受け入れる教会はどこにも見つからなかったという当然すぎる結論でした。これからどうすべきか途方に暮れる想いで、目黒駅から山手線に乗りました。途中、新宿駅でどっと乗り込んできた乗客の中に、旧知の大塩清之助牧師がいました。大塩先生は「久しぶりですね。どうしていますか」と声をかけてくれました。混み合った電車の中で二人とも立ったまま、手短に招いてくれる教会が見つからないのだという苦衷を話したと思います。そして池袋駅で電車を降りて別れました。

それから数日後、大塩先生から分厚い封筒の速達が届きます。ご自身の牧会する板橋大山教会に伝道助手として招聘したいという内容でした。役員たちと緊急に相談して決断したと書いてありました。その頃の板橋大山教会は、教会財政も厳しく、到底伝道師を迎える余裕のない状態でした。大塩牧師自身の謝儀を削って、数万円の給与を準備したが、足りない分はアルバイトをしながら働いてほしいという内容でした。

こうして板橋大山教会での伝道助手という仕方での私の歩みが始まります。月に一度主日礼拝の説教を担当し、祈禱会での聖書研究を分担し、家庭訪問に同行し、初めて教会員の葬儀にも関わることができました。つまり牧師としての具体的な訓練を大塩先生と教会員の一人一人から受けたのです。一年後、下町の小さな教会（自主的な夏期伝道をした深川教会）から招聘があり、信徒伝道者として赴任することになりますが、それが私の牧師としての出発でありました。

あのとき、雑踏する新宿駅で全く偶然に大塩牧師が乗り込んで来なかったら、そして私の愚痴を聞いてくれて、板橋大山教会に招聘するという無謀な提案をして道を開いてくれなかったら、その後の伝道者としての自分の歩みはどうなっただろうと、今振り返っても不思議に思います。大塩清之助先生は、その意味で牧師としての私の出発を開いてくださった人でありました。

深川教会の信徒伝道者として

いくつもの勉強会・研究会

信徒伝道者として下町の小さな教会・深川教会に赴任してみたものの、自分には全くその準備が出来ていないことをすぐに思い知らされることになります。最初の三カ月くらいは、持ちネタとでも言ったらいいでしょうか、自分なりに学んだ聖書箇所に基づいて説教をしました。しかしそれも尽きてしまうと、何をどう語ったらいいのか分らなくなります。講解説教に取り組むことにして、月曜日から聖書のテキストをギリシア語から訳し、英独の注解書を読んでノートを作ります。水曜日の夜の聖書研究会で、そのノートから、勉強したばかりの生硬な報告をします。木曜日からは今度は次週の礼拝説教の準備です。ノートはどんどん分厚くなっていきますが、肝心のメッセージが浮かび上がってこないのです。聖書について学んだことを話すことは出来ても、メッセージを語ることは出来ないことに改めて気づかされました。よくぞ深川教会の信徒たちが、あの生硬で難解な聖書研究や説教を忍耐して聞いてくれたものだと、今さらながら感心します。その意味で、牧師は遣わされた教会で育てられるのです。神学校は、言わば勉強の方法を学ぶところで、より実際の勉強は教会に遣わされてから始まると言えます。

そこで、改めて自分なりの学びが始まりました。近隣の牧師の勉強会に参加させてもらい、説教研究会があると聞くと出かけていきました。例えば、当時下谷教会の菊池吉彌先生が主催していた説教研究会に参加して、私の説教のテープを聞いてもらいました。中森幾之進先生をはじめ参加されていた牧師たちの多くは評価してくれましたが、菊池先生の評価が概して厳しいのです。それこそコテンパンにやっつけられるのです。ムキになって反論してみましたが、福音の使信そのものを語り得ていないことは私自身がよく分っていました。

東駒形教会の雨宮栄一牧師が主催していた月曜会という読書会では、訳されたばかりのフォン・ラートの『旧約聖書神学』や、D・ボッシュの『宣教のパラダイム転換』、J・ゴンサレスの『キリスト教史』『キリスト教思想史』などを一緒に読みました。あんな大きな本は、自分一人ではなかなか読み通せません。一緒に学ぶ仲間がいてこそ、読み通せるのです。こうしていくつもの勉強会、読書会、研究会を組織することになります。自分一人では出来ないので、先輩や仲間の牧師たちの力を借りて勉強しなければならなかったのです。一時は、そういう学習会、勉強会、読書会、研究会の案内の葉書を、月に一〇回近く印刷して発送していたように思います。思い出してみると、月曜会、説教研究会、神学読書会（教会員と一緒に神学書を読む会）、日本的基督教研究会（戸村政博牧師と一緒に始めた）、説教準備会（隣の浦安教会の小林晃牧師と、主日礼拝の説教箇所を一緒にして、毎週水曜日の午前中、テキストの解読から注解書の読み合わせまでを一緒にした）等がありました。

『時の徴』の同人として

その頃、教団紛争が次第に収束して、いわゆる教団の正常化が始まります。何ごともなかったように元に戻っていく事態を憂いて、「教団と神学教育を考える会」という小さな運動が組織され、その機関誌として『時の徴』という隔月刊の同人誌が発行されることになります。当初の同人は、雨宮栄一、井上良雄、木田献一、下田洋一、東海林勤、森岡巌、そして最も若い私も同人の端っこに加えられました。同人になったのはいいけれど、何カ月かに一度執筆の担当が回ってくるのには往生しました。つくづく自分に中身のないことを思い知らされました。でも、尊敬すべき先輩に囲まれて、これも私にとってはよい学びと訓練の機会になりました（なお、この『時の徴』という同人誌は、季刊のかたちで現在も続いています。たまたま昨年に発行された150号が余分にありましたので、お配りします。ここには、一五〇号分のインデックスが掲載されています）。

韓国民主化闘争支援の活動

そのほか、一九七〇年代から八〇年代にかけて、韓国民主化闘争に小さな関わりをもつことになります。一九七三年の「韓国キリスト者神学宣言」から始まった軍事独裁政権に対する韓国教会の闘いを、日本の教会が支援する取り組みでした。私が責任を負っていた深川教会は、地下鉄東西線で教団の事務所がある西早稲田のキリスト教会館まで三〇分足らずという至近距離にあったこともあり、当時の教団総幹事中嶋正昭先生や、NCC総幹事東海林勤先生から電話がかかってきて、いろいろな頼まれごとをするようになります。例えば、韓国民主化闘争の現場のビラや印刷物、秘密書類などが、信頼できる旅行者に託されて国外に持ち出され、それを成田や箱崎で受け取るという仕事です。私自身は詳しいことは知らされていませんでしたが、これらの秘密文書が池明観先生によって「韓国通信」として、岩波書店の月刊誌『世界』に「TK生」の名前で紹介され、さらにそれがスウェイン宣教師によって英文に翻訳されて“Korea Communique”

として世界の教会に発信されました。韓国の民主化が実現したのは、こうして日本の教会を通して世界の教会へ、そしてさらに世界のジャーナリズムに韓国の実情が発信されることによって、世論の関心を惹き、それが民主化を達成することにつながったと言えます。私はそのほんの末端の仕事を担う貴重な経験をすることが出来たのです。

台湾基督長老教会との連帯

また一九八〇年代になって、台湾基督長老教会が、台湾の政治的孤立の中で国民党政府から激しい迫害を受け、長老教会総幹事の高俊明牧師が逮捕されるという事態になります。その時も、中嶋正昭総幹事から指示されて、それを支援する台湾関係委員会の仕事を担うようになります。その働きの中で、台湾と日本の教会の明治以来の交流の歴史を調べ、特に戦時下の台湾長老教会の苦難についての資料集をまとめたりもしました。この関連で二度ほど台湾での国際会議に参加することになり、CCAや海外の教会指導者たちとの交流が生れます。また、台湾出身の神学者C.S.Song（宋泉盛）の知遇を得て、当時教団副議長であった岸本羊一先生と協力して、WARK（世界改革派聯盟）の総幹事であったSongを日本に招いて三度ターグンクを計画したりもしました。その出会いからボセーのエキュメニカル研修所に留学しないかと勧められましたが、これは家庭の事情で実現はしませんでした。

【台湾関係の論文や編著】

『台湾基督長老教会の歴史と苦難』（教団台湾関係委員会、一九八二年）

「日本教会の台湾伝道の歴史」（『ともに悩み共に喜ぶ』台湾関係委員会、一九八四年）

「日本基督教団台湾教団成立の問題点」（『共に悩み共に喜ぶ』台湾関係委員会、一九八四年）

「日本基督教団・台湾基督長老教会関係史年表」（『共に悩み共に喜ぶ』台湾関係委員会、一九八四年）

宗泉盛編『台湾基督教長老教会獄中書簡集』（教文館、一九八六年）

「神と人との『物語』」の序文『台湾基督長老教会信仰告白に学ぶ』」（『福音と世界』新教出版社、一九九四年七月号）

NCC大嘗祭署名運動センター

もう一つ、この深川教会時代の経験で大きかったのは、一九八九年に昭和天皇が死去した際の大嘗祭の問題について の取り組みです。ヤスクニ問題への取り組みで知られる戸村政博牧師や森山忞牧師たちと親しくしていたこともあって、NCCに設立された大嘗祭問題署名運動センターの事務局の仕事を手伝うことになります。そして運動の進め方や企画、パンフレットやブックレットの編集などを自由に任されることになります。この運動は、NCCに加盟していた諸教派だけでなく、カトリック教会や福音派の諸教派にも呼びかけて、この国のキリスト教界の総力を挙げての運動として展開されました。その結果、隔月刊で刊行されたブックレット『キリスト教と天皇制』の編集、各教派持ち回りの集会の企画、アジアの神学者を招いての国際シンポジウムの運営、大嘗祭の実施に合わせて一〇〇時間にわたって全国で展開された断食行動の裏方などを担うことになります。その記録は、NCC大嘗祭問題署名運動センター編『キリスト教と天皇制一九九〇年教会の闘いの記録』(ヨルダン社　一九九一年)にまとめられています。カトリックや福音派の指導者たちとも親しくなることができた経験でした。

市民運動「指紋押捺制度を許さない江東区民の会」

一方、深川教会の牧師をしていた一九八〇年代に、在日外国人の指紋押捺制度に対する反対運動が起こり、地元の江東区にも市民運動の仲間たちと「指紋押捺制度を許さない江東区民の会」が生れ、私はその代表をさせられます。永住権を持つ在日韓国・朝鮮人が、一六歳になると指紋押捺を強制されるこの制度の撤廃運動は、それまでのこの国の左翼の運動が取り組んだことのない課題でありました。当時、全国各地に生れた指紋押捺拒否運動の一覧を見て驚いたことがあります。ほとんどの場合、それぞれの地域の教会がその事務所となっており、牧師や神父がその代表を担っていたからです。在日外国人の人権という問題は、当該者が選挙権を持たず、またその民族組織が北と南に分断されていることもあって、どの政党も労働組合も頼りにすることが出来ず、結果として各地の教会や牧師・神父たちがその支援をすることになったのです。それは、在日韓国・朝鮮人の人権という課題に、日本の教会がほとんど初めて出会う経験でありました。私は、この運動の中で、カトリック教会の神父たちと親しい関わりを持つことになり、それはその後のカトリック教会との共同研究につながっていきます。またカトリック東京教区司祭の黙想会に招かれて参加し、一週間、白柳誠一大司教や森一弘補佐司教らと寝食を共にする経験をすることが出来ました。

また市民運動の仲間たちとの出会いは、キリスト教会の枠から外に出て、様々な市民たちと出会うことになります。江東区議会に市民代表の議員を送り出す運動に参加して、無所属の学生議員を当選させたりしました。

深川教会では、やがて会堂が老朽化してきたことから、会堂・牧師館建築が始まりますが、それはここでは省きましょう。

教団宣教研究所での働き

一九八〇年代になると、宣教研究所において七〇年当時の万博・教師検定・東神大問題についての資料を収集し分析するプロジェクトが始まります。土肥昭夫同志社大学教授、堀光男東洋大学教授がその中心にいましたが、そのプロジェクトに私も加わるように求められます。その成果は『万博・東神大・教師検定問題年表』（教団宣教研究所、一九八五年）として刊行されていますが、その作業の中から、日本基督教団の歴史を資料集としてまとめるプロジェクトが生れることになります。先ほど紹介した土肥先生や堀先生に加えて、教会史の大御所大内三郎先生が編纂者に加わり、私はその下で実務を担うことになります。その成果は、後に『日本基督教団史資料集』全五巻としてまとめられることになりますが、私は深川教会の牧師をしながら、兼任として宣教研究所の責任を負うことになります。すなわち週日はほとんど毎日、西早稲田の教団事務所に通勤して宣教研究所の職務を担うことになるのです。この宣教研究所での足かけ一〇年に及ぶ働きについては、後ほど改めて触れることにします。

深川教会から東駒形教会への転任

深川教会は五年の任期制度を取っており、一四年が経過したときのことです。任期の切れる一年前にさらに任期を延長するかどうかが役員会で問題になりました。その時、一人の役員が奇妙な提案をしてきたのです。「任期制度は、教会員に牧師の再任を拒否する権利を与えていることになる。しかし戒能先生は、信徒伝道者で、正規の牧師の資格を持っていない。家族もあり子どもも小さい戒能先生を、他の教会がすぐに迎えてくれるとはとても考えられない。その戒能先生に辞任してくれとはとても言えない。私たち信徒が再任を認めない権利を行使できるために、教師検定試験を受けてはどうか。」この提案は、率直に言えばそろそろ教師検定試験を受けろという催促なのです。しかし直接そう言っても、頑固な私が素直に試験を受けるはずがないので、考えに考えひねりにひねった提案でありました。

私が教師検定試験を受験しないままであったのには、理由があります。東神大問題で逮捕され執行猶予がついたとは言え有罪となった私は、教憲教規によって受験資格がなかったのです。『日本基督教団教規第』一二七条③「信仰以外の理由で禁錮以上の刑に処せられたものは教師になることができない」と厳然と定められているのです。そもそも教師検定問題は、関学神学部の卒業生を学生運動を理由として関学神学部教授会が推薦を取り消したことから始まり、一時は教師試験が三年も実施できず、全国に信徒伝道者が溢れた時代がありました。当時の教師検定試験は、各神学校の教師たちにほとんど丸投げの実態があったのです。それを批判して、私たちも教師検定試験を拒否したのです。その結果、私たちの受験拒否に連帯して、全国の教会で正教師試験を拒否する補教師が何人も現れます。その中には、受験拒否を理由として教会を退任するように迫られたり、結果として牧師を辞めてしまった人もいました。教師試験受験拒否を訴えた私は、将来もし受験するとしても、その一番最後にすると公言してきたこともありました。そのような私に、この深川教会役員会からの提案はひねりにひねった、よくよく考えた提案であったと言えます。そして私は教師試験を受験して合格し、補教師の資格を得ます。

こうして補教師になった私に、招聘の話が舞い込みます。『時の徴』の同人であった雨宮栄一牧師の牧する東駒形教会から、その後任としての招聘でした。私は内心、ズッとこの深川教会で牧師を続けるものと思い込んでいましたから、当然断るべきだと考えていました。

一つには、東駒形教会がすぐ近くにあること、そして大きな保育園を併設しており、また現住陪餐会員が一〇〇名以上の大きな教会だったからです。とても私に務まるはずがないと思いました。一応、深川教会の役員会に諮ったところ、何と拍手して喜んでくれたのです。こうして、私は宣教研究所の職務を継続したまま、東駒形教会に転任することになります。

東駒形教会での一八年

東駒形教会は、関東大震災の直後、賀川豊彦が上京して救援活動を始めたその本部が置かれた場所にあります。定員一五〇名の保育園が併設されており、また本所賀川記念館という施設も五階建ての建物の中に同居していました。関東大震災以降の歴史もありますし、なにより現住陪餐会員が一〇〇名以上と、深川教会とは違って格段に大きな教会です。しかも関係する福祉施設が二〇近くあり、そこで働く三〇〇名近い職員たちの研修の責任も負うことになります。この教会に、週日は宣教研究所で働きながら仕えるのです。正直に言って、たいへん忙しい日々が続きました。加えて、この頃から各神学校での講師の職務が加わります。

最初は、農村伝道神学校で日本宗教史を担当していた戸村政博牧師が急病で倒れ、私にお鉢が回ってきたのです。宗教史なんて勉強したこともないし、基礎的な知識もありません。しかし学校として必修の単位なのでなんとかしてくれという依頼です。これもまた自分の勉強になると考えて引き受け、神田の大きな書店に急遽かき集めた一〇万円を持って出かけ、片端から参考書を買い漁りました。その俄か勉強の成果が、「近代日本における新宗教の興隆と社会基層の変動」という講義につながります。これは現在でも農村伝道神学校で隔年で継続されており、日本宗教学会や宗教情報センターの研究員たちとの交流もそこから生れます。二〇〇四年に国際宗教研究所の公開シンポジウム「現代における宗教者の育成」が開かれた際、シンポジストの一人として「今日における伝道者の養成　日本基督教団の場合」を発題講演しました。それは、国際宗教研究所編『現代における宗教者の育成』（二〇〇五年三月）に収録されています。

そうそう、このシンポジウムの後の、レセプションで面白い経験をしました。私は、発題講演の中で、日本基督教団の教師の二世率、つまり牧師の子どもが牧師になる割合が、サンプリング調査の結果約二五パーセントだというデータを紹介しました。レセプションの乾杯が終ると、よく知られた宗教学者たちが私のところに集まって来て、口々に言うのです。「キリスト教は生きていますね。七五パーセントもの人々が、親が牧師でもないのに牧師になるとは！」こちらが呆気にとられました。しかし考えてみると、現在の日本の神道や仏教、さらに新宗教も含めて、教職の二世率はほぼ一〇〇パーセントなのだそうです。それに比べると、キリスト教の二世率二五パーセントというのは、キリスト教が生きている証拠だというのです。皆さんはどう考えられますか。

さて、日本宗教史の講義から始まった私の神学校への出講は、その後、農伝で「日本キリスト教史」の授業も担当することになり、やがてそれは、日本聖書神学校や東京バプテスト神学校での出講に拡がっていきます。以前、いくつかのキリスト教主義大学からキリスト教概論やキリスト教史の講師を頼まれたことがありましたが、不特定多数の一般学生への授業には食指が動かず、神学校ならばと答えて断ったことがあります。しかしここまで拡がってくるのは考え物です。

ただ、振り返ってみると、各神学校で神学生たちに教えることによって、私自身が勉強させられたことは事実です。ただ本を読んで読みっぱなしにするのではなく、それをノートにまとめ自分なりの分析や考察を交えて講義の形で発信すると、まだ足りない点や不足していることが明らかになります。その意味で、私自身が各神学校で講義をすることによって学ばされてきたのです。

満州基督教開拓団のこと

ところで、東駒形教会での様々な職務の一つに、賀川豊彦研究の領域がありました。先ほども紹介しましたように、東駒形教会は関東大震災後の賀川の被災者救援活動の本部、本所基督教産業青年会の宗教部から始まった教会です。本所賀川記念館は、『賀川豊彦研究』という研究誌を刊行していて、この編集の仕事も私が任されることになります。

賀川豊彦については、以前、満州基督教開拓団の関係で調べたことがありました。そのことを、ここで少し詳しく紹介しておきたいと思います。宣教研究所の教団史資料編纂の作業の一環で、戦前・戦中の古い資料を読み込んでいた時のことです。戦時下の教団の機関誌『日本基督教新報』に「満州基督教開拓団団員募集」という小さな広告記事を見つけました。これは何だろうと不思議に思って、キリスト教史研究の先輩たちに聞いてみたのですが、だれもご存じではありませんでした。日本基督教聯盟の事業だったらしいので、『連盟時報』や『神の国新聞』などの記事を網羅的に読み直していくうちに、おぼろげながら聯盟の事業として、哈爾濱郊外に長嶺子基督教開拓団が建設され、入植した人々がいたらしいことが分かってきたのです。しかし宣教研究所には第一次資料は全く残っておらず、詳細は分かりません。正直に言って雲を摑むような感じでした。その当時、満州開拓移民の残留孤児の問題が取り上げられ始めていましたが、まさかキリスト教会が満州開拓と関係があったとは思いもよりませんでした。自宅近くの深川図書館に出かけて、空襲で焼け残った戦前の資料を捜してみたところ、昭和一七年版『満州開拓年鑑』を見つけました。その巻末の開拓団一覧の中に、「長嶺子基督教開拓団」という記載が出てきたのです。「本当にあったんだ！」と衝撃を受けました。そこで旧厚生省に出向いて、援護局業務第一課調査資料室の一角に眠る膨大な開拓団の資料を渉猟して、ついに東京都民生局援護部が作成した「長嶺子基督教開拓団」(一九五七年作成)という資料を発掘したのです。そこには、開拓団概要、団員名簿などが記されていました。団長は堀井順二牧師であることも判明しました。こうして満州基督教開拓団の存在が事実として確認されたのです。

当時まだ存命であった堀井牧師を愛媛県長浜にお訪ねし、二日がかりでインタビューをしました。先生は駆け出しの牧師の無遠慮な質問に、悲痛な表情で、しかし淡々と答えてくれました。こうして賀川豊彦の提唱のもと、日本基督教聯盟の事業として長嶺子基督教開拓団が設置され、日本基督教団成立以降は教団東亜局の事業として引き継がれ、一九四一年二月の先遣隊派遣から始まって、六二所帯合計二〇五名（現地出生者・現地入団者を含む）もの人々が送り出された事実が、歴史の闇の中から浮かび上がってきたのです。その後の調査で、その内帰国が確認されている人は約半分の一一三名、死亡四九名、不明四三名に上ることが確認されています。

さらに資料を調べていくうちに、この長嶺子基督教開拓団の送出が完了した後、教団東亜局によって第二次開拓団が計画されていた事実も判明してきました。しかしこの計画は一九四四年段階のこととされていますので、実際には実施されなかったのだろうと思い込んでいました。ところが、これが太平鎮基督教開拓団として、団長・室野玄一牧師のもと先遣隊一一名が、なんと一九四五年三月末に送り出されていたことが分かったのです。この開拓団の終末はさらに深刻で、先遣隊一一名の内成人男子七名は入植後間もなく現地召集され、一名がソ連兵によって射殺、六名はシベリア抑留を経て帰国、ソ満国境近くの現地に残された老人と子ども、そして女性たちは帰国の途中で次々に亡くなり、ただ一人の女性が帰国しているものの、戦後まもなく亡くなっていた事実が確認されたのです。唖然としました。『福音と世界』一九八一年一二月号に「知られざる教団史の一断面　満州基督教開拓団」を書いたのは、こうして集めた断片的な資料を基にしてのことでした。

その後この小さな論文を目にした元団員やご遺族の何人かの方から連絡があり、少しずつ団員名簿は補充補正されていきました。しかし私の役割はこれで一先ず終わったと考えていました。実際に、その後刊行された『日本基督教団史資料集』第二巻に、「第二次満州キリスト教開拓団の派遣」という項目が設けられ、関係資料が掲載されたからです。

しかしそれにしても、これだけ関係者が残っていたにもかかわらず、基督教開拓団の事実が戦後五〇年近くにわたって公にされなかったのは何故なのでしょうか。その理由の第一は、賀川豊彦をはじめ、満州基督教開拓団の推進者たちが、戦後この事実を明らかにしてこなかったからです。それは、あまりにも明白なキリスト教界の国策協力の事例であったはずです。にもかかわらず教団の戦争責任が議論された際にも、この基督教開拓団の事実は全く問われることはありませんでした。元団員とその家族たちも、親しかった仲間内で一種の同窓会を何度か実施してはいるものの、外部に対してはその事実を語ることがほとんどなかったようです。敗戦によってすべてを失った元団員たちは、戦後の生活の困難の中でその余裕もなかったのかもしれません。犠牲者の多さや、その結果のあまりの深刻さが関係者の口を重くさせたとも言えるでしょう。

歴史の闇の中から偶然掘り起こした教団史の暗部に慄然とさせられながら、それでも研究者として私なりの役割と責任を果たすことができたと考えていました。

しかし、それが全くの心得違いであることを知らされたのは、数年後のことです。第二次開拓団で父上と兄上を亡くされた一人のご遺族から、教団宣教研究所に一本の電話がかかってきたのです。この方は、基督教開拓団の詳細を一切ご存じありませんでした。どうして父や兄が帰ってこなかったのか、その事情についてこれまで知らされてこなかったと言われるのです。「日本基督教団の名前によって満州に送られたのに、教団からは何の説明もないのはどうしたことでしょうか」と遠慮がちに言われたその言葉が、今も耳に残っています。私の手許の資料をもとに、判明している事実をお伝えしましたが、それだけでは十分でないことを思い知らされました。日本基督教聯盟を引き継いだ日本キリスト教協議会(NCC)も、そしてわが日本基督教団も、この開拓団の事実についてその責任を公にしていません。私個人としても、ただ歴史的な事実を研究論文としてまとめるというだけでは済まないのではないかと考えさせられたのです。

さらにこういうこともありました。先ほど紹介したご遺族から一通の手紙が寄せられました。「五〇余年の月日を経て、やっと国から一枚の返事がきました。またしても兄が忘れ去られようとしていましたので、よく話をして兄の分もいただきました。母は既に亡くなった後でした。これでやっと私たちの戦後が終りました。コピーをお送りさせていただきます。どうか見てやってください。本物はコピー機にはみ出すくらいの大きなものでした……」そして同封されていたのが、次のような書状のコピーでした。

「故・□□□□殿

あなたの先の大戦の終結に伴う引揚者としての御労苦に対し衷心より敬意を表し慰労します。

平成〇〇年〇月〇日

内閣総理大臣　小泉純一郎」

これは、政府の外郭団体である独立行政法人平和記念事業特別基金が発行したものでした。事情を調べてみると、恩給や年金などの給付資格が得られない戦時犠牲者たちの遺族に対して、申請によってこのような書状を政府が発行しているというのです。

教会がその責任を明らかにせず、謝罪も責任も放棄しているところに、国家のこのような一片の書状によって遺族が慰謝されるという構造に、なんとも複雑な思いを抱かざるを得ませんでした。「ヤスクニ問題」は現在も様々な形で問われていますが、似たような構造がここにもあるのではないでしょうか。

そこで元団員やそのご遺族の何人かの方々のご意見も伺った上で、賀川豊彦記念松沢資料館に働きかけ、二〇〇六年一〇月三日～一二月二日、「満州基督教開拓団と賀川豊彦」という特別展示を企画したのです。日本基督教団、日本基督教協議会の後援のもとにです。松沢資料館は、多方面にわたる賀川豊彦の業績を記念し顕彰することを目的として掲げていますが、同時に賀川の問題や課題について検証する責任があるのではないかと提案したのです。さいわい資料館理事会の理解を得て、特別展示を実施する運びになりました。その後、発見された第一次資料や、ご遺族が保存していた開拓団の写真、年表、団員・家族名簿などがパネルとして展示されました。その初日には、元団員やご遺族たちにも呼びかけて記念集会が行われました。一〇〇人以上の関係者が集まりました。そこには、日本基督教団議長、日本キリスト教協議会議長が列席し、それぞれ責任を明確に表明する機会としたのです。

【満州基督教開拓団関係の論文】

「知られざる教団史の一断面　満州開拓基督教村」（『福音と世界』一九八一年一二月号）

「満州基督教開拓団関係資料年表」（『賀川豊彦研究』第50号、二〇〇六年）

「特別展示『満州基督教開拓団と賀川豊彦』のこと」（『時の徴』112号、二〇〇六年）

『満州基督教開拓村と賀川豊彦』（賀川資料館ブックレット二〇〇六年）

「満州基督教開拓団関係第一次資料一覧」（『賀川豊彦研究』第51号、二〇〇七年）

東駒形教会での賀川研究の紹介に戻ります。今紹介しましたように、基督教開拓団との関連で賀川豊彦について調べたことはありましたが、私自身は賀川を研究対象にしようとは考えていませんでした。しかしそうも言っておられません。そこで、本所賀川記念館に残されていた関東大震災救援活動以来の第一次資料を整理し、その一部を翻刻する作業から始めました。その成果は、『賀川豊彦研究』第45号（二〇〇二年二月）から第63号（二〇一五年三月）までの各号に盛り込まれています。またそのような賀川研究の中から、日本基督教学会のシンポジウムでの発題講演をさせられたりもしました。また二〇〇九年に賀川豊彦献身一〇〇年記念プロジェクトが展開された際、その構想委員に選ばれ、「日本キリスト教史における賀川豊彦」の共同研究を主宰することになります。その成果は、賀川豊彦記念松沢資料館編『日本キリスト教史における賀川豊彦　その思想と実践』（新教出版社、二〇一一年）として出版されています。

【賀川豊彦関係の論文・編著】

『賀川豊彦研究』第45号（二〇〇二年二月）～第62・62合併号（二〇一五年三月）

「日本キリスト教史における賀川豊彦の位置」（『賀川研究』45号、二〇〇二年）

「麻薬中毒者救護会のこと」（『賀川豊彦研究』52号、二〇〇七年）

「聞き書き　雨宮延幸　私の歩んできた道」（『賀川豊彦研究』54号、二〇〇八年）

「翻刻・解説　木俣敏終戦日記」（『賀川豊彦研究』57号、二〇一一年）

「敗戦直後の賀川豊彦　新日本建設キリスト運動を中心として」（賀川豊彦記念松沢資料館編『日本キリスト教史における賀川豊彦』、新教出版社、二〇一一年）

「賀川豊彦と関東大震災」（『賀川豊彦研究』58号、二〇一二年）

「愛の園保育学校のこと」（『賀川豊彦研究』58号、二〇一二年）

「翻刻・解説　深田種嗣『宗教部日誌①』」（『賀川豊彦研究』58号、二〇一二年）

「さがみ愛育会のルーツをめぐって」（『賀川豊彦研究』59号、二〇一三年）

「東京下町伝道の歴史」（東支区教師研修会講演、二〇一三年一〇月二日）『賀川豊彦研究』59号、二〇一三年）

「翻刻・解説　深田種嗣『宗教部日誌②』」（『賀川豊彦研究』59号、二〇一三年）

「校訂・解説　木立義道日誌『神のラッパの吹ける時』」（『賀川豊彦研究』60号、二〇一三年）

「解説　関東大震災直後の被災者住宅実測図」（『賀川豊彦研究』60号、二〇一三年）

「翻刻・解題　本所基督教青年会小史」（『賀川豊彦研究』60号、二〇一三年）

「賀川豊彦と日本のプロテスタント教会」（日本基督教学会第60回学術大会シンポジウム発題講演、二〇一二年九月一二日『日本の神学』52号、二〇一三年）

「関東大震災救援活動における吉野作造、賀川豊彦、末広嚴太郎」（専修大学社会科学研究所関東大震災90周年記念シンポジウム講演、二〇〇三年一一月二日『賀川豊彦研究』61号、二〇一四年）
「翻刻・解説　本所基督教産業青年会庶務日誌①」（『賀川豊彦研究』61号、二〇一四年）
「翻刻・解説　都市に於ける住宅問題本所における不良住宅調査」（『賀川豊彦研究』61号、二〇一四年）
「翻刻・解説　本所基督教産業青年会庶務日誌②」（『賀川豊彦研究』62号、二〇一五年）
「翻刻・解説　木立義道『凡人録』」（『賀川豊彦研究』62号、二〇一五年）
「関東大震災時の朝鮮人虐殺に関する墨田区議会への陳情」（『賀川豊彦研究』62号、二〇一五年）
「本所基督教産業青年会の土地についての資料とメモ」（『賀川豊彦研究』62号、二〇一五年）

また、東駒形教会では、教会だけでなく、併設する施設の記念誌の編纂の仕事をいくつもさせられました。

『この10年の歩み（一九八八～一九九七年）創立70年記念誌』（光の園保育学校、一九九八年）
『雲のような証人たち　東駒形教会逝去者の記録』（東駒形教会、二〇〇三年）
『本所賀川記念館30年の歩み　地域の人々共に』（本所賀川記念館、一九九九年）
『本所賀川記念館40年の歩み　賀川豊彦の精神を受け継ぐ者たち』（本所賀川記念館、二〇〇九年）
『続・雲のような証人たち　東駒形教会90年史』（東駒形教会、二〇一三年）

もう一つ、東駒形教会の関係施設の職員研修の職務があります。保育園、児童館、子育て支援センター、学童保育クラブなど、墨田区を中心に雲柱社や本所賀川記念館、興望館、賛育会などの各施設が二〇カ所近くあります。そこに働く職員たちの多くはキリスト者ではありません。しかしキリスト教精神を謳ったこれらの施設で働く職員のために、月に一度の聖書の学びを始めました。ところが、クリスチャンではない職員たちに、私の聖書講話は容易に入っていかないのです。すなわち教会の内側で通用していた言葉や表現では、キリスト者ではない職員たちに通じないことを思い知らされたのです。これは新たな挑戦でした。現在の福祉の現場は、様々な問題と困難に満ちています。親や利用者からのクレームや、福祉の現場での厳しさに悩んでいる職員たちを、聖書を通して励まし支える必要があったのです。

こういう仕方で下町にある福祉施設での働きの中から、いくつものキリスト教社会福祉施設の理事や評議員の役割を負わせられることになります。数えてみると、雲柱社、本所賀川記念館、興望館、賛育会の理事や評議員、それにこの神学生交流プログラムを主催している日本クリスチャン・アカデミーの理事の仕事をも加わります。毎年三月や五月になると、これらの理事会や評議員会が毎週土曜日に開かれ、中にはダブル・ブッキングする場合も増えてきます。これでは体力的にももたないし、自分の勉強にも差し支えると考えて、東駒形教会からの転任を考えるようになりました。一つには、東駒形教会の建物の建て替えの時期が迫っており、それを担うことになると、私自身が七〇歳をはるかに超えてしまうこと、各神学校の講師の仕事や社会福祉法人の理事や評議員などの職務が拡がりすぎたことなどから、地方の小さな教会への最後の転任を考えるようになります。それで、ここにおられる関田寛雄先生にお願いして、どこでも赴任しますから、地方の教会を紹介していただきたいと依頼したのです。この年になると、様々な教会の人事の相談に与るようになります。自分の人事を自分ですることは出来ませんので、尊敬する関田先生にすべてを委ねてお任せしたのです。

教団宣教研究所の室長としての働き

ここで、教団宣教研究所での働きについてまとめて紹介しておきたいと思います。深川教会から東駒形教会の牧師の時代、あしかけ一〇年間、週日は西早稲田のキリスト教会館に出勤し、宣教研究所の室長の仕事を担いました。一番大きな仕事は『日本基督教団史資料集』の編纂です。これは第一巻から第五巻までが、一九九七年から二〇〇一年にかけて刊行されています。私はその編纂作業の実務を担い、特に第四巻、第五巻の編纂を担当しました。それは私自身にとって実によい勉強の機会となりました。何しろ、大内三郎、土肥昭夫、堀光男といった教会史、キリスト教史の大先輩が寄ってたかって資料の読み方から実地に教えてくれるのです。こんな幸いはありません。

さらに、宣教研究所としての他の業務、例えば教団の教勢データの収集と分析、あるいは各教区の謝儀保障・互助制度の資料の収集と分析（『互いに支えあうために各教区謝儀保障・互助制度資料集』教団宣教研究所、二〇〇一年）、一九五〇年代に全国で展開されたラクーア伝道の資料の収集と分析

（『ラクーアその資料と研究』（キリスト新聞社、二〇〇七年）、教団への様々な問い合わせ、レファレンスへの応答、各個教会史編纂への協力など、多岐にわたります。そしてそれらの成果を携えて、ほとんどの教区の教師研修会などで講演をしてきました。それらの中から生れたものに、『福音と世界』に連載した『宣教研究所の書庫から』（1－36　二〇〇五年六月号から二〇〇八年六月号まで）、「平和を実現するキリスト者ネット」のニュースレターに連載した「戦時下の教会」①～㉙（154号・二〇一五年三月～185号・二〇一八年四月）があります。

【日本キリスト教史、日本基督教団史、宣教論に関する論文】

「日本基督教団の教勢その推移と分析」（『福音と世界』一九八六年一一月号）

「各個教会史と戦責告白」（『福音と世界』一九八七年七月号）

「日本基督教団の政治的発言　その変遷と問題」（『在責を担う教会の使命』新教出版社、一九八七年）

「教勢から見た日本基督教団の50年」（雨宮栄一・森岡巌編『日本基督教団50年史の諸問題』新教出版社、一九九二年）

「信仰告白をめぐる一つの問い」（『時の徴』63号、一九九三年五月号）

「激変する青年像と伝道の課題教会史的な視点から」（『福音と世界』一九九六年七月号）

「戦争責任はいかにして成立したか1」、「同2」「同3」（『福音と世界』一九九七年三、四、五月号）

「統計からみた教団」（『教団新報』第4412号、一九九七年七月四日）

「今日における宣教の課題」（『時の徴』86号、一九九九年三月）

「日本の教会と『日の丸・君が代』」（靖国神社国営化阻止8・15東京集会講演、一九九九年八月一五日、『時の徴』88号一九九九年一一月）

「日本の教会の戦争責任」（金子啓一編『講座現代キリスト教倫理（3）』日本キリスト教団出版局、一九九九年一二月）

「日本基督教団の罪責問題」（関東教区教団問題協議会、二〇〇〇年一月二九日）

「鈴木正久その足跡から学ぶこと」（鈴木正久没後30年記念会講演、一九九九年一一月九日）『時の徴』91号、二〇〇〇年七月）

「教団史における信濃町教会の神学的教会論的特色」（信濃町教会75周年記念シンポジウム講演、『ことば』信濃町教会、二〇〇〇年三月）

「日本基督教団の教勢の分析」（『アレテイア』29号、日本キリスト教団出版局、二〇〇〇年六月）

「日本基督教団における過去30年来の混迷」（DOAM協議会発題講演、二〇〇〇年九月一二－一六日）
「戦時下の教会と日本YWCA」（YWCA100年史学習会講演、二〇〇〇年一一月一六日）
「教団機構改正と各教区の教職謝儀保障・互助制度」（『互いに支え合うために各教区謝儀）保障・互助制度資料集』日本基督教団宣教研究所、二〇〇一年）
「現場の牧師から見る最近の葬儀事情」（『月刊SOGI』二〇〇一年一一月）
「合同教会としての日本基督教団」（大阪教区「合同の捉え直し協議会」講演、一九九九年一二月一〇日、関東教区「教団問題協議会」講演、二〇〇〇年一月二九日、『時の徴』94号、二〇〇一年五月）
「日本基督教団史における信仰告白の位置」（奥羽教区北西地区教師研修会講演、二〇〇二年八月二二－二三日）
「日本基督教団の青年伝道その経過と課題」（『教会青年の現状と課題』教団教育委員会、二〇〇二年一〇月）
「統計から見えてくる『過疎地』の伝道」（開拓伝道協議会講演、二〇〇二年九月）『第33開拓伝道協議会報告書』教団伝道委員会、二〇〇三年四月）
「日本基督教団社会活動基本方針制定までの経緯と問題」（教団社会委員会講演、二〇〇三年六月一六日、『教団社会委員会通信』34号、二〇〇三年八月）
「データから見た関東教区の宣教の課題」（関東教区宣教綜合協議会講演、二〇〇三年九月六日）
「データから見た宣教の課題　中部教区のケース・スタディ」（中部教区愛知東地区全体研修会講演、二〇〇四年一月一二日）
「キリスト者平和運動の基礎づけ　井上良雄の平和論を中心に」（バルト研究会年次研修会講演、二〇〇四年四月『時の徴』105号、二〇〇四年一〇月）
「『日本基督教団社会活動基本方針』再検討の歩みと課題」（教団社会委員会講演、二〇〇四年六月）『教団社会委員会通信』36号、二〇〇四年一二月）
「資料から見る戦時下の教会　群馬地区の諸教会を中心に」（関東教区群馬地区教師研修会講演、二〇〇五年一月一七－一八日）
「資料から見る戦時下の教会　京都教区の諸教会を中心に」（京都教区教師研修会講演、二〇〇五年二月七日）
「沖縄キリスト教団との合同第一次資料からの検証」（関東教区群馬地区教師研修会講演、二〇〇五年一月一七－一八日、神奈川教区教師研修会講演、二〇〇五年二月七－八日）『聖書と神学』19号、二〇〇七年五月）

「教勢から見た日本基督教団の伝道の歴史」（東中国教区教師研修会講演、二〇〇六年二月二〇―二一日）
「東中国教区の教勢分析の試み」（東中国教区教師研修会講演、二〇〇六年二月二〇―二一日）
「教勢から見る教会の過去・現在・そして…」（キリスト教書籍販売協会第49回夏季例会講演、二〇〇六年九月四―六日）
「西東京教区の教勢分析　今、首都圏の教会に何が起こっているのか　教勢データからの分析の試み」（西東京教区伝道協議会講演、二〇〇六年一一月二三―二四日）
「社会鍋の起源と山室軍平」（東京ＹＭＣＡ午餐会講演、二〇〇六年一二月一二日）
「教勢から見た日本基督教団の伝道の歴史」（二〇〇五年度教団宣教方策会議講演、二〇〇六年三月六―七日、『時の徴』１１１～１１３号（二〇〇六年九月、二〇〇七年一月、二〇〇七年七月）
「ラクーア伝道の全体像」（『ラクーア　その資料と研究』キリスト新聞社、二〇〇六年七月）
「教勢から見た日本基督教団の伝道の歴史　構造的な教勢停滞の内実」（西中国教区教師研修会講演、二〇〇七年一一月一二―一四日）
「西中国教区の歩みと教勢の分析」（西中国教区教師研修会講演、二〇〇七年一一月一二―一四日）
「茨木地区の伝道の課題　教勢分析からの診断」（関東教区茨木地区役員研修会講演、二〇〇七年一一月二三日）
「キリスト教の明治国家への包摂過程　ローカル・チャーチに即して」（第58回キリスト教史学会学術大会シンポジウム発題講演、二〇〇七年九月一四―一五日）『キリスト教史学』62集（二〇〇八年七月）
「今、教師が問われている課題」（北支区教師部例会講演、二〇〇八年六月一六日）
「植村正久の志の継承」（植村正久生誕１５０年記念会発題講演、二〇〇八年一一月一〇日）
「千葉支区の諸教会　戦中・戦後の姿、そしてこれからの課題」（東京教区千葉支区教師研修会、二〇〇九年二月二一―二三日）
「九州教区のこれまでとこれから　教勢から見た課題」（九州教区総会議員研修会講演、二〇〇九年五月四日）
「プロテスタント１５０年と日本の教会」（日本聖書神学校公開講座、二〇〇九年一〇月二七日　『時の徴』１２２号、二〇一〇年一月）
「植村正久と日本の教会」（豊島岡教会創立１３０年記念講演、二〇〇九年一一月八日）
「この国で最初に教師籍を剝奪された男」（神奈川教区教師

オリエンテーション講演、二〇一〇年二月二〇日、『時の徴』126・127合併号（二〇一一年五月）
「教団と宣教方針」（教団ジャーナル『風』シンポジウム発題講演、二〇一一年八月二二日）
「教団発行『信仰の手引き』への問い」（『時の徴』131・132合併号、二〇一二年六月）
「金井為一郎とその時代」（日本聖書神学校同窓会東北支部研修会出張講義、二〇一二年八月七日『聖書と神学』26号、二〇一四年七月）
「日本基督教団の宣教の歴史」（北海教区教職講座講演、二〇一二年一〇月八-一一日）
「鈴木正久の二枚のはがき」（『時の徴』134号、二〇一三年二月）
「木俣敏とその農村伝道論」（農村伝道神学校紀要『福音と社会』28号、二〇一三年五月）
「『改訂宣教基礎理論』への問い」（『時の徴』136号、二〇一三年六月）
「関東大震災と賀川豊彦」（鳴門市賀川豊彦記念館特別講演、二〇一三年九月二日）
「日本プロテスタント・キリスト教史から見た伝道」（関東教区群馬地区教職信徒研修会講演、二〇一四年六月一七-一八日）
「日本基督教団の現在とその伝道史から見た課題」（オリエンス宗教研究所講演、二〇一四年七月二二日）
「日本の教会の伝道の歴史とその課題「新・宣教基礎理論」に対する疑念」（関東教区群馬地区教師研修会講演、二〇一四年六月一七-一八日、『時の徴』141号、二〇一四年九月）
「これまでの教会、これからの教会」（東北教区いわき郡山地区祭り講演、二〇一四年一〇月一三日）
「日本の教会の社会への関わりの歴史　明治期プロテスタント史に遡って考える」（富坂キリスト教センター教会と社会を考える公開講演『富坂キリスト教センター紀要』第6号、二〇一六年三月）
「戦時期宗教団体法下におけるキリスト教　日本基督教団の場合」（第65回キリスト教史学会大会シンポジウム発題講演、二〇一四年九月一九日『キリスト教史学』69集　二〇一五年七月）
「日本基督教団の成立とその問題」（神奈川教区新任教師オリエンテーション講演、二〇一五年二月二二日）
「戦時下のキリスト教　日本基督教団」（『戦時下のキリスト教　宗教団体法をめぐって』教文館、二〇一五年八月）
『世のためにある教会』の視点から見た日本基督教団の歩み」（「開かれた合同教会をつくる会」講演、二〇一五年一〇月三一日、『時の徴』144号、二〇一五年一一月）

「内面史研究の課題と方法について」（『富坂キリスト教センター紀要』第6号、二〇一六年三月）
「財政から見た教団の歩み」（関東教区「教区・教団を考える会」講演、二〇一六年五月五日、『時の徴』146号、二〇一六年六月）
「日本組合教会の特質　新島襄と海老名弾正のキリスト教受容に遡って」（東日本同信会研修会講演、二〇一五年六月二二－二三日、『聖書と神学』28号、二〇一六年七月）
「日本基督教団戦争責任告白と私たちの教会」（弓町本郷教会平和祈念集会講演、二〇一六年八月一四日）
「日本のプロテスタント教会の過去・現在・未来」（同志社神学協議会講演、二〇一六年八月二九日）
『日本基督教団戦争責任告白から50年　その神学的・教会的考察と資料』（新教コイノニア33『時の徴』同人編　新教出版社、二〇一七年三月）
「平成天皇の生前退位と代替わりについて」（NCCヤスクニ委員会講演、二〇一七年三月六日、『時の徴』149号二〇一七年一〇月）
「日本の教会の来た道、いま、そして行く道は？　課題と展望をめぐって」（西部地区キリスト者教会連合研修会講演、二〇一八年六月一七日）
「戦時下の教会の実像」（戦争を許さないキリスト者の会第16回例会講演、二〇一八年九月、『戦争を許さないキリスト者の会会報』10号、二〇一九年二月一四日）
「平成天皇の生前退位と大嘗祭」（日本キリスト教連合公開学習会講演、二〇一八年九月、『教団社会委員会通信』50号、二〇一九年二月）
「公同教会ってなあに？」（『時の徴』153号、二〇一九年一月）
「ヤマトと沖縄の教会の交流の歴史」（沖縄宣教研究所・富坂キリスト教センター第4回共同研修会講演、『富坂キリスト教センター紀要』9号、二〇一九年三月）

【連載「宣教研究所の書庫から」（『福音と世界』二〇一五年六月号～二〇一七年六月）】

1「使徒信条の『生ける者と死ねる者』は文法的に間違いか？」
2「その人物を追って」
3「『隠退教師』とは何か」
4「『昭和二十年聖書日課』のこと」
5「無任所教師のこと」
6「社会事業奨励日のこと」
7「軍用機献納運動の全貌とその顛末」
8「『生活綱領』のこと」

【連載「戦時下の教会」『平和を実現するキリスト者平和ネットニュースレター』（二〇一五年三月〜二〇一八年四月）】

10「戦時下の信仰詩歌」
11「戦争は子どもたちの眼にどう映っていたのか」
12「日曜学校で子どもたちに戦争をどう教えたのか①」
13「日曜学校で子どもたちに戦争をどう教えたのか②」
14「戦時下の教会婦人たちは？」
15「戦時下の神社参拝」
16「戦時下の牧師の日記」①金井為一郎日記
17「戦時下の牧師の日記」②岸本貞治日記
18「戦時下の牧師の日記」③木俣敏日記
19「軍用機献納運動」
20「牧師たちの勤労動員」
21「在外邦人教会のこと」
22「日曜日返上！　そのとき教会は？」
23「戦時下新聞の宗教報道①同志社バッシング」
24「戦時下新聞の宗教報道②救世軍に対するバッシング」
25「戦時下新聞の宗教報道③宣教師スパイ事件！」
26「知られざる反戦主義者末永敏事のこと」
27「戦時下のキリスト教弾圧①ホーリネス諸教会への弾圧事件」
28「戦時下のキリスト教弾圧②在日朝鮮教会への弾圧事件」
29「戦時下のキリスト教弾圧③弾圧した側の人たちのその後」

千代田教会への転任

関田先生の紹介で、二〇一五年の春に現在の千代田教会に転任しました。私の最後の任地ということになります。地方の教会を希望していたのですが、関田先生の言によれば「都会の真ん中にある過疎の教会だから」ということでした。まさか自分が東京のど真ん中、四ツ谷の教会に赴任するとは考えてもみませんでした。千代田教会は小さな教会で、礼拝出席者も二〇人前後のこじんまりした教会です。私のために立派な書庫を用意して迎えてくれました。西早稲田のキリスト教会館まで自転車で一五分という交通至便な場所にあるので、各神学校への出講も続けています。そして今でもいくつかの勉強会を継続しています。東駒形教会の時代から続けている月に一度の下町の牧師たちによる勉強会・月曜会は、今もなお継続されています。千代田教会に転任してきて、北支区の教職・信徒たちに呼びかけて、やはり月に一度の神学読書会を主宰しています。さらに、柏木義円についての研究会を立ち上げ、千代田教会を事務所に置き、年に一度一一月に公開講演会を開催し、紀要『柏木義円研究』も発行しています。あるいは、富坂キリスト教センターから委嘱されて、戦時下の信徒たちの内面を掘り下げる「内面史研究会」を立ち上げ、その成果はこの五月に新教出版社から刊行されることになっています。また、この神学生交流プログラムを主宰している日本クリスチャン・アカデミー関東活動センターの連続講座『日本キリスト教史を読む』という月に一度の講座を三年連続で続けています。これは、各神学校での授業内容を、信徒向けに分かりやすくしたもので、毎回四〇名から五〇名の参加者があります。各神学校への出講も含めて、私の勉強は今でも続いていると言えるでしょう。

終わりに——お世話になった三人の先生たち

振り返ってみると、私は先輩の牧師や先生方に寄ってたかって育てられたと言えます。私自身は、あまり勤勉ではなく、語学も不得意でしたが、勉強や発表の機会を与えられ、自分の能力以上の働きの場を与えられたと心から感謝しています。それらのお世話になった先生方の中で、代表的な三人の先生のことに最後に短く触れておきたいと思います。

一人は石原謙先生です。若き日に石原先生にどんなにお世話になったかは、最初に紹介しました。その結果、『石原謙著作集』が刊行された際、その編集協力者として呼ばれ、一年間、週に一度、神田の岩波書店に通うことになります。編纂委員の山谷省吾、小嶋潤、松村克己、山本和、中川秀恭といったお歴々に囲まれて、その編集実務を担う貴重な経験をしたことになります。「石原謙著作目録」の作成は、記念すべき私の最初の仕事と言えます。（『石原謙著作集』全11巻、岩波書店、一九七八－一九七九年）

もう一人は井上良雄先生です。東京神学大学に入学すると同時に、信濃町教会に転入会した私の教保に井上先生がなって下さり、それ以降、神学校の教師と学生として、また東神大紛争のなかでは、学生部長と自治会副委員長として、また『時の徴』の同人の最年長者と最年少者として、長い交流が続きました。井上先生が亡くなった後、『時の徴』の特別号『井上良雄先生への感謝と想い出』（二〇〇五年）を編集し、お世話になった井上先生への追悼としました。また綾子夫人から依頼されて、先生の書庫の整理を任されます。その過程で、書斎に残された先生の著作や論考を整理し、井上良雄著作目録を作成することになります。（「井上良雄著書目録」「井上良雄訳書目録」「井上良雄著作目録」、雨宮栄一・小川圭治・森岡巌編『井上良雄研究』新教出版社、二〇〇六年）。また書庫から発見された井上先生の「説教・講演ノート」を預かることになります。そこに残された先生の下書き原稿を読み直しているうちに、これを多くの人にも読んでもらいたいと思うようになり、『時の徴』にその翻刻・校訂をして連載を始め、それは現在では新教新書として四冊の『キリスト教講話集』として刊行されています。

井上良雄『キリスト教講話集Ⅰ　大いなる招待』（新教新書269、二〇一二年）

井上良雄『キリスト教講話集Ⅱ　エデンからゴルゴダ調べものなどまで』（新教新書270、二〇一二年）

井上良雄『キリスト教講話集Ⅲ　キリスト者の標識』（新教新書277、二〇一七年）

井上良雄『キリスト教講話集Ⅳ　待ちつつ急ぎつつ』（新教新書278、二〇一七年）

最後に、隅谷三喜男先生のことを挙げなければなりません。隅谷先生とは若い時期から親しかったわけではありません。宣教研究所の責任を負っていた当時、先生から声をかけられて研究会の座長になっていただき、何人かの若手の研究者を集めて宣教論の共同研究を企画しました。その成果は、いろいろな事情があって出版には至りませんでしたが、以降、なにかと調べものなどを依頼されるようになり、『隅谷三喜男著作集』が編纂される際、その編集委員の一人に加えられることになります。他の三人の編集委員は経済学の分野のお弟子さんたちで、一人はキリスト教が分かる者が必要だというので、私が指名されたようです。その結果は『隅谷三喜男著作集』全九巻（岩波書店、二〇〇三年）にまとめられ、私は特にキリスト教関係の論文が収録された第九巻の編集・解題を担当させられました。この仕事は、さらに隅谷先生が属していた代田教会が主催した隅谷三喜男記念講座につながり、その記録は『わたしたちはいまどこにいるのか　隅谷三喜男先生から託されたもの』（新教コイノニア27）としてまとめられています。

こうして振り返ってみると、私の先生と言える三人、石原謙、井上良雄、隅谷三喜男といった先生方は、揃いも揃って信徒なのです。私にとって先生と言えるこれらの人がすべて信徒であるという事実は、改めていろいろなことを考えさせられます。

私の日本キリスト教史の授業は、多くの場合、最後に井上先生や隅谷先生を取り上げます。この国にプロテスタント・キリスト教が伝えられておよそ一五〇年が経過し、ある意味でようやく信徒の神学者、信徒の伝道者が現れたとも言えそうです。そして、神学校を途中で追われた私は、これらの信徒である先生方から薫陶を受け、育てられたのだという事実を改めて感謝を込めて思い起こしているのです。

宣教論的視点から見る日本プロテスタント史

日本基督教団の教勢推移

昨日ご紹介したように、私は日本基督教団宣教研究所の責任者として、戦後の教勢の推移をデータで確認する作業をしてきました。表Ｉ（３３７頁）は、日本基督教団の教勢推移を現わしたものです。この場には、教団以外の神学校の学生たちもいますが、それぞれの教派の教勢推移も、教団の教勢とほぼ横並びで推移しています。

ごく簡単に、表Ｉの説明をしておきます。こういう数字が並んでいるとアレルギーを起こす人も少なくないのですが、しかしこの数値データには戦後七〇数年にわたる諸教会の汗と涙が染みこんでいるのです。

表Ｉのデータは、左から右に、先ず教会数の推移、そして教師数、信徒総数、現住陪餐会員数、礼拝出席者数、その一教会の平均、受洗者数、祈禱会の出席者数、教会学校の出席者数、一番右の欄が各教会の計常収入（つまり全国の教会の献金額）の総計を記入してあります。

この教勢データの推移を、戦後教会史の観点から見ていくと、なかなか興味深いのです。先ず、戦後の五年間（一九四七年～一九五一年）は受洗者が毎年一万人以上出ています。これがキリスト教ブームの影響です。教会に人が溢れた時代の痕跡です。しかし不思議なことがあります。この五年間で受洗者は合わせると約六万人以上に上っているのですが、信徒総数や現住陪餐会員数、そして礼拝出席者数にそれが反映されていないのです。この受洗者たちはどこに消えたのでしょうか……。正解は、諸教派の教団離脱です。つまりこの場にいる神学生たちの教派で言えば、バプテスト連盟、ナザレン教団、さらに日本同盟基督教団などの諸教派が、教会ごと教団を離脱していったのです。したがって日本基督教団の戦後の歩みは、諸教派が次から次へと離脱していく中で、懸命に伝道し、教会数を増やしていったと言えます。

一九四一年の教団合同時からの教会数の推移を、私なりに推定するとおよそ次のように現されると考えています。

一九四二年教団合同時の教会数　約1900

その内、戦時下において、統合・廃止（約150）、解散（約300）、放棄（海外邦人教会約150）

一九四五年敗戦時の教会数　約1300

この内、教団を離脱した教会（約500）、教団残留教会（約800）

一九四五年以降に新規開設した教会（約900）

二〇〇〇年　教団の教会数1730

さて、一九六〇年代になると、この離脱問題はほぼ収束しますから、減少理由がなくなったわけですから、教勢はさらに増進し、拡大するものとだれもが予想していました。ところが、そうはならなかったのです。一九六〇年代の教勢は、礼拝出席者で見てみると、一九六六年の五万四三二一人が頂点で、ジリジリ下がっていきます。しかも肝心の受洗者が一向に増えず、礼拝出席者数も年間五万人を維持するのが精一杯という事態になります。

そのような教勢停滞に拍車をかけたのが教団紛争でした。一九七〇年から始まる教団紛争の中で、礼拝出席者は五万人台を割り込み、四万人台の半ばにまで落ち込みます。一九七三年、この前後が教勢の底（ボトム）だったと考えられています。

ところが、この一九七三年を期に、礼拝出席者などの数値がジリジリ上がっていくのです。この教勢拡大期は、一九九三年頃まで約二〇年間続きます。その間、礼拝出席者数は五万人台を回復し、やがて一九九〇年代に入ると六万人台を超えます。これは、戦後すぐのキリスト教ブームの時期よりも多いのです。

なぜ、一九七三年を境に教勢が回復していったのでしょうか。これについては、宗教社会学の分野で既にいくつもの研究がなされています。キリスト教会だけでなく、新宗教も含めて、他の宗教でもこの時期から教勢指数が伸びているからです。一つには、様々な調査で、戦後一貫して減り続けていた若者の宗教に対する関心が、一九七三年を期に小さくはあるけれども上昇に転じたことが指摘されています。また一九七三年は、第二次オイル・ショックの時期に当たり、この前後でこの国の社会基層に変動があったのではないかとも指摘されています。すなわち、戦後、経済的な成長にだけ邁

表1　日本基督教団教勢推移（1942～2015年度）

	年度	教会数	教師数	信徒総数	現住陪餐	朝拝出席	平均	受洗者	祈禱会	CS出席	経常収入計（単位1,000円）
戦時下	1942	1875	2830	200118	99519	37048	20	5925	13043	62936	2,257
3カ年伝道	1947	1305	1244	115365	106677	36829	28	11386	10932	73688	18,662
	1948	1325	1279	129102	121844	46558	35	10831	14480	100715	49,763
	1949	1403	1309	139119	114790	49684	35	13293	14945	121538	102,987
5カ年伝道	1950	1480	–	151965	90230	51918	35	15765	14607	126990	125,280
	1951	1461	1242	136452	97110	55255	38	11985	15381	140069	169,129
	1952	1437	1266	154661	89686	48210	34	9957	12628	118168	189,033
	1953	1443	1250	156076	88130	46756	32	8800	12288	111207	222,887
	1954	1455	1323	162397	91797	46268	32	7879	12185	104256	252,227
宣教百年記念伝道	1955	1507	1377	167971	95305	49012	33	8358	12331	99691	281,671
	1956	1528	1446	172166	97265	48498	32	7521	12118	91508	310,230
	1957	1536	1501	175506	99196	50296	33	7424	12204	89656	342,597
	1958	1551	1561	180458	101522	51268	33	8026	11983	86864	361,536
	1959	1572	1604	180885	101884	51235	33	6200	11297	82885	396,903
	1960	1589	1683	185196	100797	50463	32	6318	11090	76551	426,253
宣教基本方策	1961	1597	1773	187817	102487	49455	31	5868	10846	74716	484,761
	1962	1597	1814	188494	102694	49926	31	5700	10473	69964	568,904
宣教基礎理論	1963	1608	1853	193435	105636	51711	32	7279	10686	75536	655,248
	1964	1611	1895	194827	104779	52475	33	4840	10337	76618	751,593
	1965	1612	1931	198437	105530	54102	34	5592	10468	80435	878,097
	1966	1620	1964	200373	106215	54311	34	6257	10157	77410	1,021,140
戦争責任告白	1967	1629	1997	200562	105412	53471	33	4142	9921	77487	1,153,112
	1968	1652	2056	203682	105185	52494	32	4365	10106	77679	1,291,767
	1969	1654	2068	205051	104193	50180	30	4057	10044	77420	1,442,644
	1970	1643	2017	204842	102287	47543	29	2668	9486	73896	1,589,216
教団紛争	1971	1646	1958	200800	100197	46122	28	2860	9319	71740	1,773,210
	1972	1647	1974	195971	96946	44871	27	2738	9025	70633	1,991,294
	1973	1653	1998	194059	95082	44449	27	2684	8985	71245	2,322,844
教勢拡大期	1974	1658	1965	194303	95187	45479	27	3407	9073	74266	2,820,542
	1975	1655	1932	189586	94190	45928	28	2405	9189	74426	3,430,378
	1976	1664	1946	187685	94792	47659	29	2827	9507	74642	3,938,474
	1977	1668	1955	189024	95310	49310	30	3323	9711	72138	4,622,188
	1978	1670	1987	189480	94727	49819	30	2423	9951	74229	6,610,480
	1979	1671	1993	189741	95990	51585	31	2946	10188	71465	6,490,409
	1980	1668	1970	191831	97051	53150	32	3231	10916	68214	6,199,222
	1981	1674	1973	191971	98277	55149	33	3126	11237	65464	6,920,211
	1982	1675	1980	194626	99319	56163	34	2933	11578	63363	7,446,099
	1983	1677	2022	196148	99842	57002	34	2932	11350	59124	7,906,553
	1984	1683	2025	198269	100137	57749	34	2837	11220	55906	8,401,006
	1985	1691	2053	199425	101032	58068	34	3188	11791	51009	9,208,605
	1986	1694	2072	201063	100618	58920	35	2118	11459	47747	9,006,170
	1987	1694	2086	200519	101588	59599	35	2546	11811	44015	9,577,302
	1988	1702	2114	201468	102452	60522	36	2869	11806	41387	10,082,840
	1989	1704	2140	202154	101907	60010	35	2136	11845	38121	10,332,263
	1990	1707	2155	204293	102959	60803	36	2936	11504	35102	11,206,773
	1991	1707	2159	204260	102771	60833	36	1982	11520	33999	11,464,006
	1992	1713	2172	207521	102963	61027	36	2383	11738	31642	12,038,576
	1993	1714	2187	205925	102911	61261	36	2312	11269	29436	12,038,576
教勢退潮期	1994	1721	2181	205306	102727	60802	35	2243	11081	27348	12,203,690
	1995	1728	2171	206406	102760	60374	35	1878	11113	25441	12,453,149
	1996	1726	2184	205735	102066	60260	35	2204	10955	23978	12,964,134
	1997	1724	2180	204942	101304	59785	35	1518	10875	22679	13,039,519
	1998	1726	2170	202362	100650	59941	35	1900	10745	22000	12,982,808
	1999	1730	2153	201042	100088	60185	35	1875	10733	22490	13,177,485
	2000	1730	2161	200627	99055	59533	34	1995	10879	21099	13,152,401
	2001	1732	2176	197552	98781	59710	34	2238	11210	20487	13,127,309
	2002	1731	2180	196084	97835	59095	34	1511	10794	21189	13,331,833
	2003	1725	2189	195896	97352	59440	34	1728	10893	19932	12,890,837
	2004	1727	2177	195076	97006	59152	34	1867	10735	19383	13,204,575
	2005	1732	2174	193252	95636	58597	34	1345	10854	18471	13,011,008
	2006	1730	2183	191357	94709	58691	34	1424	10943	17872	12,581,861
	2007	1726	2161	190774	94265	58160	34	1747	10957	17389	12,714,480
	2008	1725	2178	188485	92340	57284	33	1170	10861	16797	12,186,832
	2009	1724	2151	187464	91666	57192	33	1403	10865	16612	12,041,460
	2010	1724	2132	182418	90184	56240	33	1395	10548	15918	11,817,752
	2011	1716	2107	178676	89157	55795	32	1314	10481	15287	11,729,120
	2012	1715	2088	177240	88110	55071	32	1548	10581	14716	11,737,895
	2013	1716	2054	174695	86131	53512	31	1071	10434	14102	11,319,998
	2014	1714	2061	173672	85001	53317	32	1277	10433	13502	11,313,983
	2015	1711	2042	171690	83884	52913	32	1358	10294	13292	11,244,017

進していた日本社会が、この時期から一種の反省期に入ったのではないかというのです。それを象徴するのが、「モーレツからビューティフルへ」というキャッチ・コピーでした。しかし一方で、若者たちの宗教への関心の実態が、オカルト・ブームやUFOといったサブカルチャー？へと分化し、さらにその行き着く先が「オウム真理教」だったのではないかという指摘もされています。

さて、一九七三年から約二〇年間続いた教勢伸張は、一九九三年前後から再び停滞、下降傾向を示します。それは直近の二〇一五年度のデータでも明らかです。現住陪餐会員数も徐々に減少し、礼拝出席者も減り続けています。

ここで計常会計の推移も見ておきましょう。インフレ等の貨幣価値の変動がありますので、これまでこのようなデータにはあまり注目されてきませんでした。しかし教団紛争期の一九七〇年前後を見てください。礼拝出席者などの教勢は減少しているのに、計常収入、つまり献金額は伸びています。これは一九七〇年代の経済成長のおかげです。つまり教勢が下がっても、教会財政は徐々に増えていくという現実があったのです。すなわち、戦後一貫して教勢の多少の増減があったとしても、教会財政だけは右肩上がりで延びてきたのです。ところが、そのような常識が覆される時代が訪れます。すなわち一九九三年以降の教勢退潮の特徴の一つは、二〇〇二年の一三三億円をピークに、教会財政自体が減少傾向に転じるのです。日本基督教団の場合で言えば、年間一三〇億円台であった財政が、一二〇億円台に、そして直近の二〇一五年度では一一〇億円台前半にまで下がってきているのです。このような教勢の退潮現象は、日本基督教団だけでなく、カトリック教会も、そしてその他の教派もほぼ並行しているのです。

さて昨日私が一九七六年に、東京の下町にある深川教会に初めて赴任したことを紹介しました。私が赴任した当時、その教会は礼拝出席が二〇人にも満たない小さな教会でした。しかし、その後少しずつ受洗者や転入者も増え、二〇年後私が東駒形教会に転任する頃には、礼拝出席者は三〇人台の半ばになり、皆さんの支えによって、会堂・牧師館建築もすることが出来ました。ちょうど、一九七〇年代の半ばから一九九〇年代前半までの、言わば教団の教勢伸長期に重なっていたのです。最初の受洗者が与えられた時、自分のような者でも、牧師としてなんとかやっていけるかもしれないと初めて思ったことを、よく覚えています。

一九九七年に東駒形教会に転任しますが、その後の教勢は容易に増加することはありませんでした。受洗者が減り、教会員の高齢化が進み、頑張っても現状維持がせいぜいといったところでした。

私は、その間、いくつかの神学校で講師として教えるようになりますが、神学校を卒業して各地の教会に赴任したものの、一向に教勢が上がらず、様々な事情の中で、自信を失って牧師を辞めて行った若い牧師たちを何人も見てきました。後でも詳しく触れますが、現在、この国のキリスト教会は全体として深刻な教勢退潮期にあり、そのような中で伝道者・牧師として働くことには様々な困難が伴います。私自身の牧師としての駆け出しの頃を想い起し、現在の教勢退潮の時代、各地の小規模教会に仕える若い牧師たちの困難と苦悩を痛感させられています。

ここで、表Ⅱ、Ⅲ（340頁）、Ⅳ（341頁）を見てください。戦後、この国における各教派の信徒総数、礼拝出席者数、そして受洗者の推移を示すデータです。下から、日本基督教団、カトリック教会、聖公会、日本キリスト教会、バプテスト連盟、ルーテル教会、日本ホーリネス教団の七つの教派の教勢データを、一九五〇年から五年ごとに集計したものです。この七つの教派を抽出したのは、一九五〇年当時からの信頼すべき教勢データが得られるのは、これらの教派に限られるからです。また、この七つの教派の教勢推移が、この国のキリスト教界の全体的傾向を示していると言うことが出来るからでもあります。

表の上にあるのは、その推移をグラフ化したものです。表Ⅱの信徒総数の推移ではあまりよくそのあたりが分からないのですが、表Ⅲの礼拝出席者の推移を見ますと、一九九五年以降の教勢減少の実態がよく分かります。細かなことのようですが、一九九〇年から一九九五年にかけて、大幅に礼拝出席者が減っていることにお気づきになると思います。特にカトリック教会の礼拝出席者の減少が目立ちます。これは、この時点を境にカトリック教会の統計の取り方が変わったからです。それまでは毎年のイースターの礼拝出席者数をカウントしていたのですが、一九九五年度からは年間の礼拝出席者の平均を出すようにしたとのことです。こういうことがあるので、他教派も含めた教勢比較は難しいのです。しかしともかく、各教派とも礼拝出席者が目に見えて減ってきていることがお分かりと思います。

さて、問題は表Ⅳです。これは各教派の受洗者数の推移を示したものです。現在でもカトリック教会の受洗者数が群を抜いて多いことに改めて気づかされます。但しその実態については、外国籍の幼児洗礼が大きな割合を占めているという指摘もあります。しかし何よりこのデータの眼目・見所は、

表Ⅱ　主要教派別信徒総数の推移（1950～2015年度）

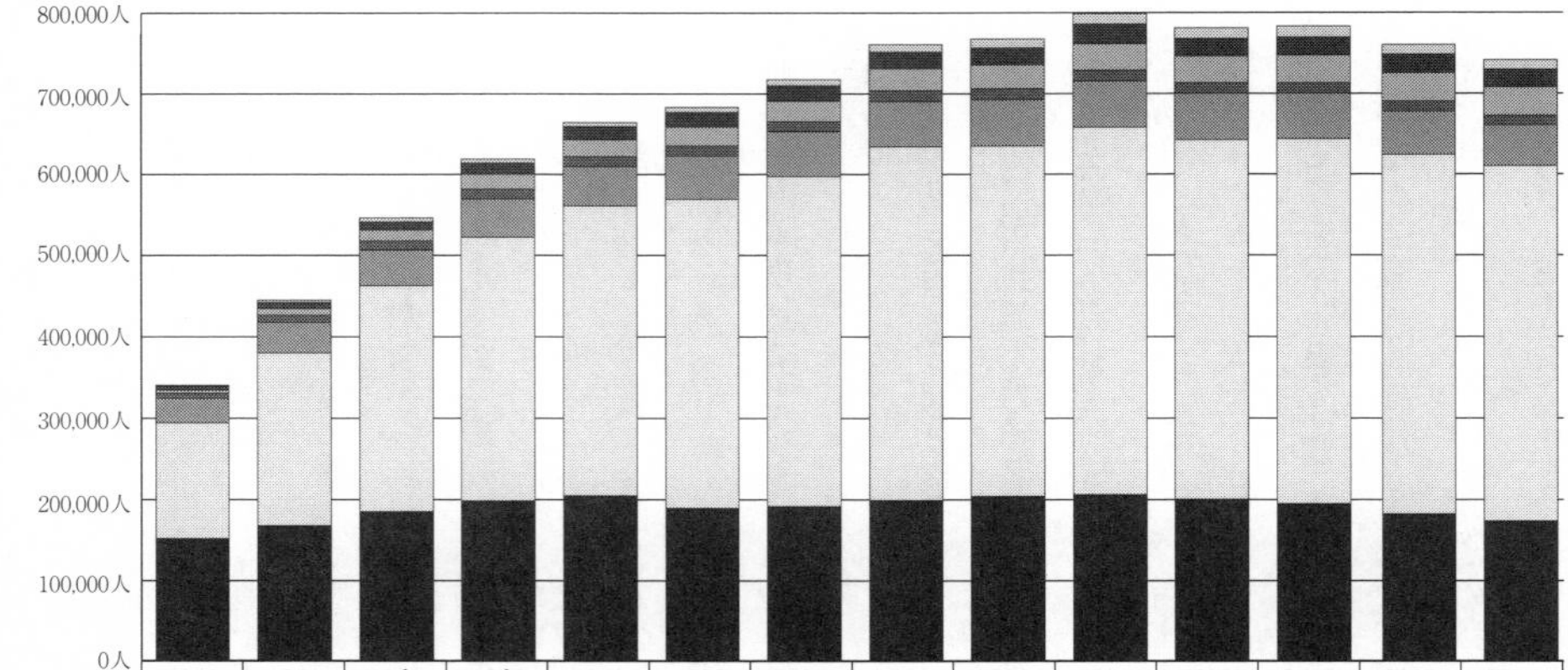

	1950	1955	1960	1965	1970	1975	1980	1985	1990	1995	2000	2005	2010	2015
ホーリネス	1199	2700	5091	4991	5032	6410	7857	9359	11116	12862	12893	13755	12036	11876
ルーテル	4617	7641	9938	13933	16439	18086	19348	20576	20927	24301	21869	22027	22924	21968
バプ連	3944	8014	13284	18277	20858	23576	25395	27435	29741	32522	33089	34290	35314	35295
新日基	6487	8901	11379	12249	12546	12635	12343	13642	13763	13459	13192	12898	12509	12077
聖公会	29995	37290	43891	47336	48474	53425	55569	56216	57538	57529	57782	56848	53694	50530
カトリック	142461	212318	277502	323880	356252	379610	405649	434617	430614	451795	441774	448503	441592	436291
教団	151969	167971	185196	198437	204842	189586	191831	199425	204293	206404	200627	195076	182418	173672

表Ⅲ　主要教派別礼拝出席者の推移（1950～2015年度）

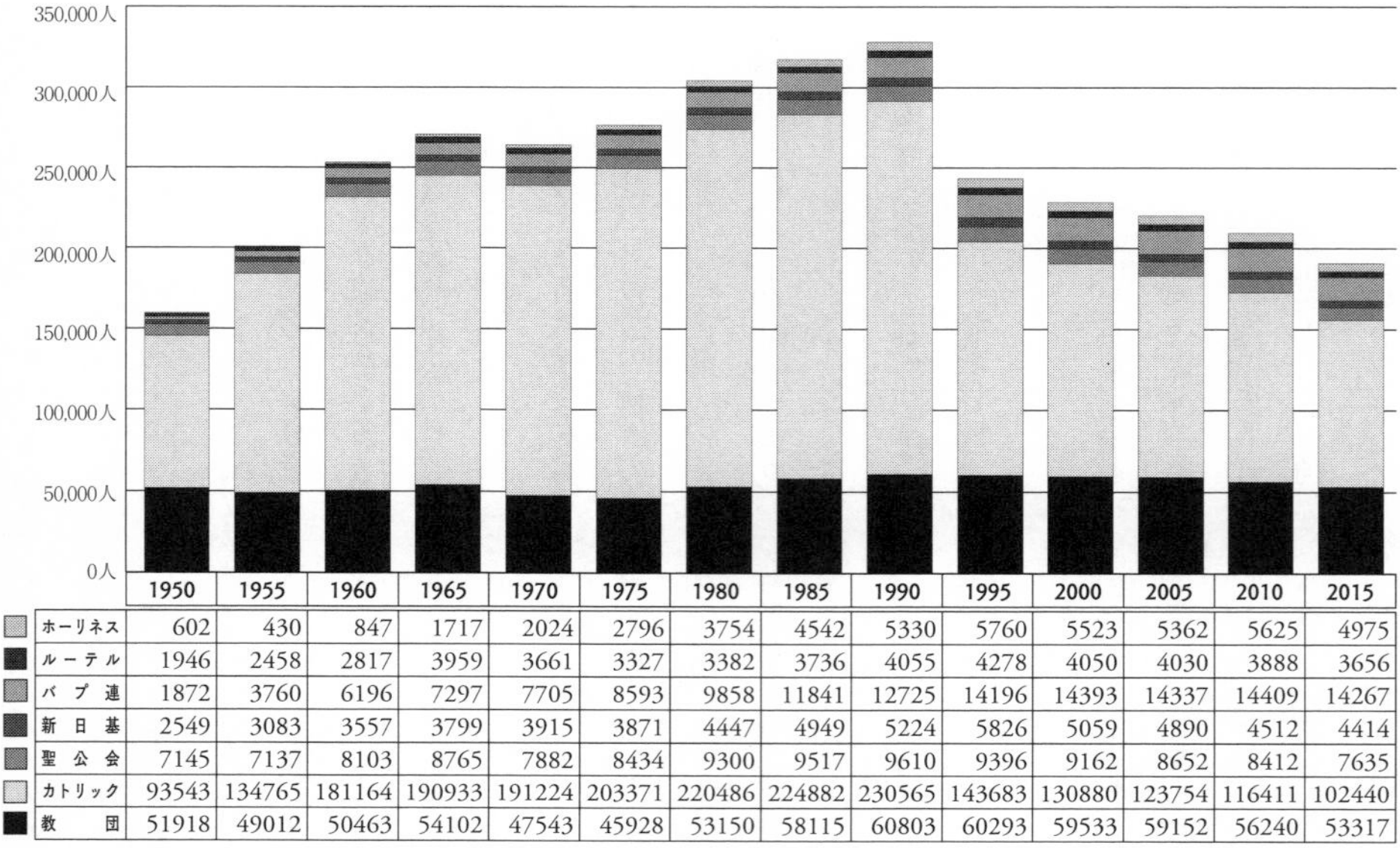

	1950	1955	1960	1965	1970	1975	1980	1985	1990	1995	2000	2005	2010	2015
ホーリネス	602	430	847	1717	2024	2796	3754	4542	5330	5760	5523	5362	5625	4975
ルーテル	1946	2458	2817	3959	3661	3327	3382	3736	4055	4278	4050	4030	3888	3656
バプ連	1872	3760	6196	7297	7705	8593	9858	11841	12725	14196	14393	14337	14409	14267
新日基	2549	3083	3557	3799	3915	3871	4447	4949	5224	5826	5059	4890	4512	4414
聖公会	7145	7137	8103	8765	7882	8434	9300	9517	9610	9396	9162	8652	8412	7635
カトリック	93543	134765	181164	190933	191224	203371	220486	224882	230565	143683	130880	123754	116411	102440
教団	51918	49012	50463	54102	47543	45928	53150	58115	60803	60293	59533	59152	56240	53317

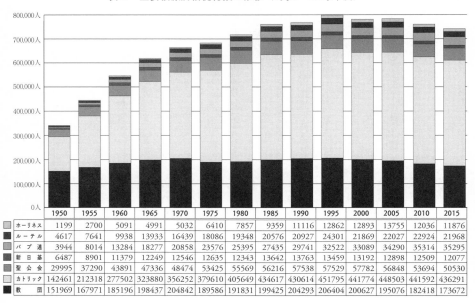

表Ⅳ　主要会派別受洗者数の推移（1950〜2015年度）

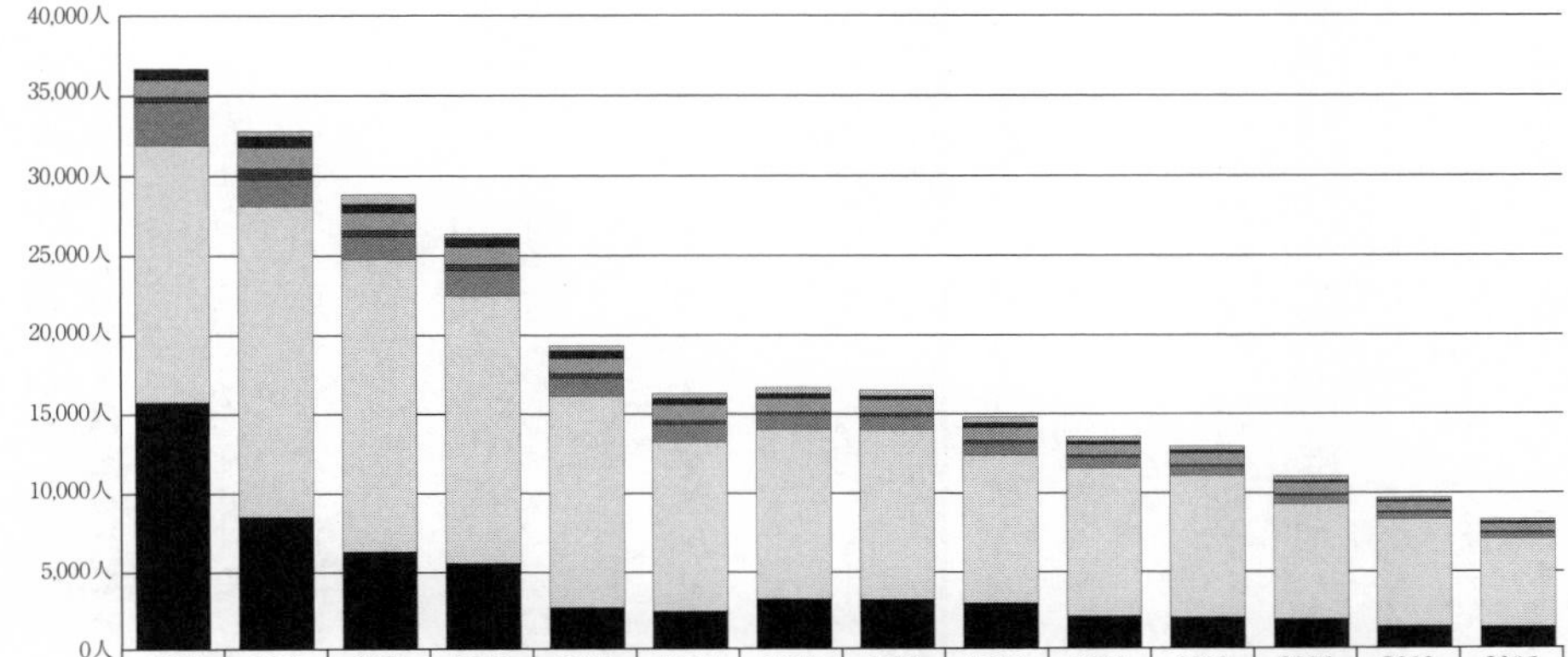

	1950	1955	1960	1965	1970	1975	1980	1985	1990	1995	2000	2005	2010	2015
ホーリネス		302	575	237	298	314	383	349	374	273	245	248	158	148
ルーテル	702	710	565	604	515	411	326	258	292	229	213	181	144	150
バプ連	1037	1304	1073	1064	934	977	855	835	798	652	707	673	582	487
新日基	351	710	424	405	328	256	182	208	228	165	133	125	95	108
聖公会	2664	1651	1432	1573	1122	1112	931	866	726	654	578	532	402	343
カトリック	16159	19582	18447	16892	13467	10827	10769	10793	9442	9509	9087	7425	6914	5712
教団	15765	8538	6318	5592	2668	2405	3231	3188	2936	2072	1995	1867	1395	1347

戦後、各教派とも共通して受洗者数が減少して来ているという事実です。すなわち、一九五〇年前後のキリスト教ブームの時期の受洗者数が最大であって、その後、多少の変動はあるものの、一貫して受洗者が減り続けて来ているのです。私自身、このデータを集計してみて、その結果に改めて驚いています。

最近、各教派とも教勢の停滞や構造的な減少傾向について指摘されるようになり、その理由や原因についてしきりに議論されています。私の属する日本基督教団では、その理由として、一九六三年「宣教基礎理論」をやり玉に挙げて、伝道よりも社会問題に取り組んで来たから教団の教勢が下がってきた、だからもっと伝道に専念すべきだとして、「改訂・宣教基礎理論」なるものを打ち出そうとしています。もちろんこれは、全くの間違いというか、敢えて言えば、「為にするデマゴギー」であることは、私自身が様々な機会に指摘してきたところです。

しかしこの表Ⅳのデータの示すところはもっと深刻です。受洗者が減って来ているのは、なにも日本基督教団だけではないのです。カトリックや、福音派も含めて、日本のキリスト教界が全体として教勢低下の事態に直面しているという事実を示しているのです。しかしそれは何故なのでしょうか。

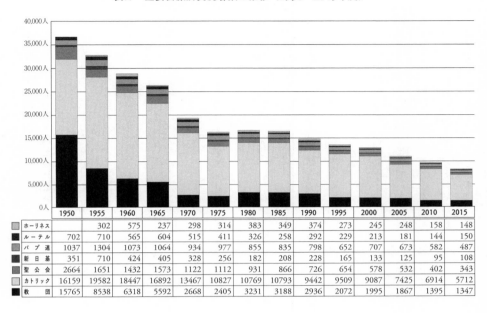

この国のキリスト教人口がなぜ一パーセントの壁を越えられないのか？

ここで、ちょっと脇道に逸れて、この国のクリスチャンがなぜこんなにも少ないのかという難問に、短く触れておきたいと思います。明治以降、一五〇年の伝道の歴史があっても、この国のキリスト教徒は、カトリックも含めて人口の一パーセントにも満たないのです。それがどうしてなのかという議論は、繰り返し論じられてきました。様々な仮説があり、いくつもの説明がありますが、その決定版は見出されていないようです。

私は、神学校で「日本宗教史」も担当させられていて、特に江戸末期以降のいわゆる「新興宗教」「新宗教」の歴史についてもささやかな勉強を続けてきました。皆さんもご存知と思いますが、江戸幕藩体制の崩壊から明治維新にかけてのこの国の大きな転換期に、様々な新宗教が多数発生します。その中には、天理教や大本教のように、民衆層に拡大して巨大教団を形成した新宗教が含まれていました。これを宗教学の世界では「第一次宗教ブーム」と呼んでいます。それは、第二次世界大戦の敗戦による社会変動と混乱の際にも、「第二次宗教ブーム」として繰り返されます。敗戦直後のこの国に、それこそ雨後の筍のように数多くの新宗教が生まれ、しかも巨大教団化していくのです。創価学会、立正佼成会、霊友会などがその代表とされています。大きな時代の転換期におけるこのような新宗教の発生と、近代日本の社会基層の変動との関わりについては、宗教学の世界では多くの研究蓄積があります。それらを学ぶ中で教えられたことの一つは、この国において周期的に発生する新宗教には、ある共通の特徴というか、特質があるという事実です。すなわち、これら新宗教の特徴として、①教祖（宗教的カリスマ）が存在すること、②その宗教が現世利益を約束すること、③その教義が平易で分かりやすく、その担い手たちの多くが庶民・民衆であること、この三つです。これをキリスト教と比較すると、その違いは明らかです。すなわち、この国のキリスト教は、全体として、①カリスマ的な指導者がほとんど存在しません。そして、②現世的ご利益を約束しません。さらに、③キリスト教の教義はきわめて難解であり（実際に皆さんのそれぞれの教会の説教の、なんと難しいことでしょうか）、またその担い手たち、つまり信徒層は、必ずしも民衆・庶民層ではありません。つまり、キリスト教はこの国において「新宗教」たる条件を欠いているということになります。因みに、宗教学者たちが総力を結集して編纂した『新宗教教団・人物事典』（弘文堂）というたいへん便利な参考書があります。しかしこの中には、いわゆる「Made in Japan のキリスト教」(Mark. R. Mullins) のいくつかを除いて、カトリック教会や日本基督教団などの正統的キリスト教は一切含まれていません。つまり日本のキリスト教は、宗教学的に「新宗教」とは認定されていないのです。そのことの意味を考えてみる必要があるのではないでしょうか。すなわち、日本のキリスト教は、新宗教のように巨大教団化する可能性を最初から欠いているという事実です。

明治以降、特に北米のプロテスタント諸教派が、この国に熱心に伝道を展開してきました。有力な宣教師を多数送り、莫大な資金を投入してミッション・スクールを設立します。しかし、他のアジア諸国と比べても、日本の伝道は一向に成果が上がりませんでした。依然として人口の1パーセントの枠を越えられないのです。

明治初期からの教勢推移について調べてみると、時間の関係で今日はごく掻い摘んで紹介する他はないのですが、戦前においてキリスト教会の教勢の増減は、それぞれの時代の社会の雰囲気、あるいは政府のキリスト教に対する姿勢に関わります。つまり、日本社会のキリスト教に対する忌避感、あるいは天皇制国家のキリスト教に対する対応によって規定されてきたということが出来ると思います。そのような困難の中で、戦前の各教派は営々と伝道し、各地に教会を形成してきたのでありました。

ところが、今現在起こっている事態は、戦前のそれとは全く異なるのです。すなわち、政府によるキリスト教への弾圧や、社会全体のキリスト教に対する忌避感がないにもかかわらず、受洗者は増えない、むしろ減少している、教勢が下がってきていること自体が問題なのです。これが、現在日本の教会が直面している現実なのです。

世界のキリスト教の現在

ここで、目を世界のキリスト教に転じてみますと、先進国のキリスト教の教勢が全体として下がって来ていることは、既に皆さんもご承知と思います。それに比べると、開発途上国、例えばアジアやアフリカ、ラテン・アメリカなどの第三世界において、ことに福音派、ペンテコステ派の教勢が伸びています。これをどう理解したらいいのかという難問があります。

レジュメに Just L.Gonzalez の "The Story of Christianity" と、David J.Bosch の "Trans-forming Mission Paradigm -Shifts in Theology of Mission" の二冊を上げておきました。

これらは、教会史と宣教論の基本的文献で、現在、世界のリベラルな神学校の標準的な教科書として用いられているものです。いずれも二〇世紀の末に書かれたものですが、その双方とも二一世紀の世界のキリスト教について、きわめて明るい見通しを描いています。すなわち、二一世紀のキリスト教は、欧米のキリスト教会の影響力が低下し、第三世界のキリスト教が主人公になって行くだろう。そして、第三世界の教会は、先進国による経済的な支配から脱し、それまでの反共的軍事独裁政権によって迫害されてきた経験から、リベラルな教会として成長して行くだろうという楽観的な見通しを提示しています。しかしこのような予測は、残念ながら当たりませんでした。確かに、第三世界のキリスト教は伸長を見せていますが、その多くはリベラルな教派ではなく、むしろ福音派系、ペンテコスチャルな教派が圧倒的に多いのです。今、第三世界で急速に伸びているキリスト教の多くは、むしろ保守的、かつ原理主義的な傾向をもつキリスト教と言えます。その意味で、世界的にリベラルなキリスト教会が全体として退潮傾向を示しているということが出来るのです。それが、日本におけるキリスト教の現在にも影響していると、私は理解しているのです。

イランにおけるイスラム革命以降、原理主義的なムスリム勢力が増大し、それが現在の世界の政治的混乱の背景にあると言われています。そして、そのような原理主義的な宗教に対抗するには、リベラルな信仰理解では立ち向かえず、むしろキリスト教自体が原理主義的傾向を帯びることになるという観方が、既に宗教学者たちによって指摘されています。現在の日本基督教団において、教団信仰告白の順守とか、教憲教規の厳守といったことが強調されるのも、そのような傾向と軌を一つにしていると観ることもできるでしょう。

このように見て来ると、日本の教会の将来について、単純に明るい楽観的な見通しを提示することはできません。教勢の面でも、現在の退潮傾向からのV字恢復などは、残念ながら容易に見通せないということになります。それでは、私たちの教会もまた、世界のキリスト教の趨勢に倣って、原理主義的な方向を採らねばならないのでしょうか。決してそうではありません。またそんなことはできません。日本の教会は、一五〇年に及ぶこの国のキリスト教の歴史を踏まえて、この困難の中を切り拓いていかねばならないのです。

敢えて言えば、この国のキリスト教は、この先も当面、この退潮現象が続くのでしょう。一〇〇〇万人救霊運動とか、「せめて10パーセントのクリスチャンを」（古屋安雄）などという願望を込めた宣教論が繰り返し主張されてきましたが、それは到底現実に即したものではありません。

とすると、日本のキリスト教は、少なくとも当面、言わばマイノリティーの宗教として歩まねばならないことになります。ずっと以前、教団議長であった鈴木正久は、日本の教会について「少数者コンプレックス」を乗り越えなければならないと論じていました。すなわち、数を増やしてキリスト者がこの国で多数になることを目指した宣教論ではなく、少数者としての宣教の使命、マイノリティーとしての教会の在り方を、改めて求めなければならないのではないでしょうか。

そうは言っても、私自身、自分の仕える教会の教勢には一喜一憂しています。礼拝出席者が増えれば本当に嬉しいし、新来会者が教会に来れば心から歓迎しますし、受洗者が一人でも与えられれば、教会員と一緒に喜びます。しかし、私たちが現在直面している事態は、相当深刻であり、その中でこの国のマイノリティとしての教会の使命と宣教のあり方を模索して行かなければならないのです。

その点で、もう一つレジュメに挙げておいたS・ハワーワス、W・H・ウィリモン（UMCの二人の神学者）の共著“Resident Aliens”（邦訳『旅する神の民』）に私は注目しています。直訳すれば「在留外国人」という意味になります。その内容を、私なりにごくかいつまんで紹介すると、彼はこういうことを言うのです。現在アメリカ教会の最大の問題は、アメリカ社会の一般的な価値観と、教会の価値観がほとんど重なっていることだと指摘しています。つまり、一般のアメリカ社会のサクセス・ストーリーが、そのまま教会の中でも同じように評価されるようになっているというのです。例えて言えば、トランプ大統領が支持されるような現代アメリカ社会において、教会もまたそれと同じになっている。そここそ、現代アメリカ教会の深刻な問題がある。新約聖書の時代、当時の地中海世界の支配的な価値観はローマ帝国が提供するPax Romana（「ローマの平和」、つまり「ローマ帝国の力による平和」）であった。しかしイエス・キリストは、そして初代教会は、そのようなローマ帝国の支配的な価値観に拠らない福音を信じていた。それが教会の本来の在り方ではないか。しかしアメリカ教会は、今や時代の支配的価値観に追随するようになってしまっている。そこに現代アメリカ教会の最大の問題があるというのです。

そして“Resident Aliens”の日本語訳（『旅する神の民』一九九九年　教文館）の序文に、ハワーワスは、多少のお上手もあると思いますが、その点で日本の教会は新約聖書の時代の教会に似ていると指摘しています。何より圧倒的少数であり、この国の支配的価値観とは異なった価値観に立っている。そこに日本の教会の使命と役割がある。そのように言って、彼は日本の教会を励ましているのです。すなわち、ハワーワスは、この国の支配的価値観に従属しない日本の教会の在り様を、あるべき姿の教会として評価しているわけです。

この国の第二世代の伝道者たちから学ぶこと

そのような観点から、改めてこの国における明治以降の、伝道の歴史を振り返ってみたいのです。私は、日本キリスト教史を自分の学びの領域としてささやかな勉強を続けてきましたが、その中で気づかされてきたことがあります。この国の明治の最初期の宣教を担った第一世代の指導者たちについての研究は、それこそ新島襄から始まって、海老名弾正、植村正久、内村鑑三、新渡戸稲造、柏木義円などについて、きわめて詳細な資料の発掘と個別研究がなされてきました。しかし、明治のなかばに生まれ、明治期の後半期から大正、昭和期にかけての伝道を担った第二世代の伝道者たちの研究はまだまだ不十分であると感じています。名前を上げれば、ホーリネス教会の創始者中田重治、救世軍の山室軍平、さらに牧師としてよりも社会運動家として知られている賀川豊彦などを挙げることが出来ます。この第二世代の伝道者たちは、第一世代の伝道者たちが手をつけられなかった分野に、果敢に伝道や活動の領域を拡大し、実際に大きな成果を得ています。具体的に言うと、民衆、庶民、労働者層への伝道という課題です。

第一世代の伝道者たちは、自身が士族の出身であったこともあり、その伝道の対象に庶民や大衆はほとんど入っていませんでした。植村正久が「吾輩の教会には法被や半纏を着た者は要らない、労働者などは来なくても良い」と放言したという伝説が伝えられています。これは、社会主義者・片山潜がその自伝の中で、植村批判の文脈で紹介していることですから、ある程度、割り引いて聞かなければなりません。しかしそれは、明治初期のプロテスタント教会への批判として、当らずとも遠からずではないかと私は感じています。そのような庶民や労働者を伝道の対象とする課題は、明治後半期から活動を始めた第二世代の伝道者たちに委ねられたと言うことが出来ると思います。実際に、中田重治によって展開されたホーリネスの伝道は、非常な勢いで庶民層に拡がって行きます。大正期から昭和前期にかけて、ホーリネス教会の教勢は、瞬く間に、日本基督教会、メソヂスト教会、組合教会という三大教派と肩を並べるか、それを凌駕する勢いを示しています。あるいはまた山室軍平の『平民の福音』が象徴しているように、救世軍の働きは、貧しい人々、民衆層に基盤を置いていたこともよく知られています。そして賀川豊彦による神の国運動、さらに敗戦直後に全国的に展開された新日本建設キリスト運動（三カ年伝道）が、当時のキリスト教ブームと重なって、多くの聴衆を集め、たくさんの決心者を出したこともよく知られています。そしてこれら賀川伝道に群れ集まった人々もまた、多くは貧しい社会層、学歴もない庶民や民衆層に属する人々でありました。

すなわち、大正期から昭和前期にかけて、これら第二世代の伝道者たちによって、それまで手が届かなかった庶民層、民衆層に福音宣教がなされ、相当の成果を上げているのです。

しかし、これら第二世代の伝道者たちについての研究は、第一世代に比べると大幅に立ち遅れています。と言うよりも、中田重治にしても、山室軍平、賀川豊彦にしても、研究者たちの評価がきわめて低いのです。私はこの問題について、研究の方法それ自体に問題があるのではないかと考えています。従来の神学や思想史の方法論では、中田や山室や賀川たちの働きは十全に評価できないのではないか、そこにこれまでの神学や思想史のあり方の問題があると考えているのです。

ところで、これら大正期から昭和前期にかけて庶民層に伝道したホーリネス教団、山村軍平の救世軍、そして賀川豊彦のグループが、揃いも揃って戦時下に国家から弾圧や迫害を受けているという事実に私は注目しています。従来、例えばホーリネス教会の信仰理解（特に再臨信仰）が危険思想として弾圧されたと説明されてきました。実際に、検事調書治安維持法違反としてその点に焦点が当てられています。しかし私は、少し違った観点からこの事態を考えてみたいと考えているのです。すなわち、これらの教会や教派は、民衆層、庶民層に基盤を置いていたからこそ、天皇制絶対主義国家によって危険視され、弾圧されたのではないかという観方です。それは、他の新宗教各派に対する国家の弾圧とも重なります。大本教や天理教等、戦時下、国家によって徹底的に弾圧された宗教・宗派の共通項は、それらの宗教が庶民層、民衆層に基盤を置いていたからではなかったでしょうか。国家権力は本能的にそのことを察知し、これらの民衆に基盤をもつ各宗教を選択的に選んで弾圧したのではないかと想定しているのです。そしてキリスト教界で言えば、ホーリネス、救世軍、そして賀川豊彦のグループがそれに相当すると言えます。

この事実は、言い方を換えれば、民衆や庶民層に基盤を置かないキリスト教は、当時の国家にとって痛くも痒くもない存在だったということになります。例えば、正統主義をもって任じる日本基督教会が、いかに堅固な教会観に立ち、高邁な神学理解をもっていたとしても、国家にとっては全く痛痒を感じない存在であったことを意味します。だからこそ、正統的主流派教会は弾圧されなかったということになります。民衆層、大衆層に基盤をもたない宗教の本質的な意味での脆弱性という問題を、それは提起していると言えるのではないでしょうか。

しかしながら、戦時下に迫害・弾圧されたホーリネス教会、救世軍、そして賀川豊彦のグループは、戦後、特に一九六〇年以降、全体としてあまり振るいません。その理由として、戦後のこの国の社会が、主に経済成長によって、民衆とか大衆という社会層が急速に希薄化していったことと無関係ではありません。すなわち、政治思想家の藤田省三が指摘する「安楽への全体主義」によってこの国が覆われてしまっていることと無縁ではないと観ているのです。

しかし、例えば賀川豊彦を例に取れば、彼ほど社会事業や社会運動に取り組んだ人はいません。この国における労働運動にしても、農民運動にしても、さらに生協運動にしても、あるいはまた普通選挙運動にしても、そのほとんどの領域のパイオニアとして活躍した人を他に探すことはできません。同時に、この賀川ほど、大正期、そして昭和期に全国を駆け廻って懸命に伝道を展開し、実際に数多くの入信者を生みだした人はいません。賀川にとって、伝道することと社会事業は、すなわち福音宣教と社会活動は、全く矛盾することなく同居していたのです。賀川には様々な問題があります。部落差別問題だけでなく、満州基督教開拓村の問題やその優生思想の限界などが指摘されています。しかし、日本の教会のこれからの宣教を考える際、賀川豊彦が残した遺産を、批判的に継承する必要があるのではないかと、私は考えているのです。中田重治にしても、山室軍平にしても同じです。

この国の教会と神学の課題

一九七〇年代から牧師として働いてきた私の経験から申し上げるのですが、実際の牧会と伝道の中で、日本の教会が困っている問題、ぶつかっている厄介な課題について、この国の神学者たちの議論が役立ったことはほとんどなかったように思います。一つの例を挙げると、一九六〇年代半ばから、日本の教会はヤスクニ問題、そして天皇制の課題で苦闘します。苦闘しながら、この厄介な問題に日本の教会は取り組んできたのです。しかしこのような課題について、この国の神学者たちが積極的に寄与したという事実は、一、二の例外を除いて見られませんでした。ドイツやアメリカの最先端の神学を翻訳して紹介し、またその神学各分野にわたって見事な学問的成果を上げたとしても、この国の教会が現在苦しんでいる課題、悩んでいる問題について、神学者たちが積極的に発言することはほとんどなかったのではないでしょうか。それは私の出身である東京神学大学の神学者たちだけでなく、他の神学校の先生方においても言えるのではないでしょうか。それが私の率直な感想です。

私は、自分の「日本キリスト教史」の授業の最後の部分で、隅谷三喜男、井上良雄といった信徒の伝道者、あるいは信徒の神学者の紹介をもって締め括ることにしてきました。実際に隅谷三喜男先生は『信徒の神学』という本を書いておられます。明治以降のこの国のキリスト教は全体として、教職中心、牧師を軸として歩んで来たことは確かに事実です。しかし、諸教会を実際に担っているのは信徒たちです。その信徒たちが、ある意味で主体になることが、これからのこの国のキリスト教の宣教にとって必須の課題ではないかと考えているのです。

日本キリスト教史の学びから、おおよそ以上のように考えてきた私は、最後に改めて、これからの宣教の課題として、三人の牧師・神学者の言葉を挙げておきたいと思います。

一人は、明治後半から大正、そして昭和前期にかけて、安中教会という地方教会の牧師であった柏木義円のことです。義円の日記や書簡の主だったものが、最近、片野真佐子さんによって翻刻されていますが、義円が安中教会を背景に発信してきた言葉と姿勢に改めて深く学ばされています。例えば義円たちが粘り強く発行していた『上毛教界月報』の「本誌の主張」があります。『上毛教界月報』は、義円の個人誌ではなく、群馬県下の組合教会の牧師たちと共同で発行していますが、「本誌の主張」として、次の八項目を挙げているのです。

『上毛教界月報』「本誌の主張」

1　我らは天地万物を創造統治する独一の真神を天の父、人類を同父の同朋兄弟なりと信ず

2　我らはキリストの神の化身顕現なることと十字架の贖罪とその復活栄化と審判とを信ず

3　我らは永遠の生命を信じ現世界はただ永遠の世界に入るの準備教育の場なるを信ず

つまり、最初の三項目は、キリスト教信仰の教理を簡単に紹介したものです。ところが、これに続く第4項から、次の

ように述べられるのです。

4　我らは国際平和の思想を普及してもって無戦世界を実現せんことを期す

5　我らは良心の絶対自由を尊重する人格教育を主張す

6　我らは現在の生存競争、優勝劣敗の社会組織に代わりて共存共栄の新社会が建設せられんことを望む

7　我らは国民の黎明を掩うは政府罪悪の深大なるものと認め思想言論の絶対自由を主張す

すなわち、第4項から第7項は、国際平和、戦争のない社会の実現、良心の自由、人格教育の尊重、生存競争ではなく共存共栄の社会の建設、そして思想言論の自由の主張を掲げているのです。

そして最後の第8項に、いわゆる清潔倫理が主張されています。

8　我らは宴会席上の献酬を廃し公娼を禁じ、一夫一婦の風儀を確立してもって家庭を粛清せんことを期す

すなわち、柏木義円の『上毛教界月報』の主張は、キリスト教信仰に立って、世界平和の実現と思想信条の自由が掲げられ、それと並んで生活倫理の清潔が強調されていたのです。

実際に、義円はこの『上毛教界月報』誌上において、足尾鉱毒事件について触れ、廃娼運動を主張し、さらに日露戦争を批判してその「非戦の思想」を繰り返し展開します。また組合教会の朝鮮伝道を舌鋒鋭く批判して止みませんでした。その結果、『上毛教界月報』は度々発禁処分とされていますが、それでも義円は、粘り強くその主張を曲げることをしませんでした。私は、この義円の姿勢、すなわち平和思想の主張と、清潔倫理の強調が二つ並んで展開されているところに、日本の教会のあるべき姿が凝縮されていると考えているのです。しかし実際には、日本の教会は、いつしかこの中で、清潔倫理だけが強調され、教会の社会的政治的責任という面はあまり聞かれなくなっていきます。そこにこの国のキリスト教会の根深い課題があるのではないかと、私は理解しているのです。

二人目は、神学者カール・バルトの語る「世のためにある教会の使命」という教会理解です。これは、バルトが、『教会教義学』第四部「和解論」の最後の部分で指摘している教会の新しい指標です。「イエス・キリストの教会は世のために存在する」というのです。

よく知られているように、宗教改革者たちの教会理解によれば、教会は「福音が純粋に説教され、聖礼典が正しく執行

される聖徒の集団」と定義されてきました（アウグスブルク信仰告白第七条）。「教会の指標 nota ecclesiae」として知られるこの定義は、今でもしばしば強調されるので、皆さんも何度も聞いたことがあると思います。しかし、バルトはこう言うのです。

「しかし、宗教改革者たちとその教会における、教会についてのそのような規定には、一つの重大な欠損がある。それは教会が何のために存在するのかという問いに応えていないからだ。教会が自らを『純粋な説教と正しいサクラメントの執行』ということのみを自らの指標として掲げるとき、いつしか教会は自己目的的な存在に陥ってしまう。そのために『世のためにある教会』という新しい指標が、付け加えられなければならない。」

最後に、ディートリッヒ・ボンヘッファーの獄中書簡の一節から引用したいと思います。ボンヘッファーが、一九四四年五月の段階で、獄中で、ドイツの教会についての反省を込めて書いた次のような一節です。

「我々の教会は自己保身のためだけにこの数年間戦って来ている――まるでそれだけが唯一の目的であるかのように。だがそのような教会は、和解と贖いの言葉を人類にも世界にももたらすことが出来ない。それゆえに、我々のかつて語った言葉はその力を失うことになり、今は口を閉ざす他はない。今日、キリスト者であることの意義は二つの事柄に限定される。祈ること、そして人々の間で正義を行うことである。」

以上、たいへん雑駁なことをいろいろ申し上げましたが、このようなことが日本の教会のこれまでとこれからの課題として私が現在考えさせられていることです。

長時間、ご清聴ありがとう存じました。

おわりに

神学生交流プログラムのこと

戒能信生

日本クリスチャン・アカデミーのプログラムとして、二〇〇九年から神学生交流プログラムが始まりました。毎年三月の半ば、二泊三日の日程で、教派・教団の枠を越えて各神学校から推薦されてきた神学生たち（原則として上級生二名ずつ）を対象として、このプログラムは重ねられてきたわけです。本書は、その第一回から第一〇回の主題講演を抜き出して一冊に編集したものです。

このプログラムの発端について、少し個人的な事情から書いておきましょう。私は一九六七年に東京神学大学に入学しました。今から約五〇数年前、日本基督教団の「戦争責任告白」が鈴木正久議長名で公表された年の春でした。その頃、各神学校の交流プログラム、インターセミナリー・カンファレンス（通称「イン・セミ」）が活発に行われていました。神学校の枠を超えて、神学生たちの交流が自主的に実施されていたのです。日本基督教団の各神学校だけでなく、私が覚えている限りでは、カトリック神学院、ルーテル神学校、聖公会神学院なども参加していたと思います。プログラムの中心は、神学シンポジウムで、各神学校の看板教授（?）たちが、設定された主題について講演し、活発な議論を交わしていました。また親睦を兼ねて神学校対抗野球大会なども行われていました。これらのプログラムは、各神学校の後援のもと、神学生たちの自主的な運営によって実施されていました。ですから、東京神学大学の場合も、学生自治会のもとにイン・セミ実行委員会が組織され、各神学校持ち回りで、毎年五月の連休を利用して一泊二日で開催されていたのです。このイン・セミで出会って結婚したカップルも何組もいますし、ずっと後年になって、NCCなどのエキュメニカルな場で再会し、旧交を暖めるなどという機会もしばしばありました。一九六〇年代の各神学校には、現在以上にエキュメニカルな交流があったのです。

一九七〇年のイン・セミの当番校は同志社大学神学部でした。それがその当時の大学闘争のあおりを受けて、中止されてしまったのです。以来、イン・セミは解体され、現在に至っています。かねてからそのことを個人的に残念に思ってきました。

二〇〇七年、日本クリスチャン・アカデミーの東西活動センターの合同研修会が行われ、次の時代の基幹プログラムの可能性について協議する機会がありました。その際、今はなきイン・セミに代わって、神学生交流プログラムを提案したのです。幸いにも大方の賛同を得て、二〇〇九年以降、最初のうちは関東活動センターと関西活動センターが交互に責任を負う仕方で、第五回以降は関東活動センターの責任において、毎年三月にこの神学生交流プログラムは実施され、二〇一九年三月で第一〇回目を迎えました（二〇一一年に予定されていた第三回プログラムは、その直前に起こった東日本大震災と福島第一原子力発電所の爆発事故の影響で、中止・順延になっています）。

この間このプログラムに協力して神学生を推薦してくれた神学校は、日本基督教団関係では、同志社大学神学部、関西学院大学神学部、日本聖書神学校、農村伝道神学校、他の教派ではカトリック神学院、聖公会神学院、日本ルーテル神学校、日本キリスト教会神学校、西南学院大学神学部、東京基督教大学神学部、ナザレン神学校、日本バプテスト神学校などです。残念ながら東京神学大学からは推薦されませんでしたが、第七回の際に、講師の並木浩一先生の紹介で二名の神学生が参加しています。

各教派とも、教勢の停滞や様々な困難の中で内向きになっている現在のこの国のキリスト教界の中で、一〇年にわたって継続されてきたこの神学生交流プログラムは、次の時代を担う神学生たちの出会いの機会として、また共同の学びの場として、貴重な経験になったのではないかと考えています。第一回の講師としてお招きした荒井献先生が、その感想に「このところこの国のキリスト教会について悲観的な印象を懐いていたが、この神学生交流プログラムに参加して、久しぶりに希望のようなものを感じた」と言われていたのが印象的でした。

講師としてお願いした先生方に、実行委員会から二つの講演をお願いしました。一つは、その講師の個人史の歩み、特に信仰的遍歴を紹介していただきたいこと、第二にそれぞれが研究課題として来られた神学的なテーマについてお話しいただくことです。本書に収録されたものがそれです。

一〇回に渡るこのプログラムの参加者は、通算で一五〇名を越えます。現在では、それぞれ各地の教会やその他の場で、宣教と牧会の日々を送っていると思います。関田寛雄校長から受けた人格的な薫陶と各講師の神学的な示唆は、それぞれの働きの場への励ましと督励になっているのではと考えています。

私は、日本クリスチャン・アカデミー関東活動センター運営委員長として、校長をお願いしてきた関田寛雄先生と共に、この一〇年間このプログラムの責任を負ってきました。しかし世代交代で次の担当者にバトンタッチしたいと考えています。

校正のためにここに収録された各講師の講演を読み直してみて、本書はこの国の次の世代の教会を担う人々への信仰的・神学的提言になっていると感じました。『次世代への提言!』と題した所以です。

一〇年にわたる具体的なプログラム実施のために、実務委員として支えていただいた春名康則、松本敏之、古賀博、増田琴、望月麻生の諸先生方、事務的な準備や生活指導などの点でもお助けいただいた真下弥生、小泉麻子、丹羽真理恵、神保信子、都木かおりの皆さんに心からお礼を申し上げます。この方々の懇切な準備と配慮はかけがえのないものでありました。

二〇二〇年二月

講師◉プロフィール

あらい・ささぐ　荒井　献

1930年秋田県大曲市に生まれる。1954年東京大学教養学部卒業。1959年同大学院人文科学研究科西洋古典学専攻満期退学。1960〜62年ドイツ・エルランゲン大学留学。同大学にてDr.theol.（神学博士）取得。青山学院大学助教授、東京大学教授、恵泉女学園大学学長を経て、現在東京大学・恵泉女学園大学名誉教授。キリスト教史学会会員。日本学士院会員。主な著書『荒井献著作集』全10巻、別巻1、『イエスと出会う』、『「強さ」の時代に抗して』（以上、岩波書店）、『人が神にならないために』（コイノニア社）、『キリスト教の再定義のために』（新教出版社）など。

こばやし・てつお　小林哲夫

1934年京都生まれ、1956年に受洗、1960年立命館大学法学部卒業、YMCAに就職し1988年まで主事として務める。1988年〜2014年、茶道裏千家今日庵前家元秘書役、2009年〜現在、京都医健専門学校校長。「キリスト教とお茶の心」について広く講演活動をしておられる。

ほんだ・てつろう　本田哲郎

1942年台湾で生まれ。戦後奄美大島に引き揚げ、1952年に奄美大島日本復帰と共に埼玉に引っ越し、1965年に上智大学に入学、1976年にローマ法王庁立聖書研究所を卒業し、東京フランシスコ会聖書研究所教師、新共同聖書翻訳・編集委員、フランシスコ会日本管区長を務め、1989年より釜ヶ崎に「ふるさとの家」を設立して労働者と共に聖書を読んでこられた。著書に『小さくされた者の側に立つ神』『小さくされた人々のたっめの福音』『鼓動する東アジアのキリスト教』『釜ヶ崎と福音』などがある。

せきた・ひろお　関田寛雄

1928年、福岡県北九州市に生まれる。青山学院大学大学院、マコーミック神学校、アンドヴァー・ニュートン神学校卒業後、青山学院大学文学部教授、日本基督教団桜本教会および川崎戸手教会牧師を経て、現在、日本基督教団神奈川教区巡回教師、青山学院大学名誉教授。主な著書『あなたはどこにいるのか』（一麦出版社）、『十戒・主の祈り』『キリスト教入門・教会』『聖書解釈と説教』『われらの信仰』『「断片」の神学 - 実践神学の諸問題』（以上、日本キリスト教団出版局）など。

杉野榮　すぎの・さかえ
1933年3月13日福岡県北九州市に生まれる。九州工業大学機械工学部に勤務、入信。西南学院大学神学部卒業。京都の開拓伝道のため上洛、京都洛西教会設立牧師就任、現在、日本バプステト連盟協力牧師、京都キリスト教史研究会代表、著書『京のキリシタン史跡を巡る』(日本図書館協会選定図書)

青野太潮　あおの・たしお
1942年、静岡県に生まれる。国際基督教大学（ICU)、東京大学大学院を経て、チューリッヒ大学神学部より神学博士号取得。西南学院大学神学部教授(新約学)、神学部長を経て、現在は西南学院大学名誉教授。日本バプテスト連盟平尾バプテスト教会協力牧師。2009年より2017年まで日本新約学会会長。主な著書『「十字架の神学」の成立』（ヨルダン社)、『どう読むか、聖書』（朝日選書)、『最初期キリスト教思想の軌跡』『「十字架の神学」をめぐって』（新教出版社)、『十字架につけられ給ひしままなるキリスト』(コイノニア社)など。また、岩波書店版『新訳聖書』のパウロ書簡を翻訳。

森一弘　もり・かずひろ
1938年、横浜生まれ。上智大学、カルメル会国際神学院卒業。1967年ローマで叙階、1985年司教に叙階、東京教区補佐司教を経て、現在、真生会館理事長。主な著書『心の闇を乗り越えてー私の歩んで来た道』(オリエンス宗教兼入所)、『大きな力に信頼して』（女子パウロ会)、『カトリック司教が見た日本社会の痛み』（女子パウロ会)、『神の発見』（五木寛之と共著、平凡社）他、多数。

並木浩一　なみき・こういち
1935年、横浜に生まれる、国際基督教大学教養学部卒業。東京教育大学文学部博士課程中退。旧約学、比較文化。国際基督教大学人文科学科教授、比較文化研究科教授、定年後、大学院教授。2006年に退いて後、東京神学大学非常勤講師2011年まで。日本旧約学会、日本基督教学会などの運営に関わる。ATD旧約聖書注解の共同編集者。思想史全般に関心を持つ。最近の論文集。『ヨブ記の全体像』、『批評としての旧約学』、『批評としての旧約学』、『旧約聖書の水脈』、『ヨブ記注解』（刊行予定)

いしだ・まなぶ　**石田学**

1953年生まれ。シカゴ大学神学院、ウェスタン神学大学院卒業、牧会博士。日本ナザレン教団小山教会牧師、日本ナザレン神学校校長、日本キリスト教協議会教育部理事長。おもな著書『日本における宣教的共同体の形成』、『エフェソ書を読む』、『宣教ってなんだ？　現代の課題と展望』（共著）、他。訳書：フスト・ゴンサレス『キリスト教史』上下巻、同『キリスト教思想史』Ⅰ・Ⅱ、他。

かんだ・けんじ　**神田健次**

1948年、新潟県新発田市に生まれる。青山学院大学文学部を経て。関西学院大学神学研究科博士課程修了。ミュンヘン大学神学部留学、ベルン大学神学部客員研究員、神学博士。関西学院大学教授、神学部長を歴任し、現在、関西学院大学名誉教授、聖峰教会牧師、日本教学会理事長、エキュメニカルネットワーク会長。主な著書に『現代の聖餐論―エキュメニカル運動の軌跡から』（日本キリスト教団出版局）、『W.R.ランバスの使命と関西学院の鉱脈』（関西学院大学出版会）、編著『講座　日本のキリスト教芸術　Ⅱ　美術・建築』（日本キリスト教団出版局）、編著『ミナト神戸の宗教とコミュニティー』（神戸新聞総合出版センター）など。

かいのう・のぶお　**戒能信生**

1947年、愛媛県生まれ。立教大学文学部キリスト教学科卒業。日本基督教団深川教会、東駒形教会を経て、現在、千代田教会牧師。元・日本基督団宣教研究所教団資料編纂室室長、日本聖書神学校、農村伝道神学校、東京バプテスト神学校講師。共編著『日本基督教団史資料集』Ⅰ～Ⅴ巻（教団出版局）、『ラクーア　その資料と研究』（キリスト新聞社）、『戦時下のキリスト教』（教文館）、『協力と抵抗の内面史』（新教出版社）

神学生交流プログラム記録と参加者

第1回　2009年3月9日㈪～11日㈬
会場・聖公会ナザレ修女院エピファニー館
講師・荒井　献／校長・関田寛雄
フィールド・トリップ　東京カトリック神学院、日本ルーテル神学校訪問

参加神学生14名（7神学校）
秋山義也（西南学院大学神学部）
石田雅嗣（聖公会神学院）
市原悠史（日本ルーテル神学校）
浦上　充（関西学院大学神学部）
木谷佳楠（同志社大学神学部）
斎藤朗子（日本聖書神学校）
齊藤弘司（西南学院大学神学部）
高村敏浩（日本ルーテル神学校）
平岡康弘（聖公会神学院）
藤田　恵（東京カトリック神学院）
古澤秀利（聖公会神学院）
宮内　毅（東京カトリック神学院）
柳澤光子（日本聖書神学校）
吉岡恵生（同志社大学神学部）

第2回　2010年3月1日㈪～3日㈬
会場・関西セミナーハウス
講師・本田哲郎、小林哲夫／校長・深田未来生
フィールド・トリップ　釜ヶ崎を訪ねて

参加神学生14名（7神学校）
青木竜二（西南学院大学神学部）
大久保武（日本カトリック神学院）
岡村博雅（日本ルーテル神学校）
川江友二（同志社大学神学部）
北川逸英（日本ルーテル神学校）
北村雅彦（日本カトリック神学院）
阪口　新（関西学院大学神学部）
関　伸子（日本聖書神学校）
反町潤平（農村伝道神学院）
仲程愛美（同志社大学神学部）
成岡宏晃（関西学院大学神学部）
溝上哲朗（西南学院大学神学部）
森山浩二（日本聖書神学校）
八重樫芙美惠（農村伝道神学校）

◉２０１１年３月に予定していたプログラムは、東日本大震災とその後の原子力発電所爆発事故のため休止、開催を一年延期した。

第３回　２０１２年３月27日㈫～29日㈭

会場・イエズス会日本殉教者修道院（鎌倉黙想の家）

講師／校長・関田寛雄（加藤常昭氏に講師をお願いしていたが、プログラム前日にお連れ合いが緊急入院され、急遽、関田先生に講師もお願いすることになった）

フィールド・トリップ　日本基督教団鎌倉雪ノ下教会、カトリック雪ノ下教会訪問

参加神学生21名（９神学校）

安達正樹（農村伝道神学校）
石飛律子（日本基督教会神学校）
伊藤節彦（日本ルーテル神学校）
今井このみ（同志社大学神学部）
太田信三（聖公会神学院）
小野祐基（西南学院大学神学部）
小泉麻子（日本聖書神学校）
小林喜一（農村伝道神学校）
小林大記（西南学院大学神学部）
寒河江健（同志社大学神学部）
汐碇直美（関西学院大学神学部）
鈴木雄大（日本ルーテル神学校）
髙橋理紗（同志社大学神学部）
田辺敏彦（日本カトリック神学院）
長尾有起（日本聖書神学校）
永谷亮（聖公会神学院）
西村博美（関西学院大学神学部）
秀島行雄（日本聖書神学校）（既卒）
古郡忠夫（日本カトリック神学院）
三浦きょうこ（日本聖書神学校）（既卒）
南　望（日本基督教会神学校）

第４回　２０１３年３月25日㈪～27日㈬

会場・関西セミナーハウス

講師・杉野榮／校長・神田健次

フィールド・トリップ　京都の切支丹遺跡を訪ねて

参加神学生13名（７神学校）

相原　聡（農村伝道神学校）
大野裕昭（西南学院大学神学部）
笠原光見（日本ルーテル神学校）
小林孝宏（農村伝道神学校）
塩見和樹（同志社大学神学部）
田宮宏介（西南学院大学神学部）

中島　純（関西学院大学神学部）
中田道隆（関西学院大学神学部）
成岡宏晃（聖公会神学院）
福山裕紀子（同志社大学神学部）
藤垣昭雄（日本聖書神学校）
森　容子（日本聖書神学校）
渡辺高伸（日本ルーテル神学校）

第5回　2014年3月27日(木)～29日(土)

会場・無原罪聖母修道院（東京黙想の家）
講師・青野太潮／校長・関田寛雄
フィールド・トリップ　カトリック神学院、教団吉祥寺教会訪問

参加神学生13名（7神学校）

青木紋子（西南学院大学神学部）
井口拓人（農村伝道神学校）
稲葉義也（関西学院大学神学部）
大山洋平（聖公会神学院）
甲斐友朗（日本ルーテル神学校）
川崎達也（日本聖書神学校）
姜　炯俊（聖公会神学院）
徐　珊珊（同志社大学神学部）
竹花牧人（農村伝道神学校）
武久　盾（関西学院大学神学部）
野田　祥（同志社大学神学部）
福久織江（西南学院大学神学部）
八重樫捷朗（日本聖書神学校）

第6回　2015年3月16日(月)～18日(水)

会場・無原罪聖母修道院（東京黙想の家）
講師・森一弘／校長・関田寛雄
フィールド・トリップ　日本聖書神学校訪問

参加神学生13名（8神学校）

懸　洋一（日本聖書神学校）
牛田　匡（関西学院大学神学部）
小田武直（日本カトリック神学院）
川浦弥生（農村伝道神学校）
北口沙弥香（農村伝道神学校）
木谷　実（同志社大学神学部）
高柳章江（聖公会神学院）
多田　哲（日本ルーテル神学校）
田名　希（同志社大学神学部）
中條康仁（日本聖書神学校）
東谷清貴（日本ルーテル神学校）

三上　充（西南学院大学神学部）
大和孝明（聖公会神学院）

第7回　２０１６年3月7日㈪〜9日㈬
会場・聖公会ナザレ修女会エピファニー館
講師・並木浩一／校長・関田寛雄
フィールド・トリップ　日本ハリストス正教会東京復活大聖堂（ニコライ堂）訪問
参加神学生14名（8神学校）
井口拓人（農村伝道神学校）
小手川到（農村伝道神学校）
小林玲子（聖公会神学院）
角田隆史（東京神学大学）
中島　爽（関西学院大学神学部）
中村正俊（日本聖書神学校）
永山辰原（西南学院大学神学部）
西原ももこ（同志社大学神学部）
福田弘二（聖公会神学院）
本間優太（同志社大学神学部）
松本隆寛（日本聖書神学校）
矢田洋子（東京神学大学）
行澤平和（関西学院大学神学部）

吉田尚志（西南学院大学神学部）

第8回　２０１７年3月14日㈫〜16日㈭
会場・関西セミナーハウス
講師・石田　学／校長・関田寛雄
フィールド・トリップ　同志社大学一神教学生センター訪問
参加神学生9名（6神学校）
伊藤真嗣（西南学院大学神学部）
遠藤光子（西南学院大学神学部）
荻原　充（聖公会神学院）
小林希恵（関西学院大学神学部）
今野　瑛（日本聖書神学校）
島田　直（同志社大学神学部）
中島幸人（農村伝道神学校）
丹羽真理恵（同志社大学神学部）
松田拓実（農村伝道神学校）

第9回　２０１８年3月5日㈪〜7日㈬
会場・日本殉教者修道院（鎌倉黙想の家）
講師・神田健次／校長・関田寛雄
フィールド・トリップ　鎌倉東慶寺を訪ねて
参加神学生13名（8神学校）

相原太郎（聖公会神学院）
安崎嗣穂（関西学院大学神学部）
掛江隆史（関西学院大学神学部）
飯泉有一（日本聖書神学校）
佐藤倫子（同志社大学神学部）
篠遠順花（日本バプテスト神学校）
杉本拓哉（西南学院大学神学部）
曽川宣基（東京基督教大学神学部）
高塚純平（同志社大学神学部）
中谷信希（日本ナザレン神学校）
原田　賢（西南学院大学神学部）
藤田　誠（聖公会神学院）
満山浩之（日本ナザレン神学校）
金　元基（関西学院大学神学部）
黒川めぐみ（東京基督教大学神学部）
小櫻　信（西南学院大学神学部）
後藤献二（日本ナザレン神学校）
齊藤織江（農村伝道神学校）
下園昌彦（農村伝道神学校）
中村文子（日本ナザレン神学校）
早川　真（日本聖書神学校）
宮崎哲郎（東京基督教大学神学部）
三好祐輝（同志社大学神学部）
横内美子（農村伝道神学校）
吉居美緒（同志社大学神学部）
吉永直子（日本聖書神学校）

第10回　2019年3月13日㈬～15日㈮
会場・イエズス会日本殉教者修道院（鎌倉黙想の家）
講師・戒能信生／校長・関田寛雄
フィールド・トリップ　鎌倉の諸教会を訪ねて
参加神学生15名（7神学校）
伊豆　聖（日本ナザレン神学校）
潮田真舟（関西学院大学神学部）
川久保拓也（西南学院大学神学部）

次世代への提言！
神学生交流プログラム講演記録集

日本クリスチャン・アカデミー関東活動センター編

2020年7月31日　第1版第1刷発行

編集協力・組版
box206＋椿円社

発行所
株式会社新教出版社
〒162-0814　東京都新宿区新小川町9-1
電話（代表）03-3260-6148

印刷・製本
モリモト印刷株式会社

ISBN 978-4-400-52109-9　C1016